**팔란티어
인사이트**

참고문헌

팔란티어 인사이트

초판 1쇄 인쇄 | 2025년 8월 12일
초판 3, 4, 5쇄 발행 | 2025년 12월 5일

지은이 | 안유석
발행인 | 안유석
책임편집 | 구준모
교정교열 | 심미정
디자이너 | 오성민
펴낸곳 | 처음북스
출판등록 | 2011년 1월 12일 제2011-000009호
주소 | 서울시 강남구 강남대로 374 스파크플러스 강남 6호점 B219호
전화 | 070-7018-8812
팩스 | 02-6280-3032
이메일 | cheombooks@cheom.net
홈페이지 | www.cheombooks.net
인스타그램 | @cheombooks
ISBN | 979-11-7022-305-4 03320

이 책 내용의 전부나 일부를 이용하려면 반드시 저작권자와 처음북스의
서면 동의를 받아야 합니다.

* 잘못된 책은 구매하신 곳에서 바꾸어 드립니다.
* 책값은 표지 뒷면에 있습니다.

제2의 테슬라를 넘어
기업 자율 주행 OS를 만들다

팔란티어
인사이트

안유석 지음

처음북스

프롤로그
팔란티어가 설계한 새로운 질서

인공지능^{AI} 대전환의 시대에 기업과 조직들은 하나의 거대하고도 근본적인 역설의 중심에 서 있다. 데이터는 '새로운 석유'라는 낡은 비유를 넘어, 조직의 모든 활동에서 뿜어져 나오는 혈액이자 산소와 같은 존재가 되었으며, 그 양은 기하급수적으로 폭발하고 있다. 그러나 이 풍요의 이면에는 심각한 빈곤이 존재한다. 대부분의 조직은 스스로 생산한 데이터의 홍수 속에서 방향을 잃은 채 표류하며, 정보의 과잉이 오히려 의사결정의 마비를 초래하는 기이한 질병을 앓고 있다. 이 질병의 근원에는 구조적인 문제가 자리한다. 재무, 인사, 군수, 정비, 훈련, 마케팅, 고객 관리 등 각 기능 영역의 필요에 맞춰 지난 수십 년간 구축된 수백, 수천 개의 정보 시스템들은 저마다 방대한 데이터를 성실하게 쌓아두고 있지만, 서로 소통하지 못하는 고립된 디지털 섬, 즉 '데이터 사일로^{Data Silo}'의 형태로 존재한다. 이러한 사일로는 기술적 장벽일 뿐만 아니라, 부서 이기주의와 조직 정치의 결과물이자 상징으로써 더욱 견고하게 유지된다.

이러한 근원적인 혼돈을 해결하기 위한 구원투수로서 야심 차게 도입되었던 데이터 레이크Data Lake는 종종 약속된 유토피아가 아닌, 또 다른 형태의 디스토피아로 귀결되었다. 모든 데이터를 원시 형태 그대로 한곳에 쏟아붓는 아이디어는 일견 합리적으로 보였으나, 그 결과는 가치 있는 정보를 도저히 찾을 수 없는 데이터의 거대한 무덤, 이른바 '데이터 늪Data Swamp'으로 변질되기 일쑤였다. 이는 필연적인 결과였다. 데이터와 데이터 사이의 맥락과 관계가 명확히 정의되고 연결되지 않은 상태에서는, 아무리 많은 데이터가 물리적으로 한곳에 쌓여 있어도 그것은 의미 있는 정보가 아니라 그저 소음에 불과하기 때문이다. 마치 모든 단어가 제멋대로 흩어져 있는 사전처럼, 그 안에서 유의미한 문장을 만들어내는 것은 거의 불가능에 가깝다. 데이터 사이언티스트들은 데이터 정제와 전처리에 전체 작업 시간의 80%를 소모하며 좌절하고, 경영진은 실시간 통찰력을 약속받았으나 몇 주가 지난 뒤에야 받아보는 낡은 보고서에 실망한다.

바로 이 근본적인 혼돈, 즉 현대 조직이 겪는 만성적인 자기인식 불능 상태에 대한 가장 급진적이고도 본질적인 해답으로서 팔란티어 테크놀로지스Palantir Technologies(이하 팔란티어)가 등장한다. 따라서 이 책은 팔란티어를 단순한 데이터 시각화 도구나 고성능 분석 기업, 혹은 최근 유행에 편승한 인공지능AI 기업이라는 낡고 협소한 시각으로 바라보는 것을 단호히 거부한다. 그러한 분류는 팔란티어 야망의 크기와 기술적 깊이를 심각하게 과소평가하는 오류를 범하게 한다.

따라서 이 책은 팔란티어의 진정한 목표, 데이터가 폭발적으로 증가하는 이 시대의 가장 중요하고 복잡한 조직들을 위한 '궁극의 운영체제Operating System'를 설계하고 구축하는 것이라는 단 하나의 핵심 명제를 처음부터 끝까지 깊이 있게 파고든다. 컴퓨터의 역사를 돌이켜볼 때, 윈도우나 맥 운영체제가 없었다면 수많은 응용 프로그램들은 서로 소통하지 못한 채 제각각 표류하며 고립된 기능만을 수행했을 것이다. 운영체제가 있기에 비로소 이 모든 프로그램이 유기적으로 협력하며 시너지를 창출할 수 있다. 마찬가지로, 거대 조직의 혈관 곳곳에 흩어져 있던 데이터와 단절된 업무 절차를 하나의 살아 숨 쉬는 유기체로 통합하고 지휘하는 중추신경계를 지향하는 것이 바로 팔란티어 철학의 핵심이다.

이러한 관점에서 볼 때, 팔란티어를 스노우플레이크나 데이터브릭스와 같은 강력한 클라우드 데이터 플랫폼 기업들과 동일 선상에서 비교하는 것은 그 본질을 심각하게 오해하게 만드는 '분류의 오류'이다. 스노우플레이크가 데이터 세계의 발전소나 고속도로를 건설한다면, 팔란티어는 그 위를 달리는 모든 것을 지휘하는 도시의 관제탑, 즉 도시 OS를 꿈꾼다. 그들은 고속도로 위를 질주하는 자동차들의 흐름을 실시간으로 제어하고, 꽉 막힌 교차로의 신호를 바꾸며, 궁극적으로는 인간의 개입 없이 스스로 움직이는 자율주행 도시를 설계하려 한다. 그들의 목표는 이들 데이터 플랫폼의 바로 위에서 작동하며, 단순히 과거를 분석하는 것을 넘어 조직의 현재를 이해하고 미래의 행동을 결정하는 최종적인 의사결정 과정을 총괄하는 새로운 차원의 소프트웨어 계층, 즉 필자가 '운영 지능Operational Intelligence'이라 명명하는 영역을 창조하고 독점하는 것이다.

이처럼 인류 역사상 가장 거대한 조직들을 상대로 펼치는 장대한 야망은 결코 뜬구름 위에 서 있지 않다. 그것은 누구도 쉽게 모방할 수 없는 극도로 독창적인 '기술 구조Technology Architecture'와 한 번 장악한 시장의 지배력을, 시간이 지날수록 더욱 단단히 굳히는 교묘한 '생태계 전략Ecosystem Strategy'이라는 두 개의 단단하고 거대한 기둥 위에 서 있다. 따라서 이 책은 부수적인 이야기를 과감히 덜어내고, 오직 이 두 핵심 축을 중심으로 팔란티어의 가장 깊은 작동 원리를 외과 의사의 메스처럼 차갑고 정밀하게 해부하는 데 집중한다.

첫 번째 기둥인 기술 구조를 분석하기 위해, 이 책은 그 심장부인 '온톨로지Ontology'를 정면으로 다룬다. 온톨로지는 단순히 데이터를 의미상으로 연결하여 검색을 쉽게 만드는 시맨틱 레이어 기술을 아득히 넘어선다. 그것은 조직의 복잡다단한 현실 세계 — 사람, 장비, 규정, 공정, 거래 관계 등 — 를 있는 그대로 디지털 세상에 복제하여, 과거의 기록으로 박제하는 것이 아니라 실시간으로 살아 움직이게 만드는 '동적인 디지털 트윈^{Kinetic Digital Twin}'을 창조하는 철학이자 기술이다. 온톨로지는 조직의 정적인 상태, 즉 '객체^{Object}'와 '관계^{Link}'를 정의하는 '시맨틱 레이어'와, 재고 주문, 환자 이송, 부품 교체와 같은 '행동^{Action}'과 그 행동의 결과를 계산하는 '함수^{Function}'를 통해 조직의 동적인 활동 그 자체를 모델링하는 '키네틱 레이어'를 모두 포괄한다.

바로 이 키네틱 레이어에 내재된 '쓰기^{Write-back}' 기능, 즉 디지털 모델에서의 결정이 현실 세계의 시스템에 즉각적으로 반영되는 능력이야말로, 온톨로지를 과거 데이터에 대한 수동적인 분석 도구에서 기업 운영의 근간이 되는 진정한 의미의 운영체제로 격상시키는 핵심적인 차별점이다. 이 강력하고 살아있는 현실 모델 위에 작동하는 두뇌가 바로 '인공지능 플랫폼^{AIP}'이다. 그리고 이 모든 정교한 기술의 집합체를 세상의 가장 까다로운 환경까지 안정적으로 전달하는 것이 바로 팔란티어의 숨겨진 전략 자산인 '아폴로^{Apollo}'이다.

아폴로는 자율적으로 소프트웨어의 상태를 유지하고 관리하는 '지속적 배포 운영체제'이며, 경쟁사들이 서로 다른 소프트웨어를 억지로 이어 붙인 불안정한 '프랑켄슈타인 스위트'의 함정에서 벗어나지 못하는 구조적인 이유를 분석함으로써, 이 책은 아폴로가 단순한 기술적 우위를 넘어 얼마나 강력한 전략적 가치를 지니는지를 깊이 있게 조명한다.

마지막으로, 이 모든 기술을 고객의 복잡한 현장에서 현실로 구현하는 '전진배치 엔지니어^{FDE, Forward Deployed Engineer}' 모델이 어떻게 단순한 고가의 컨설팅 서비스를 넘어, 현장의 가장 어려운 문제를 해결하는 과정 자체를 회사의 핵심 제품 역량으로 다시 흡수하고 전환시키는 강력한 '제품 개발의 선순환 구조^{flywheel}'로 작동하는지 구체적으로 논증한다. 그리고 이 모든 기술 분석의 정점에서, 필자는 팔란티어의 성공 방정식을 역으로 추적하여 경쟁 솔루션 개발사가 시도해 볼 수 있는 구체적인 기술 구현 전략을 대담하게 제시하며 첫 번째 기둥의 논의를 마무리할 것이다.

두 번째 기둥인 생태계 전략을 분석하기 위해, 이 책은 팔란티어가 어떻게 이 독보적인 기술력을 누구도 넘볼 수 없는 시장 지배력으로 전환하는지를 추적한다. 그 서막은 미 육군의 실패한 차세대 정보 시스템인 DCGS-A와의 대결에서 상징적으로 드러난다. 수십억 달러의 혈세를 쏟아붓고도 아프가니스탄 최전선의 병사들로부터 철저히 외면당한 DCGS-A의 참담한 실패는, 소프트웨어를 마치 탱크나 전투기처럼 수년에 걸쳐 개발하고 구매하려는 국방부의 낡고 경직된 조달 문화가 낳은 필연적인 비극이었다. 팔란티어는 시장에서 검증된 상용 기성품 구매를 의무화한 연방조달합리화법 FASA을 날카로운 무기로 삼아 거대한 관료 조직을 상대로 법정 투쟁을 벌여 승리했고, 이는 단순히 하나의 계약을 따낸 것을 넘어 국방 조달 시스템 전체에 거대한 균열을 내고 게임의 규칙을 바꾸는 계기가 되었다. 이 역사적인 승리를 발판으로, 팔란티어는 개별 고객을 넘어 산업 전체의 규칙을 새로 쓰는 거대한 생태계 구축 전략에 나선다.

이 책은 에어버스의 '스카이와이즈 Skywise' 플랫폼을 핵심 사례로 삼아, 그들의 정교한 플레이북을 단계별로 해부한다. 첫째, 특정 산업의 가장 고통스럽고 해결하기 어려운 문제를 해결하며 시장에 진입하고, 둘째, 경쟁사까지 포함하는 개방형 데이터 공유를 통해 참여자가 늘어날수록 플랫폼의 가치가 기하급수적으로 증가하는 강력한 '네트워크 효과'를 창출하며, 셋째, 한번 진입한 고객이 플랫폼을 떠나는 것을 기술적·경제적으로 거의 불가능하게 만드는 '높은 전환 비용'의 벽을 쌓아 지속 가능한 해자를 구축하는 과정을 추적한다. 이를 통해 독자들은 개별적인 성공 사례의 나열을 넘어, 팔란티어의 생태계 전략이 가진 일관된 패턴과 무서운 확장성을 구조적으로 이해하게 될 것이다.

　물론, 팔란티어의 여정이 빛나는 성공 신화와 기술적 찬사만으로 가득한 것은 절대 아니다. 이 책은 그들의 강력한 기술이 사회에 드리운 어둡고 서늘한 그림자 또한 외면하지 않는다. 미국 이민세관단속국 ICE과의 오랜 협력이 어떻게 기술적 효율성이라는 명분 아래 심각한 인권 침해 논란으로 이어졌는지, 그리고 데이터의 장벽을 파괴한다는 플랫폼의 핵심 가치가 어떻게 역설적으로 범죄 수사와 행정적 이민 단속의 경계를 허물어버리는 구조적인 문제를 낳았는지를 깊이 있게 파헤친다.

　또한 2013년 보스턴 마라톤 테러 수사 사례를 통해, 테러 발생 후 범인을 경이로운 속도로 찾아낸 '사후 대응' 능력의 이면에, 그 비극을 막지 못한 '사전 예방'의 뼈아픈 실패라는 진실이 숨어 있음을 드러낸다. 이는 아무리 뛰어난 기술이라도 올바른 질문과 정확한 데이터 없이는 무용지물이 될 수 있다는 기술의 본질적 한계를 조명하는 중요한 대목이다. 이 책에서는 이러한 논란들을 단순히 가십처럼 나열하는 데 그치지 않고, 팔란티어의 기술 철학이 현실 세계의 복잡한 윤리적 딜레마와 어떻게 충돌하는지를 구조적으로 분석하고, '기술의 중립성'이라는 편리한 주장이 가진 허구와 실체를 비판적으로 고찰할 것이다.

　팔란티어가 현재 전 세계의 정부와 기업을 상대로 벌이고 있는 싸움은 단순히 시장 점유율을 위한 평범한 경쟁이 아니다. 그것은 현대 조직의 운영 방식을 누가 설계하고 지배할 것인가를 둘러싼 '아키텍처 통제권 architecture control'을 향한 거대한 전쟁이다. 팔란티어는 세상이 점점 더 예측 불가능하고 복잡해질수록 중앙에서 모든 것을 통합하고 관리하는 지능형 운영체제가, 파편화되고 조각난 채 각자가 알아서 해결하는 비효율적인 '직접 구축 Do-It-Yourself' 방식보다 우위에 설 것이라고 믿는다. 이는 대담하고도 거대한 도박이다.

지난번 저서 《팔란티어에 주목하라》를 세상에 선보였을 때, 필자의 목표는 베일에 싸인 팔란티어라는 비밀스러운 기업의 존재를 대중에게 알기 쉽게 소개하는 입문서의 역할을 하는 것이었다. 많은 이들이 보내준 따뜻한 호응과 지적인 관심은 저자로서 큰 기쁨이자 보람이었다. 하지만 책이 나온 직후부터 필자의 마음속에는 늘 한편의 아쉬움과 책임감이 무겁게 자리 잡았다. 입문서 성격상 팔란티어라는 기업이 가진 복잡하고 다층적인 본질을 온전히 담아내지 못했다는 자책감과 함께, 이미 깊이 있는 지식을 갖춘 전문가와 투자자들에게 채워지지 않는 지적 갈증이 거대한 파도처럼 밀려왔기 때문이다.

그 갈증은 팔란티어를 단순히 '제2의 테슬라' 혹은 'AI 시대의 총아'와 같은 피상적인 별칭을 넘어, 그 작동 원리의 가장 깊은 기계실까지 내려가 직접 보고 싶다는 열망의 다른 이름이었다. 이번 책에서는 되도록 지난 책과의 중복적인 내용은 피하려고 노력했다. 같은 사례가 일부 언급되더라도, 이는 단순히 과거의 논의를 게으르게 반복하는 것이 아니라, 이전에는 미처 다루지 못했던 구조적인 깊이와 기술적인 맥락, 그리고 전략적인 의미를 더하기 위한 필수적인 장치였다.

부디 이 책이 팔란티어가 벌이고 있는 이 거대한 세기의 도박의 본질을 독자분들 스스로의 눈으로 이해하고, 그 성공과 실패의 가능성을 날카롭게 판단하는 데 필요한 가장 정교하고 깊이 있는 분석의 틀을 제공하는 믿음직한 안내서가 되기를 진심으로 바란다.

안유석

CONTENTS

프롤로그_팔란티어가 설계한 새로운 질서 … 4

PART 1. 미 국방·정부 시장 장악 전략
: 시스템을 바꾸는 게임의 법칙

Chapter 01. 국토안보부 침투기: 작은 성공에서 핵심 시스템으로 … 15
Chapter 02. FBI, CIA 그리고 그 너머: 수사기관 네트워크의 허브가 되다 … 33
Chapter 03. 미 육군과의 전쟁: 상용 기성품 솔루션과 조달 시스템 혁신 소송 … 54
Chapter 04. 미래 국방의 청사진: ADP, CJADC2, 메이븐, 그리고 타이탄 프로그램 … 72

PART 2. 파운드리
: 산업 생태계를 창조하는 플랫폼 전략

Chapter 05. 파운드리의 산업별 적용 사례: 전 산업으로의 확장 … 119
Chapter 06. 산업 생태계 혁신: 개별 기업을 넘어 산업의 OS로 … 165
Chapter 07. 팔란티어의 비전: 자율주행기업과 차세대 기업 운영체제 … 197
Chapter 08. 파운드리 확산 전략: 시장 침투와 고객 성공 모델 … 212

PART 3. 팔란티어의 기술적 해자
: 온톨로지와 플랫폼 아키텍처

Chapter 09. 팔란티어의 심장, 온톨로지: 개념, 구축, 그리고 지배력의 비밀 … 263
Chapter 10. 팔란티어 솔루션 아키텍처와 오픈소스 활용 전략 … 308
Chapter 11. 핵심 기술 심층 분석: 아폴로와 온톨로지 아키텍처 … 324

에필로그_다음 시대의 운영체제를 만든 팔란티어 … 350

PART 1

미 국방·정부
시장 장악
전략

시스템을 바꾸는
게임의 법칙

CHAPTER 01
국토안보부 침투기
: 작은 성공에서 핵심 시스템으로

초기 도입: 이민세관단속국의 수사 사건 관리 시스템

팔란티어의 수사 사건 관리 시스템이 도입되기 전, 미국 이민세관단속국 ICE의 현장 수사관들은 고질적인 문제에 시달렸다. 정보가 여러 곳에 흩어져 있었고 업무 절차는 단계마다 단절되어 있었다. 수사의 핵심은 흩어진 데이터를 하나로 연결하는 데 있다. 하지만 당시 미국 이민세관단속국이 사용하던 낡은 시스템, 특히 1987년에 개발된 재무부 단속 통신 시스템 TECS은 현대적인 수사 환경의 요구를 감당하기에 역부족이었다. 이 시스템은 부서별, 기능별로 정보가 고립되는 '데이터 사일로' 현상의 대표적인 사례였다.

예를 들어, 한 명의 용의자를 추적하기 위해 수사관들은 여러 시스템을 옮겨 다녀야만 했다. 차량 등록 정보를 확인하기 위해 한 시스템에 접속하고, 금융 거래 기록을 보려면 또 다른 시스템으로 이동해야 했다. 이민 관련 기록이나 과거 범죄 이력은 각각 별개의 데이터베이스에서 직접 손으로 찾아야 했다. 각 시스템은 데이터 형식이 서로 달라 정보를 통합하는 과정은 극도로 비효율적이었다. 수사관들은 데이터를 손으로 비교하고 정리하는 데 엄청난 시간을 낭비했다. 이는 단순히 업무 속도를 늦추는 문제에 그치지 않았다. 쪼개진 정보 조각들을 완벽하게 연결하지 못하면서 수사의 결정적인 단서를 놓치거나, 용의자 조직의 전체 그림을 파악하지 못하는 근본적인 한계를 낳았다. 이러한 기술적 낙후성은 9.11 테러 이후 미국 정부 전체가 겪었던 정보 공유 실패라는 구조적 문제의 축소판이었다. 팔란티어는 바로 이 정부 시스템의 무능과 비효율이라는 틈을 파고들 기회를 발견했다.

국경을 넘나드는 인신매매 조직에 대한 첩보가 접수된 상황을 가정해 보자. 팔란티어의 시스템이 도입되기 전이라면, 수사관은 용의자의 이름과 전화번호라는 단편적인 정보만으로 수사를 시작해야 한다. 그는 먼저 내부 범죄 기록 데이터베이스를 검색한다. 다음으로 주 정부의 차량 관리 시스템에 따로 접속해 해당 이름으로 등록된 차량이 있는지 확인한다. 이후 통신사에 영장을 제시하여 통화 기록을 확보하고, 금융 정보 분석 기관에 별도로 요청을 보내 계좌 내역을 받는다. 이 모든 정보는 각각 다른 시점에, 엑셀 문서, PDF, 텍스트 파일 등 제각각의 형태로 도착한다. 수사관은 이 데이터들을 직접 손으로 비교해야 한다. 용의자 이름의 철자가 약간씩 다른 기록을 살펴보며 동일 인물일 것으로 추정하고, 통화 기록에 등장하는 인물들을 하나하나 다른 데이터베이스에서 다시 검색해야 한다. 이 과정은 며칠, 혹은 몇 주가 걸릴 수 있다. 그사이에 용의자 조직은 흔적을 감출 충분한 시간을 벌게 된다.

그러나 팔란티어의 수사 사건 관리 시스템이 도입된 후 수사 환경은 극적으로 달라졌다. 똑같은 첩보를 받은 수사관은 이제 시스템의 검색창 하나에 용의자의 이름과 전화번호를 입력하기만 하면 된다. 그러면 시스템이 수사관을 대신하여 기관 내외부의 모든 연결된 데이터베이스를 실시간으로 통합 검색한다. 여기에는 차량 기록, 금융 정보, 과거 이민 기록, 소셜 미디어 활동 기록, 심지어 민간 정보 회사가 제공하는 정보까지 포함된다. 불과 몇 분 만에 수사관의 화면에는 용의자를 중심으로 그의 가족 관계, 알려진 공범, 소유 차량, 거주지 변동 이력, 특정 장소에서의 동선 등등 하나의 시각화된 관계망으로 펼쳐진다. 이것이 바로 '연결망 분석' 기능이다. 이전에는 상상할 수 없었던 속도로 용의자 조직의 전체 모습이 드러나며 '완전한 표적 분석'을 가능하게 만든 것이다. 이러한 압도적인 효율성과 편리한 사용 방식은 현장 요원들의 열렬한 지지를 얻었다. 이를 통해 팔란티어의 기술은 조직 내에서 다른 것으로 대체할 수 없는, 임무 수행에 없어서는 안 될 핵심 요소로 자리 잡았다.

하지만 이 놀라운 기술적 효율성은 곧 감시 사회의 어두운 그림자를 만들어냈다. 범죄 수사를 위해 설계된 강력한 데이터 통합 능력은 본래의 목적과 다른 행정적 이민 단속에 쉽게 이용되었다. 이는 심각한 인권 침해 논란을 불러일으켰다. 팔란티어의 시스템은 이민자의 가족 관계, 고용 기록, 지문이나 얼굴 같은 생체 정보, 소셜 미디어 활동, 심지어 자동 번호판 인식 장치를 통해 수집된 차량 이동 경로까지 방대하고 민감한 개인정보를 하나의 거대한 데이터베이스로 흡수했다. 국제앰네스티와 미국시민자유연맹 ACLU 같은 인권 단체들은 팔란티어가 이러한 기술을 제공하여 미국 이민세관단속국의 인권 유린을 가능하게 했다고 강력히 비판했다.

대표적인 사례로, 2017년 미국 이민세관단속국은 팔란티어 기술을 활용하여 보호자 없이 국경을 넘은 아동들의 부모나 후견인을 찾아내 체포하는 작전을 벌였다. '보호자 없는 외국인 아동 인신매매 차단 계획'이라는 이름으로 진행된 이 작전은 팔란티어 시스템을 통해 아동의 가족 관계망을 파악했다. 그리고 나서 그들을 체포했고, 결과적으로 수많은 가정을 해체시켰다. 또한 2019년 미시시피주에서 벌어진 대규모 직장 급습 작전에서도 팔란티어의 기술이 핵심적인 역할을 한 것으로 드러났다. 이 작전으로 약

700명에 달하는 노동자들이 체포되었고, 이는 지역 사회와 가정을 파괴하는 결과를 낳았다.

논란이 거세지자 팔란티어는, 자신들의 계약이 주로 범죄 수사를 담당하는 국토안보수사국HSI과의 계약이며, 이민자 추방을 실행하는 집행 및 제거 작전국ERO과는 무관하다고 해명했다. 그러나 이러한 해명은 기술의 본질을 외면한 말뿐인 방어에 불과했다. 정부 문서와 여러 보고서는 국토안보수사국과 집행 및 제거 작전국이 팔란티어의 시스템 데이터를 공유하며 공동 작전을 수행했음을 명백히 보여준다. 애초에 데이터 장벽을 파괴하는 것을 핵심 가치로 내세운 팔란티어 플랫폼의 구조 자체가 국토안보수사국과 집행 및 제거 작전국이라는 조직적 구분을 무의미하게 만들었다. 데이터가 일단 통합되면, 권한을 가진 사용자는 그 목적이 범죄 수사든 이민 단속이든 상관없이 정보에 접근할 수 있었다. 결국 팔란티어의 핵심 기술력은 그들의 윤리적 방어 논리와 근본적으로 충돌했다. 효율성이라는 이름 아래 개인의 삶을 감시하고 통제하는 강력한 도구를 국가에 제공한 대가는 고스란히 이민자 사회의 인권 문제로 돌아왔다.

미국 이민세관단속국ICE은 기관의 핵심 시스템인 '수사 사건 관리 시스템ICM'을 새로운 차세대 시스템으로 교체하는 작업을 앞두고 있다. 그리고 2025년 6월, 이민세관단속국은 이 중요한 사업을 팔란티어 한 곳만 협상하여 계약하는 '단독 수의계약' 방식으로 진행하겠다고 공식적으로 밝혔다. 이는 다른 업체와의 경쟁 입찰 없이 팔란티어를 사업자로 사실상 내정했다는 의미다. 이러한 결정을 내리기까지 정부는 50개가 넘는 기업의 기술력을 신중하게 검토했다. 그 결과 2026년 9월까지로 정해진 사업 기한을 맞추면서 모든 요구 조건을 만족시킬 수 있는 회사는 팔란티어가 유일하다고 판단했다.

이러한 판단의 배경에는 사업 기간의 차이가 결정적으로 작용했다. 팔란티어는 10개월 안에 시스템을 구축할 수 있다고 제안했지만, 다른 경쟁사들은 최소 18개월에서 24개월이 필요할 것으로 예상했기 때문이다. 이번 결정은 팔란티어가 가진 기술의 우수성뿐만 아니라, 또 다른 중요한 사실을 명확하게 보여준다. 지난 10년간 미국 정부 기관과 함께 일하며 축적한 깊은 이해와 경험이 다른 기업들은 쉽게 넘볼 수 없는 강력한 장벽이 되었음을 증명하는 결정적인 사례다.

수평적 확장: 국토안보수사국에서 세관국경보호국까지

미국 국토안보부^{DHS} 안에서 팔란티어 테크놀로지스의 분석 기술이 여러 기관으로 퍼져나간 과정을 이해하려면, 먼저 미국 이민세관단속국^{ICE}과의 관계를 살펴봐야 한다. 특히 이민세관단속국 산하의 최대 수사 조직인 국토안보수사국^{HSI}과 팔란티어가 얼마나 깊고 단단한 관계를 맺었는지를 아는 것이 중요하다. 팔란티어의 시스템은 국토안보수사국의 핵심 임무를 수행하는 데 없어서는 안 될 필수 도구가 되었다. 이 성공 사례는 일종의 '개념 증명' 역할을 했다. 다시 말해, 이 기술이 실제로 효과가 있다는 것을 뚜렷하게 보여준 것이다. 이를 바탕으로 팔란티어 기술은 국토안보부 내 다른 기관으로 자연스럽게 확산될 수 있는 기술적, 운영적 발판을 마련했다.

팔란티어와 이민세관단속국의 협력은 2014년 오바마 행정부 시절에 본격적으로 시작되었다. 당시 4,100만 달러(2014년 한화 약 410억 원) 규모의 계약을 통해 '수사 사건 관리 시스템^{ICM, Investigative Case Management}'을 구축한 것이 그 시작이었다. 이 시스템은 국토안보수사국의 핵심적인 소프트웨어로 개발되었다. 수사관들이 사건 파일, 정보 보고서, 그리고 여러 기관에 흩어져 있는 수사 데이터를 통합적으로 관리하고 추적하는 중심 역할을 맡게 된 것이다. 이 시스템의 가장 중요한 능력은 서로 다른 곳에 흩어져 있는 데이터를 하나로 모으고 연결하는 것이었다. 국토안보수사국 요원들은 이 사건 관리 시스템을 이용해 특정 수사와 관련된 모든 기록과 문서를 하나의 전자 파일로 묶을 수 있었다. 여기에는 기존의 정리된 숫자나 텍스트 데이터뿐만 아니라, 동영상이나 스캔 문서처럼 형식이 정해지지 않은 자료까지 모두 포함되었다. 그 덕분에 이전에는 서로 아무 관련이 없어 보이던 사건들 사이의 연결고리를 찾아내고, 복잡하게 얽힌 범죄 조직의 전체적인 모습을 파악하는 것이 가능해졌다. 이러한 강력한 기능 덕분에 수사 사건 관리 시스템은 국토안보수사국의 업무 수행에 절대적으로 필요한 시스템으로 빠르게 자리 잡았다.

시간이 지나면서 수사 사건 관리 시스템도 현대적인 기술 환경에 맞게 개선될 필요가 생겼다. 특히 연방정부의 클라우드 서비스에 대한 보안 인증 제도인 'FedRAMP'의 가장 높은 등급인 'High' 수준의 보안 기준을 만족시켜야 했다. 또한 방대한 양의 데이터를 통합하고 분석할 수 있는 다음 세대 시스템으로 발전시키는 일이 시급한 과제가 되었다. 이에 이민세관단속국은 새로운 시스템을 도입하기 위해 폭넓은 시장 조사를 시작했다. 2023년 6월에는 관련 기업들을 초청해 기술 설명회를 여는 '인더스트리 데이'를 개최했고, 2024년 7월에는 공식적으로 기술 정보를 요청하는 '정보요청서 RFI'를 발표했다. 50개가 넘는 업체로부터 제안을 받았지만, 이민세관단속국은 최종적으로 팔란티어가 유일한 해결책이라는 결론을 내렸다. 2026년 9월이라는 중요한 사업 마감 시한까지 기술, 운영, 보안에 관한 모든 요구사항을 만족시킬 수 있는 업체는 팔란티어뿐이라고 판단한 것이다.

이민세관단속국이 팔란티어를 단독 공급업체로 선택한 데는 여러 복합적인 이유가 있었다. 첫째, 팔란티어는 지난 10년 이상 이민세관단속국과 협력해 오면서 이 기관의 운영 방식에 대한 깊은 제도적 지식을 쌓아왔다. 둘째, 팔란티어는 신속한 시스템 전환을 약속했다. 다른 경쟁업체들이 시스템을 완전히 구축하는데 18개월에서 24개월이 걸릴 것으로 제안한 반면, 팔란티어는 단 10개월 만에 모든 것을 완성하겠다고 제의했다. 셋째이자 가장 중요한 이유는, 팔란티어가 단순한 사건 관리 시스템을 넘어서는 비전을 제시했기 때문이다.

팔란티어는 모든 법 집행 관련 데이터를 하나의 플랫폼으로 통합하는 '엔터프라이즈 레이크하우스'라는 개념을 구현할 수 있는 유일한 업체였다. 이민세관단속국 내부에는 이 통합 시스템을 '아이스하우스'라고 불렀다. 이러한 결정은 팔란티어가 단순히 소프트웨어를 납품하는 업체를 넘어, 이민세관단속국의 핵심 기반 시설과 분리할 수 없는 파트너가 되었음을 명확히 보여준다. 만약 다른 업체를 선정했다면, 기존 시스템과의 통합 문제나 업무 공백의 위험이 매우 컸을 것이다.

따라서 이민세관단속국으로서는 팔란티어와의 계약을 연장하는 것이 가장 안정적이고 저항이 적은 선택이었다. 이처럼 초기에 성공적으로 시스템을 도입하고 기관 업무에 깊숙이 통합된 사실은, 한번 정해진 방향을 바꾸기 어렵게 만드는 '통합의 관성'을 만들어냈다. 그리고 이는 훗날 팔란티어의 기술이 국토안보부 내 다른 기관으로 확장되는 가장 강력한 논리가 되었다.

팔란티어와 미국 이민세관단속국의 협력 관계는 더욱 확대되면서 논란의 중심에 서게 되었다. 기존에는 주로 미국 국토안보수사국의 범죄 수사를 돕는 역할에 머물렀지만, 이제는 그 범위를 넘어섰기 때문이다. 2025년 4월, 팔란티어는 2,980만 달러(약 406억 원)에 달하는 수정 계약을 통해 '이민 생애주기 운영 시스템ImmigrationOS'이라는 이름의 새로운 시스템 프로토타입을 개발하는 사업을 따냈다. 이 시스템은 완전히 새로운 프로그램을 만드는 것이 아니었다. 기존에 이민세관단속국이 사용하던 사건 관리 시스템에 새로운 기능을 덧붙여 확장하는 방식이었다. 이 시스템의 공식적인 목표는 한 이민자가 미국에 입국하여 신원이 확인되는 순간부터 최종적으로 추방되기까지, 이민 절차의 모든 단계를 효율적으로 관리하는 것이다. 특히 이 시스템은 폭력적인 범죄자뿐만 아니라, 허용된 비자 체류 기간을 넘기는 등 민사적인 이민법을 위반한 사람들을 찾아내고 체포하는 임무까지 포함한다. 이는 팔란티어 기술의 역할이 뚜렷하게 넓어졌음을 의미한다. 과거 팔란티어 기술은 주로 국토안보수사국이 담당하는 국경 범죄와 같은 중대 범죄 수사에 사용되었다. 하지만 이제는 일반적인 이민법 위반 문제를 다루는 이민세관단속국 산하의 집행 및 추방 작전국ERO의 임무까지 그 쓰임새가 넓어진 것이다.

이러한 기능의 확장은 팔란티어가 그동안 대외적으로 밝혀온 입장과 정면으로 부딪친다. 팔란티어는 자사의 기술이 집행 및 추방 작전국의 추방 업무가 아닌, 오직 국토안보수사국의 범죄 수사에만 사용된다고 여러 차례 주장했다. 하지만 정부가 발행한 '개인정보 영향 평가PIA' 보고서를 비롯한 여러 공식 문서는 이민 생애주기 운영 시스템의 구조 자체가 이러한 구분을 무의미하게 만든다는 점을 명확하게 보여준다. 이처럼 범죄 수사 플랫폼 위에 민사법 집행 시스템을 구축한 것은, 애초의 개발 목적을 넘어 기능이 점차 다른 영역으로 확대되는 '기능 잠식'의 대표적인 사례다. 그리고 이는 훗날 여러 시민 사회 단체로부터 거센 비판을 받는 주요 원인이 되었다.

이민세관단속국 내에서 팔란티어 플랫폼이 성공적으로 자리를 잡자, 그 영향력은 곧바로 국토안보부의 가장 큰 수사 조직인 국토안보수사국의 역량을 극대화하는 방향으로 이어졌다. 국토안보수사국은 팔란티어의 데이터 통합 및 분석 능력을 활용하여, 복잡하고 여러 층으로 이루어진 '초국가적 범죄 조직TCOs'에 효과적으로 대응하기 시작했다. 이 과정에서 팔란티어 플랫폼은 단편적으로 흩어져 있던 정보들을 실제 행동으로 옮길 수 있는 의미 있는 정보로 바꾸는 핵심적인 가치를 증명해 보였다. 이는 국토안보부 내 다른 기관들이 팔란티어 기술의 도입을 긍정적으로 검토하게 만드는 결정적인 계기가 되었다.

    국토안보수사국은 400개가 넘는 연방법을 집행하는 광범위한 수사 권한을 가지고 있다. 인신매매나 마약 밀수부터 금융 범죄, 아동 착취, 지적재산권 침해에 이르기까지 다양한 범죄를 다룬다. 현대의 초국가적 범죄 조직들은 한 가지 종류의 범죄에만 머무르지 않고, 여러 불법적인 활동을 동시에 저지르는 '다중 범죄' 조직의 형태를 띤다. 따라서 이러한 조직들을 소탕하기 위해서는 전체적인 관점에서 접근하는 수사 방식이 반드시 필요하다. 이처럼 복잡한 국제 범죄 조직들은 금융 기록, 여행 데이터, 통신 기록, 정보원의 제보 등 엄청나게 방대하고 서로 다른 형태의 데이터를 만들어낸다. 따라서 국토안보수사국은 조직의 말단 조직원들을 개별적으로 기소하는 것을 넘어, 조직 전체를 '식별하고, 와해시키며, 최종적으로 해체하기' 위한 강력한 도구가 필요했다. 이 모든 데이터를 수집하고, 서로 연결하며, 종합적으로 분석할 수 있는 능력이 바로 그것이다.

    국토안보수사국이 초국가적 범죄 조직에 대응하기 위해 사용하는 팔란티어 기반의 도구는 여러 단계로 구성된다. '팰컨 팁라인 FALCON Tipline, FALCON-TL' 시스템은 가공되지 않은 원시 정보가 수집되는 첫 번째 관문이다. 일반 대중이나 다른 기관으로부터 들어온 제보는 이 표준화된 플랫폼에 입력된다. 그다음, 팔란티어의 '고담 Gotham' 플랫폼을 기반으로 만들어진 '팰컨 검색 및 분석 FALCON-SA' 엔진이 국토안보수사국의 두뇌와 같은 역할을 수행한다. 팁라인에 입력된 정보는 이 분석 엔진으로 모여, 정부가 기존에 보유하고 있던 방대한 데이터베이스와 자동으로 비교 및 검증된다. 팔란티어 고담 플랫폼은 분석가들이 직접 수사 업무를 처리하는 사용자 화면이다. 분석가들은 고담을 통해 여러 정보 사이의 관계를 찾아내는 '연결 분석', 특정 사건과 관련된 지리적 위치를 분석하는 '지리 공간 분석', 통화 기록을 분석하는 '통화 상세 기록 CDR 분석' 등 복잡한 작업을 수행할 수 있다. 고담 플랫폼은 가공되지 않은 원시 데이터를 '사람, 장소, 사물, 사건'과 같이 의미 있는 '객체'와 그들 사이의 관계로 재구성한다. 이렇게 정리된 정보를 일관된 '데이터 자산'으로 변환하여, 복잡한 범죄 조직의 연결망을 한눈에 볼 수 있도록 시각적으로 구현해낸다.

다음은 국토안보수사국이 팔란티어 플랫폼을 활용하여 인신매매 조직을 소탕하는 과정을 상세하게 재구성한 가상의 시나리오다. 이 시나리오는 여러 공개된 자료에 설명된 플랫폼의 기능들을 종합하여 만들어졌다. 수사는 처음에 서로 아무런 관련이 없어 보이는 여러 제보가 팰컨 팁라인 시스템에 접수되면서 시작된다. 예를 들어, 한 네일숍의 의심스러운 활동에 대한 제보, 실제로는 존재하지 않는 유령 회사에 대한 제보, 그리고 특정 국가 출신의 젊은 여성들을 모집하는 한 인물에 대한 제보가 각각 시스템에 입력된다.

국토안보수사국 분석가는 이 제보들을 팰컨 검색 및 분석 시스템, 즉 고담 플랫폼으로 가져와 분석을 시작한다. 플랫폼은 정해진 형식 없는 글자들을 자동으로 분석하여 'A라는 인물', 'X 네일숍', 'Y 회사'와 같은 의미 있는 객체들을 만들어낸다. 그런 다음, 시스템은 연결된 수많은 정보 및 상업용 데이터베이스를 탐색하기 시작한다. 플랫폼은 Y 회사의 금융 기록을 찾아내고, 이 회사가 여러 다른 네일숍 및 특정 은행 계좌와 연결되어 있다는 사실을 밝혀낸다. 미국 세관국경보호국CBP과의 데이터 공유를 통해 확보한 항공기 탑승객 명단을 분석하여, A라는 인물이 피해자의 인적 사항과 일치하는 젊은 여성들과 여러 차례 함께 여행한 사실을 확인한다. 상업용 데이터 판매업체의 정보를 조회하여 A라는 인물 및 Y 회사와 관련된 전화번호들을 찾아낸다.

이제 분석가는 고담의 시각화 도구를 사용하여 흩어져 있던 정보 조각들을 하나의 큰 그림으로 맞춰 나간다. 연결 분석 기능을 통해 만들어진 관계망 차트는 Y 회사의 은행 계좌가 10여 개에 달하는 다른 네일숍들의 임대료를 지급하고, A의 여행 경비를 대는 데 사용되었음을 한눈에 보여준다. 또한, 이 계좌에서 피해 여성들의 고국에 있는 계좌로 돈이 송금된 내역도 드러난다. 분석가는 법원으로부터 발부받은 통화 상세 기록을 플랫폼에 입력한다. 플랫폼은 통화 패턴을 분석하여 조직의 위계 구조를 시각적으로 보여준다. 모집책인 A는 여러 네일숍 관리자, 즉 착취자들과 빈번하게 통화했으며, 가끔 이전에는 존재가 알려지지 않았던 중심인물, 즉 조직의 총책으로 보이는 번호와 통화한 기록이 나타난다. 지리 공간 분석 기능을 통해 플랫폼은 여러 네일숍의 위치, 용의자들의 주소, 피해자들의 이동 경로를 지도 위에 표시한다. 이를 통해 범죄 활동이 집중된 지역과 이들의 이동 경로를 명확하게 파악할 수 있다.

 이제 플랫폼은 단편적인 제보를 초국가적 범죄 조직의 전체 구조와 자금 흐름, 그리고 운영 방식을 보여주는 완전한 정보로 변환했다. 국토안보수사국은 이 정보를 바탕으로 수색 영장을 발부받고, 범죄 자산을 몰수하며, 핵심 인물들을 체포하는 데 필요한 명백한 증거를 확보하게 된다. 고담 플랫폼에서 생성된 시각화 차트와 정보가 어떻게 수집되고 분석되었는지를 보여주는 '데이터 계보'는 기소를 위한 핵심 증거 자료의 일부가 된다. 이러한 과정은 미국 국세청IRS이 고담 플랫폼을 사용하여 금융 범죄를 시각화하는 방식이나, 국토안보수사국이 범죄 조직의 공급망을 공격하는 방식과 매우 유사하다.

 이 사례는 팔란티어 플랫폼의 핵심 가치가 어떻게 발휘되는지를 명확히 보여준다. 그것은 바로 수사관이 무엇을 찾아야 할지 정확히 모르는 상태에서도, 시스템 스스로 데이터 속에서 의미 있는 연결고리를 찾아 제시하는 능력이다. 이를 통해 이전에는 전혀 알지 못했던 미지의 사실들을 발견하는 과정을 가속할 수 있다. 전통적인 수사 방식이 특정 단서를 따라가는 방식이었다면, 팔란티어 기반의 수사는 데이터가 스스로 말하게 하여 숨겨진 범죄 조직망을 드러내는 데이터 중심의 방식으로 전환된다. 이러한 방식의 변화는 단순히 업무 효율성을 높이는 것을 넘어, 개별 범죄 수사를 조직 전체를 해체하는 수준으로 이끌 수 있는 강력한 무기가 되었다.

팔란티어 플랫폼의 수평적 확장은 국토안보수사국의 범죄 수사를 지원하는 것을 넘어, 국경을 직접 관리하는 또 다른 국토안보부 기관인 미국 세관국경보호국^{CBP}으로 이어졌다. 세관국경보호국에서의 활용 사례는 국토안보수사국과는 다른 특징을 가진다. 즉, 사건이 발생한 후에 범인을 쫓는 것이 아니라, 위험이 발생하기 전에 즉각적으로 예방하는 성격을 띤다는 점에서 주목할 만하다. 이는 동일한 데이터 융합 기술이 어떻게 서로 다른 임무, 즉 과거의 사건을 추적하는 수사와 실시간으로 위험을 평가하는 업무에 맞게 다르게 적용될 수 있는지를 보여주는 중요한 사례다.

세관국경보호국이 운영하는 '자동 표적 시스템^{ATS, Automated Targeting System}'은 스스로 결정을 내리는 자율적인 시스템이 아니다. 이 시스템은 세관국경보호국 요원들의 의사결정을 돕는 지원 도구다. 자동 표적 시스템의 핵심 목적은 미국으로 들어오고 나가는 여행객 및 화물에 대한 정보를 방대한 양의 다른 데이터와 비교하여, 추가적인 정밀 조사가 필요하다고 판단되는 고위험 개인이나 화물을 식별해 내는 것이다. 이 시스템의 방법론에서 중요한 특징 중 하나는 여행객 개개인에게 수치로 된 '위험 점수'를 부여하지 않는다는 점이다. 대신, 시스템은 '위험 기반 시나리오' 또는 사전에 정의된 규칙을 사용한다. 만약 여행객의 정보가 정보기관의 보고서나 과거의 법 집행 사례, 범죄 동향 분석 등을 통해 미리 정의된 의심스러운 활동 패턴과 일치할 경우, 해당 여행객은 시스템에 의해 특별 관리 대상으로 표시, 즉 '플래그^{flag}' 처리된다. 자동 표적 시스템은 거대한 규모의 데이터 융합을 기반으로 작동한다. 이 시스템은 국토안보부 내부는 물론 외부의 수십 개 데이터베이스로부터 직접 정보를 수집하거나 실시간으로 조회하여 분석에 활용한다.

다음은 자동 표적 시스템이 공항 입국 심사 과정에서 잠재적인 위협을 식별하는 과정을 구체적으로 재구성한 시나리오다. '대상 X'라는 여행객이 유럽의 한 중심 공항에서 출발하여 뉴욕 JFK 공항에 도착할 예정이다. 항공사가 비행기 출발 몇 시간 전에 승객 명단 데이터를 제출하자, 자동 표적 시스템은 이 정보를 즉시 처리하기 시작한다.

시스템은 먼저 테러리스트 식별 데이터베이스에서 대상 X와 직접 일치하는 정보를 찾지 못했다. 하지만 시스템은 여러 가지 요인들이 복합적으로 위험 기반 규칙과 일치한다고 판단하여 플래그를 생성한다. 예를 들어, 대상 X는 출발하기 48시간 이내에 현금으로 편도 항공권을 구매했다. 또한 승객 예약 기록에 포함된 전화번호가, 과거에 국토안보수사국이 해외 테러 조직과의 연계 혐의로 조사했던 인물과 관련이 있는 것으로 나타났다. 비록 기소되지는 않았지만, 이러한 연관성은 국토안보수사국의 수사 사건 관리 시스템과 세관국경보호국의 자동 표적 시스템 간에 데이터가 공유되었기에 발견할 수 있었다. 게다가 미국에 무비자로 입국하기 위해 제출한 여행 허가 전자 시스템ESTA에 기재된 주소가, 자동 표적 시스템이 조회한 상업용 데이터베이스 상에서 유효한 거주지가 아닌 것으로 확인되었다.

이렇게 생성된 플래그는 버지니아에 있는 세관국경보호국 '국가표적센터NTC'의 분석가에게 전달된다. 분석가는 자동 표적 시스템이 통합하여 제공한 데이터를 검토하고, 복합적인 위험 요소들이 2차 정밀 심사를 요구할 만큼 충분한 근거가 된다고 판단한다. 분석가는 시스템에 '주의 요망' 정보를 입력한다. 대상 X가 공항의 1차 입국 심사대에 도착하자, 심사대 요원의 컴퓨터 화면에는 이 여행객을 2차 심사대로 보내달라는 경고가 표시된다. 2차 심사 구역에서 특별 훈련을 받은 세관국경보호국 요원은 대상 X에게 여행 계획, 자금 출처, 그리고 플래그의 원인이 된 전화번호 등에 대해 깊이 있는 질문을 던진다. 이 요원은 시스템을 통해 플래그가 생성된 배경 정보를 모두 확인할 수 있다. 심문 과정에서 추가로 진술이 일치하지 않는 부분을 발견하고, 최종적으로 대상 X의 입국이 거부된다. 이 과정에서 최종적인 결정을 내린 것은 시스템이 아니라, 시스템이 제공한 맥락적인 정보를 바탕으로 상황을 판단한 인간 요원이었다.

이 시나리오는 국토안보수사국의 사후 추적 수사와 세관국경보호국의 실시간 위험 평가 사이의 중요한 차이를 보여준다. 국토안보수사국은 이미 발생한 사건의 조각들을 맞춰 범죄를 재구성하는 데 플랫폼을 사용한다. 반면, 세관국경보호국은 아직 발생하지 않은 잠재적 위험을 예측하고 예방하기 위해 플랫폼을 사용한다. 데이터 융합이라는 핵심 기술은 동일하지만, 그 적용 방식과 결과가 가져오는 즉각적인 파급력은 매우 다르다. 자동 표적 시스템의 오류, 예를 들어 무고한 사람을 위험인물로 잘못 판단한 경우, 해당 개인을 즉시 구금하고 심문하는 결과로 이어질 수 있다. 이는 시민의 자유에 중대한 영향을 미칠 수 있다는 점에서 더욱 높은 수준의 정확성과 책임성을 요구한다.

국토안보수사국의 복잡한 조직망 수사와 세관국경보호국의 실시간 여행객 심사가 모두 가능하게 된 배경에는, 이들을 기술적으로 뒷받침하는 핵심적인 설계 원칙이 존재한다. 바로 '단일 진실 공급원SSOT, Single Source Of Truth'이라는 개념이다. 이 개념을 이해하는 것은 팔란티어 플랫폼이 어떻게 기관들 사이에 존재하는 데이터 장벽을 허물고, 나아가 국토안보부 전체의 데이터 통합을 이끌어 가는지를 파악하는 데 필수적이다.

'단일 진실 공급원'은 흔히 오해되는 것처럼, 모든 데이터를 하나의 거대한 중앙 데이터베이스에 모아두는 것을 의미하지 않는다. 오히려 이는 각각의 데이터가 원래의 시스템에 그대로 저장된 상태를 유지하면서, 팔란티어와 같은 중앙 플랫폼이 그 위에 통합된 의미의 층, 즉 '데이터 자산'을 생성하는 건축과 같은 접근 방식이다. 이를 통해 권한을 가진 사용자는 데이터가 실제로 어디에 어떻게 저장되어 있는지 그 복잡한 구조를 알 필요가 없다. 마치 하나의 시스템을 사용하는 것처럼 여러 다른 시스템에 흩어져 있는 정보에 접근하고 질문을 던질 수 있다. 이민세관단속국이 추진하는 '엔터프라이즈 레이크하우스' 프로젝트는 바로 이러한 '단일 진실 공급원'을 구체적으로 구현하려는 시도다. 이러한 접근 방식은 여러 가지 이점을 가진다. 기관 내부에 만연한 데이터 장벽을 허물고, 데이터의 품질과 관리 체계를 강화하며, 여러 부서에 걸친 강력한 교차 기능 분석을 가능하게 한다. 또한 분석가들이 오래되거나 서로 충돌하는 버전의 데이터를 사용하는 것을 막아 분석 결과의 신뢰도를 높인다.

'단일 진실 공급원' 구조가 성공적으로 작동하고 기관 간 데이터 공유를 촉진하기 위해서는 몇 가지 핵심적인 기술적 기반이 필요하다. 팔란티어 플랫폼은 정형화된 데이터, 비정형 데이터, 오래된 형식의 레거시 데이터, 실시간으로 흘러 들어오는 스트리밍 데이터 등 사실상 모든 형태와 출처의 데이터를 연결하고 수집할 수 있도록 설계되었다. 이것이 바로 국토안보수사국의 사건 파일과 세관국경보호국의 여행 데이터를 연결하는 기술적 열쇠다. 민감한 정보를 다른 기관과 공유하기를 꺼리는 기관들의 저항을 극복하기 위해, 플랫폼은 매우 강력하고 세분화된 접근 제어 기능을 내장하고 있다. 사용자의 역할, 보안 인가 수준, 심지어 정보를 조회하는 목적에 따라서도 데이터에 대한 접근을 제한할 수 있다. 이는 각 기관이 데이터에 대한 통제권을 잃지 않으면서도 정보를 공유할 수 있는 신뢰의 틀을 제공한다. 또한 사용자가 수행하는 모든 조회 활동과 작업은 변경이 불가능한 감사 기록으로 남는다. 이는 시스템 오용에 대한 비판에 맞서 팔란티어가 내세우는 가장 중요한 방어 장치 중 하나로, 책임성을 확보하고 외부의 감독을 가능하게 하는 장치다.

이러한 기술적 장치들은 국토안보부와 같은 거대한 조직이 부서 간의 벽을 허물고 데이터를 하나의 통합된 자산으로 활용할 수 있는 기반을 마련해 주었다. 국토안보수사국의 수사관이 세관국경보호국의 입국 기록을 참조하고, 세관국경보호국의 표적 분석가가 국토안보수사국의 수사 정보를 활용하는 것은 바로 이 '단일 진실 공급원' 구조와 그 기술적 기반들이 있기에 가능한 일이다. '단일 진실 공급원' 개념은 두 가지 얼굴을 가지고 있다. 한편으로는 분석 능력을 끌어올리는 핵심 동력이자 효율성의 상징이다.

하지만 다른 한편으로는 비판하는 사람들이 우려하는 '디지털 그물망' 수사와 기능의 무분별한 확대를 가능하게 하는 주된 원인이기도 하다. 정부와 팔란티어는 이 개념을 관료주의의 비효율성과 데이터 단절 문제에 대한 해결책으로 제시한다. 그러나 범죄 수사를 담당하는 국토안보수사국과 민사 이민법 집행을 담당하는 집행 및 추방 작전국에 걸쳐 통합된 데이터 환경을 만들어냄으로써, 이 시스템은 두 기관의 임무 사이 구분을 기술적으로 무너뜨린다. 이제 수사 사건 관리 시스템에서 사건을 조회하는 요원은 수사의 원래 목적과 상관없이 두 영역에 관련된 데이터를 모두 볼 수 있게 된다. 이는 초국가적 범죄 조직 소탕이라는 국토안보수사국의 임무를 위해 도입된 시스템이, 이민 생애주기 운영 시스템을 통해 비자 체류 기간을 초과한 사람을 식별하고 추방하는 집행 및 추방 작전국의 임무에 완벽하게 사용될 수 있음을 의미한다. 결국, '단일 진실 공급원'이라는 구조적 선택은 데이터와 임무 기능의 분리를 기술적으로 어렵고 현실적으로 불가능하게 만든다. 이를 통해 정부의 정책과 개인의 인권에 직접적으로 영향을 끼치며, 이 구조 자체가 포괄적이고 전방위적인 법 집행 방식을 부추기는 결과를 낳은 것이다.

팔란티어의 기술이 국토안보부 내 여러 기관으로 확산된 것은 법 집행 및 국경 안보 분야에서 중요한 변화가 일어나고 있음을 상징한다. 이는 완전히 통합된 데이터 중심의 안보 체계를 구축하려는 정부와 민간 기업의 강력한 협력 관계가 굳어지고 있음을 의미한다. 그러나 이러한 기술적 역량의 이면에는 시민의 자유, 인권, 그리고 감시 국가의 등장에 대한 깊은 우려가 함께 존재한다. 이 기술을 둘러싼 서로 상반된 시각을 종합적으로 분석하는 것은 기술의 본질과 그것이 사회에 미치는 영향을 이해하는 데 반드시 필요하다.

국토안보부와 그 산하 기관들은 복잡하고 국경 없는 위협이 만연한 시대에 팔란티어 같은 도구가 필수라고 주장한다. 그들은 이러한 기술이 없었다면 탐지하기 불가능했을 위험한 범죄자와 테러리스트를 식별할 수 있게 해주었다고 강조한다. 팔란티어 역시 자사의 소프트웨어에 내장된 감사 기록이나 접근 제어와 같은 개인정보 보호 기능이 오히려 더 안전하고 책임 있는 대안이라고 주장한다. 기존의 비공식적이고 추적 불가능한 데이터 공유 방식보다 낫다는 것이다. 이들의 관점에서 팔란티어 플랫폼은 제한된 자원으로 최대의 안보 효과를 달성하기 위한 합리적이고 효과적인 수단이다.

반면, 미국시민자유연맹ACLU이나 국제앰네스티와 같은 인권 단체들은 이러한 시스템이 본질적으로 위험하다고 주장한다. 이들은 팔란티어의 기술이 2019년 미시시피주에서 있었던 대규모 사업장 단속이나, 부모 없이 국경을 넘은 아동의 가족들을 표적으로 삼는 작전 등을 지원함으로써 심각한 인권 침해에 기여하고 있다고 비판한다. 이들의 가장 큰 우려는 다음과 같다. 첫째, 대중의 감독이 거의 없는 거대한 감시 기구의 탄생이다. 둘째, 시스템의 알고리즘이 특정 집단에 불리하게 작용할 수 있는 편향의 위험이다. 셋째, 이민자 사회 전체에 미치는 위축 효과이다. 넷째, 이 디지털 그물망에 걸려드는 이민자와 미국 시민 모두의 사생활 침해 문제다. 이들은 기술의 효율성이 민주적 가치와 인권을 희생시키는 대가로 이루어져서는 안 된다고 경고한다.

팔란티어가 국토안보부 내에서 확산되면서 기술적인 장벽을 허무는 데는 성공했지만, 그 과정에서 전통적인 업무의 구분과 법적인 경계선마저 허물었다. 이제 핵심 질문은 이 기술이 제대로 작동하는지가 아니다. 여러 증거들은 이 플랫폼이 데이터 통합과 분석에 매우 효과적이라는 점을 보여준다. 이제 우리에게 남겨진 본질적인 질문은 이것이다.

민주 사회에 이처럼 강력한 도구가 국가 안보 기반 시설에 깊숙이 뿌리내렸을 때, 과연 그것을 효과적으로 통제하고 감독하며 민주주의 원칙 아래에 둘 수 있는가? 이 기술이 남길 유산은 아직 쓰이는 중이다. 그리고 그 최종 모습은 기술 자체의 성능이 아니라, 우리 사회가 이 기술을 다루기 위해 만들어 나갈 관리 체계의 수준에 의해 결정될 것이다.

CHAPTER 02
FBI, CIA 그리고 그 너머
: 수사기관 네트워크의 허브가 되다

사례 연구: 연방·지방 공조 수사의 현실

 2013년 4월 15일 오후 2시 49분, 보스턴의 중심가인 보일스턴 거리는 순식간에 아수라장으로 변했다. 제117회 보스턴 마라톤 대회의 결승선 부근에서 약 12초 간격으로 두 개의 폭탄이 터졌다. 180미터 정도 떨어진 두 지점에서 발생한 폭발은 축제의 현장을 피와 공포로 물들였다. 이 테러로 세 명이 목숨을 잃었고 260명 이상이 다쳤다. 부상자 중 다수는 팔다리를 절단해야 하는 끔찍한 상처를 입었다. 이 사건은 9.11 테러 이후 미국 본토에서 일어난 최악의 테러였다.

 사건 직후, 수사 당국은 전례 없는 정보의 홍수와 마주해야 했다. 범죄 현장은 열두 개 동네에 걸쳐 광범위하게 펼쳐져 있었다. 연방수사국FBI은 이 거대한 현장에서 단서를 모으기 시작했다. FBI 지휘 본부의 서버는 비명을 지르고 있었다. 수사관들 앞으로 10테라바이트가 넘는 데이터가 디지털 쓰나미처럼 밀려왔다. 결국 33테라바이트까지 불어난 이 정보의 산에는 수백 개의 CCTV 영상, 상점 기록, 그리고 시민들이 공포에 떨며 찍어 올린 수천 장의 사진과 동영상이 뒤섞여 있었다. 또한 사건 당시 현장에 있던 시민들이 자발적으로 제공한 수천 장의 사진과 동영상, 통화 기록 등도 있었다.

현대 기술 덕분에 증거는 이처럼 풍부했지만, 그 이면에는 역설적인 문제가 숨어 있었다. 정보가 부족한 것이 아니라, 정보가 너무 많다는 사실이 오히려 수사의 발목을 잡는 새로운 시대의 어려움이었다. 정해진 형식 없이 쏟아지는 데이터의 거대한 파도 속에서 의미 있는 신호를 찾아내는 것은 전통적인 수사 방식으로는 거의 불가능에 가까웠다.

엎친 데 덮친 격으로, 수사 현장은 기술적 어려움뿐만 아니라 제도적인 장벽에도 부딪혔다. 연방수사국, 보스턴 경찰국^{BPD}, 매사추세츠주 경찰 등 여러 기관이 수사에 힘을 합쳤지만, 이들이 가진 데이터는 각자의 시스템 안에 고립되어 있었다. 이러한 '데이터 사일로' 현상 때문에 정보가 원활하게 공유되지 못했다. 연방수사국의 범죄 기록, 보스턴 경찰국의 현장 보고서, 주 정부의 차량 등록 정보, 그리고 국토안보부의 출입국 기록과 테러리스트 감시 데이터베이스는 서로 원활하게 소통하지 못했다. 이렇게 정보가 단절된 것은 단순히 기술적인 문제 때문만이 아니었다. 기관들 사이에 깊게 뿌리내린 관할권 다툼과 서로 다른 조직 문화에서 비롯된 문제이기도 했다.

이 문제의 심각성은 테러가 발생하기 2년 전인 2011년에 이미 예고된 바 있었다. 당시 러시아 연방보안국^{FSB}은 테러범 타메를란 차르나예프가 이슬람 극단주의에 빠져 있으며, 잠재적인 위협이 될 수 있다는 구체적인 정보를 미국 FBI에 전달했다. FBI는 이 정보에 대한 평가를 진행했지만, 별다른 테러 연관성을 찾지 못하고 석 달 만에 조사를 마무리했다. 결정적으로 이 중요한 정보는 관할 지역 경찰인 보스턴 경찰국과 공유되지 않았다. 훗날 보스턴 경찰국장 에드 데이비스는 의회 증언에서 이렇게 말했다. "만약 그때 그 정보를 우리가 알았더라면 결과가 달라졌을지 장담할 수는 없습니다. 하지만 알았더라면 좋았을 것으로 생각합니다." 그의 증언은 연방 정부와 지방 정부 사이에 존재하는 보이지 않는 벽을 암시했다. 심지어 여러 기관이 함께 테러에 대응하기 위해 만든 '합동 테러 태스크 포스JTTF'에 파견된 지역 경찰관조차, 소속 기관과 정보를 공유하려면 연방수사국의 승인을 받아야 한다는 양해각서MOU 조항이 이 장벽을 더욱 단단하게 만들었다. 정보는 존재했지만, 그것은 특정 기관의 금고 안에 잠들어 있었을 뿐, 위협을 막기 위한 살아있는 지식으로 연결되지 못했다. 이처럼 데이터는 조각나 있었고 기관들은 서로 협력하지 않는 '디지털 안개' 속에서, 수사는 길을 잃을 위기에 처했다. 바로 이 지점에서, 흩어진 점들을 연결해 하나의 그림을 완성할 새로운 접근법이 절실히 필요했다.

이 거대한 혼돈의 중심부로 팔란티어가 조용히 들어섰다. 온라인 결제 시스템 페이팔을 공동 창업하여 유명해진 '페이팔 마피아'의 일원인 피터 틸이 세운 이 비밀스러운 회사는, 이미 미국 CIA와 FBI 같은 정보기관들을 주요 고객으로 확보하며 대테러 분석 분야에서 명성을 쌓고 있었다. 팔란티어의 정부 부문 플랫폼인 '고담Gotham'은 단순히 데이터를 저장하는 창고가 아니었다. 그것은 흩어져 있는 데이터 조각들을 하나의 의미 있는 지식 체계로 융합하는 시스템이었다. 또한 분석가의 직관적인 판단 능력을 강화하여 숨겨진 패턴을 드러내도록 돕는, 이른바 '데이터를 위한 운영체제'였다.

보스턴 테러 수사에서 팔란티어의 역할은 기술 파트너사인 프레사이언트 애널리틱스Praescient Analytics를 통해 이루어졌다.

이들은 보스턴 경찰국에 실시간 분석을 지원하며, 연방 정부와 지방 정부 사이에 단절된 정보를 기술적으로 이어주는 다리 역할을 수행했다. 고담 플랫폼의 핵심은 '온톨로지Ontology'라는 개념에 있다. 온톨로지란 사람, 장소, 차량, 전화기, 사건과 같이 현실 세계에 존재하는 대상들과 그들 사이의 관계를 정의하는 일종의 의미론적 모델이다. 예를 들어, 연방수사국의 용

의자 파일에 있는 '타메를란 차르나예프'라는 이름, 보스턴 경찰국의 CCTV 영상 속에 찍힌 '흰 모자를 쓴 남자', 매사추세츠 차량등록국의 '혼다 시빅 차량 소유주' 정보는 각각 그 자체로는 별개의 데이터 조각에 불과하다. 하지만 고담의 온톨로지 위에서 이 정보들은 모두 '용의자 1'이라는 하나의 통합된 디지털 객체로 모인다.

이 과정의 핵심 기술은 바로 '개체 식별'이다. 플랫폼은 서로 다른 데이터 출처에 존재하지만, 사실은 동일한 대상을 가리키는 기록을 찾아내 연결한다. 이를 위해 인공지능[AI]과 머신러닝, 그리고 철자가 조금 틀리거나 형식이 달라도 비슷한 대상을 찾아내는 '퍼지 매칭' 기법을 사용한다. 예를 들어, 연방수사국의 공식 파일에 있는 'Tamerlan Tsarnaev'라는 이름과, 다른 기관의 감시 목록에 오타로 기록된 'Tsamayev'를 동일 인물로 인식하고 하나의 객체로 통합하는 것이다. 이러한 데이터 융합을 통해 수사팀은 더 이상 여러 개의 분리된 데이터베이스를 일일이 검색할 필요가 없다. 대신, 그들은 현실 세계의 수사 상황을 그대로 반영하는 역동적인 '디지털 트윈', 즉 디지털 쌍둥이와 상호작용을 한다. 이를 통해 분석가는 "용의자 1의 모든 알려진 주소를 지도에 표시하라" 또는 "사건 당일 폭발 지점 반경 100미터 안에 있었던 모든 휴대전화 번호를 보여줘"와 같은 직관적인 질문을 던질 수 있게 된다. 복잡한 컴퓨터 명령어를 사용하는 대신, 현실에서 쓰는 언어로 데이터와 대화하는 셈이다.

이러한 작업이 전적으로 기계에 의해 자동으로 이루어지는 것은 아니다. 팔란티어는 '인간과 기계의 공생' 모델을 지향한다. 고담 플랫폼은 데이터 통합이나 패턴 인식처럼 지루하고 반복적인 작업을 자동화한다. 이를 통해 분석가들이 더 높은 수준의 추론과 가설 검증에 집중할 수 있도록 돕는다. 보스턴 현장에 투입된 프레사이언트의 '전방 배치 분석가'들은 이러한 모델이 실제로 어떻게 작동하는지를 보여주는 살아있는 증거였다. 그들은 현장 지휘관의 요구사항을 플랫폼이 이해할 수 있는 질문으로 번역했다. 그리고 플랫폼이 도출한 분석 결과를 다시 현장에서 실행 가능한 정보로 해석하여 전달하는 역할을 했다. 이는 단순히 소프트웨어를 판매하는 데 그치지 않고, 위기 상황에서 그 기술이 최대의 효과를 발휘할 수 있도록 전문가 서비스를 함께 제공하는 팔란티어의 독특한 전략을 보여준다. 기술의 잠재력과 실제 운영 사이의 간극을 인간 전문가가 직접 메워줌으로써, 고담은 단순한 도구를 넘어 수사본부의 중추 신경계처럼 기능하기 시작했다.

2013년 4월 18일, 연방수사국은 수사의 방향을 결정할 중대한 결정을 내렸다. 아직 용의자들의 신원을 정확히 확보하지 못한 상태에서, CCTV에 포착된 두 남성의 사진을 대중에게 공개했다. 이는 조용한 수면 아래 숨어있던 범죄 조직을 의도적으로 흔들어 반응을 끌어내려는 위험한 도박과 같앉다. 이 결정은 즉각적인 파장을 일으켰다. 매사추세츠 다트머스 대학에 재학 중이던 조하르 차르나예프의 친구들은 언론에 공개된 사진을 보고 그를 즉시 알아봤다.

그날 저녁, 조하르의 휴대전화에서 그의 친구 디아스 카디르바예프에게 결정적인 문자 메시지가 전송되었다. "혹시 원하면 내 방에 가서 거기 있는 거 가져가도 돼." 이 짧은 메시지는 수사망에 걸려든 첫 번째 디지털 증거이자, 숨어 있던 공모자들의 관계망을 밝혀낼 중요한 실마리였다. 연방수사국이 확보한 이 통신 기록은 즉시 팔란티어 고담 플랫폼으로 입력되었다.

수사 분석가의 화면 위에서, 이 문자 메시지는 '조하르 차르나예프'라는 객체와 '디아스 카디르바예프'라는 새로운 객체 사이에 강력한 '연결고리'를 만들어냈다. 이것이 바로 '연결망 분석Link Analysis'의 시작이었다. 분석가는 이 연결고리를 중심으로 관계망을 확장하기 시작했다. 곧이어 다른 데이터들이 융합되었다. 통신사로부터 확보한 기지국 위치 정보는 카디르바예프의 휴대전화가 또 다른 친구들인 아자마트 타즈하야코프, 로벨 필리포스의 전화기와 함께 조하르의 대학 기숙사를 향해 이동하고 있음을 보여주었다. 플랫폼은 이 움직임을 용의자와 연결된 객체들이 특정 시간과 특정 장소로 집중되는 '이상 징후'로 시각화하여 보여주었다.

법원 기록에 따르면, 그날 밤 세 명의 친구들은 조하르의 기숙사 방에 들어가 그의 노트북 컴퓨터와 배낭 하나를 들고나왔다. 그 배낭 안에는 화약이 제거된 폭죽과 폭탄 제조에 사용될 수 있는 바셀린이 들어 있었다. 이들은 이 증거물들을 자신들의 아파트로 가져가 숨겼고, 결국 쓰레기통에 버렸다. 이 모든 행적은 각각 다른 출처에서 수집된 데이터 조각들이었지만, 고담 플랫폼 위에서 하나의 일관된 시간 순서로 재구성되었다. 분석가는 더 이상 "용의자는 누구인가?"라는 질문에 머무르지 않았다. 이제 "용의자는 누구와 연결되어 있으며, 그들은 지금 무엇을 하고 있는가?"라는 실시간 질문에 대한 답을 찾기 시작했다. 차르나예프 형제를 특정할 수 있었던 것은 영상 분석과 시민 제보의 성공 덕분이었다. 하지만 그들의 범행을 돕고 증거를 없애려 한 지원 조직을 실시간으로 밝혀낸 것은 데이터 융합과 연결망 분석이 거둔 승리였다.

이후 연방수사국 조사에서 친구들은 조하르의 방에 간 사실을 부인하며 거짓 진술을 반복했다. 하지만 수사관들의 손에는 이미 그들의 주관적이고 거짓된 진술을 무너뜨릴 객관적인 데이터 모델이 쥐어져 있었다. 플랫폼이 재구성한 통신 기록과 위치 정보라는 부인할 수 없는 증거 앞에서 그들의 거짓말은 힘을 잃었다. 데이터 중심의 수사는 이처럼 인간의 불완전한 기억이나 의도적인 거짓말에 의존하는 대신, 검증 가능한 디지털 발자국에 기반하여 진실을 구성한다. 이 사건은 이러한 새로운 수사 방식의 위력을 증명했다. 팔란티어는 흩어진 정보의 파편 속에서 예상치 못했던 공모자들의 관계망을 수면 위로 끌어올리며, 보이지 않았던 위협의 실체를 찾아냈다.

팔란티어 플랫폼을 통해 구축된 통합 정보는 수사 본부의 눈과 귀가 되었다. 이 정보는 도시 전체를 무대로 펼쳐진 숨 가쁜 추격전을 뒷받침했다. 용의자들의 신원과 그들의 공모자 관계망이 파악되면서, 수사는 전술 단계로 빠르게 전환되었다. 4월 18일 밤, 차르나예프 형제는 매사추세츠 공과대학교MIT 캠퍼스에서 경찰관 션 콜리어를 살해하고 그의 총기를 빼앗으려 했다. 이후 이들은 던 멩이라는 남성의 벤츠 SUV 차량을 강탈하고 그를 인질로 삼아 도주했다. 결정적인 순간은 던 멩이 주유소에서 극적으로 탈출하여 경찰에 신고하면서 찾아왔다. 던 멩이 탈출 후 자신의 차량에 내장된 GPS 추적 시스템이 있다고 경찰에 알렸고, 이를 통해 경찰이 형제의 위치를 실시간으로 추적할 수 있었다.

이 정보를 바탕으로 경찰은 워터타운에서 형제와 마주쳤고, 격렬한 총격전이 벌어졌다. 형 타메를란은 이 과정에서 경찰과 몸싸움을 벌이다가, 동생 조하르가 몰던 차에 치인 뒤 총상을 입고 사망했다. 홀로 도망친 조하르의 행방은 묘연했지만, 수사본부는 포기하지 않았다. 다음 날 저녁, 한 주민이 자신의 뒷마당에 세워둔 보트의 덮개가 뜯겨 있고 핏자국이 보인다고 신고했다. 출동한 경찰은 전방 감시 적외선FLIR을 장착한 헬리콥터를 동원했다. 그리고 보트 안에 숨어 있는 조하르의 체온을 확인했다. 마침내 4월 19일 밤, 9.11 테러 이후 미국을 다시 공포에 떨게 했던 테러범은 한 시민의 보트 안에서 붙잡혔다. 이 모든 과정에서 팔란티어 플랫폼은 여러 기관의 정보가 실시간으로 모이는 통합 지휘소의 정보 중심축 역할을 수행했다. 이를 통해 급변하는 상황 속에서도 지휘관들이 통일된 상황 인식을 유지하도록 지원했다.

그러나 보스턴 마라톤 테러 수사는 팔란티어의 눈부신 성공 신화인 동시에, 뼈아픈 실패의 기록이기도 하다. 수사 과정에서 보여준 경이로운 '사후 대응' 능력의 이면에는, 비극을 막지 못한 '사전 예방'의 실패라는 짙은 그림자가 드리워져 있다. 여러 자료를 통해 연방수사국과 중앙정보국이 러시아로부터 타메를란의 위험성에 대한 경고를 받았음에도 불구하고, 그가 2012년에 일곱 달 동안 다게스탄으로 떠난 사실을 제대로 인지하고 대응하지 못했다고 지적한다. 당시 정보기관들은 이미 팔란티어와 같은 강력한 분석 도구를 운용하고 있었다. 그럼에도 이 결정적인 정보를 놓친 것은 기술의 한계라기보다는, '인간과 기계가 결합된 시스템'의 한계를 드러낸다.

팔란티어 플랫폼은 그 자체로 지능을 가진 존재가 아니다. 그것은 분석가가 던지는 '질문'에 답하는 강력한 도구일 뿐이다. 만약 아무도 "타메를란 차르나예프의 해외 출국 기록을 러시아가 제공한 정보와 교차 분석하라"는 질문을 던지지 않았다면, 플랫폼은 스스로 경보를 올리지 않는다. 이는 기술이 '질문에 의존'한다는 것을 보여주는 명백한 사례다. 즉, 아무리 뛰어난 기술이라도 올바른 질문이 주어지지 않는다면 무용지물이 될 수 있다는 것. 따라서 보스턴 사건은 팔란티어의 역량을 평가할 때 양면성을 동시에 고려해야 함을 시사한다. 이미 발생한 사건의 조각들을 맞춰 범인을 추적하는 '대응적 분석'에서는 압도적인 성능을 보였다. 하지만 뚜렷한 단서 없이 잠재적 위협을 미리 식별하는 '예방적 분석'에서는 한계를 드러낸 것이다.

보스턴 마라톤 테러 수사는 현대 대테러 활동의 분수령이 된 사건이다. 이 사건은 새로운 수사 방식의 등장을 알렸다. 연방, 주, 지방 정부, 심지어 일반 대중이 제공하는 정보까지, 서로 다른 출처의 데이터를 하나의 인공지능 기반 분석 플랫폼으로 융합하여 실시간에 가까운 통찰력을 얻는 방식이다. 특히 연결망 분석 기법은 기존에 범죄 조직도를 그리는 수준을 넘어, 사건 발생과 동시에 실시간으로 형성되는 공모 관계와 지원 조직을 포착할 수 있음을 증명했다. 보스턴의 추격전은 정보의 홍수와 예측 불가능한 위협이 지배하는 시대에, 방대한 잡음 속에서 숨겨진 연결고리를 신속하게 찾아내는 능력이 곧 승리의 열쇠라는 팔란티어의 핵심 가치를 극적으로 입증한 최초의 공개 사례이며, 역사에 그렇게 기록될 것이다.

대테러 자금 추적: CIA, FBI, 재무부의 삼각 공조

현대 국가 안보가 마주한 어려운 문제 중 하나는, 핵심 정보가 각기 다른 정부 기관에 흩어져 있다는 점이다. 특히 테러 자금 조달을 추적하는 일은 여러 기관의 고유한 권한과 법적 제약, 그리고 서로 다른 데이터 형식 때문에 극도로 조각난 정보 환경 속에서 이루어진다. 이 문제의 심각성을 이해하려면 먼저 세 개의 핵심 축, 즉 CIA, FBI, 그리고 재무부가 각각 어떤 정보를 생산하고 어떤 한계에 부딪히는지를 분석해야 한다. 팔란티어와 같은 데이터 융합 플랫폼은 바로 이 근본적인 문제, 즉 위험할 정도로 분리된 국가 안보 데이터를 통합하는 것을 목표로 설계되었다.

중앙정보국의 핵심 역할은 해외 정보를 수집하는 것이다. 9.11 테러 이후

이 임무에는 해외 테러 조직의 자금망을 추적하는 일이 명시적으로 포함되었다. 이를 위해 중앙정보국 내부에 '금융작전그룹FINO'이 새로 만들어졌으며, 이 조직은 다른 기관과 협력하여 테러 자금의 흐름을 차단하는 임무를 수행했다. 중앙정보국이 생산하는 정보의 가장 큰 특징은 그 형태가 정해져 있지 않은 비정형 데이터라는 점이다. 정보원으로부터 얻는 보고, 통신 내용을 감청하여 얻는 신호 정보, 그리고 동맹국 정보기관으로부터 입수한 첩보 등은 대부분 이야기 형식의 글로 이루어져 있다. 예를 들어, "특정 카페에서 '아흐메드'라는 인물이 자금 운반책과 접선했다"와 같은 정보는 숫자로 표현하기 어려운 질적 데이터다. 이러한 정보는 테러 조직의 의도나 인물 간의 관계 맥락을 파악하는 데 결정적이지만, 그 자체만으로는 금융 거래 기록과 직접 연결하기 어렵다. 이것이 바로 정보가 고립되는 '사일로' 문제의 핵심이다.

중앙정보국의 정보는 본질적으로 보안 등급에 따라 엄격하게 분리된 시스템에 보관된다. 팔란티어와 같은 플랫폼이 도입되기 전까지, 분석가가 중앙정보국의 현장 보고서에 언급된 특정 인물을 재무부 데이터베이스에 있는 금융 거래와 연결하는 작업은 매우 느리고 수동적인 과정이었다. 기관 사이에 공식적인 '정보 요청서RFI'를 보내고 답을 기다려야 했기 때문이다. 이 과정은 오류가 발생하기 쉬웠고 대량의 정보를 처리하기에는 비효율적이었다.

연방수사국은 테러 자금 조달을 포함한 미국 내 대테러 수사를 책임지는 주무 기관이다. 9.11 테러 이후 연방수사국은 '테러리스트 자금조달 작전과TFOS'를 만들어 관련 노력을 중앙에서 관리하기 시작했다. 이 부서의 임무는 용의자와 그 지원 조직에 대한 완전한 금융 분석을 수행하고, 국내외 관련 기관과의 협력을 조율하는 것이었다. 연방수사국이 보유한 데이터는 국내 수사 과정에서 쌓인 것들이다. 사건 파일, 정보원 보고, 감시 기록, 그리고 압

수수색 영장이나 소환장과 같은 법적 절차를 통해 확보한 은행 기록 등의 증거로 구성된다. 이 데이터는 형식이 정해진 데이터와 그렇지 않은 데이터가 섞여 있지만, 모든 정보는 미국 법과 증거법의 엄격한 제약을 받는다.

기관 간 협력의 필요성은 일찍부터 인식되었다. 연방수사국과 중앙정보국은 각자의 전담 부서인 테러리스트 자금조달 작전과와 금융작전그룹을 중심으로 공식적인 공동 실무 관계를 구축했다. 서로의 조직에 인력을 파견하여 "완벽한 상호작용"과 "전례 없는 정보 공유 체계"를 만들고자 노력했다. 이는 기술이 완전히 발달하기 전에도 정보 융합의 필요성이 얼마나 절실했는지를 보여준다. 하지만 이러한 협력에도 불구하고 근본적인 데이터베이스는 여전히 분리되어 있었다. 연방수사국 요원이 중앙정보국 데이터베이스를 직접 검색할 수는 없었으며, 정보 공유는 여전히 요청과 보고서에 의존했다. 법무부DOJ와 국토안보부DHS 사이에 체결된 양해각서MOA는 연방수사국의 주도적인 역할을 공식화했지만, 동시에 조율이 필요한 복잡한 관할권 문제가 존재함을 드러내기도 했다.

미국 재무부는 테러 자금 추적에 있어 가장 결정적인 형식이 정해진 정형 데이터를 보유하고 있다. 재무부 산하의 테러·금융정보실TFI은 해외자산통제실OFAC의 제재 권한과 금융범죄단속네트워크FinCEN의 규제 권한을 총괄한다. 이를 통해 금융 시스템을 불법 자금으로부터 보호하는 임무를 수행한다. 재무부가 활용하는 핵심 데이터는 다음과 같다. 첫째는 국제은행간통신협회, 즉 스위프트SWIFT 데이터다. 테러리스트 자금추적 프로그램TFTP은 재무부에 스위프트 메시지 시스템에 대한 행정적 소환 권한을 부여한다. 이를 통해 재무부는 방대한 양의 국제 금융 거래 데이터에 접근할 수 있다. 이 데이터는 형식이 매우 잘 정리되어 있지만 그 규모가 엄청나다. 둘째는 가상자산 데이터다. 금융범죄단속네트워크의 규정에 따라 가상자산 서비스 제공업체는 자금서비스업체로 등록해야 한다. 또한 의심거래보고SAR를 포함한 자금세탁방지 및 테러자금조달방지 의무를 지켜야 한다. 이는 익명으로 이루어지는 암호화폐 거래와 고객확인^{KYC} 절차를 통해 확보된 실제 신원을 연결하는 중요한 고리를 제공한다.

그러나 재무부의 데이터 역시 접근이 엄격하게 통제된다. 테러리스트 자금추적 프로그램은 기존 정보에 근거한 '표적 검색'만 허용하며, 무작위로 데이터를 분석하는 '데이터 마이닝'은 명시적으로 금지한다. 이는 역설적인 상황을 만든다. 검색을 정당화하는 데 필요한 첩보는 연방수사국이나 중앙정보국의 고립된 시스템 안에 갇혀 있다.

그런데 이 기관들은 수사를 진전시키기 위해 재무부가 가진 금융 데이터를 절실히 필요한 상황이 발생하기도 한다. 이러한 데이터 환경의 본질적인 문제는 단순히 정보가 분리되어 있다는 점을 넘어선다. 근본적인 문제는 각 기관이 생산하는 데이터의 유형이 질적으로 다르다. 즉, '데이터 종류의 불일치' 문제에 있다. 중앙정보국은 질적이고 형식이 정해지지 않은 이야기 형태의 정보를 생산한다.

반면 재무부는 양적이고 형식이 고도로 정해진 기록을 다룬다. 연방수사국은 법적 증거 기준에 따라 두 가지 유형이 혼합된 데이터를 관리한다. 이렇게 서로 다른 종류의 데이터들을 수동으로 합치려면 분석가가 인간 번역기 역할을 해야만 한다. 이는 비효율적이고 오류 발생 가능성이 높으며, 대규모 데이터를 처리하기에는 적합하지 않다. 팔란티어의 온톨로지 기술은 바로 이러한 의미와 구조의 차이를 해소하기 위해 설계되었다.

또한, 여러 기관이 함께 참여하는 합동 태스크포스나 복잡한 양해각서의 존재 자체가, 정부가 초기에 내놓은 해결책이 관료적이고 인력 중심적이었음을 보여준다. 그러나 이러한 접근법은 인간의 처리 능력과 기관 사이의 마찰이라는 본질적인 한계에 부딪혔다. 이에 따라 각 기관의 핵심적인 정보 접근 통제 권한은 존중하면서도, 관료적이고 법적인 경계를 뛰어넘어 고립된 정보들을 연결할 수 있는 기술적 해결책에 대한 강력한 수요가 생겨났다. 팔란티어는 단순한 도구가 아니라, 이처럼 뿌리 깊은 제도적 좌절에 대한 해결책을 제시한 것이다.

데이터가 서로 고립되어 있다는 문제를 이해했다면, 이제 그 데이터를 어떻게 하나로 합치는지에 대한 기술적 해법을 분석할 차례다. 여기서는 팔란티어의 핵심 혁신 기술인 온톨로지를 깊이 있게 살펴본다. 온톨로지는 단순히 데이터를 한데 모으는 데이터베이스가 아니다. 이는 현실 세계를 컴퓨터가 이해할 수 있는 모델로 만들어 데이터에 의미와 맥락을 부여하는 '의미의 층'이라고 할 수 있다. 팔란티어의 기술적 뿌리는 온라인 결제 서비스인 페이팔의 사기 탐지 시스템을 정보 분석 영역에 적용한 것에서 시작되었다. 페이팔의 시스템은 방대하고 서로 다른 종류의 데이터 속에서 비정상적인 패턴과 숨겨진 관계를 찾아내도록 설계되었다. 이를 통해 지능적으로 행동하는 사기꾼을 식별할 수 있었다. 이러한 철학, 즉 인공지능이 인간 분석가를 대체하는 것이 아니라 그의 능력을 더욱 강하게 만들어준다는 '지능 증강' 개념은 팔란티어 설계의 핵심이다.

온톨로지는 여러 곳에 흩어져 있는 데이터 소스들 위에 존재하는 의미론적인 계층이다. 기존의 데이터베이스를 대체하는 것이 아니라, 그것들을 통합하여 하나의 통일된 모델을 만들어낸다. 이는 조직이 다루는 세계, 이 시나리오에서는 테러리스트 조직망이라는 현실 세계의 디지털 쌍둥이 역할을 한다.

온톨로지의 핵심 개념은 다음과 같다. 첫째, '객체'이다. 객체는 현실 세계의 대상이나 사건을 의미한다. 예를 들어 사람, 회사, 은행 계좌, 암호화폐 지갑, 전화번호, 이메일 주소, 항공편 기록 등이 모두 객체가 될 수 있다. 둘째, '속성'이다. 속성은 객체의 특징을 정의한다. 사람 객체는 이름, 생년월일, 국적과 같은 속성을 가지고, 은행 계좌 객체는 계좌 번호, 은행명, 잔액과 같은 속성을 가진다. 셋째, '링크'이다. 링크는 객체 사이의 관계를 정의하며, 온톨로지에서 가장 중요한 요소다. 예를 들어, 사람 객체는 은행 계좌 객체와 '소유주'라는 링크로 연결될 수 있다. 또한, 한 은행 계좌 객체는 다른 은행 계좌 객체와 '자금 이체'라는 링크로 연결될 수 있다.

온톨로지가 앞서 설명한 서로 다른 종류의 데이터들을 어떻게 통합하는지 단계별 예시를 통해 살펴보자. 1단계는 '데이터 수집 및 연결'이다. 중앙정보국, 연방수사국, 재무부의 데이터가 플랫폼으로 수집된다. 이 과정에서 형식이 없는 글은 잠재적인 객체와 링크를 식별하기 위해 분석된다. 예를 들어, 중앙정보국 보고서에 "아흐메드가 특정 주소에서 운반책과 만났다"는 내용이 있다면, 시스템은 '아흐메드'를 사람 객체로, '운반책'을 또 다른 사람 객체로, '주소'를 장소 객체로 식별하고 연결한다. 2단계는 '객체 통합'이다. 플랫폼은 중복된 정보를 하나로 합친다. 중앙정보국 보고서의 '아흐메드'는 연방수사국 사건 파일의 '아흐메드', 그리고 재무부의 국제 금융 거래 데이터에 있는 송금 수혜자 '아흐메드'와 비교한다. 생년월일, 여권 번호, 전화번호와 같은 공통된 속성을 바탕으로, 시스템은 이들을 하나의 통일된 사람 객체로 융합한다. 이를 통해 가장 정확하고 완전한 대표 기록 또는 고객 360도 뷰를 생성한다. 3단계는 '링크 생성'이다. 시스템은 원본 데이터를 기반으로 링크를 자동으로 만들어낸다. 이제 하나로 합쳐진 '아흐메드' 객체는 중앙정보국 보고서에는 '언급됨'이라는 링크로, 연방수사국 사건 파일은 '수사 대상'이라는 링크로, 국제 금융 거래는 '수혜자'라는 링크로 연결된다. 이를 통해 풍부하게 서로 연결된 '지식 그래프'가 구축된다.

사용자의 시나리오에 맞춰 테러 자금 조달 조직망을 분석하기 위한 구체적인 온톨로지 모델은 다음과 같이 설계될 수 있다. 주요 객체로는 테러 조직원, 자금책, 유령 회사, 위장 사업체, 자선 단체, 은행 계좌, 암호화폐 지갑, 거래, 통신 기록, 여행 기록 등이 있다. 주요 링크로는 '통제(자금책이 유령 회사를 통제)', '실소유주(자금책이 은행 계좌의 실소유주)', '자금 전송(은행 계좌에서 암호화폐 지갑으로 자금 전송)', '통신(조직원이 자금책과 통신)', '동반 여행(조직원이 다른 조직원과 동반 여행)' 등이 있다. 온톨로지의 진정한 힘은 단순히 데이터를 모아두는 것이 아니라 의미를 번역하는 데 있다. 이는 마치 고대의 로제타석과 같은 역할을 한다. 로제타석이 동일한 내용을 세 가지 다른 문자로 기록하여 고대 문자 번역의 길을 열었듯이, 온톨로지는 중앙정보국 보고서의 언어, 국제 금융 거래 메시지의 언어, 연방수사국 파일의 언어를 객체, 속성, 링크라는 보편적인 문법으로 번역한다. 이를 통해 분석가는 이전에는 불가능했던 질문을 자연스럽게 던질 수 있다. 예를 들어, "예멘에서 발생한 중앙정보국 첩보에 등장하면서 이 은행 계좌와 연결된 모든 사람을 보여줘"와 같은 질문이 가능해진다. 이러한 접근 방식은 정보 분석의 중심을 데이터 중심에서 객체 중심으로 전환시킨다. 전통적인 분석은 특정 보고서나 기록 같은 데이터에서 시작하여 연관성을 찾아 나가는 방식이다.

반면, 온톨로지 모델은 분석의 초점을 원본 데이터가 아닌, 현실 세계를 반영하는 통합된 객체, 예를 들어 자금책 객체에 맞춘다. 이 객체는 어떤 출처에서든 새로운 데이터가 수집되고 연결될 때마다 자동으로 업데이트되는 살아있는 동적인 파일이 된다. 이는 분석가의 작업 방식을 근본적으로 변화시킨다. 끝없는 문서를 뒤지는 대신, 목표물의 살아있는 신상 파일을 구축하는 것과 유사한 경험을 제공하는 것이다. 이것이 바로 팔란티어가 '중앙 고객 파일' 또는 '고객 360도 뷰'를 생성한다고 말하는 것의 본질이다.

이제 분석가가 정보 및 국방 고객을 위한 플랫폼인 팔란티어 고담을 사용하여 수사를 진행하는 과정을 따라가 본다. 하나로 합쳐진 데이터와 온톨로지 모델이 어떻게 사용자의 질문에 답하며 복잡한 자금 세탁 조직망을 풀어내는지를 단계별로 보여줄 것이다. 수사는 하나의 단편적인 정보에서 시작된다. 예를 들어, 중앙정보국의 정보원 보고서에 '회장'으로 불리는 자금책이 고위험 국가의 특정 자선 단체를 통해 자금을 유통시키고 있다는 내용이 담겨 있다. 분석가는 고담 플랫폼에서 '회장'과 해당 자선 단체의 이름을 검색한다. 플랫폼의 온톨로지는 이미 보고서 내용을 기반으로 이들에 대한 객체를 생성하고 관계를 설정해 둔 상태다. 분석가는 자선 단체 객체를 탐색한다. 온톨로지는 이 객체와 연결된 연방수사국의 데이터를 즉시 보여준다. 미국 내 테러리스트 감시 목록에 있는 여러 인물이 이 자선 단체에 소액의 쪼개기 기부를 한 사실이 드러난다. 다음으로 분석가는 이 자선 단체의 금융 데이터로 초점을 옮긴다. 이제 자선 단체 객체에 연결된 재무부의 국제 금융 거래 데이터는 '에이펙스 글로벌 트레이딩'이라는 지주회사로부터 거액의 자금이 송금된 기록을 보여준다. 이 회사는 세금을 피하기 좋은 조세피난처에 등록되어 있다. 이제 지식 그래프에는 '에이펙스 글로벌 트레이딩'이라는 새로운 유령 회사 객체가 추가된다.

분석가는 이 객체를 탐색한다. 뚜렷한 사업 활동은 없지만, 수십 개의 다른 유령 회사 객체들과 복잡하게 얽혀 소액의 자금을 빠르게 주고받은 거래망이 나타난다. 이는 자금 세탁의 전형적인 '분산' 기법이다. 분석가는 이 유령 회사들 중 일부가 소수의 특정 암호화폐 지갑 주소로, 정기적으로 자금을 이체하고 있음을 발견한다. 여기서 팔란티어의 암호화폐 분석 기능이 활성화된다. 자금은 한곳에 머무르지 않는다. 비트코인에서 익명성이 강화된 모네로와 같은 다른 블록체인으로 이동한 뒤, 다시 이더리움으로 옮겨진다. 팔란티어는 전문 블록체인 분석 회사들의 데이터를 통합하여, 암호화폐의 종류가 바뀌더라도 자금의 흐름을 시각적으로 추적하는 '체인 호핑'을 분석한다. 일부 자금은 출처를 불분명하게 만들기 위해 암호화폐를 섞어주는 '믹싱 서비스'를 통과한다. 플랫폼은 거래 시간, 금액 등을 통계적으로 분석하여 믹서로 들어오고 나가는 자금 간의 개연성 높은 연결 고리를 찾아낸다.

마침내 이더리움상의 최종 목적지 지갑들은 주요 가상자산 거래소의 계정과 연결된 것으로 밝혀진다. 이 거래소는 금융 당국의 규정을 준수하므로 고객 신원 확인 데이터를 보유하고 있다. 거래소에 공식적인 법적 요청을 보내 확보한 고객 정보는, 이 지갑들의 소유주가 겉보기에 합법적인 수출입 업체의 중간 관리자임을 밝혀낸다. 이로써 익명의 온라인 활동이 현실 세계의 사람 객체와 연결된다. 분석가가 이러한 탐색을 수행하는 동안, 팔란티어의 인공지능 모델은 페이팔의 사기 탐지 방식과 유사하게 보이지 않는 곳에서 조용히 작동한다. 시스템은 분석가가 놓칠 수 있는 패턴을 포착하여 경고한다. 예를 들어, 수십 개의 개인 은행 계좌가 서로 다른 날짜와 은행에서 개설되었는데, 모두 암호화폐 추적에서 발견된 수출입 업체로부터 동일한 소액의 월급을 받고 있다는 패턴을 발견한다. 이 금액은 당국에 대한 의무 보고 기준액 바로 아래로 설정되어 있어, 전형적인 '구조화' 또는 '쪼개기' 패턴을 보인다. 또한 시스템은 이 계좌들을 개설하는 데 사용된 휴대폰 번호들이 모두 한 묶음으로 구매된 선불폰, 즉 대포폰에 연결되어 있음을 식별한다. 이는 조직적인 범죄 네트워크의 강력한 징후다.

이러한 수사 과정은 '인간 중심의 순환'이라는 팔란티어의 핵심 철학을 명확히 보여준다. 분석가는 정답을 수동적으로 받는 것이 아니라, 플랫폼과 역동적이고 반복적인 대화를 나눈다. 분석가의 직관이 수사의 방향을 이끌면, 플랫폼의 강력한 연산 능력이 엄청난 양의 계산을 처리하며 숨겨진 연결고리를 찾는다. 인공지능은 이상 징후를 표면으로 드러내지만, 최종적인 의미 부여와 결정은 인간 분석가의 몫이다.

더 나아가 이 시나리오는 수사가 여러 단계를 매끄럽게 넘나드는 것을 보여준다. 전통적인 자금 세탁 기법인 유령 회사 운영에서부터 현대적인 기술 기반 방법인 암호화폐 추적, 그리고 다시 단순한 사기 수법인 쪼개기 거래와 대포폰 사용까지 이어진다. 분리된 환경에서는 이러한 범죄들이 각각 다른 부서의 전문가들에 의해 개별적으로 다뤄졌을 것이다. 하지만 고담과 같은 통합 플랫폼에서는 이 모든 것이 동일한 지식 그래프 안의 서로 다른 링크와 속성일 뿐이다. 이는 분석가로 하여금 동일한 범죄 조직이 다양한 수법을 사용하고 있음을 보게 하여, 수사가 단편적으로 이루어졌을 때는 보이지 않았을 조직의 정교함과 운영 수준을 드러낸다. 이제 분석의 마지막 단계, 즉 네트워크 지도를 넘어 가장 중요한 인물인 핵심 자금책 '회장'을 특정하는 과정이다. 이는 단순한 시각화를 넘어 정량적인 네트워크 분석을 필요로 한다. 이제 지식 그래프는 수백 개의 회사, 계좌, 개인을 포함하는 거대하고 복잡한 형태가 되었다. 시각적으로만 검토하면 오해의 소지가 있다. 가장 눈에 띄게 중심에 있는 인물은 단순히 바쁘지만 중요하지 않은 중간 연락책일 수 있다. 진정한 리더는 의도적으로 네트워크의 일상적인 활동으로부터 자신을 격리시킬 수 있다.

팔란티어 고담은 사회 연결망 분석SNA이라는 도구를 포함하는데, 이는 네트워크 안에서 각 인물이 얼마나 중요한지를 수학적으로 측정하는 방법이다. 플랫폼은 다양한 중심성 지표를 계산할 수 있다. 예를 들어, '연결 중심성'은 한 인물이 얼마나 많은 다른 인물과 직접 연결되어 있는지를 보여준다. 이 지표를 통해 네트워크에서 가장 바쁜 중간 연락책을 찾아낼 수 있다. 특히 중요한 것은 매개 중심성이다. 이 지표는 특정 인물이 네트워크상 다른 두 사람 사이에서 얼마나 중요한 다리 역할을 하는지를 측정한다. 쉽게 말해, A라는 사람과 B라는 사람이 정보를 주고받을 때 가장 빠른 경로가 C라는 사람을 반드시 거쳐야 한다면, C는 높은 매개 중심성을 갖게 된다. 이런 인물은 정보의 흐름을 통제하는 문지기나 핵심 중개인일 가능성이 높다. 이처럼 매개 중심성은 복잡한 수식으로 계산되지만, 그 핵심 원리는 네트워크에서 정보가 오가는 길목을 지키며 중요한 인물을 찾아내는 것이다.

이 외에도 '근접 중심성'이나 '고유벡터 중심성' 같은 지표도 있다. 근접 중심성은 한 인물이 네트워크의 다른 모든 사람에게 얼마나 쉽게 정보를 전달할 수 있는지를, 고유벡터 중심성은 그와 연결된 사람들이 얼마나 중요한 인물인지를 종합적으로 평가한다. 이러한 지표들은 겉으로 드러나지 않으면서 네트워크 전체에 가장 큰 영향력을 미치는 숨은 실세를 찾는 데 매우 효과적이다.

분석가가 중심성 계산을 실행하면 의미 있는 결과가 나타난다. 수많은 거래에 관여된 유령 회사들은 높은 연결 중심성을 보인다. 수출입 업체의 관리자는 다른 객체들을 연결하는 다리 역할을 하므로 높은 매개 중심성을 보인다. 그러나 단 하나의 사람 객체가 가장 높은 고유벡터 중심성과 근접 중심성을 보인다. 이 사람은 불법 활동과 직접적인 금융 거래 연결이 거의 없다. 하지만 그는 핵심 유령 회사의 이사들이나 수출입 업체 관리자와 통신 및 가족 관계 링크로 연결되어 있다. 이 사람이 바로 회장이다. 플랫폼은 이 인물이 실제 운영에서는 멀리 떨어져 있지만 전략적으로는 네트워크의 중심에 있다는 사실을 수학적으로 증명했다. 그는 가장 효율적으로 전체 네트워크에 영향을 미칠 수 있는 인물인 것이다.

사회 연결망 분석은 분석가의 직감을 넘어 객관적인 수학적 근거를 제공한다. "이 사람이 의심스러워 보인다"라고 막연하게 말하는 대신, 분석가는 "이 개인은 네트워크에서 가장 높은 매개 중심성을 가지므로, 단 세 건의 직접 거래에도 불구하고 자금 흐름의 핵심 통제 지점이다"라고 명확하게 주장할 수 있다. 이러한 정량적 엄밀함은 한정된 수사 자원을 어디에 집중할지 결정하고 법적 조치를 정당화하는 데 매우 중요하다. 이는 정보 분석을 예술의 영역에서 과학의 영역으로 전환시키는 과정이다. 과거 네트워크 분석의 고전적인 비판 중 하나는 '피자 배달부 문제'였다. 피자 배달부는 테러 조직과 자주 접촉하여 높은 연결 중심성을 가질 수 있지만, 실제로는 조직과 무관하다. 팔란티어의 온톨로지 접근 방식은 링크에 유형을 부여하여 이 문제를 해결한다. 피자 배달부와의 링크는 '상품 구매' 유형으로, 조직원 간의 링크는 '음모 협의' 유형으로 구분된다. 이처럼 플랫폼이 단순히 링크의 존재 여부뿐만 아니라 그 의미와 맥락까지 분석할 수 있는 능력이야말로 진정으로 의미 있는 분석을 가능하게 한다.

필자는 여기에 중앙정보국의 해외 첩보, 연방수사국의 미국 내 수사 정보, 재무부의 금융 데이터라는 서로 다른 정보들이 팔란티어 플랫폼에서 어떻게 하나로 합쳐지는지를 분석했다. 이를 통해 복잡한 테러 자금 세탁 흐름을 추적하고 핵심 자금책을 특정하는 과정을 살펴보았다. 이 과정은 금융 정보 분석의 근본적인 패러다임 전환을 의미하며, 전략적, 윤리적, 법적 차원에서 중대한 시사점을 던진다. 분석의 여정은 법적으로 분리된 기관들에 걸쳐 조각나 있던 다양한 형태의 데이터에서 시작하여, 통일된 객체 중심의 지식 그래프로 마무리되었다. 이 기술은 정보 분석의 패러다임을 과거의 단서 기반 수동적 수사에서, 네트워크 기반의 능동적 위협 발견으로 전환시킨다. 분석가는 더 이상 개별 데이터 조각을 끼워 맞추는 데 시간을 허비하는 대신, 살아있는 네트워크 전체를 조망하며 전략적 통찰을 끌어내는 데 집중할 수 있게 되었다.

이러한 새로운 기술과 분석 기법의 결합은 테러 단체의 자금 조달을 막는 활동에 매우 중요한 변화를 불러온다. 과거에는 수년이 걸리거나 해결 자체가 불가능해 보였던 수사를 이제는 며칠 혹은 몇 주 만에 마칠 수 있게 되었다. 덕분에 수사 기관은 테러 조직이 자금 조달 방법을 바꾸며 대응하기 전에 한발 앞서 움직일 수 있는 결정적인 시간을 확보하게 된다. 나아가 이러한 기술은 테러 조직의 자금 흐름 전체를 속속들이 파악하고 무너뜨릴 힘을 제공한다. 조직의 자금을 관리하는 최고위급 인사부터 현장에서 활동하는 말단 조직원까지, 그리고 은행과 같은 전통 금융 시스템부터 새롭게 떠오르는 가상자산 시스템에 이르기까지 모든 것을 파악할 수 있다. 이것은 단순히 의심스러운 금융 거래 몇 건을 막는 수준을 넘어선다. 조직이 스스로 자금을 만들어내고 활동을 이어가는 능력을 뿌리부터 뒤흔드는 것을 의미한다. 이 기술의 진정한 힘은 기존의 법률이나 행정 기관의 경계를 뛰어넘어 흩어져 있는 다양한 데이터를 하나로 합치는 능력에서 나온다.

하지만 바로 이 강력한 힘 때문에 심각한 문제들이 발생한다. 이처럼 여러 곳의 데이터를 한데 모아 분석하는 강력한 기술은 국가의 감시와 책임, 그리고 시민의 자유를 어떻게 보호할 것인가에 대한 어려운 질문을 던진다. 데이터에 접근하고 사용하는 것에 대한 명확하고 투명한 규칙과 함께, 외부에서 이를 감시하고 견제할 수 있는 강력한 시스템이 마련되지 않는다면 권력이 남용될 위험은 커질 수밖에 없다. 서로 다른 정보들이 거대하게 연결되는 데이터 플랫폼의 등장은 정부가 사회 전체를 감시할지도 모른다는 타당한 우려를 낳는다. 해외의 테러리스트를 추적하는 기술과 자국민의 활동을 감시하는 것 사이의 경계는 너무나 쉽게 허물어질 수 있기 때문이다. 만약 이러한 경계가 무너진다면, 이는 우리 민주 사회의 근간을 위협하는 심각한 결과를 초래할 수 있다.

본 장에서 살펴본 몇 가지 원칙들이 있다. 대표적으로 '온톨로지 기반 융합'은 서로 다른 종류의 데이터를 의미 있는 관계망으로 엮어주는 기술을 말한다. 또한 '인공지능 주도의 이상 징후 탐지'는 인공지능이 방대한 자료 속에서 인간의 눈으로는 찾기 어려운 비정상적인 패턴을 발견하는 기법이다. 그리고 '네트워크 분석'은 사람이나 집단, 자금 거래 사이의 연결 고리를 시각적으로 분석해 숨겨진 조직의 구조를 드러내는 방법이다. 이러한 원칙들은 단순히 테러리즘 대응에만 사용되는 것이 아니다. 앞으로 발생할 수 있는 모든 복잡하고 국제적인 위협에 대처하기 위한 미래 정보 분석의 기본 틀을 보여준다. 이 기술이 우리에게 주는 강력한 능력과 그로 인해 발생하는 사회적 논쟁은 앞으로도 계속될 것이다. 따라서 기술의 발전과 민주 사회가 지켜야 할 가치 사이에서 균형을 잡기 위한 사회적, 법적, 제도적 논의는 그 어느 때보다 중요해질 것이다.

CHAPTER 03
미 육군과의 전쟁
: 상용 기성품 솔루션과 조달 시스템 혁신 소송

사건의 발단: DCGS-A와 팔란티어 고담의 대립

미 육군의 정보 시스템 조달 역사상 가장 중요한 전환점 중 하나로 기록된 분쟁을 살펴보자. 이는 단순히 두 개의 기술 시스템 사이의 경쟁을 넘어선다. 이 사건은 전장의 냉혹한 현실과 국방부의 경직된 관료주의, 그리고 혁신적인 상용 기술과 전통적인 방위 산업체 사이의 근본적인 문화 충돌을 드러냈다. 이 갈등의 핵심에는 미 육군이 수십억 달러를 투입하여 개발한 차세대 통합 정보 체계인 '분산형 공통 지상 시스템-육군DCGS-A'이 있었다. 그리고 그 반대편에는 실리콘밸리의 신생 기업 팔란티어가 개발한 상용 기성품 솔루션인 고담Gotham이 있었다. 아프가니스탄의 치열한 전장에서 시작된 이 대립은 결국 법정 소송으로까지 번졌다. 그 결과는 미 국방부의 조달 시스템 전체에 지대한 영향을 미쳤다.

먼저 갈등의 씨앗이 싹튼 아프가니스탄 현장으로 돌아가 보자. 두 시스템이 실제 전투 환경에서 어떻게 운용되었고, 왜 현장 군인들의 평가가 극명하게 엇갈렸는지를 살펴보는 것은 중요하다. 이는 단순한 기술적 성능 비교를 넘어 군인의 생명과 작전의 성패가 달린 문제였으며, 이후 벌어질 거대한 싸움의 서막이었다.

'분산형 공통 지상 시스템-육군^{DCGS-A, Distributed Common Ground System-Army}'은 이론적으로는 매우 야심 찬 시스템이었다. 육군의 모든 정보, 감시, 정찰 자산을 통합하는 것이 목표였다. 또한 합동군, 동맹군, 심지어 국가 정보기관의 데이터까지 하나로 합쳐 전장의 지휘관에게 전례 없는 수준의 상황 인식을 제공하고자 했다. 700개가 넘는 고유한 정보 출처를 처리하고 100개 이상의 분석 도구를 제공하여, 정보 분석가들이 적의 위협, 지형, 기상 등 모든 요소를 종합적으로 분석할 수 있도록 설계되었다. 육군은 DCGS-A를 "정보 전문가의 주력 시스템"이라고 불렀다. 그리고 향후 20년에서 30년간 육군의 핵심 정보 무기가 될 '기록 프로그램^{POR, Program of Record}'으로 지정하며 막대한 예산과 기대를 쏟아부었다.

그러나 아프가니스탄의 황량한 작전 기지에서 이 시스템을 직접 다뤄야 했던 군인들에게 DCGS-A는 악몽과도 같았다. 현장 사용자들의 의견은 한결같이 부정적이었다. 시스템은 지나치게 복잡하고, 불안정하며, 느리고, 사용자에게 불편하여 작전에 큰 방해가 된다는 평가가 지배적이었다. 2012년 미 육군 시험평가사령부^{ATEC}가 육군참모총장에게 보낸 메모는 이러한 문제점을 신랄하게 지적했다. 시험평가사령부는 DCGS-A에 중대한 한계가 있어 효과적이지 않고, 부적합하며, 생존하기 어렵다고 결론 내렸다. 구체적으로, 테스트 기간에 평균 5.5시간마다 서버 장애로 인한 재부팅이 필요했다. 일급비밀 정보를 다루는 분석가들은 10.8시간을 사용할 때마다 시스템 장애를 겪었다. 여러 개의 화면을 동시에 열어야만 하나의 작업을 완료할 수 있는 복잡한 화면 구성은 잦은 '작업 정지'를 유발했고, 이는 분석가들의 좌절감을 키우고 시스템에 대한 신뢰를 심각하게 무너뜨렸다. 이러한 기술적 결함은 단순한 불편함이 아니었다. 그것은 전장에 선 군인의 생명을 담보로 한 치명적인 도박이었다. 특히 시시각각 동료들의 목숨을 앗아가는 급조폭발물^{IED} 조직망을 추적하는 과정에서, DCGS-A의 무력함은 그대로 아군의 피로 돌아왔다. 제82공수사단의 한 정보 장교는 DCGS-A를 사용하여 급조폭발물 설치 패턴을 추적하는 지도를 만드는 데 하루 반나절이 걸렸다고 증언했다. 시스템의 불안정성으로 인해 한 부대는 한 달에 3일에서 5일을 시스템 문제 해결에 허비해야 했고, 이는 데이터 손실로 이어졌다.

더 큰 문제는 훈련이었다. DCGS-A를 기본적으로 사용하기 위해서는 80시간의 교육이 필요했다. 많은 분석가가 이 교육을 마친 후에도 역량이 부족하다고 판정받아 80시간의 추가 교육을 받아야 했다. 이는 한번 배우더라도 쉽게 잊어버리는 소멸성 높은 기술이었기 때문에, 계속 사용하지 않으면 무용지물이 되었다. 훈련 역시 시스템의 복잡한 기능을 통합적으로 활용하는 방법을 가르치기보다는, 단순히 버튼 누르는 법에 초점을 맞춰 진행되어 실효성이 거의 없었다. 결국 많은 부대에서 DCGS-A는 막대한 예산을 들여 보급되었음에도 불구하고, 창고 구석에서 먼지가 쌓인 채 방치되는 신세가 되었다. 2013년 정부회계감사국^{GAO} 보고서는 이러한 현실을 다시 한번 확인하며, 시스템이 작동하기 어렵고 정보의 흐름을 방해한다고 지적했다. DCGS-A가 현장에서 외면받는 동안, 전혀 다른 배경을 가진 시스템이 조용히 그 가치를 입증하고 있었다. 실리콘밸리의 데이터 분석 기업 팔란티어가 개발한 고담 플랫폼은 정부의 요구사항에 맞춰 처음부터 개발되는 방식이 아니었다. 이미 시장에 존재하는 기술을 정부의 필요에 맞게 일부 수정하여 제공하는 상용 기성품 솔루션이었다. 팔란티어는 해병대와 특수작전부대 등 DCGS-A 사용이 의무가 아니었던 일부 조직에 고담 플랫폼을 공급하며 명성을 쌓았다. 사용자들은 고담의 직관적인 화면과 빠른 데이터 처리 속도에 열광했다. 또한 방대한 양의 서로 다른 종류의 데이터를 유기적으로 결합하여 의미 있는 통찰력을 끌어내는 능력에 높은 점수를 주었다. 고담의 훈련 시간은 단 두세 시간에 불과했으며, 이는 160시간까지 필요했던 DCGS-A와 극명한 대조를 이루었다.

이러한 성능 차이가 가장 극적으로 드러난 곳은 제82공수사단이 작전하던 아프가니스탄 칸다하르였다. 2011년, 급조폭발물 공격으로 연이어 사상자가 발생하자, DCGS-A의 한계를 절감한 부대는 팔란티어 웹사이트를 통해 직접 도움을 요청했다. 현장에 파견된 팔란티어 직원은 단 세 시간만에 고담 시스템을 이용해 적의 이동 경로, 급조폭발물 공격 패턴, 그리고 이전에는 발견하지 못했던 네 건의 미수 공격 사이의 연관성까지 분석해냈다. DCGS-A 분석팀이 하루 반나절 동안 씨름해도 얻지 못했던 결과를 순식간에 시각화하여 보여준 것이다. 한 정보 분석가는 당시의 충격을 이렇게 회고했다. "내 여섯 번째 전투 파병이었지만, 그렇게 짧은 시간에 그 정도 수준의 세부 정보를 종합해 본 적은 없었습니다. 저는 '이럴 수가'라고 생각하며 그저 앉아 있었습니다." 이 경험을 통해 제82공수사단 지휘부는 고담 플랫폼이 임무 수행에 필수적이라고 판단하고, 공식적으로 도입을 요청했다.

2011년 말과 2012년 봄, 부대는 급조폭발물로 인해 여섯 명의 군인을 추가로 잃은 후에도 거듭 팔란티어 도입을 요청했다. 그들은 요청서에 DCGS-A에 의존하는 것은 "작전 기회의 상실과 부대에 대한 불필요한 위험으로 이어진다"라고 명시했다. 그러나 육군 상급 지휘부는 이러한 현장의 절박한 요청을 번번이 거절했다. 대신 더 많은 DCGS-A 장비와 인력을 칸다하르로 보냈다. 부대 내부 메모는 당시 상황을 "우리가 치열한 전투 중에 사상자가 속출하고 있는 상황에서 비효율적인 정보 시스템과 씨름하고 있다"고 기록했다. 이처럼 전장의 현실은 두 시스템의 가치를 명확하게 보여주었다. 한쪽은 수십억 달러의 예산을 투입하고도 군인들을 위험에 빠뜨리는 애물단지였다. 다른 한쪽은 민간 기술의 유연성과 효율성으로 군인의 생명을 구하고 작전을 성공으로 이끌 잠재력을 보여주었다. 이 극명한 대비는 단순한 기술적 선호의 문제를 넘어, 육군 조달 시스템의 근본적인 문제점을 드러내는 신호탄이었다. 현장의 목소리가 철저히 외면당하는 상황은 결국 팔란티어가 미 육군을 상대로 전례 없는 법적 투쟁을 시작하게 만든 직접적인 계기가 되었다.

이러한 전장의 경험은 두 가지 중요한 시사점을 남긴다. 첫째, 국방 조달의 문제는 기술적 차원을 넘어 도덕적 차원을 가질 수 있다는 점이다. 군인들이 자신의 생명을 구할 수 있다고 믿는 도구의 도입을 거부하고 실패한 시스템을 고집하는 결정은, 현장에서 깊은 배신감과 불신을 낳았다. 급조폭발물로 동료를 잃어가는 상황에서 더 나은 대안이 있음에도 불구하고, 관료적 절차를 이유로 이를 외면하는 것은 단순한 행정적 판단이 아니었다. 이는 군인의 안전보다 프로그램의 유지를 우선시하는 것으로 비칠 수밖에 없었다. 이러한 도덕적 분노는 이후의 정치적, 법적 투쟁에 강력한 동력을 제공했다.

둘째, 정보화 시대에 최종 사용자의 피드백이 갖는 파괴적인 힘이다. 전통적인 국방 조달 시스템은 공식적인 시험 및 평가 절차에 따라 수년에 걸쳐 성능을 검증하는 하향식 구조에 의존한다. 그러나 아프가니스탄의 군인들은 메모, 이메일, 그리고 언론을 통해 실시간으로 비공식적인 피드백을 쏟아냈다. 이 피드백의 순환 속도는 공식적인 절차보다 훨씬 빨랐고 신랄했으며, 대중에게 더 큰 설득력을 가졌다. 결국 최종 사용자들이 만들어낸 이 '대체 평가'는 육군이 통제할 수 없는 강력한 여론을 형성했다. 이는 거대하고 관료적인 프로그램을 밑에서부터 흔드는 새로운 힘으로 작용했으며, 국방부가 이전에 경험하지 못했던 새로운 도전이었다. 아프가니스탄 현장에서 DCGS-A가 명백한 실패를 겪고 있었음에도, 이 프로그램이 어떻게 수년간 막대한 예산을 지원받으며 유지될 수 있었는지를 이해해야 한다. 이를 위해서는 미 국방부의 조달 시스템, 특히 '기록 프로그램POR, Program of Record'이라는 개념의 본질을 파헤쳐야 한다.

기록 프로그램은 단순한 프로젝트가 아니라, 예산, 인력, 계약, 그리고 정치적 이해관계가 얽힌 거대한 제도적 실체다. DCGS-A는 바로 이 기록 프로그램이라는 난공불락의 요새 안에서 보호받고 있었으며, 이 요새의 견고함은 프로그램의 실제 성능과는 거의 무관하게 작동했다. 미 국방부에서 기록 프로그램이란, 승인된 필요에 따라 새로운 또는 향상된 군사적 역량을 제공하기 위해 공식적으로 지시되고 예산이 배정된 획득 프로그램을 의미한다. 프로그램이 기록 프로그램으로 지정된다는 것은 국방부의 장기 예산 계획인 '미래 연도 국방 계획FYDP, Future Years Defense Program'에 공식적으로 등재된다는 것을 뜻한다. 이는 해당 프로그램이 앞으로 최소 5년간 안정적인 예산 지원을 보장받는다는 의미이며, 사실상 국방부의 장기적인 약속을 상징한다. DCGS-A의 경우, 육군은 이 프로그램을 "향후 20~30년간 육군의 정보 무기"가 될 것이라고 공언하며 그 지위를 확고히 했다. 한 관계자는 기록 프로그램이 된다는 것은 '사라지지 않을 것'을 의미한다고 단언했다. 이러한 선언은 DCGS-A에 대한 육군의 강력한 의지를 보여주는 동시에, 팔란티어와 같은 외부의 상용 솔루션에게는 넘을 수 없는 거대한 진입 장벽으로 작용했다.

육군이 DCGS-A를 이토록 강력하게 기록 프로그램으로 밀어붙인 명분은 분명했다. DCGS-A는 단일 시스템으로 16개의 각기 다른 기존 정보 시스템을 통합하고, 700개가 넘는 데이터 소스를 융합하는 '시스템의 시스템'으로 구상되었다. 이를 통해 전술 부대부터 국가 정보기관에 이르기까지 모든 계층의 정보 분석 및 공유를 가능하게 하는 것이 목표였다. 이는 단순히 육군만의 프로그램이 아니었다. 공군, 해군, 해병대의 분산형 공통 지상 시스템과 상호 운용되는 국방부 전체의 거대한 정보 공유 체계의 핵심 구성 요소였다. 이러한 거대한 비전과 목표는 DCGS-A를 단순한 소프트웨어 개발 프로젝트가 아닌, 육군의 미래 정보전 역량을 책임지는 핵심 전략 자산으로 격상시켰다. 그리고 그 어떤 비판에도 흔들리지 않는 제도적 방어막을 제공했다. 기록 프로그램의 지위를 더욱 공고히 하는 것은 바로 '미래 연도 국방 계획'이라는 예산 체계다. 미래 연도 국방 계획은 국방부가 현재 예산 연도를 포함해 향후 5년간 자원 배분 계획을 의회에 제출하는 핵심 문서다. 일단 특정 프로그램이 기록 프로그램으로 미래 연도 국방 계획에 반영되면, 해당 프로그램의 예산은 수년간 고정된다. 이는 계약업체와 프로그램 관리실에는 예측 가능성과 안정성을 제공하지만, 국방부 전체적으로는 유연성을 크게 해치는 결과를 낳는다.

정부회계감사국은 미래 연도 국방 계획이 종종 지나치게 낙관적인 계획 가정에 의존하여 프로그램의 미래 비용을 과소평가하는 경향이 있다고 지적했다. 이로 인해 국방부는 가용 예산에 비해 너무 많은 프로그램을 동시에 추진하였다. 이는 결국 프로그램의 불안정성, 비용 증가를 유발하는 사업 지연, 그리고 실패한 프로그램의 종결 결정을 늦추는 결과로 이어진다. 이러한 환경에서는 각 프로그램 관리자가 자신의 예산을 지키기 위해 치열하게 경쟁하게 된다. 프로그램의 실효성을 재평가하기보다는 예산 확보 자체에 더 큰 노력을 기울이는 동기가 발생하는 것이다. 이러한 구조는 팔란티어와 같은 상용 기성품 솔루션 COTS으로의 전환을 거의 불가능하게 만들었다. DCGS-A의 예산은 이미 미래 연도 국방 계획을 통해 수년 후까지 배정되어 있었다. 팔란티어를 도입하려면 기존에 확정된 기록 프로그램의 예산을 삭감하고 이를 다시 배정해야 했다. 이는 해당 프로그램에 연관된 수많은 이해관계자들의 강력한 저항에 부딪히는, 정치적으로나 관료적으로 매우 어려운 과제였다. 결국 미래 연도 국방 계획이라는 예산 시스템은, 실패한 프로그램을 조기에 종결하고 더 나은 대안으로 신속하게 전환하는 것을 막는 거대한 관성의 원천으로 작용했다.

　DCGS-A를 둘러싼 관료주의의 요새는 외부의 감시와 비판에도 굳건했다. 정부회계감사국과 육군 시험평가사령부는 수년에 걸쳐 프로그램의 문제점을 계속해서 제기했지만, 이는 실질적인 변화로 이어지지 못했다. 정부회계감사국은 2013년 보고서에서 DCGS-A가 작동하기 어렵고 정보의 흐름을 방해한다고 명시적으로 비판했다. 육군 시험평가사령부는 한 걸음 더 나아가 시스템이 사이버 공격에 대한 생존성이 없고 운용에 부적합하다는 혹평을 내렸다. 더욱 심각한 문제는 이러한 부정적인 평가를 의도적으로 축소하거나 은폐하려는 시도가 있었다는 의혹이다. 2012년, 팔란티어 시스템에 대한 긍정적인 평가와 함께 더 많은 구매를 권고하는 내용이 담긴 시험평가사령부의 초기 보고서가 상부에 의해 수정되었다. 그리고 원본 보고서는 파기하라는 지시가 내려졌다는 주장이 제기되었다. 이는 단순한 관료적 관성을 넘어, 기록 프로그램의 지위를 위협하는 정보를 적극적으로 차단하려는 조직적 저항이 있었음을 시사한다. 이러한 감독 기능의 실패는 DCGS-A에만 국한된 문제가 아니었다. 정부회계감사국은 국방부의 사업 시스템 현대화 전반에 걸쳐 적절한 감독의 부재, 부실한 성과 추적, 그리고 프로그램이 의도된 목표를 달성하고 있는지를 판단할 정보의 부족과 같은 시스템적인 문제를 꾸준히 지적해왔다.

　결국 DCGS-A는 외부 감시와 내부 평가라는 이중의 안전장치가 모두 제대로 작동하지 않는 환경 속에서, 그 실패를 지속할 수 있었다. 이러한 제도적 분석을 통해 드러나는 것은 기록 프로그램이 단순한 예산 항목 이상의 의미를 갖는다는 점이다. 기록 프로그램은 군 프로그램 관리실, 주요 계약업체와 그 하청업체들, 이들이 고용한 로비스트, 그리고 해당 지역구의 일자리와 예산에 영향을 받는 의회 의원들까지 포함하는 하나의 거대한 '정치·경제적 생태계'를 형성한다. DCGS-A는 수십억 달러 규모의 예산과 다수의 대형 방산 업체들이 얽힌 거대한 생태계였다. 이들 업체는 막강한 로비력을 동원하여 자신들의 이익을 보호한다. 따라서 DCGS-A와 같은 기록 프로그램을 중단하거나 대폭 수정하는 결정은 단순한 경영적 판단이 아니라, 이 복잡하게 얽힌 재정적, 정치적 이해관계의 그물망을 위협하는 정치적 행위가 된다. 이 생태계야말로 프로그램을 보호하는 진정한 요새이며, 이 안에서 프로그램의 실제 성능은 그 존재 이유에 비해 부차적인 문제로 전락하게 된다.

또한, DCGS-A의 야심 찬 목표, 즉 모든 것을 아우르는 '시스템의 시스템'이 되겠다는 비전 자체가 역설적으로 프로그램의 가장 큰 취약점이자 가장 강력한 방어막이 되었다. 수백 개의 데이터 소스를 통합하고 16개의 기존 시스템을 대체하려는 목표는 기술적으로 구현하기 매우 어려워 실패의 가능성을 안고 있었다. 그러나 동시에 이 엄청난 복잡성은 실패에 대한 편리한 변명거리를 제공했다. 지지자들은 이것이 예외적으로 복잡한 시스템이라고 말할 수 있었다. 더 나아가, 그들은 이 복잡성을 근거로 팔란티어처럼 상대적으로 단순한 상용 제품이 DCGS-A의 모든 기능을 대체할 수 없다고 주장할 수 있었다. 실제로 그들은 팔란티어가 DCGS-A가 수행하는 작업의 약 10% 정도만 처리할 수 있다고 평가절하했다.

결국, 프로그램의 거대하고 달성 불가능해 보이는 목표가 역설적으로 더 집중적이고, 기능적이며, 민첩한 대안으로부터 스스로를 보호하는 방패 역할을 한 것이다. '시스템의 시스템'이라는 개념은 영원한 개발을 정당화하고 실행 가능한 대안을 막는 논리로 변질되었다. DCGS-A와 팔란티어의 대립은 단순히 두 기술 사이의 경쟁을 넘어선다. 이는 20세기 산업 시대에 뿌리를 둔 국방부의 조달 문화와 21세기 정보화 시대의 소프트웨어 개발 문화 사이의 근본적인 충돌이었다. 육군이 무기를 획득하는 방식은 수십 년간 검증된 하드웨어 제조 공정에 최적화되어 있었다. 하지만 이는 급변하는 소프트웨어의 세계와는 본질적으로 맞지 않았다. 이 문화적 간극이야말로 전체 분쟁의 기저에 깔린, 거의 철학적인 수준의 갈등의 핵심이었다.

미 육군의 전통적인 획득 방식은 대형 방산 업체와 '비용 가산' 계약을 맺는 것이다. 사전에 정의된 고정된 요구사항에 따라 수년 또는 수십 년에 걸쳐 제품을 개발하는 방식이다. 이는 소프트웨어 개발에서 '폭포수' 모델로 알려져 있다. 각 개발 단계가 순서대로 진행되며, 이전 단계가 완료되어야 다음 단계로 넘어갈 수 있다. 이 모델의 핵심인 비용 가산 계약은, 계약업체가 프로젝트에 쓴 모든 비용을 정부로부터 보상받고 그 위에 추가적인 이윤을 보장받는 구조다. 이러한 구조는 본질적으로 더 많은 시간과 비용을 쓰도록 유도하는 역인센티브를 낳는다. 총비용이 증가할수록 계약업체의 총이윤도 함께 증가하기 때문에, 속도, 효율성, 혁신을 추구할 동기가 약해진다. 이 과정은 국방부의 거대한 관료 조직에 의해 관리되며, 계약업체는 정부 고유의 복잡한 회계 시스템을 갖춰야 하므로 상용 기업에는 높은 진입 장벽으로 작용한다. 육군은 2024년 소프트웨어 지침에서도 이러한 비용 가산 계약 방식을 최대한 활용하라고 명시하며, 이 모델에 대한 강한 선호를 드러냈다. 이는 실리콘밸리의 상용 소프트웨어 개발 모델과 정면으로 배치된다. 팔란티어와 같은 기업들은 자체 자본을 투자하여 제품을 먼저 개발한다. 그 후, 이를 '고정 가격' 또는 '구독' 방식으로 고객에게 판매한다. 이 모델에서는 효율적이고 신속하게 가치를 제공해야 이윤을 극대화할 수 있다.

개발 방법론 또한 근본적으로 다르다. 실리콘밸리는 '애자일' 개발 방식을 채택한다. 이는 지속적인 사용자 피드백을 반영하여 짧고 반복적인 주기로 소프트웨어를 개발하고 개선해 나가는 방식이다. 애자일의 목표는 수십 년 전에 작성된 요구사항 문서를 충족시키는 것이 아니다. 바로 지금 사용자가 겪고 있는 문제를 해결하는 것이다. 팔란티어가 현장에서 성공을 거둘 수 있었던 것은 바로 이 애자일 방식 덕분이었다. 현장에 파견된 직원들은 분석가들의 피드백을 직접 받아 제품을 즉각적으로 개선했다. 이러한 문화는 육군의 조직 문화와 상충했다. 당시 육군 획득 책임자였던 더그 부시의 발언은 이러한 제도적 사고방식을 극명하게 보여준다. "만약 일부 회사가 계약에 입찰하고 싶지 않다면, 여긴 자유로운 나라입니다. 입찰하지 않으면 됩니다." 이는 공급업체가 육군의 절차에 맞춰야지, 그 반대가 되어서는 안 된다는 생각을 보여준다. 혁신을 받아들이기보다는 기존의 방식을 고수하려는 국방부의 깊은 관성을 드러내는 것이다. DCGS-A 프로그램의 주 계약업체는 미국의 최대 방산 기업인 노스롭 그루먼, 레이시온, 제너럴 다이내믹스, 록히드 마틴 등으로 구성된 컨소시엄이었다. 이들처럼 기존의 거대 기업들은 문화적으로나 재정적으로 비용 가산 및 폭포수 모델에 완벽하게 적응해 있었다. 이는 그들이 수십 년간 사업을 해온 방식이며, 국방부 및 의회와 깊고 오랜 관계를 유지하며 로비 활동을 통해 현상 유지를 강화하는 데 익숙했다.

　이러한 구도 속에서 팔란티어는 파괴적 외부자였다. 그들의 사업 모델, 편안한 복장으로 회의에 나타나는 문화, 그리고 그들의 기술은 기존 강자들의 지위와 사업 방식 자체를 직접적으로 위협했다. 팔란티어의 등장은 단순히 새로운 경쟁자의 출현이 아니라, 국방부의 낡은 질서에 대한 근본적인 도전이었다. 이 문화적 충돌의 본질은 육군이 소프트웨어를 마치 탱크처럼 구매하려 했다는 점에서 찾을 수 있다. 이는 근본적인 개념적 오류였다. 탱크의 물리적 요구사항은 개발 주기 동안 비교적 안정적이다. 그러나 소프트웨어, 특히 역동적인 전시 상황에서 사용되는 소프트웨어의 요구사항은 끊임없이 변화한다. 탱크 개발에 맞춰 설계된 육군의 폭포수 모델은 수년, 심지어 수십 년이 걸리는 개발 과정 초기에 요구사항을 확정시킨다. 그 결과, DCGS-A가 마침내 현장에 배치되었을 때는 이미 10년 이상 된 낡은 기술로 어제의 문제를 해결하기 위해 만들어진 구시대의 유물이 되어 있었다.

반면, 애자일 모델은 이러한 끊임없는 변화에 대응하기 위해 설계되었다.

따라서 DCGS-A의 실패는 부적절한 획득 모델을 선택한 순간부터 이미 예견된 것이나 다름없었다. 육군은 단지 잘못된 제품을 산 것이 아니라, 근본적으로 잘못된 방식으로 구매하고 있었다. 이러한 경직된 문화를 더욱 강화하는 구조는 바로 '회전문 인사'이다. 국방부와 주요 방산 업체 사이의 인력 이동은 잠재적인 이해 상충 문제를 넘어, 지배적인 획득 문화를 재생산하고 강화하는 강력한 기제로 작용한다. 연구에 따르면 DCGS-A와 같은 프로그램을 감독했던 고위 관료들이 퇴임 후 바로 그 프로그램을 제작한 레이시온이나 제너럴 다이내믹스와 같은 계약업체의 고위직으로 자리를 옮기는 사례가 다수 발견되었다. 이들은 국방부의 문화적 규범과 절차 중심적 사고방식을 그대로 업계로 가져간다. 반대로, 업계 임원들이 정부로 들어올 때도 그들은 이미 전통적인 비용 가산 모델에 깊이 물들어 있다. 이러한 끊임없는 인적 교류는 획득 테이블의 양측이 동일한 언어를 사용하고 동일한 가정을 공유하게 만든다. 이는 실리콘밸리와 같은 외부 문화가 시스템에 침투하는 것을 극도로 어렵게 만들며, 스스로를 영속시키는 폐쇄적인 순환 고리를 형성한다.

소송과 승리: '상용 기성품' 배제를 뚫다

2016년, 실리콘밸리의 데이터 분석 기업 팔란티어가 세계 최강의 군사 조직인 미 육군을 상대로 소송을 제기한 사건은 단순한 계약 분쟁을 넘어섰다. 이는 수십 년간 굳건히 유지되어 온 미국의 전통적인 국방 조달 시스템, 즉 '군산 복합체'의 심장에 비수를 꽂은 혁신적인 도전이었다. 팔란티어는 상용 기성품 솔루션에도 공정하게 경쟁할 기회를 달라고 요구하며, 법을 무기로 국방부의 닫힌 문을 강제로 열어젖혔다.

미 육군 관료 조직은 실패한 DCGS-A 프로그램을 보호하고 팔란티어의 진입을 막기 위해 조직적인 노력을 기울였다. 이는 '우리 조직에서 개발한 것이 아니면 배척하는' 증후군을 넘어선 적극적인 방해 행위에 가까웠다. 2008년부터 2012년 사이, 아프가니스탄의 야전 지휘관들은 훨씬 효과적인 팔란티어 소프트웨어 도입을 수차례 긴급 요청했다. 하지만 국방부의 중간 관리자들은 DCGS-A 사용을 고집하며 이를 의도적으로 거부했다. 육군은 팔란티어의 성능을 의도적으로 깎아내리기 위해 테스트 결과를 조작했다는 의혹을 받았다. 2012년, 팔란티어에 대한 긍정적인 내용이 담긴 육군 시험 평가사령부의 초기 보고서가 폐기되고, 덜 호의적인 내용으로 수정된 보고서로 대체되었다는 주장이 제기되었다. 또한 육군은 팔란티어가 DCGS-A 기능의 극히 일부만 수행할 수 있다는 내용의 오해 소지가 있는 도표를 의회에 제출했는데, 이 자료는 훗날 시대에 뒤떨어진 정보였음이 드러났다. 이러한 방어적 태도는 법적 대응에서도 명확히 나타났다. DCGS-A 계약 담당관은 2016년 7월 1일, '상용품목이 아님'을 결정하는 인증서에 서명했는데, 이는 팔란티어가 법원에 소송을 제기한 바로 다음 날이었다. 이 절묘한 시점은 해당 인증이 진정한 시장 조사의 결과가 아니라, 이미 정해진 결론을 정당화하기 위한 사후 법적 대응이었음을 강력히 시사한다.

팔란티어는 잘 알려지지 않은 조달 관련 법규를 강력한 무기로 삼아, 육군의 보호주의적 조달 전략을 해체하는 법률 전쟁을 시작했다. 팔란티어 소송의 법적 근거는 '1994년 연방조달합리화법^{FASA}'이었다. 이 법의 핵심은 연방 기관이 자체적인 해결책을 개발하기보다는 "실행 가능한 최대 범위까지" 상용 기성품을 우선적으로 구매하도록 의무화한 것이다. 이 법은 기관이 조달 공고를 내기 전에 세 가지 중요한 의무를 부과한다. 첫째, 시장에 어떤 상용 제품이 존재하는지 반드시 조사해야 한다. 둘째, 그 결과를 바탕으로 상용 제품이 요구사항을 충족하는지, 일부 수정하면 충족할 수 있는지, 또는 기관의 요구사항을 합리적으로 수정하면 상용 제품을 수용할 수 있는지를 '판단'해야 한다. 셋째, 요구사항은 기능과 성능 위주로 정의하여 상용 기성품 공급업체들이 공정하게 경쟁할 기회를 갖도록 해야 한다.

팔란티어의 법적 전략은 DCGS-A 2단계 사업 계획이 불법이라고 주장하는 것이었다. 육군이 단일 주 계약자를 선정해 완전히 새로운 시스템을 개발하도록 사업을 구상했는데, 이는 팔란티어가 자사의 데이터 관리 플랫폼을 상용품목으로 제안하는 것을 불가능하게 만드는 명백한 법 위반이라는 논리였다. 소송에서 팔란티어는 육군이 개발 중심적 접근법에 근시안적으로 매몰되어 있었다고 주장했다. 육군 내부의 보고서조차 상용 솔루션을 활용하는 혼합 방식이 더 낫다고 결론 내렸고, 팔란티어 역시 정보요청서에 대한 답변을 통해 자사 제품의 우수성을 수차례 알렸음에도 육군이 이를 무시했다는 증거들을 체계적으로 제시했다. 팔란티어는 이러한 육군의 행위가 "자의적이고, 변덕스러우며, 재량권을 남용했거나, 법에 부합하지 않는" 조치라고 공격했다.

2016년 10월, 미 연방청구법원의 마리안 블랭크 혼 판사는 팔란티어의 손을 들어주었고, 이 판결은 2018년 연방순회항소법원에서도 그대로 확정되었다. 법원은 육군이 연방조달합리화법의 명백한 법적 의무를 위반했다고 판결했다. 행정 기록을 통해 육군이 팔란티어의 상용 제품을 인지하고 있었음에도 불구하고, 시장 조사 결과를 제대로 활용하여 고담 플랫폼이 요구사항을 충족할 수 있는지를 판단하는 절차를 거치지 않았다고 지적했다. 상용품목이 없다는 육군의 결론은 근거가 부족하고 독단적이라고 판단한 것이다. 이에 혼 판사는 육군이 계획했던 계약을 진행하지 못하도록 '영구적 금지명령'을 내렸다. 법원이 육군에게 어떻게 분석해야 하는지 구체적인 방법을 지시하지는 않았지만, 법을 준수하기 위해 처음부터 다시 상용 제품을 심각하게 고려하라고 명령했다. 이는 사실상 기존의 조달 계획을 백지화시킨 것이었다.

이 소송의 승패를 가른 것은 카리스마나 정치적 영향력이 아닌, 철저한 '행정 기록'의 힘이었다. 팔란티어는 정보요청서에 성실히 답변하고, 고담 플랫폼의 성능을 문서화하며, 상용 솔루션을 지지하는 육군 내부 보고서까지 증거로 제출함으로써 반박할 수 없는 기록을 쌓았다. 육군이 이 기록들을 무시하고 독단적인 결정을 내렸을 때, 법원은 그 결정과 증거 사이의 명백한 괴리를 발견할 수 있었다. 이는 정부 조달에 도전하는 모든 기업에게 중요한 교훈을 남겼다. 즉, 전쟁은 법정에서 시작되는 것이 아니라, 행정기관의 결정이 비합리적임을 폭로할 수 있는 서류상의 증거를 축적하는 과정에서 이미 승패가 갈릴 수 있다는 점이다.

법정 싸움에서 승리한 팔란티어는 이제 기술력으로 그들의 주장을 증명해야 했다. 법원의 명령으로 성사된 기술 경쟁은 팔란티어의 고담 플랫폼이 왜 더 우월한지를 명백히 보여주는 무대였다. 법원 판결에 따라 육군은 기존의 조달 계획을 폐기하고 새로운 경쟁을 붙여야만 했다. 그 결과, 실리콘밸리의 도전자 팔란티어와 방산 업계의 거인 레이시온 간의 정면 대결이 성사되었다. 중요한 것은 평가 기준이 추상적인 기술 명세서가 아닌, 실제 야전 군인들의 필요를 반영하도록 다시 작성되었다는 점이다. 새로운 시스템은 8시간 만에 사용법을 숙달할 수 있어야 하고, 일반 상용 노트북에 설치하여 운용할 수 있어야 하며, 통신이 두절된 환경에서도 효과적으로 작동해야 한다는 세 가지 조건을 반드시 충족해야 했다.

고담 플랫폼의 기술적 우월성은 바로 이 지점에서 드러났다. 레이시온이 자사 제품을 제안한 반면, 팔란티어의 고담은 근본적으로 다른 차원의 해결책을 제시했다. 팔란티어 엔지니어들의 설명에 따르면, 기존 DCGS-A 시스템의 치명적 결함은 하나의 완전한 생태계로서 성공하지 못했다는 점에 있었다. 개별 도구들은 작동했지만, 복잡하고 방대한 데이터를 처리하여 사용자가 시스템을 쉽게 사용할 수 있도록 만들어주는 강력한 백엔드, 즉 뒷단의 데이터 처리 엔진이 없었다. 이것이 바로 고담이 탁월했던 영역이다. 고담은 단순히 보기 좋은 사용자 화면을 가진 분석 도구의 집합이 아니었다. 그것은 보이지 않는 곳에서 수백 개의 서로 다른 데이터 포맷을 하나의 언어로 통역하고, 뒤엉킨 정보의 실타래를 풀어내는 강력한 데이터 엔진이었다. 사용자가 보는 깔끔한 화면 뒤에서는, 이 엔진이 국방 의사결정이라는 거대한 기계를 돌리는 '운영체제'로서 쉼 없이 작동하고 있었다. 이 강력하고 유연한 데이터 기반이 있었기에 사용자에게 간단하고 직관적이며 강력한 경험을 제공할 수 있었다. 다시 말해, 분석을 쉽게 만들기 위해 데이터 문제를 먼저 해결한 것이다.

기술 경쟁의 결과는 팔란티어의 압도적인 승리였다. 두 시스템을 모두 엄격하게 평가한 육군 정보 분석가들은 팔란티어의 솔루션을 "동급 최고"로 선정했다. 이 승리는 대규모 계약 수주로 공식화되었다. 2019년 3월, 팔란티어는 8억 7,600만 달러(당시 약 1조 1,848억 원) 규모의 DCGS-A '역량 보강 1단계' 계약의 첫 번째 주요 납품 주문을 따냈다. 이어 2021년 10월에는 8억 2,300만 달러 규모의 '역량 보강 2단계' 경쟁에서도 승리했다. 이 계약들은 실패한 정부 주도 개발 시스템인 DCGS-A가 팔란티어의 상용 솔루션으로 공식적으로 대체되었음을 의미하는 이정표였다.

이 기술 경쟁은 사실상 두 가지 다른 소프트웨어 개발 철학의 대결이었다. DCGS-A와 레이시온의 초기 접근법으로 대표되는 전통적인 국방 모델은, 경직된 요구사항 목록을 충족하기 위해 맞춤형 단일 목적의 개별 솔루션을 만든 뒤, 이들을 통합하는 데 어려움을 겪는 방식이었다. 반면, 팔란티어로 대표되는 실리콘밸리 모델은 유연하고 개방적인 구조의 '플랫폼'을 먼저 구축하는 데 집중한다. 이 플랫폼이 데이터의 중앙 운영체제 역할을 함으로써, 새로운 도구와 기능들을 신속하게 통합하고 배포할 수 있게 해준다. 팔란티어의 승리는 데이터 중심의 현대전에서 플랫폼 모델이 개별 솔루션 모델보다 우월하다는 것을 증명했으며, 이는 국방 산업 전체에 큰 파장을 일으키는 전략적 전환의 신호탄이 되었다.

팔란티어의 승리는 단순한 계약 수주를 넘어, 국방 시장의 오랜 규칙을 깨뜨리고 새로운 시대를 여는 지각 변동을 일으켰다. '팔란티어 대 미 육군' 소송 사건은 폐쇄적인 국방 시장에 진입하려는 다른 비전통적 기술 기업에게 법적, 전략적 지침서를 제공했다. 이 판결은 관련 법규에 실질적인 힘을 실어주었으며, 기존 업체나 맞춤형 개발을 부당하게 우대하는 조달 전략에 대해 법적으로 이의를 제기할 수 있는 강력한 도구임을 입증했다. 이는 법원이 상용 제품에 공정한 기회를 주도록 기관에 강제할 수 있다는 명확한 법적 선례를 만들었고, 벤처 캐피탈의 지원을 받는 새로운 세대의 국방 기술 스타트업에게 용기를 주었다.

팔란티어의 승리는 실리콘밸리의 문화, 속도, 기술이 미군의 심장부로 유입되는 더 큰 흐름의 기폭제가 되었다. 오큘러스 창업자 파머 럭키와 팔란티어 출신 트레이 스티븐스가 설립한 앤듀릴과 같은 기업들은 팔란티어의 파괴적 모델을 노골적으로 채택하여, 최첨단 상용 기술로 느리고 경직된 전통적 조달 과정을 깨뜨리는 것을 목표로 삼았다. 이러한 변화는 미 국방부 스스로가 '합동전영역지휘통제JADC2'나 '다영역 작전MDO'과 같은 데이터 중심 전쟁 개념으로 전략의 중심을 옮기면서 더욱 가속화되었다. 이러한 개념들은 방대한 데이터의 신속한 통합과 분석에 전적으로 의존한다. 이는 전통적인 하드웨어 제조업체가 아닌 팔란티어, 앤듀릴, 그리고 이제는 오픈에이아이와 같은 소프트웨어 중심 기업들의 핵심 역량이다. 이러한 패러다임 전환의 정점은 미 육군이 최근 창설한 집행 혁신 부대에서 찾아볼 수 있다. 이 부대는 팔란티어, 메타, 오픈에이아이의 최고기술책임자CTO들을 군 고위 장교의 고문으로 직접 임관시켰다. 이는 팔란티어가 법정 투쟁을 통해 확립하고자 했던 새로운 패러다임이 마침내 제도적으로 완전히 수용되었음을 보여주는 상징적인 사건이다.

팔란티어의 소송은 결정적인 전투에서의 승리였지만, 진정으로 민첩하고 효율적인 조달 시스템을 위한 더 큰 '전쟁'은 여전히 현재 진행형이다. 전통적인 군산 복합체는 여전히 강력하며 변화에 저항하고 있다. 더 근본적으로, 팔란티어 기술의 성공 바로 그 자체가 중대한 윤리적 질문을 제기한다. 고담과 같은 플랫폼이 서로 다른 데이터를 통합하고, 대규모 감시를 수행하며, 예측 모델을 실행하는 막강한 능력은 책임 소재, 알고리즘의 편향성, 시민의 자유 침해와 같은 새로운 도전을 낳는다. 국가 권력과 민간 감시 기술 기업의 야망이 결합하면서, 전례 없는 능력을 가졌지만 책임 구조는 불투명한 '기술-군사 복합체'가 탄생하고 있다. 팔란티어의 승리가 남긴 해결되지 않은 유산은 바로 이것이다. 더 효과적이고 기술적으로 진보한 군대, 그러나 동시에 우리가 아직 완전히 이해하지 못하는 새롭고 복잡한 윤리적, 사회적 위험을 동반하는 군대의 출현이다.

CHAPTER 04
미래 국방의 청사진
: ADP, CJADC2, 메이븐, 그리고 타이탄 프로그램

전장의 소프트웨어 전쟁

미래 전장의 핵심을 파악하려면 미국 국방부의 합동전영역지휘통제 CJADC2와 메이븐, 타이탄, 그리고 미 육군 데이터 플랫폼ADP 사이의 관계를 이해하는 것이 중요하다. 이 네 가지 요소는 언뜻 보기에는 서로 다른 별개의 프로젝트처럼 보일 수 있다. 하지만 실제로는 하나의 거대한 목표를 위해 유기적으로 얽혀 있다. 다시 말해, 이는 합동 전 영역 지휘통제라는 큰 그림의 전략, 이 전략을 현실로 만드는 핵심 인공지능인 메이븐, 최전선에서 정보를 다루는 이동식 전술 지휘소인 타이탄, 그리고 모든 정보 활동의 토대가 되는 데이터 관리 체계인 미 육군 데이터 플랫폼의 관계를 설명하는 것이다.

이 복잡한 관계는 살아있는 생명체에 빗대어 생각하면 쉽게 이해할 수 있다. 먼저 합동 전 영역 지휘통제는 몸 전체에 퍼져 있는 '중앙 신경망'과 같다. 이 신경망은 지상, 해상, 공중 등 모든 영역에서 들어오는 감각 정보를

실시간으로 전달하는 역할을 한다. 메이븐은 이 신경망을 통해 모인 모든 정보를 분석하고 종합적인 판단을 내리는 '두뇌'에 해당한다. 그리고 타이탄은 전장의 손과 발이라 할 수 있는 지상군에게 직접 명령을 내리고 현장 상황을 처리하는 '말초신경'이자 그 자체로 '작은 두뇌' 역할을 수행한다. 그렇다면 이 모든 신경망과 두뇌가 원활하게 작동하도록 생명을 불어넣는 심장은 무엇일까? 바로 미 육군 데이터 플랫폼이다. 이 데이터 플랫폼이 없다면, 이 거대한 유기체는 제대로 기능할 수 없다.

각각의 역할을 좀 더 자세히 살펴보자. 합동전영역지휘통제는 미국 국방부가 추진하는 통합 전쟁 수행 개념이자 전략이다. 이는 육상, 해상, 공중, 우주, 사이버 공간 등 모든 전장 영역에 흩어져 있는 센서, 무기 체계, 지휘 시설을 하나의 거대한 네트워크로 연결한다. 이렇게 연결된 네트워크를 통해 실시간으로 정보를 공유함으로써, 가장 빠르고 효율적인 합동 작전을 펼치는 것을 목표로 한다. 즉, 합동 전 영역 지휘통제의 본질은 모든 군사 자산을 '연결'하는 것 그 자체에 있다. 과거에는 제각기 움직이던 군대의 여러 단위들을 하나의 생명체처럼 만들어, 전장 상황 전체를 한눈에 파악하고 신속하게 대응하는 것이 핵심이다.

메이븐 프로젝트는 합동전영역지휘통제라는 신경망을 타고 쏟아져 들어오는 막대한 양의 데이터를 분석하는 역할을 맡는다. 특히 드론이나 정찰 위성에서 촬영한 영상이나 각종 센서가 수집한 정보를 인공지능과 머신러닝 기술을 이용해 빠르게 분석한다. 이를 통해 위협 요소를 식별하고 공격할 표적을 찾아내는 인공지능 데이터 분석 시스템인 것이다. 현재는 '메이븐 스마트 시스템'이라는 이름으로 더욱 발전된 형태로 운용되고 있다. 메이븐 프로젝트는 합동전영역지휘통제라는 신경망을 통해 전달된 정보를 처리하여 의미 있는 통찰력을 만들어내는 핵심 두뇌의 역할을 한다. 과거 인간 분석가가 몇 시간 또는 며칠에 걸쳐 분석해야 했던 방대한 정보를 인공지능이 순식간에 처리해준다. 그 결과 지휘관의 상황 인식 능력과 의사결정 속도를 획기적으로 높일 수 있으므로, 합동전영역지휘통제를 성공적으로 구현하는 데 필요한 인공지능 엔진이라고 할 수 있다.

타이탄TITAN은 '전술 정보 표적 접근 노드Tactical Intelligence Targeting Access Node'의 영문 앞 글자를 딴 이름이다. 미 육군이 주도하는 이 프로젝트는 우주, 공중, 지상에 있는 다양한 센서로부터 들어오는 정보를 하나로 통합한다. 그리고 인공지능을 활용해 분석한 뒤, 지상 부대에 직접적인 표적 정보와 전장 상황을 제공하는 이동식 지상 기지 시스템이다. 이러한 특징 때문에 '인공지능으로 정의되는 차량'이라고 불리기도 한다. 타이탄 프로젝트는 합동전영역지휘통제라는 거대한 네트워크의 '최전선 단말기'와 같은 역할을 한다. 동시에 지상군에게 특화된 전술용 소형 두뇌라고도 할 수 있다. 중앙의 두뇌인 메이븐이 처리한 거시적인 정보뿐만 아니라, 실제 전투 현장에서 직접 수집한 정보를 즉시 처리하기 때문이다. 이를 통해 최전선에 있는 병사들과 지휘관의 생존 가능성을 높이고 공격 성공률을 극대화하는 데 초점을 맞춘다. 결국 타이탄은 합동전영역지휘통제라는 큰 그림을 지상군의 실제 작전과 직접적으로 연결하는 실행 부대의 역할을 하는 것이다.

여기에 미 육군 데이터 플랫폼ADP, Army Data Platform이 매우 중요한 자리를 차지한다. 미 육군 데이터 플랫폼은 육군 내부에서 생성되는 모든 종류의 데이터를 통합하여 관리하는 핵심 기반 시설이다. 각종 센서에서 수집한 데이터부터 병력의 배치 정보, 군수 물자 현황 등 방대한 양의 정보를 표준화된 형태로 저장하고 필요할 때 쉽게 접근할 수 있도록 만든다. 합동전영역지휘통제, 메이븐, 타이탄이 데이터를 효과적으로 사용하기 위해서는 안정적이고 체계적인 데이터 공급원이 반드시 필요하며, 미 육군 데이터 플랫폼이 바로 그 심장과 같은 역할을 수행한다. 즉, 이 플랫폼은 메이븐이 분석하고 타이탄이 활용하는 모든 데이터의 원천이자 기반이 되는 시스템이다.

이들의 관계를 다른 비유를 들어 정리해 볼 수 있다. 먼저, 미 육군 데이터 플랫폼이라는 거대한 데이터 저장소에 모든 군사 정보가 통합되고 관리된다. 그 위에 합동전영역지휘통제라는 초고속 정보 고속도로가 깔려 데이터가 실시간으로 공유된다. 메이븐이라는 중앙 데이터 센터는 이 고속도로 위를 오가는 수많은 정보를 인공지능으로 분석하여 전장 전체에 대한 전략적인 그림을 그린다. 그리고 최전선에 배치된 타이탄 차량은 이 고속도로에 직접 연결되어, 중앙의 메이븐이 보낸 정보와 자체적으로 수집한 정보를 결합한다. 이러한 과정을 통해 "저 건물 뒤에 적의 전차가 있다" 처럼 지상군이 즉시 활용할 수 있는 정밀한 전술 정보를 만들어내고 공유하는 것이다.

타이탄은 미 육군이 합동전영역지휘통제CJADC2라는 미 국방부 전체의 미래 비전을 지상전에서 구현하기 위한 핵심 도구이다. 그 작동 원리의 중심에는 메이븐과 같은 인공지능 기반의 데이터 처리 기술이 자리 잡고 있다. 그리고 이 모든 시스템은 미 육군 데이터 플랫폼ADP이 제공하는 안정적이고 통합된 데이터 환경 위에서 비로소 효과적으로 기능할 수 있다. 이 네 가지 요소는 미래의 미군이 추구하는 '데이터 중심의 신속하고 치명적인 전쟁 수행 방식'을 실현하기 위한 필수적인 구성 요소라고 할 수 있다.

팔란티어가 미국의 미래 국방 계획에서 차지하는 위상은 최근의 몇 가지 계약과 사건을 통해 더욱 분명하게 드러난다. 먼저 타이탄 프로그램의 사례를 들 수 있다. 2024년 3월, 팔란티어는 1억 7,840만 달러(약 2,416억 원) 규모의 계약을 따내며 타이탄 시스템의 시제품 제작을 책임지는 주 계약자로 선정되었다. 이 사업 수주가 특히 주목받는 이유는 소프트웨어 전문 기업인 팔란티어가 전통적인 방위산업의 거인인 알티엑스RTX, 즉 과거의 레이시온을 제치고 사업 전체를 이끄는 주 계약자가 되었기 때문이다. 이 계약을 통해 팔란티어는 단순히 소프트웨어를 공급하는 역할을 넘어, 시스템의 핵심 두뇌 역할을 맡게 되었다. 또한, 노스롭 그루먼이나 앤듀릴과 같은 하드웨어 전문 기업들을 조율하며 프로그램 전체를 관리하는 '시스템 통합자'의 지위까지 확보했다.

하드웨어 프로그램의 두뇌 역할을 맡은 것뿐만 아니라, 인공지능 분석 능력에 대한 국방부의 신뢰도 굳건해지고 있다. 미 국방부는 인공지능 분석 체계인 '메이븐 스마트 시스템'과 관련하여 2024년 5월에 4억 8,000만 달러(약 6,662억 원) 규모의 계약을 맺었다. 그리고 최근인 2025년 5월에는 7억 9,500만 달러(약 1조 1,033억 원)를 추가하여, 2029년까지의 총 계약 규모를 약 13억 달러(약 1조 8,042억 원)로 대폭 늘렸다. 이는 전군의 모든 전투 사령부에 걸쳐 팔란티어의 인공지능 기술에 대한 수요가 폭발적으로 늘어나고 있음을 보여준다.

팔란티어의 영향력은 기술 공급을 넘어 국방 전략의 최고위급 자문 역할로까지 확대되고 있다. 2025년 6월, 미 육군은 매우 이례적인 조치를 단행했다. 팔란티어의 최고기술책임자CTO인 샴 상카르를 비롯해 메타, 오픈에이아이OpenAI와 같은 거대 기술 기업의 최고 임원들을 예비역 중령으로 직접 임관시킨 것이다. '집행 혁신 부대'라는 별칭을 가진 이 조직, 즉 '디태치먼트 201Detachment 201'은 미군의 디지털 전환 과정에 대한 핵심적인 자문을 제공하는 임무를 맡는다.

타이탄, 메이븐, 그리고 디태치먼트 201의 사례는 각각 별개의 사건처럼 보일 수 있지만, 실제로는 하나의 거대한 흐름을 가리키고 있다. 이 사건들은 팔란티어가 이제 미군의 핵심 하드웨어 프로그램의 두뇌, 핵심 인공지능 분석 엔진, 그리고 최고위급 전략 자문이라는 세 가지 역할을 동시에 수행하며 국방 생태계의 심장부로 깊숙이 자리 잡고 있음을 보여주는 강력한 증거이다.

육군 데이터 플랫폼의 진화: 아미 밴티지 1.0에서 2.0으로

미래 국방의 청사진을 그리는 데 있어, 육군 데이터 플랫폼ADP의 진화, 즉 '아미 밴티지 1.0'이 이룩한 혁신은 단순한 기술 도입을 넘어 미 육군의 신경계 자체를 재설계한 사건으로 기록된다. 팔란티어가 구축한 이 플랫폼이 어떻게 거대한 조직의 의사결정 방식을 근본적으로 바꾸었는지 이해하려면, 먼저 아미 밴티지 이전의 현실을 직시해야 한다.

당시 미 육군은 데이터의 안갯속에서 길을 잃고 있었다. 그 시절 미 육군은 "데이터는 풍부하지만, 정보는 빈곤한" 역설에 갇혀 있었다. 수십억 달러를 들여 구축한 150개 이상의 개별 정보 시스템들은 저마다 고유한 데이터를 방대하게 쌓아두고 있었다. 하지만 이 시스템들은 서로 소통하지 않는 디지털 섬처럼 존재했다. 재무, 인사, 군수, 정비, 훈련 등 각 기능 영역에 맞춰 조각난 데이터 저장소, 즉 '데이터 사일로'는 조직 전체를 아우르는 통합된 시야를 확보하는 것을 원천적으로 불가능하게 만들었다. 예를 들어, "특정 계약에 남아있는 예산은 얼마이며, 언제 만료되는가?"와 같은 단순해 보이는 질문에 답하는 일조차 쉽지 않았다. 육군 계약사령부ACC 담당자는 여러 시스템에 개별적으로 접속해 방대한 데이터를 내려받아야 했다. 그리고 엑셀 스프레드시트 위에서 이 데이터들을 수작업으로 조합해야만 했다. 이 과정은 며칠씩 걸리기 일쑤였다. 그사이에 귀중한 예산이 사용되지 못한 채 만료되어, 다른 시급한 우선순위에 다시 배치될 기회를 놓치는 일이 흔했다.

이는 단순한 행정 비효율을 넘어 전투 준비 태세와 직접 연결되는 문제였다. 지휘관이 예하 부대의 전투력을 정확히 파악하려면 인사, 장비, 훈련 상태를 보여주는 서너 개의 다른 시스템을 일일이 확인하고 머릿속에서 정보를 조합해야만 했다. 병력 이동과 같은 핵심적인 군수 정보를 추적하는 일

• 데이터 사일로 구조와 문제점 •

| 재무 시스템 | 인사 시스템 | 생산 시스템 | 판매 시스템 | 물류 시스템 |
| (ERP 회계) | (HR 인재관리) | (MES 공장관리) | (CRM 마케팅) | (SCM 재고) |

- **데이터 중복과 비일관성**: 동일 정보가 여러 시스템에 중복 저장되며 불일치 발생
- **통합적 의사결정 불가**: 전체 그림을 파악할 수 없어 부분 최적화에 그침
- **데이터 집계 지연**: 수동 통합 과정에서 시간 지연과 인적 오류 발생
- **연결된 인사이트 부재**: 시스템간 데이터 연결 없이 핵심 관계 파악 어려움

은 실시간 데이터가 아닌 전화와 이메일에 의존하는 구시대적 방식으로 이루어졌다. 수동으로 데이터를 입력하고 검증하는 데 수백 시간이 낭비되었다. 육군은 스스로의 모습을 제대로 보지 못하는 전략적 맹점을 안고 있었다. 이 문제의 근원은 단순히 시스템이 연결되지 않았다는 기술적 차원을 넘어선다. 각 시스템은 '병사'나 '부대'와 같은 핵심적인 대상을 서로 다른 언어와 기준으로 정의하고 있었다. 재무 시스템에서 병사는 급여 기록이었고, 인사 시스템에서는 복무 기록이었으며, 의료 시스템에서는 진료 기록이었다. 이처럼 동일한 대상에 대한 데이터가 통일된 의미 체계, 즉 '온톨로지' 없이 조각나 있었기에, 단순히 시스템을 연결하는 것만으로는 진정한 통합을 이룰 수 없었다. 육군에 필요했던 것은 단순한 데이터 저장소가 아니었다. 이 모든 조각을 하나의 의미 있는 그림으로 엮어낼 수 있는 번역가이자 지휘자, 즉 군 전체를 위한 데이터 운영체제가 필요했다.

　이러한 전략적 교착 상태를 타개하기 위해 등장한 것이 바로 팔란티어의 기술을 기반으로 한 '아미 밴티지'였다. 아미 밴티지는 또 하나의 개별 시스템을 추가하는 것이 아니라, 데이터 자체를 전략적 자산으로 활용할 수 있도록 설계된 완전히 새로운 차원의 접근법이었다. 그 핵심 철학은 180개가

넘는 기존의 모든 낡은 시스템을 대체하는 것이 아니었다. 그것들을 하나의 거대한 데이터 생태계로 통합하고, 그 위에 지휘관과 분석가, 일선 병사까지 모두 이해할 수 있는 공통의 언어를 부여하는 것이었다. 이를 위해 팔란티어는 '공통 데이터 플랫폼'이라는 개념을 도입했다. 이 플랫폼은 육군 전반에 흩어져 있는 데이터를 가시적이고, 접근 가능하며, 이해하기 쉽게, 신뢰할 수 있으며, 서로 다른 시스템 간에 운용 가능하고, 안전하게 만드는 것을 목표로 했다. 기술적으로 이는 수십억 개의 데이터 기록을 빨아들여 하나의 논리적인 데이터 층으로 통합하는 것을 의미했다. 하지만 진정한 혁신은 그다음 단계에서 일어났다. 플랫폼은 이렇게 모인 가공되지 않은 데이터를 '객체 모델'을 통해 현실 세계의 의미 있는 실체, 즉 '병사', '장비', '부대', '사건' 등으로 다시 구성했다. 이는 각기 다른 시스템에서 제각각의 언어로 기록되던 데이터 조각들을 '미 육군'이라는 공통의 문법으로 번역하는 과정과 같았다. 이를 통해 아미 밴티지는 인사, 데이터, 자원을 잇는 연결 조직 그 자체가 되었다.

무엇보다 이 모든 과정은 사용자를 중심에 두고 설계되었다. 과거에는 사용자가 기계의 언어에 맞춰 여러 시스템을 넘나들어야 했다. 반면, 아미 밴티지는 지휘관이 사용하는 '육군의 용어'를 중심으로 업무 절차를 구축했다. 복잡한 데이터베이스 구조를 몰라도, 지휘관은 자신의 임무와 관련된 질문을 던지고 직관적인 현황판을 통해 답을 얻을 수 있었다. 이는 사용자의 불편함을 극적으로 줄여 데이터 기반 의사결정을 가장 쉬운 선택으로 만들었고, 플랫폼이 군 전체에 광범위하게 채택되는 결정적 요인이 되었다.

미국 노스캐롤라이나주 포트 브래그에 위치한 한 여단 지휘관의 하루는 과거와 완전히 다른 방식으로 시작된다. 그는 여러 개의 시스템에 로그인하는 대신, 단 하나의 보안 채널을 통해 아미 밴티지 플랫폼에 접속한다. 화면에 펼쳐진 것은 그의 여단을 위한 맞춤형 현황판, 이른바 '단일 유리창'이다. 최상단에는 여단 전체의 전투 준비태세를 나타내는 신호등이 초록색으로 빛나고 있다. 하지만 그의 시선은 그 아래 세부 정보 창으로 향한다. 인사 시스템IPPS-A에서 실시간으로 전송되는 병력 현황, 의료 시스템MEDPROS에서 집계된 의료 준비 태세, 그리고 지휘관 위험 감소 도구CRRT가 보고하는 고위험 행동 징후까지 한눈에 들어온다. 바로 옆에는 군수지원시스템 GCSS-Army과 연동된 핵심 전투장비의 가동률이 표시되고, 훈련관리시스템 DTMS은 어떤 분대가 필수 훈련을 이수했는지 보여준다. 모든 것이 평온해 보이던 그때, 지휘관은 미세한 이상 신호를 포착한다. 장비 가동률 정보 창을 클릭해 예하 대대별로 데이터를 자세히 살펴보자, 특정 중대의 주력 전차 여러 대가 '임무 수행 불가' 상태로 표시된 것을 발견한다. 과거라면 그는 원인을 파악하기 위해 참모들에게 수많은 전화를 걸고 나서 보고를 기다려야 했을 것이다. 하지만 이제는 다르다.

   그는 해당 전차 목록을 클릭한다. 플랫폼은 즉시 군수 시스템의 데이터를 교차 분석하여 이 전차들이 부품 부족 때문이 아니라 특정 유형의 상급 정비 인력이 부족하여 수리가 지연되고 있음을 보여준다. 동시에, 바로 옆 인사 정보 창이 자동으로 연동되며 해당 중대의 상급 정비사 세 명 중 두 명이 갑작스러운 의료 문제로 임시 휴가 중이라는 사실을 띄운다. 수리 지연이라는 현상과 핵심 인력의 부재라는 원인이 몇 초 만에 연결된 것이다. 이는 과거에는 각기 다른 시스템에 갇혀 있어 누구도 즉시 파악할 수 없었던 통찰이었다. 지휘관은 여기서 멈추지 않는다. 그는 플랫폼의 검색 기능을 이용해 여단 전체에서 동일한 자격을 갖춘 가용 정비 인력을 검색하고, 다른 대대에 여유 인력이 있음을 확인한다. 그는 즉시 해당 대대 지휘관에게 연락해 며칠 뒤로 예정된 중요한 야외 기동 훈련 전에 전차를 정상화하기 위한 인력의 임시 파견을 지시한다. 몇 주가 걸렸을지도 모를 문제의 발견과 해결이 단 몇 분 만에 이루어진 것이다. 이것이 바로 아미 밴티지가 가져온 근본적인 변화였다. 지휘는 더 이상 수동적 보고에 의존하는 사후 대응이 아니라, 실시간 데이터에 기반한 능동적이고 예측적인 활동으로 변모했다. 지휘관은 가장 중요한 시점에 결정을 내릴 수 있는 강력한 무기를 손에 쥔 것이다.

이 가상의 시나리오가 보여주는 혁신은 미 육군 전반에서 현실로 증명되었다. 아미 밴티지의 가치는 위기와 예산이라는 가장 혹독한 현실의 시험대 위에서 그 진가를 발휘했다. 가장 극적인 성공 사례는 앞서 언급된 '미지급 채무' 문제 해결이었다. 미지급 채무란 글자 그대로 '빚'이라기보다는, 과거에 특정 사업에 쓰기로 계약했지만, 사업이 끝나고도 여러 이유로 집행되지 않고 남아있는 돈을 의미한다. 예를 들어, 100억 달러 장비 구매 계약을 했는데, 실제로는 98억 달러만 들었다면 2억 달러가 남게 된다. 미지급 채무가 확인되지 않으면 다른 곳에 돈을 쓸 수 없기 때문에 문제가 된다. 육군 계약사령부와의 협력을 통해 개발된 미지급 채무 식별 도구는 인공지능을 활용했다. 여러 핵심 재무 및 계약 시스템의 데이터를 통합하고, 초과 자금이 발생할 가능성이 높은 계약을 예측했다. 과거 며칠이 걸리던 분석 작업이 단 몇 분으로 단축되면서, 육군은 2020년 한 해에만 33억 달러(당시 약 3조 9,600억 원)가 넘는 자금을 회수하여 최우선 순위 사업에 다시 투자할 수 있었다. 프로그램이 시작된 이래 회수된 금액은 총 40억 달러(약 5조 5,508억 원)에 육박한다. 이는 아미 밴티지가 단순한 정보 시각화 도구를 넘어 막대한 투자 수익을 창출하는 자산임을 입증한 것이다.

육군 계약사령부의 데이터 분석 부서장은 "아미 밴티지는 이전에 격리되었던 여러 시스템의 데이터를 획득, 정제, 결합하여 리더들이 의사결정에 필요한 새로운 정보를 만들어내는 과정을 혁신했다"고 평가했다. 플랫폼의 진정한 시험대는 코로나19 팬데믹이라는 전 지구적 위기 속에서 찾아왔다. 아미 밴티지는 감염자 현황, 의료 장비 재고, 병원 수용 능력 등 관련 데이터를 하나의 '공통 작전 상황도'로 시각화하는 핵심 중심축이 되었다. 특히 전 세계에 흩어져 있는 장병들의 예방 접종 현황과 백신 재고를 실시간으로 추적하고 분석함으로써, 지휘부가 전력 보호와 부대 재개방 전략에 대한 데이터 기반 결정을 내리는 데 결정적인 역할을 했다. 당시 수석 데이터 과학자였던 카일 제트는 이렇게 증언했다. "아미 밴티지 팀의 도움으로 3주 만에 육군 전체의 코로나19 백신 접종 데이터를 정확하게 그려낼 수 있었습니다. 다른 어떤 역량도 이에 비할 수 없습니다." 그의 증언은 아미 밴티지의 독보적인 능력을 강조한다.

이러한 성공은 행정 및 보건 분야에만 국한되지 않았다. 최전선에 배치된 제82공수사단은 파트너 국가의 데이터를 포함한 새로운 정보를 작전 결심에 통합해야 하는 임무에 직면했다. 기존에 없던 이 임무를 위해, 일선 병사들은 아미 밴티지의 '노코드' 애플리케이션 개발 도구를 사용했다. 코딩 지식 없이도 프로그램을 만들 수 있는 이 도구를 이용해, 병사들은 단 며칠 만에 전술적 물류를 추적하는 맞춤형 도구를 스스로 구축했다. 이는 아미 밴티지가 중앙의 분석가뿐만 아니라 전술 부대의 사용자에게까지 권한을 부여하는 유연하고 강력한 플랫폼임을 보여주는 사례였다.

아미 밴티지 1.0의 가장 위대한 유산은 수십억 달러의 예산을 절감하거나 특정 위기를 극복했다는 사실 그 자체보다 더 큰 의미를 가진다. '데이터 중심의 군대'라는 비전이 더 이상 미래의 환상이 아니라 실현 가능한 현실임을 증명했다는 데 있다. 35만 명이 넘는 사용자가 플랫폼을 통해 데이터와 상호작용을 하면서, 미 육군의 문화는 정적인 보고서와 직관에 의존하던 것에서 실시간 통합 데이터를 요구하고 활용하는 방식으로 근본적인 변화를 겪었다. 이는 제임스 맥콘빌 장군과 같은 지도부가 주장한 '사람 우선' 철학과도 맞닿아 있었다. 아미 밴티지는 지휘관에게 각 병사별로 재능과 상태를 파악하고 관리할 수 있는 도구를 제공함으로써, 인재를 가장 중요한 무기체계로 여기는 현대적 군대의 비전을 기술적으로 뒷받침했다.

아미 밴티지 1.0의 압도적인 성공은 필연적으로 다음 단계로의 진화를 이끌었다. 육군은 이 성공을 바탕으로 단일 공급업체에 의존하는 대신, 경쟁을 촉진하고 혁신을 극대화하기 위해 다수의 공급업체가 참여하는 차세대 육군 데이터 플랫폼, 즉 ADP 2.0이라는 더 큰 그림을 그리게 되었다. 이는 팔란티어의 실패가 아니라, 오히려 그 성공의 가장 큰 증거였다. 아미 밴티지는 이전에는 존재하지 않았던 '군용 엔터프라이즈 데이터 플랫폼'이라는 새로운 시장을 창출했으며, 스스로가 모든 후발 주자들이 따라야 할 표준이자 기준점이 된 것이다. 육군 내부의 데이터 통합이라는 어려운 문제를 해결함으로써, 아미 밴티지는 미 국방부 전체가 추진하는 '합동전영역지휘통제JADC2'의 가장 중요한 초석을 놓았다. 데이터를 활용해 적보다 먼저 생각하고 먼저 움직이는 것, 즉 합동전영역지휘통제의 핵심 목표는 아미 밴티지가 현실에서 증명해 보인 바로 그 약속이었다. 따라서 아미 밴티지 1.0의 이야기는 단순히 한 소프트웨어의 성공담이 아니라, 21세기 미군 디지털 전환의 서막을 연 역사적 이정표로 평가되어야 한다.

ADP 2.0의 과제: 개방형 아키텍처와 벤더 종속성 완화 노력

미 육군 데이터 플랫폼ADP 1.0의 실제 구현체인 팔란티어의 '아미 밴티지'는 단순한 소프트웨어 도입을 넘어, 육군의 데이터 활용 방식을 근본적으로 바꾼 상징적인 성공 사례다. 2019년 말 주요 계약을 기점으로 본격 도입된 아미 밴티지는 육군의 핵심적인 데이터 기반 작전 및 의사결정 플랫폼으로 자리 잡았다. 그 핵심 역량은 육군 전반에 흩어져 있던 방대한 데이터를 하나의 통일된 시각으로 제공하는 데 있었다. 이를 통해 예측 분석, 인공지능 기반의 업무 자동화, 그리고 실시간에 가까운 의사결정을 가능하게 했다.

이 플랫폼은 180개 이상의 서로 다른 데이터 출처를 통합했으며, 10만 명이 넘는 사용자를 지원하여 육군 내에서 광범위하게 채택되었다. 이를 통해 준비 태세, 군수, 인사, 재정 관리 등 다양한 영역에서 데이터에 기반한 통찰력을 제공했다. 특히, 이 플랫폼은 측정 가능한 재정적 성과를 만들어 냈다. 한 예로, 2020년 한 해에만 육군은 아미 밴티지를 통해 약 34억 달러(당시 약 3조 9천억 원)에 달하는 미지급 채무를 회수하여 최우선 순위 사업에 재배치하는 데 성공했다. 프로그램 시작 이후로는 총 40억 달러에 가까운 자금을 절감하거나 다른 시급한 사업에 재배치하는 효과를 낳았다. 이러한 성공은 팔란티어와 미 육군 사이의 깊고 지속적인 협력 관계를 통해 굳건해졌다. 또한, 일련의 중요하고 종종 단독 수의계약 형태로 체결된 계약들을 통해 강화되었다. 일례로 2022년 9월, 미 육군은 1년간 2억 2,900만 달러(당시 약 3,170억 원) 규모의 아미 밴티지 프로그램 연장 계약을 체결했다. 이는 팔란티어의 기술이 육군 데이터 전략의 핵심에 깊숙이 자리 잡았음을 명확히 보여준다.

그러나 팔란티어의 등장이 순탄하기만 했던 것은 아니다. 2016년, 팔란티어는 육군의 '분산형 공통 지상 시스템 DCGS-A' 조달 전략에 대해 소송을 제기하여 승소한 바 있다. 이 소송은 육군이 상용 기성품 솔루션을 의무적으로 고려하도록 강제하는 계기가 되었다. 그리고 결과적으로 아미 밴티지가 채택될 수 있는 길을 열었다. 이 역사는 팔란티어의 파괴적인 시장 진입 방식과 기술 조달에 대한 육군의 진화하는 자세를 동시에 보여주는 중요한 배경이 된다. 아미 밴티지의 눈부신 성공에도 불구하고, 미 육군 지도부는 단일 공급업체의 독점적인 통합 기술에 의존하는 것에 대한 전략적 위험을 심각하게 인식하기 시작했다.

여기서의 우려는 '공급업체 종속성'이라는 개념으로 요약될 수 있다. 이는 팔란티어의 성능이나 비용 문제라기보다는, 미래의 전략적 유연성을 잃을 수 있다는 근본적인 걱정이었다. 이러한 우려는 조용한 고민에 머무르지 않고, 육군의 공식적인 정책 변화로 이어졌다. 게이브 카마릴로 육군 차관은 "과거에 사용했던 단일 공급업체 접근 방식에서 벗어나고 있다"고 명시적으로 밝혔다. 또한 "분야별 최고의 기술을 도입할 수 있는 다중 공급업체 접근 방식을 추구할 것"이라고 선언했다. 이는 단순한 검토가 아닌, 선언된 정책의 전환이었다.

육군의 최고 데이터 및 분석 책임자인 데이비드 마코위츠는 이 문제를 더욱 구체적으로 설명했다. 그는 모든 것을 지배하는 절대반지처럼 단일 해결책에 의한 계약으로 공급업체에 종속되는 상황을 피하고 싶다는 의지를 밝혔다. 그가 구상한 미래는 육군이 "여러 회사의 제품 중 최고의 기능들을 섞어서 조합할 수 있는" 환경이었다. 이는 유연성, 혁신에 대한 접근성, 그리고 지속적인 경쟁 환경 조성이 육군의 핵심 목표가 되었음을 보여준다. 이러한 전략적 방향은 차세대 육군 데이터 플랫폼, 즉 ADP 2.0을 위한 정보요청서RFI에 명확하게 반영되었다. 정보요청서는 공급업체 종속성을 제거하고 "하나의 거대한 통합 기술에서 벗어나는 것"을 목표로 명시했다. 육군은 "육군의 임무 필요에 따라 최고의 도구와 서비스를 사용할 수 있는 자유와 유연성"을 확보하고자 했다. 이러한 변화는 미 육군에 국한된 것이 아니라, 국방부 전반에 걸쳐 나타나는 더 큰 흐름과 일치한다. 국방부는 여러 시스템이 부품처럼 결합하고 분리될 수 있는 모듈 방식, 개방형 시스템, 그리고 현대적인 소프트웨어 획득 방식을 강조하고 있다. 이는 다른 주요 프로그램과 획득 개혁에서도 공통으로 나타나는 추세다.

육군의 '공급업체 종속성'에 대한 우려는 현재 해결책의 결함 때문이 아니라, 그 한계 때문이었다. 아미 밴티지가 아무리 뛰어난 성능을 보여주더라도, 단일 기업이 인공지능, 데이터 시각화, 분석 등 모든 기술 분야에서 시장 전체의 혁신 속도를 따라잡는 것은 불가능하다는 인식이 자리 잡았다.

따라서 '종속성'의 진정한 위험은 더 넓은 범위의 공급업체들이 제공할 수 있는 미래의 예측 불가능한 혁신으로부터 단절되는 것이었다. 이는 ADP 2.0 계획을 단순한 '재경쟁'이 아닌, 육군과 기술 산업 사이의 관계를 근본적으로 재구성하려는 전략적 결정으로 이해해야 한다.

육군은 단순히 제품을 조달하는 것을 넘어, 데이터 역량을 위한 역동적인 시장을 직접 창출하고자 했다. 미 육군이 공급업체 종속성 문제를 해결하기 위해 구상한 기술적 해법의 핵심은 '개방형 아키텍처'와 '데이터 메시'라는 두 가지 개념에 집약되어 있다. 이는 단순히 기존 시스템을 개선하는 것을 넘어, 데이터에 접근하고 활용하는 방식 자체를 근본적으로 바꾸려는 시도였다. ADP 2.0의 정보요청서는 "모든 공급업체의 기술에서 사용 가능한 육군 데이터 계층"을 생성하기 위한 "개방형 아키텍처"를 핵심 기술 요건으로 명시했다. 이는 특정 공급업체의 독점 기술에 얽매이지 않고, 다양한 해결책들이 마치 레고 블록처럼 결합하고 분리될 수 있는 환경을 만들겠다는 의지의 표명이었다. 이 구조의 목표는 데이터와 코드를 "완전히 내보낼 수 있도록" 만들어, 특정 플랫폼에 데이터가 갇히는 것을 원천적으로 방지하는 것이었다.

이러한 개방형 아키텍처를 구현하는 구체적인 방법론으로 '데이터 메시'가 채택되었다. ADP 2.0은 육군의 더 큰 데이터 메시 노력의 일부로 명확히 정의되었다. 데이터 메시는 전통적인 중앙 집중식 데이터 저장소 모델에서 벗어나, 데이터를 분산된 네트워크 형태로 관리하는 접근 방식이다. 이 개념은 네 가지 핵심 원칙에 기반한다. 첫째, 각 데이터는 그것을 생성한 부서가 소유권을 가진다. 둘째, 데이터는 그 자체로 하나의 제품처럼 취급된다. 셋째, 사용자가 직접 데이터를 활용할 수 있는 셀프서비스 기반 시설을 제공한다. 넷째, 전체 네트워크를 아우르는 연합형 관리 체계를 구축한다. 이 모델에서는 각 데이터가 중앙 저장소로 모이는 것이 아니라, 각각의 출처에서 제품처럼 관리된다. 그리고 표준화된 접속 경로를 통해 네트워크상의 다른 사용자들이 발견하고 접근할 수 있게 된다.

이러한 상호운용성은 표준화된 응용 프로그래밍 인터페이스^{API}를 통해 보장될 예정이었다. API는 서로 다른 공급업체의 도구들이 공통의 데이터 계층에 연결되고, 심지어는 서로 통신할 수 있게 만드는 기술적 접착제 역할을 한다. 이를 통해 육군은 "분산된, 스스로 해결하는 분석"의 광범위한 확산을 목표로 했다. 즉, 전문적인 데이터 과학 훈련을 받지 않은 일반 병사나 군무원들도 코딩 지식이 거의 필요 없는 도구를 사용하여 정교한 데이터 분석을 수행할 수 있도록 힘을 실어주려는 비전이 있었다.

이러한 접근 방식은 국방부 전체의 전략과도 맥을 같이 한다. 국방부는 데이터 중심의 사고, 통합된 데이터 참조 구조, 그리고 전술적 최전선에서의 데이터 접근성을 강조하고 있다. ADP 2.0은 이러한 상위 목표를 실현하기 위한 구체적인 실행 계획이었다. 또한, 이러한 계획은 국방부의 다중 클라우드 전략인 '합동 전투 클라우드 역량^{JWCC, Joint Warfighting Cloud Capability}'이 제공하는 기반 시설 위에 구현될 예정이었다. 이 클라우드 전략은 아마존, 마이크로소프트, 구글, 오라클 등이 참여하는 다중 클라우드 환경을 제공하며, ADP 2.0과 같은 개방형, 다중 공급업체 시스템이 작동할 수 있는 기반을 마련한다. ADP 2.0의 기술적 비전을 현실로 만들기 위해, 미 육군은 획득 방식에서도 혁신적인 접근을 시도했다. 그 핵심은 '다중 사업자 과업지시 계약^{MATOC}' 또는 '다중 공급업체 부정기 인도/부정기 수량^{ID/IQ}' 계약 방식이었다. 이는 단일 업체와 거대한 규모의 계약을 맺는 전통적인 방식에서 벗어나는 것이다. 다수의 검증된 공급업체 목록을 만들고, 필요에 따라 이들로부터 신속하게 서비스나 제품을 조달하는 유연한 계약 구조이다.

이 계약 방식의 목표는 명확했다. 다양한 역량을 갖춘 여러 공급업체를 사전에 자격 심사하여 선정하고, 이들로 구성된 플랫폼 생태계를 구축하는 것이다. 그리고 개별 과업을 지시하는 단계에서 경쟁을 극대화하여 비용 효율성과 혁신을 촉진하는 것이었다. 또한 새로운 기술이 등장했을 때 신속하게 계약에 참여시키고, 성과가 부진한 공급업체나 기술은 배제할 수 있는 유연성을 확보하고자 했다. 육군은 이 모델을 통해 "대규모 공급업체, 소규모 공급업체, 전문 서비스 업체, 그리고 특화된 데이터 도구 업체들 사이의 협력과 혁신을 촉진"하고자 했다. 이는 전통적인 방산 대기업이나 실리콘밸리의 거대 기술 기업뿐만 아니라, 더 넓은 범위의 혁신적인 기업들에게도 문호를 개방하겠다는 신호였다. 실제로 잠재적 입찰자 목록에는 전통적인 시스템 통합 업체부터 마이크로소프트, CACI 등 다양한 기업들이 거론되었다. 하지만 육군 지도부는 이러한 새로운 모델을 구축하는 것이 결코 쉽지 않다는 점을 인정했다. 데이비드 마코위츠는 ADP 2.0 성공의 가장 어려운 부분이 "기술이 아니라 사업 방식"이라고 지적하며, "우리가 이 역량을 어떻게 구매해야 하는가?"라는 근본적인 질문을 던졌다. 이 때문에 육군은 정보요청서를 통해 산업계에 계약 구조 자체에 대한 의견을 적극적으로 요청했다. 여기에는 지적재산권 전략, 그리고 사용자당 사용료와 기능당 제품 비용 사이의 애매한 영역에 있는 서비스의 가격을 어떻게 책정할 것인지와 같은 까다로운 질문들이 포함되었다.

 ADP 2.0 전략은 실리콘밸리의 플랫폼 생태계 모델을 국방 조달에 제도적으로 이식하려는 시도였다. 육군은 단순히 더 나은 도구를 구매하려는 것이 아니었다. 스스로가 플랫폼 소유자가 되어 팔란티어를 포함한 여러 기업이 그 생태계 안에서 앱처럼 경쟁하는 구도를 만들고자 했다. 데이터 메시가 그 기술적 구조라면, '다중 사업자 계약'은 이 '앱스토어'를 운영하기 위한 사업 모델이었다. 이는 전통적인 방산 획득 방식, 즉 정부가 하나의 통합된 시스템을 주 계약자로부터 구매하는 모델로부터의 급진적인 이탈을 의미한다. 여기서 육군의 역할은 단순한 고객에서 생태계의 설계자이자 관리자로 근본적으로 변화하며, 이는 팔란티어의 수직 통합형 모델에 대한 직접적인 도전이었다.

미 육군의 ADP 2.0 전략은 팔란티어가 아미 밴티지를 통해 구축해 온 단독 공급자로서의 독점적 지위를 근본적으로 해체하기 위해 설계되었다. 이는 팔란티어에게 단순한 경쟁 심화를 넘어, 사업 모델의 핵심에 대한 실존적 위협이었다. 분석가들은 ADP 2.0의 다중 공급업체 접근 방식이 팔란티어에게 "상당한 부정적 요인"이 될 수 있다고 평가했다. 그 이유는 생태계에 더 많은 공급업체가 참여함에 따라 팔란티어의 "점유율이 자연스럽게 감소"할 것이기 때문이었다. 실제로, 2024년 말에 체결된 4년간 4억 100만 달러(약 5,588억 원) 규모의 아미 밴티지 연장 계약조차 완전히 보장된 것이 아니었다. 계약 조건에는 육군이 "ADP 2.0이 준비되면 업무량을 그쪽으로 이전할 수 있는 유연성"을 갖는다는 내용이 포함되어 있었다. 이는 팔란티어의 안정적인 수익 기반을 흔들 수 있는 잠재적 위험 요소였다.

더욱 근본적인 위협은 육군이 여러 회사의 "최고의 기능들을 섞어서 조합"하려는 의도에서 비롯되었다. 이 접근 방식은 모든 기능을 통합하여 제공하는 팔란티어의 핵심 가치를 직접적으로 겨냥했다. 이는 팔란티어의 데이터 통합, 시각화, 분석 등 개별 기능들이 각 분야에 특화된 경쟁사들의 제품과 직접적으로 비교되고 경쟁하게 만든다. 이로 인해 팔란티어 해결책의 각 부분이 평범한 상품처럼 취급될 위험을 안고 있었다. 즉, 팔란티어는 모든 것을 해결하는 단일 플랫폼에서 여러 도구 중 하나로 전락할 수 있는 위기에 직면한 것이다. 이러한 위협에 팔란티어는 개방형 시스템으로의 전환이라는 대세에 저항하기보다 오히려 이를 적극적으로 수용했다. 그리고 '개방성'이라는 용어를 자사의 전략에 맞게 재해석하는 정교한 전략을 구사했다. 팔란티어는 자사의 핵심 제품인 파운드리와 아폴로를 육군의 다중 공급업체 비전을 실현하는 데 가장 이상적인 플랫폼으로 내세웠다. 팔란티어는 기술 백서와 공개 자료를 통해 파운드리가 "처음부터 개방형 아키텍처를 수용하도록 설계되었다"고 반복적으로 강조했다. 이들은 파운드리가 개방형 데이터 형식을 사용하며, 모든 기능에 대해 표준화된 접속 경로API를 제공하여 공급업체 종속성을 방지한다고 주장했다.

또한, 여러 유연한 통합 모델을 제시하며, 파운드리가 기존의 다른 데이터 플랫폼과 함께 공존하고 이를 강화할 수 있음을 적극적으로 홍보했다. 이는 통합된 단일 해결책을 피하려는 육군의 요구에 직접적으로 부응하는 메시지였다. 더 나아가, 팔란티어는 파운드리가 데이터 메시Data Mesh라는 '이론을 현실로' 만드는 플랫폼이라고 명시적으로 홍보했다. 파운드리의 기능들을 데이터 메시의 네 가지 원칙에 직접적으로 연결시키며, 육군이 명시한 구조적 목표를 듣고 이에 부합하고 있음을 보여주었다.

팔란티어의 또 다른 핵심 기술인 아폴로는 "지속적인 배포를 위한 운영체제"로, 다양한 환경 전반에 걸쳐 소프트웨어를 배포하고 관리하도록 설계되었다. 아폴로는 여러 종류의 클라우드, 기관 내부 서버, 심지어 네트워크가 완전히 차단된 환경까지 지원한다. 이는 복잡한 다중 보안 등급 환경에서 작전하고 다중 클라우드 전략을 추구하는, 국방부에서 매우 중요한 역량이다. 아폴로는 육군이 구상하는 복잡하고 연합된 환경에서 단일 소프트웨어 기반을 어떻게 운영할 수 있는지에 대한 팔란티어의 기술적 답변이었다. 이러한 기술적 위치 선정을 뒷받침하기 위해, 팔란티어는 잠재적 경쟁자로 비칠 수 있는 기업들과도 전략적 협력 관계를 맺었다. 또한 다른 서비스 파트너들과의 협력을 통해 폐쇄적인 독점 기업이 아닌, 개방적이고 협력적인 생태계의 일원이라는 이미지를 구축했다.

팔란티어의 새로운 전략이 실제로 어떻게 작동하는지를 보여주는 가장 대표적인 사례는 '타이탄' 프로그램이다. 이 프로그램에서 팔란티어는 하드웨어 중심의 방산 프로그램에서 주 계약자 지위를 획득했다. 이를 통해 소프트웨어 기업이 전통적인 하드웨어 제조업체를 이끌고 조율하는 새로운 사업 모델을 제시했다. 타이탄 프로그램은 육군에 의해 명시적으로 "소프트웨어를 중심으로 하드웨어가 구축된, 소프트웨어 중심의 획득"으로 정의되었다. 이는 전통적인 방산 획득의 방식을 전환하는 중요한 변화였다. 이 경쟁에서 팔란티어는 전통적인 방산 대기업인 RTX(과거 레이시온)를 제치고 주 계약자로 선정되었다. 팔란티어의 한 고위 임원은 "우리가 최초의 소프트웨어 주 계약자일 수는 있지만, 유일한 소프트웨어 주 계약자가 되지는 않을 것"이라고 말하며, 이것이 새로운 성공 경로임을 시사했다. 주목할 점은 팔란티어가 이 프로그램을 단독으로 수행하지 않았다는 것이다. 타이탄을 위한 팔란티어의 팀에는 노스롭 그루먼, L3해리스, 앤듀릴, SNC 등 방산 및 하드웨어 분야의 주요 기업들이 포함되었다. 여기서 팔란티어의 역할은 모든 센서 데이터와 하드웨어 구성 요소를 통합하는 인공지능 기반의 소프트웨어 핵심, 즉 시스템의 두뇌를 제공하는 것이었다. 이 타이탄 모델은 팔란티어가 미래의 다중 공급업체 ADP 2.0 환경에서 어떻게 운영될 수 있는지에 대한 청사진을 제공한다. 팔란티어는 스스로를 시스템의 주 통합자 또는 핵심 운영체제의 제공자로 자리매김할 수 있다. 그리고 다른 공급업체들은 팔란티어의 조율 아래 부품처럼 끼워 넣는 형태의 도구나 데이터 서비스를 제공하는 하위 파트너가 될 수 있다.

팔란티어의 전략은 마치 유도 고수와 같다. 육군의 개방성 요구에 저항하는 대신, 그들은 '개방성'의 정의를 자신들의 조건에 맞게 다시 정의하려 했다. 파운드리에 의미를 부여하는 계층으로, 아폴로를 배포하는 계층으로 자리매김함으로써, 팔란티어는 기술 구조의 더 높은 곳으로 이동하려 했다. 그들은 경쟁사들에게 응용 프로그램 계층을 기꺼이 내주는 대신, 그 응용 프로그램들이 실행되는 근본적인 '운영체제'를 통제하고자 했다. 이는 다중 공급업체 생태계라는 위협을, 그 생태계의 필수불가결한 조율자가 될 기회로 전환시키는 전략이었다. 이는 더 이상 단일 공급자가 되는 것이 아니라, 새로운 구조의 '병목 지점'을 장악하려는 시도였다. 만약 모든 데이터가 유용해지기 위해 파운드리에서 처리되어야 하고, 모든 소프트웨어가 최전선에 도달하기 위해 아폴로를 통해 배포되어야 한다면, 다른 공급업체들이 개별 사업을 수주하더라도 팔란티어는 중앙에서 큰 이익을 차지하는 역할을 유지할 수 있게 된다.

2025년 3월, 미 육군은 ADP 2.0 계약 절차를 "프로그램 전략을 재검토"한다는 이유로 무기한 보류한다고 갑작스럽게 발표했다. 이 결정은 육군의 야심 찬 데이터 플랫폼 현대화 계획에 중대한 전환점이 되었다. 이 발표는 아무런 배경 없이 이루어진 것이 아니었다. 이 시기는 새로운 행정부가 출범하면서 연방 계약의 효율성 개선을 목표로 하는 행정명령을 발동하고, 수십억 달러 규모의 대규모 기술 계약 전반에 대한 검토가 이루어지던 시점과 일치했다. 이는 ADP 2.0의 보류가 단순히 해당 프로그램의 기술적 문제 때문이라기보다는, 획득 전략에 대한 더 광범위하고 상위 수준의 검토 과정의 일부일 수 있음을 시사한다. 즉, 행정부 차원의 조달 정책 변화가 직접적인 원인이었을 가능성이 있다.

또한, 육군 관계자들 스스로도 ADP 2.0의 사업 및 계약 모델이 구조적으로 매우 복잡하고 어렵다는 점을 인정한 바 있다. 다수의 공급업체가 참여하는 개방형 생태계를 공정하고 효율적으로 운영하기 위한 계약 조건을 만드는 것은 전례 없는 도전이었다. 따라서 이번 보류 조치는 야심 찬 계획이 예상보다 실행하기 어렵다는 현실적인 깨달음의 결과일 수 있으며, 더 근본적인 재고가 필요하다는 판단에 따른 것일 수 있다.

ADP 2.0 계획의 무기한 보류는 팔란티어에게 명백한 단기적, 중기적 승리였다. 이 결정은 팔란티어의 가장 큰 단기적 경쟁 위협을 제거했으며, 사실상의 육군 데이터 플랫폼으로 지위를 공고히 하는 결과를 낳았다. 언론과 시장 분석가들은 ADP 2.0의 중단을 즉시 팔란티어에게 긍정적인 소식으로 평가했다. 가장 직접적인 효과는 기존 아미 밴티지 계약의 가치를 안정시킨 것이었다. ADP 2.0이라는 대안이 사라짐에 따라, 육군은 작전의 연속성을 보장하기 위해 기존 아미 밴티지 계약의 모든 선택 사항을 행사할 가능성이 매우 높아졌다. 이는 팔란티어의 프로그램 관련 수익이 보장된 최소 금액을 넘어 최대 금액에 이를 확률을 높였다. 보류 조치에도 불구하고, 육군의 지속적인 요구사항을 담은 과업 기술서는 계약자가 "아미 밴티지의 지속적인 제품 지원을 수행하는 데 필요한 모든 소프트웨어, 인력, 장비"를 제공해야 한다고 명시하고 있다. 이는 팔란티어의 역할이 중단 없이 계속될 것임을 재확인하는 것이다. 더 나아가, 이 사건은 아미 밴티지뿐만 아니라 다른 대규모 국방부 계약에서도 팔란티어의 '굳건한 입지'를 강화하는 효과를 가져왔다.

ADP 2.0의 중단은 팔란티어에게는 전술적 승리였지만, 육군에게는 새로운 전략적 위험을 초래했다. ADP 2.0 전략을 촉발했던 근본적인 문제들, 즉 유연성, 비용 통제, 그리고 더 넓은 혁신 기반에 대한 접근 필요성은 해결되지 않은 채로 남았다. 육군은 이제 가까운 미래 동안 현직 공급업체에 더욱 종속되게 되었다. 이는 장기적으로 목표했던 개방형 생태계 모델 구축을 지연시키고 기존 시스템에 대한 '기술 부채'를 쌓게 만들 수 있다. 육군은 복잡하고 위험 부담이 큰 조달을 피하는 대신 단기적인 안정을 얻었다. 하지만 그 대가로 유연하고 경쟁적인 데이터 시장을 구축하려는 장기적인 전략 목표 달성을 희생하게 된 셈이다. 이는 몇 년 후, 아마도 더욱 복잡해진 형태로 동일한 문제를 다시 해결해야 하는 상황을 예고한다. ADP 2.0 계획의 보류는 육군의 장기적인 전략 방향의 취소가 아닌, 일시적인 우회로로 해석되어야 한다. 유연성, 비용 효율성, 그리고 상업 혁신의 전체 범위에 대한 접근 필요성처럼 근본적인 동인들은 여전히 유효하며, 결국 이 문제를 다시 수면 위로 끌어올릴 것이다. 국방부 차원의 지침이 계속해서 압력으로 작용할 것이다. 국방부는 현대적인 소프트웨어 획득 경로, 모듈형 계약, 그리고 데이터 중심의 사고를 지속적으로 강조하고 있다. 이러한 상위 정책들은 육군이 더 유연하고 경쟁적인 모델을 채택하게 계속 압박할 것이다.

또한, '합동전영역지휘통제'의 성공은 수많은 플랫폼과 공급업체로부터의 데이터를 원활하게 통합하는 능력에 달려 있다. 단일의 폐쇄적인 생태계는 이 비전과 본질적으로 상충된다. 팔란티어 자신이 여러 프로그램을 통해 합동전영역지휘통제에서 수행하는 역할조차도 다른 시스템과의 통합 능력에 기반을 두고 있다. 따라서 이를 실현하기 위해서는 개방형, 다중 공급업체 구조가 필수적이다.

육군 내부의 수요 역시 변화를 강제할 것이다. 데이터를 민주화하고 군 전반에 걸쳐 사용을 확장하려는 육군의 필요성은 더욱 커졌다. 역설적으로, 아미 밴티지의 성공은 더 많은 데이터 수요를 창출했고, 이는 장기적으로 더 확장 가능하고 저렴한 계약 해결책에 대한 압력을 증가시킨다. 따라서 ADP 2.0의 정신은 사라지지 않았다. 현재의 보류 상태는 전략적 목표의 포기가 아니라, 복잡한 실행 계획을 재정비하기 위한 숨 고르기로 보아야 한다. 이러한 상황에서 주요 주체들은 각자의 길을 모색해야 한다. 미 육군은 이번 보류 기간을 획득 전략을 정교하게 다듬는 기회로 활용해야 한다. 초기 ADP 2.0 계획의 복잡성에서 교훈을 얻어, 아미 밴티지와 같은 안정적인 핵심 플랫폼을 유지해야 한다. 그러면서도 경쟁적인 계약 수단을 통해 분석 도구나 데이터 서비스를 추가하는 혼합 모델을 탐색해야 한다. 목표는 현재의 작전을 방해하지 않으면서도 경쟁적인 생태계를 점진적으로 키우는 '혁명'이 아닌 '진화'가 되어야 한다.

팔란티어는 이번 유예 기간을 자사의 '개방성' 주장을 공격적으로 증명하는 데 사용해야 한다. 아미 밴티지 계약을 활용하여 제3자 도구와의 원활한 통합을 시연하고, 스스로가 주장하는 조율자 역할을 효과적으로 수행해야 한다. 다중 공급업체 생태계를 운영하는 데 가장 쉽고 효과적인 플랫폼이 됨으로써, 미래에 육군이 '전면 교체' 시나리오를 고려하기 어렵게 만들어야 한다. 타이탄 프로그램은 이러한 전략의 대표 사례이며, 완벽하게 실행되어야 할 것이다. C3.ai, 부즈 앨런 해밀턴 등 경쟁사들은 ADP 2.0의 보류를 패배가 아닌 지연으로 보아야 한다. 이들은 육군의 지속적인 전략 목표, 즉 더 큰 생태계에 연결될 수 있는 모듈형, API 우선 해결책을 제공하는 데 집중해야 한다. 소규모의 표적화된 계약과 협력 관계를 추구하여 육군의 데이터 구조 내에서 발판을 마련하고 가치를 입증해야 한다. 이를 통해 불가피하게 돌아올 경쟁적인 획득 환경에 대비해야 한다. 궁극적으로, 육군 데이터 플랫폼의 미래는 '팔란티어'와 '다중 공급업체' 사이의 이분법적 선택이 아니라, 누가 구조를 통제하느냐의 협상에 달려 있다. 핵심적인 갈등은 "어떤 제품을 살 것인가"에서 "누가 생태계의 규칙을 정의하는가"로 전환되었다. 팔란티어의 목표는 사실상의 표준 설정자, 즉 방산 데이터 운영 체제의 '애플'이 되는 것이다. 육군의 목표는 팔란티어를 포함한 모든 공급업체를 '앱'으로 두는 표준 설정자 자체가 되는 것이다. ADP 2.0의 무기한 보류는 이러한 구조적 투쟁의 일시 중지일 뿐이며, 이 투쟁은 향후 10년간의 국방 소프트웨어 조달을 정의할 것이다.

합동전영역지휘통제의 소프트웨어 두뇌

21세기 전장의 안개는 과거와 질적으로 다르다. 포연과 소음으로 가득했던 물리적 혼돈이 아니라, 데이터의 폭풍으로 인한 인지적 마비에 가깝다. 인도·태평양의 광활한 바다 위 긴장이 감도는 어느 해역, 이곳에서는 눈에 보이지 않는 전쟁이 이미 시작되었다. 우주 공간의 위성, 성층권을 비행하는 고고도 무인정찰기, 바닷속을 은밀히 기동하는 잠수함, 그리고 지상의 감시 레이더와 사이버 공간의 무수한 정보 지점에 이르기까지, 모든 영역의 센서들이 쏟아내는 정보의 쓰나미는 지휘통제소를 순식간에 압도한다. 과거의 지휘관들은 이른바 '회전의자' 접근법에 의존했다. 각기 다른 화면에 나타나는 조각난 정보들을 눈으로 좇으며, 머릿속에서 거대한 전장 상황도를 꿰맞추려 애썼다. 이는 느리고, 오류에 취약하며, 무엇보다 동등한 수준의 경쟁국이 만들어내는 전장의 속도와 복잡성을 감당할 수 없는 방식이었다. 이러한 구시대적 방식의 전략적 실패는 새로운 군사적 개념의 등장을 필연적으로 만들었다.

미 국방부가 추진하는 '합동전영역지휘통제CJADC2, Combined Joint All-Domain Command and Control'는 단순히 기존 시스템을 개선하는 차원의 시도가 아니다. 이는 전쟁의 중심을 하드웨어에서 소프트웨어로, 그리고 전장의 핵심을 물리적 공간에서 의사결정이라는 인지적 공간으로 옮기려는 혁명적 발상이다. CJADC2의 본질은 적보다 먼저 '감지하고, 이해하며, 행동'함으로써 '결정 우위'를 확보하는 데 있다. 이는 적이 관측하고, 상황을 판단하며, 결심하고, 행동하는 순환 고리, 이른바 '우다 루프OODA Loop' 안으로 파고들어 상대의 인지 체계를 붕괴시키는 것을 목표로 한다. 이 구상의 실현 가능성은 각 군이 독립적으로 개발하던 지휘통제 시스템의 칸막이를 허물고, 모든 센서와 모든 타격수단을 하나의 거대한 신경망으로 엮어낼 수 있느냐에 달려 있었다. 이 신경망의 중추, 즉 전장의 모든 정보를 실시간으로 융합하고 분석하여 최적의 해답을 끌어내는 인지 엔진의 역할이야말로 팔란티어가 등장하는 지점이다.

고요한 성층권, 공기가 희박한 고도에서 미 공군의 고고도 무인정찰기 한 대가 광대한 작전 구역을 훑고 있었다. 이 정찰기는 단순한 감시 플랫폼이 아니라, 공군의 합동전영역지휘통제 기여분인 '차세대 전투관리체계ABMS,

Advanced Battle Management System'에 연결된 하나의 지능형 정보 수집 장치였다. 기체에 탑재된 첨단 센서는 전자광학, 적외선, 신호 정보 등 다양한 종류의 정보를 넘나들며 지상의 미세한 변화까지 포착하고 있었다. 바로 그 순간, 센서에 이상 신호가 잡혔다. 해안선의 복잡한 지형지물 사이에서 위장을 걷어내고 아주 잠시 모습을 드러낸 이동식 지대함 미사일 발사 차량의 열 신호와 금속 구조물의 반사파였다. 이는 전형적인 '시간에 민감한 표적'이었다. 수 분 내로 미사일을 발사하고 다시 숨거나 위치를 바꿀 것이 분명했다. 전통적인 공격 절차, 즉 '킬체인'대로라면, 이 정보는 여러 단계의 보고 체계를 거쳐 분석되어야 했다. 타격 가능 여부를 판단한 뒤, 가용한 타격 자산을 수소문하는 지난한 과정을 거쳐야만 했다. 그 과정에서 표적은 이미 사라지고 난 뒤일 것이다. 하지만 이제 상황은 달라졌다. 정찰기가 포착한 원시 데이터는 즉시 합동전영역지휘통제의 데이터 구조 속으로 빨려 들어갔다. 한편, 수백 킬로미터 떨어진 해상에서는 미 해군의 알레이버크급 이지스 구축함이 '분산된 해상 작전DMO, Distributed Maritime Operations' 개념에 따라 경계 임무를 수행 중이었다. 이 구축함은 해군의 합동전영역지휘통제 기여분인 '프로젝트 오버매치'를 통해 함대 전체와 연결된 네트워크의 일부였다. 프로젝트 오버매치는 함정, 항공기, 무인체계를 하나의 소프트웨어 중심 네트워크로 묶어주는 '연결 조직'으로서 기능하도록 설계되었다.

과거의 군사 작전에서는 공군의 센서가 포착한 정보는 공군의 타격 자산으로 연결되는 것이 일반적이었다. 그러나 "어떤 센서든 어떤 타격수단에게든"이라는 합동전영역지휘통제의 핵심 원칙은 이러한 군종 사이의 장벽을 허물어뜨리는 것을 목표로 한다. 이제 문제는 '누가 발견했는가'가 아니라, '누가 가장 효과적으로 타격할 수 있는가'로 바뀌었다. 이동식 미사일 발사대라는 위협의 본질 자체가 합동전영역지휘통제와 같은 새로운 해결책의 필요성을 웅변하고 있었다. 정지된 표적은 기존의 신중한 타격 절차로도 충분히 대응 가능하지만, 이처럼 쏘고 빠지는 식의 움직이는 위협은 낡은 시스템의 치명적 약점을 드러낸다. 이는 왜 국방부가 팔란티어와 같은 기업의 기술에 막대한 투자를 하는지를 극명하게 보여주는 사례였다.

정찰기로부터 흘러든 방대한 양의 여러 형태의 데이터는 합동전영역지휘통제 네트워크의 심장부, 팔란티어의 고담 플랫폼으로 모였다. 고담은 단순한 분석 도구가 아니라, 문자 그대로 '전 세계적 의사결정을 위한 운영체제'였다. 이 디지털 트윈은 단순한 전장의 지도가 아니었다. 그것은 살아있는 신경망이었다. 아군 이지스함의 미사일 재고 현황과 연료 잔량은 실시간으로 업데이트되었다. 동시에 적 지휘관의 의사결정 패턴과 과거 이동 경로가 데이터베이스로부터 흘러들었다. 여기에 인공위성이 보내온 지형과 기상 데이터가 겹쳐지는 순간, 흩어져 있던 모든 정보의 파편은 비로소 하나의 의미 있는 전장으로 완성되었다. 팔란티어의 진정한 가치는 단순히 인공지능 모델을 제공하는 데 있지 않다. 그것은 전통적으로 분리되어 있던 시스템의 장벽을 허물고, 이처럼 통일된 데이터 기반, 즉 온톨로지를 구축한 위에 인공지능을 적용한다는 점에 있다. 새로 들어온 정찰기의 데이터는 더 이상 고립된 정보 조각이 아니었다. 온톨로지 안에서 이 데이터는 즉시 기존의 수많은 정보와 연결되고 의미를 부여받았다.

팔란티어의 인공지능 및 머신러닝 모델이 이 풍부한 데이터를 기반으로 실시간 분석에 착수했다. 미 국방부의 '메이븐 스마트 시스템'과 연동된 '자동 표적 인식' 알고리즘은 즉각 해당 물체가 적대국의 이동식 미사일 발사대임을 99% 이상의 신뢰도로 식별했다. 시스템은 여기서 멈추지 않았다. 과거 정보 데이터베이스와 교차 검증을 통해 해당 미사일의 종류와 사거리, 파괴력을 특정했다. 그리고 최근 첩보를 바탕으로 해당 부대의 작전 패턴을 분석하여 다음 행동을 예측하기 시작했다. 이것이 바로 '감지'를 넘어 '이해'의 단계로 나아가는 과정이며, 인간의 개입 없이 수 밀리초, 즉 천 분의 수

초 안에 일어나는 일이었다.

이 모든 분석 결과는 전장의 모든 지휘관과 분석가들이 공유하는 '단일 유리창', 즉 통합된 공통 작전 상황도 위에 시각적으로 구현되었다. 화면에는 단순히 '적 미사일 발사대'라는 아이콘만 표시되는 것이 아니었다. "해당 표적은 아군 제7함대 소속 이지스 구축함 '알레이버크'함을 향해 90초 내 발사할 확률 87%"와 같은 예측 정보가 함께 제시되었다. 이는 과거의 사후 분석적 정보 제공에서 벗어나, 지휘관에게 미래를 엿볼 수 있게 해주는 선제적, 예측적 정보의 영역이었다. 위협을 감지하고 이해한 시스템은 지체 없이 '행동' 단계로 넘어갔다. 고담 플랫폼의 타격 제안 모듈은 자동으로 최적의 타격 자산을 선정하는 알고리즘을 실행했다. 시스템은 현재 가용한 모든 타격 수단을 실시간으로 평가했다. 인근 해역의 이지스 구축함뿐만 아니라, 공중의 F-35 전투기, 심지어 육군의 '프로젝트 컨버전스' 훈련에서 선보인 장거리 정밀 타격 자산까지, 모든 군의 자산이 후보군에 올랐다. 이는 마치 전시 상황의 우버처럼, 가장 빠르고 효과적으로 임무를 완수할 수 있는 자산을 실시간으로 연결해주는 것과 같았다.

알고리즘은 수십 개의 변수를 순식간에 계산했다. 표적까지의 거리, 무장의 종류와 남은 탄약, 예상 명중률, 발사 후 적의 대응 가능성, 그리고 아군의 노출 위험까지 고려했다. 결론은 명확했다. 현재 위치와 무장 상태를 고려할 때, 해군의 이지스 구축함이 발사하는 SM-6 미사일이 가장 확실하고 신속한 해결책이었다. 결정이 내려지자, 시스템은 인간의 손을 거치지 않고 기계 대 기계 방식으로 타격 정보를 이지스함으로 전송했다. 이 자동화된 데이터 전송은 과거의 '킬체인'을 '킬웹'으로 바꾸는 핵심 과정이다. 선형적이고 취약했던 과거의 킬체인은 통신 두절과 같은 단 하나의 고리만 끊어져도 전체가 마비되었다.

반면, 합동전영역지휘통제가 구현하는 킬웹은 거미줄처럼 촘촘하게 연결된 네트워크다. 만약 이지스함이 어떤 이유로든 타격이 불가능했다면, 시스템은 지체 없이 차순위 타격 자산인 F-35 전투기에 임무를 다시 할당했을 것이다. 이러한 유연성과 회복 능력이야말로 킬웹의 진정한 위력이다. 이 과정에서 공군의 차세대 전투관리체계를 통해 수집된 정보는 팔란티어가 중추가 된 합동 데이터 환경에서 가공되었다. 그리고 해군의 프로젝트 오버매치 네트워크를 통해 해군의 타격 자산에 전달되는 장면은 합동전영역지휘통제의 실질적인 구현을 의미했다. 이는 각 군이 각자의 관련 사업을 추진하면서도 상호 운용성을 확보하지 못해 새로운 형태의 정보 고립을 만들 수 있다는 우려를 불식시키는 구체적인 증거였다. 동시에, 이 자동화는 전장 위 인간의 역할을 근본적으로 다시 정의했다. 과거 통신병이나 작전병이 무전이나 채팅창의 좌표를 사격통제장치에 수동으로 입력하던, 극도의 긴장감이 요구되면서도 가치가 낮은 반복 작업은 이제 사라졌다. 기계가 그 일을 대신함으로써, 인간 지휘관은 '쏠 것인가, 말 것인가?', '교전 규칙에 부합하는가?', '이 타격이 불러올 정치적, 외교적 파장은 무엇인가?'와 같은 더 높은 수준의 전략적 고민에 자신의 인지 자원을 온전히 집중할 수 있게 되었다.

이지스 구축함 '알레이버크'함의 전투정보실은 차분했지만 극도의 긴장감이 흘렀다. 몇 분 전까지만 해도 평온했던 화면에 새로운 표적이 나타났다. 하지만 이 표적은 과거의 미식별 비행체와는 달랐다. 합동전영역지휘통제 네트워크를 통해 전달된 이 표적은 이미 식별, 분류, 위협 평가가 완료된 상태였다. 또한 가장 효과적인 요격 방안과 함께 완벽한 사격 통제 정보가 곁들여져 있었다. 함장은 화면의 시간 기록을 확인했다. 공군의 무인정찰기가 최초로 이상 신호를 감지한 시점부터 자신의 이지스 시스템에 발사 가능한 상태의 정보가 뜨기까지, 걸린 시간은 불과 10초 미만이었다. 과거라면 수 분에서 길게는 수 시간까지 걸렸을 과정이 눈 깜짝할 사이에 완료된 것이다. 시스템은 모든 분석과 제안을 마쳤지만, 최종 발사 결정의 권한은 인간에게 남아 있었다.

이것이 바로 '인간 참여 루프' 원칙이다. 인공지능이 아무리 뛰어나다 해도, 생명을 앗아갈 수 있는 무력 사용의 최종 책임은 인간 지휘관이 져야 한다는 윤리적, 법적 요구사항이 시스템에 내재된 것이다. 함장은 시스템이 제시한 정보의 신뢰도를 순간적으로 판단했다. 이 판단의 근거는 기계에 대한 맹목적인 믿음이 아니었다. 그것은 '프로젝트 컨버전스'와 같은 수많은 합동 실험과 훈련을 통해 검증되고, 팔란티어 플랫폼이 보장하는 투명한 '데이터 계보'를 통해 쌓인 '신뢰'였다. 그는 이 시스템이 어떤 데이터를 기반으로, 어떤 논리 과정을 거쳐 이 결론에 도달했는지 역추적할 수 있음을 알고 있었다. 이 새로운 종류의 신뢰는 군 조직에 있어 심대한 문화적, 심리적 변화를 의미했다.

"발사하라." 함장의 짧고 단호한 명령과 함께 SM-6 미사일이 발사되었다. 음속보다 몇 배나 빠른 속도로 날아간 미사일은 적 미사일 발사대가 채 두 번째 발사 준비를 마치기도 전에 정확히 목표를 타격했다. 이는 단순히 하나의 위협을 제거한 전술적 승리를 넘어, 적의 작전 계산법 자체를 뒤흔드는 전략적 메시지였다. 공격 절차가 수 분에서 수 초로 단축된 전장에서, 적은 더 이상 안전한 작전 시간을 확보할 수 없게 된다. 전장 전체가 적에게는 훨씬 더 치명적인 공간으로 변모한 것이다. 방금 끝난 짧은 교전은 '소프트웨어 정의 전쟁'의 도래를 알리는 서곡이었다. 이 새로운 전쟁 패러다임에서 구축함, 전투기, 미사일과 같은 하드웨어 플랫폼의 중요성은 여전하다. 하지만 그 가치와 파괴력은 이제 그것들을 연결하고 지휘하는 소프트웨어에 의해 기하급수적으로 증폭된다. "당신의 소프트웨어가 바로 무기 시스템이다"라는 팔란티어의 선언은 더 이상 추상적인 구호가 아닌, 전장에서 증명된 현실이 되었다.

이러한 능력은 미 육군의 '타이탄' 프로그램처럼 상업 분야의 혁신을 과감히 수용하고 소프트웨어 중심의 획득 방식을 채택한 결과물이다. 팔란티어는 이 과정에서 단순한 소프트웨어 공급업체를 넘어, 국방 혁신을 주도하는 핵심 파트너이자 주 계약자로서의 위상을 확고히 했다. 미래의 국가 안보와 군사적 우위는 더 크고 빠른 플랫폼을 만드는 데 있는 것이 아니라, 더 똑똑하고, 더 통합적이며, 더 민첩한 코드를 작성하는 능력에 달려있음을 이 가상의 전투는 명백히 보여준다. 그리고 그 영역이야말로 팔란티어가 자신의 독보적인 가치를 증명해 온 무대이다. 결국 팔란티어가 국방부에 판매하는 궁극적인 상품은 소프트웨어가 아니라 '시간'이다. 데이터 융합, 인공지능 분석, 자동화된 공격망 등 이 모든 기술적 성취는 전쟁에서 가장 희소하고 결정적인 자원인 시간을 압축하기 위해 존재한다. 적의 의사결정 순환 고리를 분 단위에서 초 단위로 단축시킴으로써, 팔란티어는 지휘관에게는 더 나은 결정을 내릴 시간을, 아군에게는 승리할 시간을, 그리고 적에게는 패배할 시간만을 남겨준다. 소프트웨어 정의 전쟁 시대의 가장 강력한 무기는 이처럼 시간을 지배하는 능력 그 자체일 것이다.

메이븐 프로젝트

미국 국방부의 핵심 인공지능^{AI} 사업인 프로젝트 메이븐은 방대한 양의 감시 데이터를 신속하게 분석하여 작전 효율성을 높이는 것을 목표로 한다. 구글이 이 프로젝트에서 철수한 뒤, 팔란티어는 메이븐 프로젝트의 핵심 협력자로 떠올랐다. 팔란티어는 데이터를 통합하고 인공지능 기반 분석 플랫폼을 제공하는 중요한 역할을 수행하고 있다. 이는 단순한 기술 지원을 넘어, 현대전에서 인공지능의 역할을 새롭게 정의하는 중요한 계기가 되고 있음을 보여준다. 팔란티어의 메이븐 스마트 시스템^{MSS, Maven Smart System}은 이 프로젝트의 핵심 요소로 기능하며, 다양한 국방 및 정보 기관에서 그 활용도가 높아지고 있다. 최근 북대서양조약기구NATO와 미국 육군과의 연이은 계약 확장은 팔란티어의 기술력과 시장 내 입지를 다시 한번 확인시켜 준다. 2025년 3월 25일에 최종 확정된 나토와의 계약은 팔란티어의 메이븐 스마트 시스템, 즉 MSS NATO를 도입하여 동맹의 전장 인식 및 의사결정 능력을 강화하는 것을 목표로 한다. 이 계약의 구체적인 금액은 양측 모두 공개하지 않았지만, 나토 역사상 가장 신속한 계약 중 하나로 평가받는다. 요구 사항 정의부터 시스템 확보까지 단 6개월 만에 완료된 점은 인공지능 기술 도입의 시급성과 팔란티어 기술력에 대한 높은 신뢰를 증명한다.

나토 통신정보국NCIA은 개발된 시스템을 통해 나토의 핵심 군사 지휘 기구인 연합작전사령부 등을 지원할 계획이다. 이처럼 계약이 신속하게 이루어진 데는 그만한 이유가 있었다. 최근 급변하는 안보 상황에서 인공지능을 활용한 군사적 우위 확보가 나토 동맹 전체의 가장 중요한 과제로 떠올랐기 때문이다. 특히 러시아와 우크라이나의 전쟁을 지켜보면서 인공지능 기술의 중요성은 더욱 분명해졌다. 나토는 인공지능 기술을 통해 군사적 우위를 점하고, 여러 회원국에 흩어져 있는 군사 데이터를 하나로 통합하는 일이 시급하다고 판단하게 되었다. 결론적으로, 인공지능 기술을 통해 전략적 우위를 확보해야 한다는 절박한 공동의 목표가 있었다. 이러한 절박함이 동맹국 사이에 존재할 수 있는 정치적 갈등이나 복잡한 행정 절차와 같은 장애물들을 모두 뛰어넘어 신속한 의사 결정을 가능하게 만든 것이다.

MSS NATO는 거대언어모델LLM, 생성형 인공지능, 머신러닝 등 광범위한 인공지능 응용 프로그램을 통해 정보 융합, 표적화, 전장 상황 인식 능력을 향상시킬 것으로 기대된다. 이는 나토 32개 회원국 간의 상호 운용성을 증진하고 연합 작전 계획 수립의 효율화를 목표로 한다. 나토 연합작전사령부는 계약 발표 후 30일 이내에 메이븐 시스템을 사용할 예정이라고 밝혔다. 나토는 이 시스템을 사용함으로써 새로운 인공지능 역량의 추가적인 채택을 가속화할 것으로 기대하고 있다.

팔란티어는 미국 육군 및 국방부와도 핵심적인 계약 관계를 지속하고 확장하고 있다. 특히 미 육군 연구소ARL, Army Research Laboratory와는 지속적으로 협력하며 메이븐 스마트 시스템 접근성을 육군, 공군, 우주군, 해군, 해병대 전반으로 확장하는 계약을 체결했다. 2024년 9월에 발표된 이 계약은 5년간 최대 약 1억 달러(정확히 99,804,561달러) 규모로, 사용자 라이선스, 부수적인 소프트웨어 지원 및 하드웨어를 포함한다. 예상 완료일은 2029년 9월 24일이다. 이 계약은 팔란티어가 2018년부터 육군 연구소와 맺어온 협력 관계를 확장하는 것이다. 이는 미군 전반의 인공지능 및 머신러닝 연구 개발을 지원하고, 실제 작전 데이터와 인공지능 역량을 직접 제공한다. 또한, 팔란티어는 미국 국방부의 핵심 전략인 합동전영역지휘통제CJADC2, Combined Joint All-Domain Command and Control 구현을 위한 핵심 기술 공급자로 자리매김했다. 2024년 5월, 미국 국방부 최고 디지털 인공지능 책임관실CDAO, Chief Digital and AI Office은 팔란티어에 5년간 최대 4억 8,000만 달러(약 6,525억 원) 규모의 계약을 발주했다. 이는 메이븐 스마트 시스템을 통해 합동전영역지휘통제의 데이터 분석 및 인공지능/머신러닝 역량 강화를 지원하도록 한 것이다.

이 계약은 미군과 국제 협력국이 운영하는 다양한 시스템들을 단일 네트워크로 연결하여 모든 전투 영역 간 신속한 데이터 전송을 가능하게 하는 합동전영역지휘통제의 목표 달성에 기여한다. 주목할 점은 이 합동전영역지휘통제 관련 계약이 2025년 5월 21일 7억 9,500만 달러(약 1조 1,034억 원)로 증액되는 수정 계약으로 이어졌다는 사실이다. 이 계약은 메릴랜드주 애버딘 성능시험소의 육군 계약사령부Army Contracting Command에서 관리하며 2029년 5월 28일 완료를 목표로 한다. 1년도 채 되지 않아 계약 규모가 약

65% 증가한 이러한 대폭적인 증액은 메이븐 시스템의 성공적인 초기 운용 성과와 미국 육군의 깊어지는 신뢰를 반영한 것으로 해석된다.

나아가 이는 인공지능 기술의 적용 범위가 예상보다 빠르게 확장되고 있음을 시사한다. 단순한 계약 연장을 넘어 인공지능이 국방 핵심 기능에 깊숙이 통합되면서 발생하는 자연스러운 예산 증가 및 신뢰도 상승으로 볼 수 있다. 이는 팔란티어가 대규모 국방 인공지능 프로젝트를 성공적으로 수행하고 고객의 신뢰를 바탕으로 사업을 확장할 수 있는 능력을 객관적으로 증명했음을 의미한다.

메이븐 스마트 시스템은 미국 국방부의 데이터베이스들을 통합하기 위해 만들어진 데이터 융합 플랫폼이다. 이 시스템은 기밀 정보와 공개 정보를 포함한 여러 출처의 데이터를 모아 하나의 데이터베이스로 만든다. 따라서 사용자가 원하는 정보를 쉽게 검색할 수 있다. 메이븐 스마트 시스템은 2017년에 시작된 미국 국방부의 메이븐 프로젝트의 핵심적인 부분이다. 메이븐 프로젝트는 처음에 감시 영상에서 특정 대상을 스스로 찾아내는 컴퓨터 비전 기술에 초점을 맞추었다. 메이븐 스마트 시스템을 통해 지휘관 및 참모들은 아군 부대의 보급 현황, 잠재적 적대 세력에 대한 표적 정보, 지역 불안정에 대한 소셜 미디어 보고서 등 다양한 정보를 신속하게 조회하고 교차 참조할 수 있다. 이는 과거 여러 호환되지 않은 데이터베이스를 뒤지며 수 시간 또는 수일을 소요하던 노동 집약적 과정을 크게 단축시킨다. 최근에는 거대언어모델과 같은 생성형 인공지능 기능이 추가되어 정보 분석 및 의사결정 지원 능력이 한층 강화되었다.

메이븐 프로젝트가 초기 영상 분석 중심에서 거대언어모델 및 생성형 인공지능을 통합하는 포괄적 데이터 융합 플랫폼으로 진화한 것은 팔란티어가 인공지능 기술 발전의 최전선에 있으며 국방 분야 고객의 진화하는 요구에 맞춰 솔루션을 지속적으로 고도화할 수 있는 역량을 보유하고 있음을 나타낸다. 이는 팔란티어를 단순한 기술 공급업체가 아닌 전략적 협력자로 격상시키는 요인이 된다. 국방 분야에서 기술적 우위를 지속적으로 유지하고자 하는 고객들에게 팔란티어는 매력적인 요소로 작용하여 장기적인 관계를 유지하고 새로운 계약 기회를 창출하는 데 기여한다. 또한, 메이븐 스마트 시스템은 이른바 개방형 아키텍처 설계를 채택했다. 이는 사용자가 자신의 인터페이스를 맞춤화하거나 팔란티어 이외의 다른 회사 분석 도구를 추가할 수 있도록 지원하면서도, 모든 사용자가 동일한 기본 데이터를 보도록 보장한다. 이러한 '공통의 진실' 기반 위에 맞춤형 도구를 결합하는 방식은 단일화된 거대 시스템에 얽매이지 않고 다양한 데이터를 신속하게 공유할 수 있게 한다. 이는 합동전영역지휘통제와 같은 복잡한 다영역 작전 개념 구현에 필수적인 유연성을 제공한다.

이러한 메이븐 관련 계약들은 팔란티어의 전체 실적에 다각적인 영향을 미치고 있다. 재무적으로 볼 때, 이 계약들은 팔란티어의 정부 부문 매출 성장에 핵심적인 역할을 하고 있다. 2025년 1분기 팔란티어의 미국 정부 부문 매출은 전년 동기 대비 45% 성장한 3억 7,300만 달러(약 5,178억 원)를 기록했으며, 이는 전체 매출 성장의 중요한 동력이다. 2024년 4분기에도 미국 정부 부문 매출은 전년 동기 대비 45% 성장한 3억 4,300만 달러(약 4,763억 원)를 기록했다. 이러한 지속적인 성장은 국방 인공지능 시장에서의 팔란티어의 강력한 입지를 반영하며, 회사의 안정적인 수익 기반을 제공한다. 팔란티어는 2025년 전체 매출 예상치를 36% 성장으로 상향 조정했으며, 이는 이러한 정부 계약의 긍정적 효과를 포함한다. 주가 및 시장 심리 측면에서도 긍정적인 영향이 관찰된다. 대표적인 예로, 나토NATO와의 메이븐 스마트 시스템 계약이 공식 발표된 2025년 4월 14일, 팔란티어의 주가는 4.6% 급등했다. 이는 시장이 국방 관련 대형 계약을 팔란티어의 성장 잠재력을 나타내는 긍정적인 신호로 평가하고 있음을 보여준다.

전략적으로 메이븐 프로젝트의 성공적인 수행과 계약 확장은 팔란티어를 국방 인공지능 시장의 핵심 주체로 확고히 자리매김하게 한다. 특히 미국 국방부 및 나토와 같은 주요 국방 조직과의 장기적 협력 관계는 경쟁사에 비해 강력한 진입 장벽을 구축하는 효과가 있다. 이는 "국방 인공지능 시장의 리더", "인공지능 군비 경쟁의 막을 수 없는 힘" 등으로 묘사되기도 한다. 팔란티어는 단순히 소프트웨어를 공급하는 것을 넘어, 고객의 핵심 작전 및 의사결정 과정에 깊숙이 관여함으로써 신뢰 관계를 구축하고 있다. 미국 육군의 데이터 플랫폼인 밴티지 프로그램ADP의 장기 계약자로서의 지위 확보 가능성 및 차세대 심층 감지 능력 플랫폼인 타이탄 프로토타입 개발 계약 등은 이러한 관계 심화의 증거이다. 이는 팔란티어가 정부 기관의 필수적인 협력자로 인식되고 있음을 보여준다.

기술적 우위 또한 입증되고 있다. 육군 연구소 계약이 단독 공급 형태로 체결된 점과 타이탄 프로그램에서 기존 방산 대기업인 RTX를 제치고 선정된 사실은 팔란티어가 응용 인공지능 분야에서 상당한 기술로 앞서고 있음을 시사한다. 이는 전통적인 하드웨어 중심의 방산업체들이 단기간에 따라잡기 어려운 소프트웨어 및 인공지능 역량이며, 팔란티어가 소프트웨어 회사임에도 하드웨어 프로그램을 주도하는 이례적인 사례로 평가된다. 팔란티어가 국방 계약에서 보여주는 '소프트웨어 정의' 접근 방식과 신속한 시제품 개발 및 배치 능력은, 전통적인 방산 업계의 오랜 조달 주기와 경직된 개발 방식에 대한 대안을 제시하며 국방 혁신을 주도하고 있다.

나토 계약의 신속한 진행, 타이탄 프로그램에서의 소프트웨어 기업 주도, 그리고 미국 공군의 전술 작전 센터-경량TOC-L, Tactical Operations Center-Light에 메이븐 시스템 통합 등은 팔란티어의 소프트웨어 중심 접근 방식이 실제 국방 환경에서 효과적으로 작동함을 보여준다. 이는 수년에서 수십 년이 소요되는 전통적인 무기 체계 개발 방식과 대조적이다. 국방부는 인공지능과 같은 첨단 기술을 더 빠르고 유연하게 도입할 수 있는 새로운 경로를 모색하게 만든다. 즉, 소프트웨어와 인공지능이 국방력의 핵심 요소로 부상하면서 관련 예산이 증가하고, 팔란티어와 같은 기업이 더 많은 기회를 얻게 될 것이며, 이는 국방 조달 방식의 변화를 의미할 수 있다. 팔란티어의 메이븐 관련 계약들은 단순히 기업의 성장을 넘어 군사 작전, 지정학, 시장 경쟁, 그리고 윤리적 논의에 이르기까지 광범위한 파장을 일으키고 있다. 군사 작전에서 인공지능의 진화를 살펴보면, 팔란티어의 메이븐 시스템은 합동전영역지휘통제와 같은 현대전 개념의 실질적 구현을 가속화하고 있다. 데이터 융합, 인공지능 기반 분석, 거대언어모델 활용 등은 전장 상황 인식, 표적 식별, 의사결정 속도를 획기적으로 향상시켜 미래 전장의 모습을 바꾸고 있다.

미국 공군은 전투 관리 작전에 메이븐 스마트 시스템과 같은 인공지능 플랫폼을 실험적으로 통합하여 그 효과를 검증하고 있다. 이는 인공지능이 단순한 지원 도구를 넘어 작전의 핵심 요소로 자리 잡고 있음을 보여준다. 미국 국방부는 2023년에 데이터, 분석 및 인공지능 도입 전략을 발표하며 첨단 인공지능 역량 통합을 가속화하고 있다. 메이븐과 같은 인공지능 기반 지휘통제 시스템의 확산은 전통적인 군사력 운용 방식을 근본적으로 변화시켜, 정보 우위와 의사결정 속도가 전쟁의 승패를 좌우하는 핵심 요소로 부상하게 만들 것이다. 과거에는 불가능했던 수준의 상황 인식과 신속한 대응이 가능해짐에 따라, 군의 조직 구조, 교육 훈련 체계, 작전 수행 교리 등 모든 면에서 인공지능 중심의 혁신이 요구될 것이다. 인공지능 활용 능력의 차이는 곧 국방력의 차이로 직결될 수 있으며, 이는 국가 간 인공지능 기술 확보 및 군사적 적용을 위한 경쟁을 심화시켜 새로운 안보 딜레마를 야기할 수 있다.

지정학적으로 나토가 미국 기술 기업인 팔란티어의 인공지능 플랫폼을 채택한 것은 동맹국 간 기술 협력 강화 및 상호 운용성 증진의 중요한 사례이다. 이는 유럽의 자체 인공지능 솔루션 개발 노력(예: 가이아-X)과의 관계 속에서 미국 기술의 영향력을 보여주는 동시에, 서방 동맹의 인공지능 기술 표준화 가능성을 시사한다. 이러한 움직임은 특히 러시아, 중국 등 경쟁국들의 인공지능 군사화 노력에 대응하여 서방의 기술적 우위를 유지하려는 전략적 의도로 해석될 수 있다. 나토의 팔란티어 시스템 채택은 미국과 유럽 간의 방산 기술 격차를 더욱 확대시키는 동시에, 유럽 국가들의 '기술 주권' 확보 노력을 자극하는 요인이 될 수 있다. 유럽 입장에서 보면 핵심 국방 기술을 미국에 의존하는 상황이 심화되는 것으로 볼 수 있으며, 이는 유럽 내 기술 자립의 목소리를 높이는 계기가 될 수 있다. 따라서 나토의 결정은 단기적으로는 팔란티어에게 큰 성공이지만, 장기적으로는 유럽 국가들이 자체 인공지능 기술 개발 및 방산 생태계 육성에 더욱 박차를 가하는 계기가 되어, 팔란티어에게 유럽 시장에서의 경쟁 심화 또는 현지 기업과의 협력 강화를 통한 시장 진출 기회를 의미할 수 있다.

경쟁 환경 측면에서 국방 인공지능 시장은 팔란티어 외에도 앤듀릴Anduril, BAE 시스템즈, 록히드마틴 등 다수의 기업들이 경쟁하는 역동적인 분야이다. 앤듀릴은 자율 시스템 및 하드웨어-소프트웨어 통합 분야에서 두각을 나타내며 미국 해병대와 10년간 6억 4,200만 달러(약 8,916억 원) 규모의 대소형 무인기 시스템I-CsUAS 계약을 체결하는 등 빠르게 성장하고 있다. 또한 미국 특수작전사령부SOCOM, Special Operations Command와 3년간 8,600만 달러(약 1,194억 원) 규모의 임무 자율성 시스템 통합 협력 계약을 맺었다. 기존 방산 대기업인 록히드마틴은 록히드마틴 인공지능 센터LAIC, Lockheed Martin Artificial Intelligence Center를 중심으로 사이버 보안, 표적 탐지, 자율 비행 등 다양한 분야에서 인공지능을 개발 및 적용하고 있다. BAE 시스템즈 역시 디지털 인텔리전스 사업부를 통해 인공지능 기반 솔루션을 제공하고 있다. 이러한 환경은 기술 혁신을 촉진하는 동시에, 기업 간 협력 관계(예: 팔란티어-노스롭그루먼 타이탄 협력) 및 특정 기술 분야에서의 전문화가 중요해짐을 의미한다.

국방 인공지능 시장의 경쟁 심화와 기술 발전 속도를 고려할 때, 팔란티어를 포함한 주요 기업들은 단순히 개별 제품의 성능을 높이는 것을 넘어, 개방형 아키텍처를 기반으로 한 '생태계 구축' 경쟁에 돌입할 가능성이 높다. 팔란티어의 메이븐 스마트 시스템과 앤듀릴 모두 개방형 아키텍처를 강조하며, 다른 회사 분석 도구 통합을 지원한다. 이는 국방 분야에서 특정 공급업체에 종속되는 것을 피하고, 최신 기술을 신속하게 도입하려는 고객의 요구를 반영하는 것이다. 따라서 향후 국방 인공지능 시장은 단일 기업이 모든 솔루션을 독점적으로 제공하기보다는, 다양한 기업의 기술들이 상호 연동되는 개방형 생태계 형태로 발전할 가능성이 크다. 이러한 생태계에서 주도권을 잡기 위해서는 기술적 우위뿐 아니라, 협력 관계 구축, 데이터 및 인터페이스 표준화 노력, 개발자 공동체 지원 등 다각적인 전략이 요구될 것이다. 이는 곧 인공지능 플랫폼 간의 경쟁을 넘어선 '생태계 간의 경쟁'으로 이어질 수 있다.

마지막으로 윤리적 고려 사항 및 책임 있는 인공지능의 문제는 군사 분야에서의 인공지능 활용에 있어 지속적으로 중요한 논점으로 작용한다. 살상 자율 무기LAWS, Lethal Autonomous Weapons Systems 가능성, 데이터 편향성, 책임 소재 불분명 등 다양한 윤리적 논쟁이 제기되고 있다. 구글이 메이븐 프로젝트에서 철수한 것도 이러한 윤리적 우려 때문이었다. 팔란티어는 "인간을 고양시키는" 인공지능, 상황에 맞는 규제, 데이터 보호, 인간 통제 등을 강조하며 책임 있는 인공지능 원칙을 제시하고 있다. 미국 국방부 또한 인공지능의 책임 있는 사용을 위한 지침과 윤리 원칙을 개발하고 있다. 이는 기술적 성능뿐 아니라 윤리적 기준 충족이 국방 인공지능 도입의 필수 조건이 되고 있음을 보여주며, 인공지능 시스템의 설계와 운용에 있어 인간의 감독과 개입이 강조되고 있다.

최근 나토 및 미국 육군과의 연이은 메이븐 관련 계약 확장 및 신규 수주는 팔란티어가 서방 세계의 핵심 국방 인공지능 인프라 구축에 있어 독보적인 위치를 점하고 있음을 명확히 보여준다. 이는 단순한 소프트웨어 공급을 넘어, 국가 안보의 핵심 역량 강화에 직접적으로 기여하는 전략적 협력자로서의 위상을 공고히 하는 것이다. 특히 데이터 통합 및 인공지능 기반 분석이라는 미래 전장의 핵심 기술 분야에서 선도적 입지를 확보했음을 의미한다. 팔란티어가 서방 주요 국방 인공지능 사업에 깊숙이 통합됨에 따라 발생하는 강력한 '공급자 고착 효과'는 경쟁사들이 이 핵심 시스템 분야에서 팔란티어를 대체하기 어렵게 만드는 중요한 전략적 자산이다. 메이븐과 같은 국방 인공지능 시스템은 매우 복잡하며, 방대한 양의 민감 데이터를 다루고 군의 핵심 작전 절차와 깊이 연관된다. 따라서 일단 특정 시스템이 도입되어 군의 작전 체계와 데이터 흐름에 통합되면 이를 다른 시스템으로 교체하는 것은 막대한 비용, 시간, 그리고 안보적 위험을 수반한다. 팔란티어의 소프트웨어는 "핵심 축" 또는 "필수 불가결한" 요소로 묘사될 정도로 깊이 통합되어 있으며, 장기 계약은 이러한 고착 효과를 더욱 강화한다. 이는 팔란티어에게 강력한 협상력과 안정적인 수익 기반을 제공하며, 경쟁사들에게는 매우 높은 진입 장벽으로 작용하여, 기존 고객과의 관계를 유지하고 확장하는 데 유리한 고지를 점하게 한다.

향후 성장 전망에 있어 국방 예산의 인공지능 분야 투자 확대 추세, 합동전영역지휘통제와 같은 대규모 국방 현대화 프로젝트의 지속적인 추진, 그리고 동맹국으로의 인공지능 솔루션 확산 가능성은 팔란티어에게 지속적인 성장 기회를 제공할 것이다. 특히, 인공지능 기반 데이터 분석 및 의사결정 지원 시스템에 대한 수요는 국방을 넘어 공공 및 민간 부문으로도 확장될 잠재력이 크며, 팔란티어의 "이중 엔진 성장 모델(정부 및 상업 부문 동시 성장)"이 이를 뒷받침한다. 그러나 높은 기업 가치에 대한 시장의 부담감, 정부 예산의 변동성 및 정치적 영향, 유럽 등 특정 지역에서의 기술 주권 강화 움직임에 따른 경쟁 심화, 그리고 인공지능 기술의 윤리적 문제에 대한 지속적인 사회적 요구 등은 팔란티어가 극복해야 할 도전 과제이다. 팔란티어의 향후 성공은 기술적 우위뿐만 아니라, 이러한 복잡한 외부 환경 요인들을 얼마나 잘 헤쳐나가느냐에 크게 좌우될 것이며, 이는 투자자들이 기대하는 고성장세를 유지하는 데 있어 중요한 변수가 될 수 있다. 또한, 인공지능 기술 자체의 빠른 발전 속도에 맞춰 지속적인 연구 개발 투자와 혁신을 유지해야 하는 부담도 존재하며, 숙련된 인공지능 인력 확보 경쟁 또한 중요한 과제이다.

메이븐과 같은 성공적인 인공지능 플랫폼의 등장은 국방 조직 내에서 고품질 데이터 기반 시설, 강력한 데이터 거버넌스, 그리고 전문 인공지능 인력에 대한 수요를 폭발적으로 증가시킬 것이다. 이는 팔란티어 및 다른 기술 공급업체들에게 핵심 인공지능 소프트웨어 계약 외에 부수적인 사업 기회를 창출할 수 있다. 효과적인 인공지능은 잘 정제되고 관리되는 고품질 데이터에 의존하므로, 국방 기관들이 인공지능을 더 많이 채택할수록 기존의 분산되고 표준화되지 않은 데이터를 인공지능에 적합한 형태로 전환하고 관리하기 위한 투자가 필수적으로 뒤따를 것이다. 팔란티어의 메이븐 프로젝트 성공 사례는 인공지능이 현대 방위 산업의 패러다임을 바꾸는 핵심 동력임을 입증한다. 데이터 중심의 전장 환경에서 인공지능은 정보 우위를 확보하고, 의사결정의 질과 속도를 향상시키며, 궁극적으로는 전쟁의 양상을 변화시키는 변혁적 기술로 자리매김하고 있다. 이러한 추세는 앞으로 더욱 가속화될 것이며, 팔란티어와 같은 인공지능 전문 기업의 역할은 국방 혁신을 주도하는 데 있어 더욱 중요해질 것이다.

최전선의 AI: 타이탄 프로그램

미래 전장의 안개는 더 이상 포연이나 지형에 의해 만들어지지 않는다. 그것은 데이터의 홍수 속에서 피어오른다. 수십, 수백 개의 센서가 뿜어내는 정보의 거센 물결은 인간 분석가의 인지 능력을 압도하며, 가장 중요한 신호를 무의미한 잡음 속에 파묻어 버린다. 적과 아군을 식별하고, 위협의 우선순위를 정하며, 가장 효과적인 대응 수단을 결정해야 하는 지휘관에게 이 데이터의 홍수는 축복이자 저주다. 이 현대적 딜레마의 최전선에서, 미 육군의 야심 찬 '합동전영역지휘통제^{CJADC2}' 개념이 구체적인 형상을 갖추기 시작했다. 그 실체가 바로 팔란티어의 '타이탄^{TITAN}' 프로그램이다. 타이탄은 단순한 신형 장갑차나 통신 장비가 아니다. 팔란티어의 아카시 제인 사장이 명명했듯, 이는 미 육군 최초의 '인공지능 정의 차량'이다. 이 개념은 국방 시스템 개발의 전통적인 방식을 뒤엎는다. 과거에는 하드웨어의 물리적 제약 위에 소프트웨어를 얹는 방식이었지만, 타이탄은 소프트웨어, 즉 인공지능을 중심에 두고 그 능력을 최대한 발휘할 수 있도록 하드웨어를 설계하고 구성했다. 본질적으로 차량은 인공지능을 전장으로 실어 나르는 그릇이 된다. 이 혁명적인 접근법의 중심에는 팔란티어의 인공지능 플랫폼^{AIP}이 자리 잡고 있다.

적대적 영공과 인접한 어느 잿빛 새벽, 육중한 중형 전술차량 차체에 통합된 타이탄 어드밴스드 모델의 내부 작전 공간은 고요한 긴장감으로 가득하다. 밖에서는 디젤 엔진의 낮은 울음소리가 들려오지만, 작전 공간 안은 오직 서버 냉각팬의 미세한 소음과 화면을 가득 채운 데이터의 흐름만이 존재할 뿐이다. 이곳은 전장의 신경 중추다. 수십 초 간격으로, 전장의 다층적 현실이 디지털 데이터의 형태로 쏟아져 들어온다. 가장 먼저 도착한 것은 수백 킬로미터 상공의 상업용 '합성 개구 레이더^{SAR}' 위성으로부터 온 데이터 묶음이다. 타이탄 어드밴스드 모델에 장착된 노스롭 그루먼의 특수 '우주 통신 키트'가 직접 수신한 이 정보는 구름과 어둠을 꿰뚫고 지표면의 미세한 변화를 포착해낸다.

거의 동시에, 아군 MQ-1C 그레이 이글 무인 정찰기가 촬영한 고해상도 동영상이 공중 데이터망을 통해 실시간으로 들어오기 시작한다. 화면 속에는 적외선 센서가 포착한 희미한 열원들이 밤의 장막 위로 유령처럼 떠다닌다. 마지막으로, 암호화된 전술 네트워크를 통해 짧은 문자 메시지가 도착한다. 최전방에 투입된 지상 정찰병이 보낸 긴급 보고다. "적 기갑부대 이동 정황 포착, T-90 계열 추정."

위성 이미지, 드론 영상, 인간의 보고. 이 세 가지는 서로 다른 언어와 형식, 신뢰도를 가진 서로 다른 종류의 데이터의 전형이다. 과거의 시스템이라면 분석가 팀이 몇 시간, 혹은 며칠에 걸쳐 이 정보들을 수동으로 비교하고 대조하며 퍼즐을 맞춰야 했을 것이다. 그러나 타이탄의 심장, 팔란티어 인공지능 플랫폼은 이 과정을 단 몇 초 만에 완료한다. 시스템의 내부에서는 '온톨로지'라 불리는 팔란티어의 핵심 기술이 작동하기 시작한다. 인공지능 플랫폼은 이 온톨로지를 기반으로 서로 다른 데이터들을 하나의 공통된 언어로 번역하고 융합한다. 인공지능 기반의 '자동 표적 인식' 알고리즘이 합성 개구 레이더 위성 이미지를 훑으며 금속성 물체의 특징적인 반사파를 식별한다. 동시에 드론의 적외선 영상에서 해당 물체들의 엔진 열원과 일치하는 패턴을 찾아낸다. 시스템은 이것을 단순한 화소 덩어리나 열점으로 보지 않는다.

온톨로지는 정찰병의 문자 보고에 담긴 'T-90'이라는 단어와 '기갑부대'라는 개념을 이해한다. 그리고 보고된 좌표와 시간 정보를 기계가 감지한 객체들과 지리적, 시간적으로 연관 짓는다. 이 융합 과정의 결과, 전장의 디지털 트윈 안에 새로운 객체가 생성된다. '적대적 탱크 소대-식별번호

734'. 인공지능 플랫폼은 세 개의 독립적인 정보 소스가 모두 동일한 대상을 가리키고 있음을 확인하고, 이 식별 정보에 95%의 신뢰도 점수를 부여한다. 며칠이 걸릴 수도 있었던 '센서에서 타격수단까지' 이어지는 과정 중 첫 단계인 표적 식별 및 확정이 순식간에 완료된 것이다.

이제 타이탄의 임무는 '무엇'을 찾았는가에서 '어떻게' 대응할 것인가로 전환된다. 시스템은 자동으로 아군 자산 네트워크에 접속하여 '공동 작전 상황도'를 분석한다. 인공지능 플랫폼은 단순히 가장 가까운 포병 부대를 추천하지 않는다. 수 밀리초, 즉 천 분의 수 초 안에 복잡한 다중 기준 분석을 수행한다. 첫째, 사거리와 위치. 어느 부대가 유효 사거리 내에 있는가? 둘째, 탄약 가용성. 해당 표적에 가장 효과적인 정밀 유도 포탄이나 고폭탄을 보유하고 있는가? 셋째, 부대 준비 태세. 즉시 사격이 가능한가, 아니면 다른 임무를 수행 중인가? 넷째, 교전 효율성. 어떤 부대를 통하는 것이 가장 빠르고 효과적인 공격 절차를 구성하는가?

마지막으로, 아군과의 충돌 방지. 제안된 사격 경로가 아군의 기동로나 비행 경로와 겹치지는 않는가? 이 모든 분석을 종합하여 인공지능 플랫폼은 '표적 추천' 정보를 생성한다. "인근 M109 팔라딘 자주포 대대가 식별 번호 734를 특정 종류의 포탄으로 타격할 것"을 제안하는 디지털 꾸러미다. 이 추천안은 즉시 육군의 사격지휘통제 네트워크, 즉 '첨단 야전포병 전술 데이터 시스템AFATDS'으로 전송된다. 타이탄 지휘관의 화면에 펼쳐진 것은 팔란티어의 고담 플랫폼 화면이다. 지휘관은 데이터의 홍수에 압도당하지 않는다. 대신, 모든 정보가 정제되고 시각화된 하나의 화면을 본다. 3차원 지도 위에 적 탱크 소대를 나타내는 아이콘이 선명하게 표시되어 있고, 95%라는 신뢰도 수치가 함께 나타난다. 아이콘을 클릭하자 이 판단의 근거가 된 위성 이미지 조각, 드론 영상 일부, 정찰병의 보고 내용이 증거 자료로 나란히 제시된다. 그리고 그 옆에는 인공지능이 제안한 교전 계획, 즉 지정된 포병 부대, 추천 탄약 종류, 예상되는 전투 효과까지 일목요연하게 정리되어 있다.

시스템은 명령을 내리지 않고, 최적의 결정을 내릴 수 있도록 모든 정보를 종합해 제안한다. 이는 인공지능 활용에 있어 가장 중요한 원칙 중 하나인 '인간 통제'를 구현한다. 인공지능이 정보의 과제 부여, 수집, 처리, 분석, 전파의 전 과정을 자동화했지만, 최종적인 살상 무기 사용 결정권은 오직 인간 지휘관에게만 주어진다. 지휘관은 인공지능의 논리 과정을 검토하고, 표적이 교전규칙에 부합함을 확인한 뒤, 단 한 번의 클릭으로 화력 임무를 승인한다. 승인 신호는 디지털로 포병 부대의 사격통제장치에 자동 전송되고, 몇 초 후 시스템은 포탄이 발사되었음을 확인하는 메시지를 띄운다. 복잡한 다영역 교전 절차 전체가 단 몇 분 만에 완결된 순간이다.

이처럼 타이탄은 단순히 정보를 처리하는 기계를 넘어, 인간 분석가의 역할을 근본적으로 재정의한다. 과거 분석가들은 방대한 데이터 속에서 바늘을 찾는 데 대부분의 시간을 허비했다. 그러나 타이탄의 인공지능이 이 '힘든 작업'을 자동화함으로써, 분석가들은 낮은 수준의 데이터 처리 업무에서 해방된다. 그들의 역할은 이제 인공지능의 결과물을 검증하고, 새로운 위협에 대응하기 위해 인공지능 모델을 훈련시키며, 기계가 찾아낸 정보의 전략적 의미, 즉 '그래서 이것이 무엇을 의미하는가'를 분석하는 고차원적 사상가이자 인공지능 감독관으로 격상된다. 이는 인간의 인지적 노력을 '표적 찾기'에서 '전장 이해와 적의 다음 행동 예측'으로 전환시켜, 인간 지성의 가치를 극대화하는 진정한 의미의 인간-기계 협업 시대를 여는 것이다.

PART 2

파운드리

산업 생태계를 창조하는
플랫폼 전략

CHAPTER 05
파운드리의 산업별 적용 사례
: 전 산업으로의 확장

자동차

자동차 산업은 속도, 정밀성, 그리고 대량 생산의 경제성이 서로 맞물려 치열하게 경쟁하는 분야다. 0.001초의 시간 차이로 승자와 패자가 결정되는 경주용 트랙에서부터, 수백만 대의 자동차를 만들고 전 세계에 걸친 공급망을 관리해야 하는 대규모 생산 시스템에 이르기까지, 자동차 산업의 모든 영역은 데이터를 보이지 않는 힘으로 움직인다. 팔란티어의 파운드리 플랫폼은 이렇게 복잡하고 역동적인 자동차 산업 환경에서 마치 신경계와 같은 역할을 수행하며, 자동차 산업의 운영 방식을 근본적으로 새롭게 정의하고 있다. 포뮬러 원[F1] 경주의 극한 상황, 여러 국가에 걸쳐 있는 자동차 제조사의 품질 관리, 그리고 전기차 시대의 핵심 자산인 배터리 수명 주기 관리에 이르기까지, 파운드리는 먼지 쌓인 창고 속 정보 묶음을 레이스 순위로 뒤바꾸고 수십억 달러의 리콜을 막아내는 살아있는 전략 자산으로 변화시킨다.

F1 그랑프리 경기가 중반으로 접어드는 순간, 스쿠데리아 페라리 팀의 지휘 본부인 피트 월은 극도의 긴장감에 휩싸인다. 엔지니어들의 시선은 파운드리 대시보드 화면에 고정된다. 화면에는 차량에 부착된 수백 개의 센서로부터 수집된 실시간 데이터가 쉴 새 없이 흘러든다. 타이어가 닳는 정도, 연료 소모량, 동력 장치의 상태, 그리고 경쟁 차량들의 위치와 한 바퀴를 도는 데 걸리는 시간인 랩 타임이 계속해서 업데이트된다. F1 한 시즌 동안 생성되는 데이터의 양은 약 1.5조 개에 달하며, 이처럼 방대한 정보를 실시간으로 처리하고 해석하는 능력은 팀의 경쟁력으로 곧바로 이어진다. 과거에는 특정 가설을 검증하거나 전략을 시험해보기 위해 수 분, 혹은 수 시간이 걸렸던 계산 작업이 이제는 단 몇 초 만에 끝난다. 이러한 변화는 페라리 팀의 수석이었던 마티아 비노토가 인정한 파트너십의 핵심적인 가치다.

바로 그 순간, 예상치 못한 변수가 발생한다. 경쟁팀의 핵심 차량 타이어가 예측보다 더 빠르게 마모되는 신호가 포착된 것이다. 기존에 세워둔 피트인, 즉 타이어 교체 등을 위해 정비 구역으로 들어오는 전략은 이러한 변수를 고려하지 않았기 때문에 더는 최선의 방법이 아니었다. 엔지니어들은 즉시 파운드리 환경에서 여러 '만약의 경우what-if'를 가정한 시나리오를 실행한다. 지금 당장 피트인했을 때와 한 바퀴를 더 돌고 들어왔을 때의 결과를 각각 시뮬레이션하며, 트랙 위 모든 차량의 위치, 연료 상태, 예상 랩 타임을 종합적으로 분석한다. 0.5초도 채 되지 않아 분석 결과가 나오고, 팀은 기존 전략을 수정하여 즉시 드라이버에게 피트인하라는 지시를 내린다. 이 결정은 경기의 흐름을 바꾸고 순위를 끌어올리는 결정적인 계기가 된다. 이는 단순히 계산 속도가 빨라졌다는 의미를 넘어, 데이터 분석이 경주 전략을 세우는 과정의 핵심 요소로 완전히 통합되었음을 보여주는 사례다.

파운드리는 원격으로 차량 상태를 측정하는 기술인 텔레메트리 데이터, 부품 정보, 시뮬레이션 결과, 테스트 장비의 결과, 심지어 드라이버의 주관적인 느낌까지 모든 종류의 데이터를 하나의 플랫폼으로 통합한다. 이를 통해 엔지니어들은 데이터를 정리하고 합치는 데 시간을 낭비하는 대신 분석 자체만 집중할 수 있게 된다. 이러한 접근 방식은 드라이버의 직감과 데이터에 기반한 분석 사이의 간극을 효과적으로 메워준다. 드라이버 샤를 르클레르와 함께 진행한 시뮬레이터 테스트가 좋은 예시다. 단 다섯 바퀴 주행 데이터만으로 생성된 분석 모델이 8분 만에 완성됐다. 놀랍게도 이 모델이 도출한 결론은 르클레르가 차량을 통해 체감한 느낌과 정확히 일치했다. 이는 드라이버와 같은 인간 전문가의 감각과 기계의 정밀한 분석 능력이 실시간으로 결합하여 서로의 강점을 극대화하는 효과적인 협력 관계가 만들어졌음을 보여준다. F1이라는 극한의 환경에서 증명된 이러한 능력은 단순히 경주에서의 우승을 위한 도구를 넘어선다. 모든 산업 분야에서 최고의 성능을 어떻게 정의하고 달성할 것인지 다시 생각하게 만드는 하나의 본보기가 되는 것이다. 페라리와의 파트너십은 파운드리 플랫폼이 가장 까다로운 환경에서도 제 기능을 한다는 사실을 입증하는 강력한 마케팅 자산이 되었다. 또한 "F1 경주의 복잡한 문제를 해결할 수 있다면, 당신 회사의 제조 공정과 공급망 문제 역시 해결할 수 있습니다."라는 메시지를 전 세계 기업들에게 효과적으로 전달한 사례이다.

  F1 경주 트랙에서 1,000분의 1초를 다투는 경쟁을 통해 증명된 데이터 통합 및 분석 능력은, 전 세계에서 수백만 대의 차량을 생산하는 대규모 제조 현장으로 자연스럽게 이어진다. 2022년, 팔란티어는 스텔란티스와 전사적인 글로벌 계약을 체결하며 자동차 산업에서의 영향력을 본격적으로 확대했다. 지프, 램, 피아트, 푸조 등 14개의 유명 자동차 브랜드를 소유한 거대 자동차 그룹인 스텔란티스는 심각한 문제에 직면해 있었다. 스텔란티스의 최고경영자CEO 카를로스 타바레스는 일부 공장에서 생산된 차량은 고객에게 인도되기도 전에 수리가 필요할 정도로 품질 관리에 심각한 문제가 있

었다고 밝혔다. 이로 인해 막대한 비용이 발생했고, 2024년 재무 결과 보고서에서도 증가하는 보증 수리 비용이 주요 리스크 요인으로 지적되었다.

이러한 상황에서 스텔란티스는 팔란티어와 손잡고 방대한 운영 데이터를 통합해 '중앙 운영 체제'를 구축하여, 이를 통해 품질을 향상시키고 공급망의 효율성을 개선하는 것을 목표로 했다. 파운드리는 스텔란티스 운영 전반에 걸쳐 '통합 디지털 트윈'을 구축하는 핵심 도구가 되었다. 스텔란티스의 디지털 트윈은 공급업체의 부품 데이터, 인터넷에 연결된 커넥티드 카에서 수집되는 정보, 보증 수리 청구 내역, 딜러 서비스 보고서, 그리고 각 공장의 생산 라인 데이터 등 사방에 흩어져 있던 정보들을 연결하여 하나의 큰 그림으로 완성했다. 이러한 데이터 통합은 품질 관리 방식을 근본적으로 바꾸어 놓았다. 과거에는 특정 부품의 결함이 수많은 보증 수리 청구가 접수된 후에야 뒤늦게 파악되는 '사후 대응' 방식이었다. 문제의 원인을 추적하기 위해 여러 부서가 일일이 데이터를 요청하고 수작업으로 분석해야 했기 때문에 많은 시간과 인력이 소요됐다.

하지만 파운드리의 '부품 성능 모니터CPM'와 같은 해결책을 통해 '사후 대응'에서 '사전 예방' 체계로 전환할 수 있게 되었다. 예를 들어, 도로를 달리는 커넥티드 카에서 특정 진단 문제 코드DTC가 증가하는 추세가 감지되면, 엔지니어는 즉시 해당 코드를 특정 차량 식별 번호VIN와 연결할 수 있다. 진단 문제 코드는 차량의 컴퓨터 시스템이 스스로 문제를 진단하여 기록한 고유한 부호다. 더 나아가, 문제가 발생한 차량들의 제조 데이터를 교차 분석하여 문제의 원인이 특정 공급업체의 특정 생산 차수였는지, 혹은 특정 날짜의 조립 라인에서 설정된 기계 값에 있었는지까지 거슬러 추적할 수 있다. 이를 통해 해당 연식의 전체 모델에 대해 광범위하고 비용이 많이 드는 리콜을 실시하는 대신, 문제가 된 부품이 장착된 차량들만 정확히 선별해 리콜 대상을 정밀하게 좁힐 수 있다. 이는 파트너십 발표 당시 언급되었던

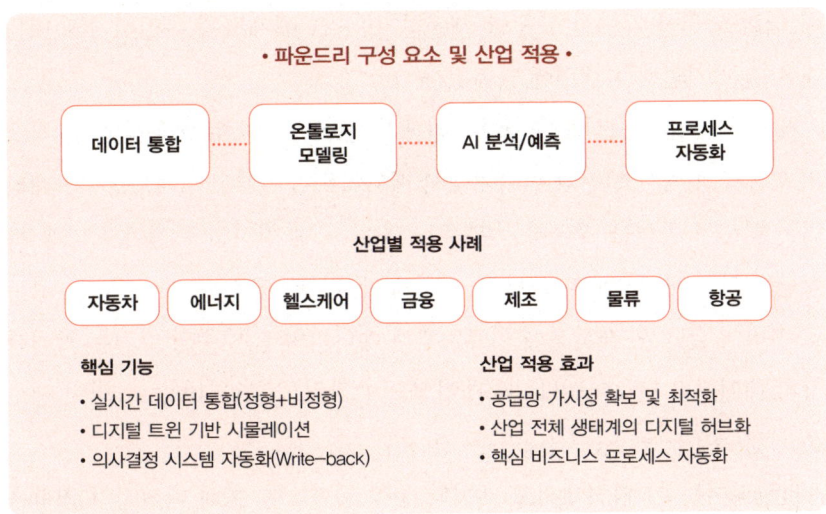

"품질 문제를 예측하는 능력"이 구체적으로 실현된 모습이다. 나아가, 이렇게 통합된 데이터 환경은 단순히 회사 내부의 운영을 개선하는 것을 넘어, 자동차 제조사와 부품 공급업체 간의 협력 방식까지 혁신한다. 부품 성능 모니터CPM는 제조사와 공급업체 간에 안전하게 양방향으로 데이터를 공유할 수 있도록 설계되었다. 공급업체 엔지니어는 자신들의 부품과 관련된 현장 성능 데이터에만 접근 권한을 부여받는다. 이때 개인정보는 제거되어 익명으로 처리된다. 덕분에 문제가 발생했을 때 서로 책임을 떠넘기는 대신, 데이터에 기반하여 공동으로 원인을 분석할 수 있다. 이는 더 투명하고 문제 해결 능력이 뛰어난 공급망을 구축하는 기반이 된다.

하지만 스텔란티스의 사례는 최첨단 기술을 도입한다고 해서 곧바로 성공이 보장되는 것은 아니라는 점도 보여준다. 2022년 파트너십을 발표한 이후에도 2024년에 최고경영자가 품질 문제를 공개적으로 지적한 사실은, 기술 플랫폼의 진정한 가치가 조직이 변화를 얼마나 잘 받아들이고 기존의 업무 방식을 새롭게 설계하려는 의지에 있음을 명확히 한다. 파운드리는 문제 해결을 위한 강력한 도구를 제공하지만, 그 잠재력을 온전히 끌어내는 것은 결국 기업의 실행력에 달려있다.

자동차 산업의 중심축이 내연기관에서 전기 동력으로 이동하면서, 경쟁의 무게중심 역시 엔진과 변속기에서 배터리로 옮겨가고 있다. 전기차 배터리는 단순히 동력을 공급하는 부품을 넘어, 차량 가치의 핵심이자 가장 복잡한 데이터 자산으로 떠올랐다. 원자재 채굴부터 제조, 차량 내 사용, 그리고 수명이 끝난 후 재활용에 이르기까지 배터리의 전체 수명 주기는 막대한 양의 데이터를 만들어낸다. 이 데이터를 효과적으로 관리하는 능력이 새로운 경쟁 우위를 만드는 시대가 온 것이다.

팔란티어는 이 영역에서도 데이터 통합 플랫폼을 통해 핵심적인 역할을 하고 있다. 배터리의 수명 주기는 '스마트 팩토리'에서 시작된다. 팔란티어와 파나소닉의 북미 에너지 법인 PENA과의 파트너십은 이를 명확히 보여준다. 파나소닉 북미 에너지 법인은 네바다와 캔자스에 위치한 배터리 공장을 스마트 팩토리로 전환하기 위해 파운드리를 도입했다. 공장 생산 라인의 수많은 센서에서 생성되는 데이터를 통합하고, 인공지능 및 머신러닝 기술을 활용하여 자재 낭비를 줄이고 생산 라인 가동 시간을 늘리는 등 생산 효율성을 극대화하는 것을 목표로 삼았다. 이 과정에서 모든 배터리 셀은 제조 당시의 상세한 데이터를 담은 '디지털 출생 증명서'를 갖게 되며, 이는 배터리 디지털 트윈의 시작점이다.

공장을 떠나 차량에 장착된 배터리는 수명 주기의 두 번째 단계인 '현장 사용' 단계에 들어선다. 팔란티어는 데이터 분석 기업 J.D. 파워와 협력하여 'EV 배터리 건강 분석' 응용 프로그램을 개발했다. 이 솔루션은 수많은 전기차의 배터리 상태를 실시간으로 관찰하며 성능 저하 패턴을 분석한다. 제조 시점의 데이터와 실제 사용 데이터를 결합함으로써, 자동차 제조사는 배터리 수명을 정교하게 예측하고 고장 징후를 사전에 파악하며 보증 비용을 효과적으로 관리하는 모델을 만들 수 있다. 이는 항공기 제조사 릴리움이 파운드리를 활용해 배터리 수명을 예측하는 모델을 만드는 사례와도 같은 맥락이다.

마지막으로, 차량에서의 수명이 다한 배터리는 수명 주기의 최종 단계에 이른다. 이때 파운드리에 축적된 전체 수명 주기 데이터는 가장 중요한 의사결정의 근거가 된다. 배터리의 상태가 양호하다면, 에너지 저장 장치ESS와 같이 상대적으로 부담이 덜한 용도로 '제2의 삶'을 살 수 있다. 만약 재활용이 최선의 선택이라면, 배터리의 정확한 물질 구성 데이터는 리튬, 코발트와 같은 희소 광물을 회수하여 효율을 극대화할 수 있다. 이처럼 데이터에 기반한 수명 주기 관리는 배터리의 순환 경제를 실현하는 데 필수적인 기술적 기반이 된다. 이는 단순히 운영 효율성을 높이는 것을 넘어, 배터리를 한 번 쓰고 버리는 부품이 아니라 평생에 걸쳐 가치를 창출하는 데이터 자산으로 새롭게 정의하는 것이다. 또한, 탄소 발자국 추적 및 원자재 회수율을 의무화하는 유럽연합EU의 새로운 배터리 규제와 같이, 각국의 환경 규제에 대응하기 위한 핵심 기반 시설로 기능한다. 파운드리는 자동차 산업이 지속 가능한 미래로 나아가는 데 필요한 데이터의 흐름을 관리하는 운영 체제로서, 단순한 생산성 향상 도구를 넘어 규제 준수와 환경·사회·지배구조ESG 전략 실행의 중심 역할을 담당하고 있다.

에너지 및 유틸리티

에너지와 수도, 전기 등을 공급하는 유틸리티 산업은 거대한 장비와 설비를 기반으로 운영되는 전통적인 산업이다. 그러나 21세기에 들어 이들은 깊은 모순에 빠졌다. 이들 기업은 막대한 규모의 물리적 자산을 보유한 만큼, 이들 기업은 매일 엄청난 양의 운영 데이터를 생성한다. 문제는 이 데이터들이 서로 다른 시스템에 분산되어 고립되어 있다는 점이다. 연결되지 않은 데이터는 활용되지 못한 채, 오히려 관리 부담만 가중시키는 '짐'이 되기 일쑤였다. 예를 들어, 특정 밸브의 압력 센서 값, 그 밸브의 과거 정비 이력, 그리고 그 밸브가 속한 파이프라인의 재무적 가치와 같은 데이터들은 모두 현실 세계의 '동일한 밸브 하나'를 가리킨다. 하지만 시스템이 이러한 맥락을 이해하고 데이터들을 연결해주는 공통 언어를 갖추지 못했던 것이다. 이러한 맥락적 통합 없이는 진정한 의미의 운영 지능을 확보하는 것은 불가능하다. 데이터 통합 플랫폼은 바로 이 지점에서 가치를 발휘한다. 플랫폼은 물리적 자산과 디지털 데이터를 연결하는 상세한 지도를 만들어, 모든 분석과 조치의 튼튼한 기반을 제공한다.

세계적인 에너지 기업 BP의 사례는 이러한 데이터 통합이 어떻게 막대한 경제적 가치로 이어질 수 있는지를 명확히 보여준다. BP는 북해와 멕시코만처럼 혹독한 자연환경에서 석유 및 가스 생산의 효율성을 최대한으로 끌어올려야 하는 복잡한 과제를 안고 있었다. 2014년부터 시작된 팔란티어와의 파트너십은 BP의 디지털 전환을 가속하는 핵심적인 힘이 되었다. 이 협력 관계는 최근 새로운 인공지능 기술을 도입하는 다년 계약으로 확장될 만큼 성공적이었다. 이 협력의 중심에는 BP의 전 세계 석유 및 가스 생산 활동 전체를 가상의 공간에 그대로 복제한 '디지털 트윈'이 있다. 이 시스템은 북해의 해상 시추 시설부터 오만의 가스전에 이르기까지, 전 세계에 흩어진 200만 개 이상의 센서로부터 수집되는 실시간 데이터와 실제 자산의 물리적 모델을 통합하여 하나의 운영 화면으로 보여준다. 에이펙스APEX로 알려진 BP의 디지털 트윈은 단순히 설비를 3차원 이미지로 보여주는 모델이 아니라, 마치 살아있는 유기체처럼 실시간으로 반응하고 작동하는 운영 체제이다.

이 디지털 트윈이 실제 운영 환경에서 어떻게 작동하는지 구체적인 상황을 통해 살펴보자. 북해 유전의 한 시추 설비에서 중앙 관제 센터의 엔지니어가 플랫폼을 통해 수천 개에 달하는 설비의 상태를 지켜보고 있다. 이때 시스템은 해저 깊은 곳에 위치한 전기 잠수 펌프ESP의 모터 온도가 비정상적으로 상승하고 있으며, 이 현상이 생산되는 가스와 석유의 비율이 급격히 변하는 현상과 동시에 발생하고 있음을 자동으로 감지해 즉시 경고를 보낸다. 과거에는 이런 신호들이 실제 고장이나 생산 중단이 발생한 후에야 뒤늦게 발견되곤 했다.

하지만 이제 엔지니어는 하나의 화면에서 해당 펌프의 전체 가동 이력과 정비 기록은 물론, 생산 라인의 다른 장비들과의 연관성까지 즉시 파악할 수 있다. 또한, 엔지니어는 플랫폼의 시뮬레이션 기능을 이용해 여러 가지 대응 방안을 가상으로 시험해볼 수 있다. 만약 가동을 그대로 강행할 경우, 수백만 달러에 달하는 펌프가 손상되고 몇 주간 생산에 차질이 생길 수 있다. 반면, 즉시 가동을 멈추고 수리팀을 파견하는 것 역시 그 자체로 막대한 비용이 발생한다. 시뮬레이션 결과, 펌프의 특정 작동 값을 원격으로 미세하게 조정하면, 전면적인 가동 중단 없이도 온도를 안정시킬 수 있는 최적의 해법이 나타난다. 엔지니어는 플랫폼을 통해 해당 조치를 즉시 실행하고, 시스템은 이 조치가 실제 펌프에 미치는 영향을 실시간으로 예측하고 제어한다. 잠시 후 경고는 해제되고, 자칫 막대한 생산 손실로 이어질 뻔했던 위기는 사전에 방지된다.

여기서 중요한 점은 이 사건의 모든 맥락, 즉 특정 센서 값부터 엔지니어가 취한 조치와 그 결과까지 모든 정보가 다시 디지털 트윈에 기록된다는 사실이다. 이 기록은 해당 펌프뿐만 아니라 전 세계 BP의 모든 유사한 펌프에 대한 위험 예측 모델과 운영 지침을 자동으로 개선하는 데 사용된다. 이처럼 엔지니어의 개별적인 조치와 그 결과는 한 번의 사건으로 사라지지 않고, 시스템 전체의 지능을 높이는 학습 데이터로 차곡차곡 쌓인다. 이는 플랫폼이 단순히 상황을 지켜보는 수동적인 도구를 넘어, 운영 경험으로부터 스스로 배우고 진화하는 역동적인 시스템임을 의미한다. 이러한 '폐쇄 루프' 운영 방식, 즉 결과가 다시 원인에 영향을 주어 시스템이 자체적으로 개선되는 방식이 BP 전체에 적용된 결과는 놀라웠다. 팔란티어의 발표 자료와 관련 연구 보고서에 따르면, BP는 하루 3만 배럴의 추가 생산량을 확보하고 연간 수억 달러의 추가 수익을 창출하는 성과를 거두었다.

BP의 사례가 경제적 가치를 높이는 데 초점을 맞추었다면, 캘리포니아 최대 전력회사인 퍼시픽 가스 앤드 일렉트릭 PG&E의 사례는 기업의 존립을 위협하는 위험을 관리하는 데 플랫폼이 어떻게 활용되는지를 보여준다. PG&E는 자사가 운영하는 방대한 전력 설비가 치명적인 대형 산불의 원인이 되는 것을 막아야 하는 중대한 사회적, 법적 책임을 지고 있었다. 캘리포니아의 길고 건조한 산불 시즌 동안 전력망을 안전하게 운영하기 위해, PG&E는 매일 80억 개에서 100억 개에 달하는 데이터를 분석하고 이해해야 했다.

캘리포니아의 하늘이 건조한 샌타애나 강풍으로 붉게 물드는 계절, PG&E의 재난 통제 센터는 보이지 않는 적과의 전쟁을 치른다. 수천 킬로미터에 걸친 낡은 전선 하나가, 시속 100km의 돌풍에 끊어지며 마른 덤불 위로 불꽃을 튀기는 순간, 주 전체를 집어삼킬 대형 산불이 시작될 수 있기 때문이다. 과거의 그들이라면 주 전체에 광범위한 강제 단전을 실시하며 수백만 주민의 비난을 감수해야 했을 것이다. 하지만 이제 상황은 다르다. 통제 센터의 거대한 화면 위, 팔란티어 파운드리가 구축한 '공통 운영 그림'에는 캘리포니아의 모든 전력망과 실시간 기상 데이터, 그리고 650대의 감시 카메라 영상이 겹쳐져 있다.

시스템은 지금 이 순간, 가장 위험한 바람이 불고 있는 지역의, 가장 낡고 취약한 전신주 '하나'를 외과 의사의 메스처럼 정확하게 지목한다. "세쿼이

아 국립공원 인근 34번 송전탑, 발화 위험 97%", 운영자는 즉시 해당 구간의 전력만 원격으로 차단하는 '강화된 전력선 안전 설정'을 실행한다. 수백만 가구의 불은 꺼지지 않았고, 최악의 재앙은 또 한 번 예방되었다. 2022년, 이 새로운 접근법 덕분에 보고 대상이 되는 대형 산불 피해 면적은 과거 대비 99%라는 경이로운 수치로 감소했다. 이것은 단순한 기술의 승리가 아니라, 데이터로 재앙을 길들이는 새로운 시대의 서막이었다.

구체적으로 강화된 전력선 안전 설정 프로그램 자체는 보고 대상이 되는 발화 건수를 68% 줄이는 데 기여했다. 이 과정에서 플랫폼은 단순히 분석 결과를 제공하는 것을 넘어, 전력 차단 결정의 근거를 데이터로 명확하게 제시함으로써 규제 기관과 대중의 신뢰를 확보하는 중요한 역할을 수행했다. 특정 지역의 전력을 차단하는 결정이 더 이상 운영자의 경험이나 직관이 아닌, 풍속, 습도, 초목 상태, 설비 상태 등 추적 가능한 데이터에 근거했음을 입증할 수 있게 된 것이다. 이는 플랫폼이 운영상의 위험뿐만 아니라 법적, 규제적 위험까지 관리하는 핵심 도구로 기능함을 시사한다.

BP와 PG&E의 사례는 각각 수익 증대와 안전 확보라는 서로 다른 목표를 추구했지만, 동일한 근본적 변화를 보여준다. 두 기업 모두 데이터 통합 및 모델링 플랫폼을 활용하여, 자신들의 물리적 현실에 대한 일관되고 실행 가능한 디지털 복제품을 만들어냈다. 이는 단순한 IT 프로젝트 도입을 넘어, 새로운 산업 거버넌스의 등장을 알리는 신호탄이었다. 복잡하고 중대한 결과를 낳는 의사결정이 점차 중앙의 소프트웨어 시스템에 의해 조정되거나 위임되는 것이다. 이들 사례에서 나타난 진정한 힘은 과거에 일어난 일에 대한 수동적인 분석을 넘어, 미래에 대한 능동적인 시뮬레이션과 최적화를 가능하게 했다는 점에 있다. 플랫폼은 현실 세계를 비추는 거울일 뿐만 아니라, 의사결정을 현실에 적용하기 전에 그 결과를 미리 시험해볼 수 있는 가상의 실험장을 제공한다. 이를 통해 BP와 PG&E 같은 조직들은 위험과 기회에 대한 자신들의 관계를 근본적으로 재정립하고 있다. 이는 과거에는 상상할 수 없었던 수준의 정밀함과 예측력을 바탕으로 자신들의 물리적 영역을 통제하고 있음을 증명한다.

헬스케어 및 생명과학

코로나19 팬데믹 이후, 영국 국민보건서비스NHS는 사회적으로 존경받는 공공 시스템이라는 위상과는 달리 존립을 위협받는 심각한 위기에 직면했다. 수술이나 진료를 받기 위한 대기자 명단은 사상 최고치를 기록했고, 시스템 전반의 운영 압박은 극에 달했다. 이러한 상황은 기술 기반의 혁신적인 해결책이 도입될 수 있는 전환점이 되었다. 국민보건서비스 잉글랜드가 제시한 해법은 '연합 데이터 플랫폼FDP'이다. 이 플랫폼의 공식적인 목표는 서로 다른 시스템 간의 데이터가 단절되는, 즉 시스템들이 서로 소통하지 못하는 고질적인 문제를 해결하는 것이었다. 이를 통해 국민보건서비스의 파편화되고 낡은 데이터 기반 시설을 전면 개편하고, 의료진의 행정 부담을 줄이며 환자 치료의 질을 높이고자 했다.

팔란티어가 국민보건서비스에 처음 진입한 과정은 팬데믹이라는 비상 상황을 사업 확장의 기회로 삼았다는 비판을 받는다. 2020년 3월, 팬데믹이 본격화되자 팔란티어는 자사의 파운드리 플랫폼을 개인보호장비PPE 및 백신 분배 관리 등 코로나19 대응을 지원하기 위해 단돈 1파운드라는 상징적인 가격에 제공했다. 이러한 비상 상황은 정상적인 공공 조달 절차를 생략할 수 있는 명분이 되었고, 팔란티어는 이를 기회로 삼아 국민보건서비스 시스템 깊숙이 발을 들여놓을 수 있었다. 이 초기 계약은 먼저 작은 계약으로 발판을 마련한 뒤 점차 사업 범위를 넓혀가는 전형적인 '상륙 후 확장' 전략의 시작이었다. 1파운드짜리 계약은 2020년 12월까지 2,350만 파운드(약 434억 원) 규모의 계약으로 급격히 커졌고, 최종적으로는 경쟁 입찰 없이 총 6,000만 파운드(약 1,109억 원)에 달하는 계약을 체결하는 결과로 이어졌다. 이는 공식적인 연합 데이터 플랫폼 입찰이 시작되기도 전에 팔란티어가 이미 국민보건서비스 내부에 깊이 자리 잡은 사업자가 되었음을 의미한다. 이러한 전략적 의도는 팔란티어의 영국 책임자인 루이스 모슬리의 내부 발언으로 더욱 명확해진다. 그는 국민보건서비스 시장 진입 전략에 대해 "기존 국민보건서비스와 관계를 맺고 있는 소규모 회사들을 인수하여 돈으로 길을 열고, 이를 통해 많은 정치적 저항을 무너뜨리는 것"이라고 묘사한 것으로 알려졌다. 이는 팔란티어의 시장 진입이 우연한 기회가 아닌, 치밀하게 계획된 전략이었음을 시사한다.

팔란티어의 국민보건서비스 진출은 '매력 공세'로 불릴 만큼 정교한 로비 활동을 동반했다. 대표적인 사례는 2019년 7월, 루이스 모슬리가 당시 국민보건서비스 잉글랜드 의장이었던 데이비드 프라이어 경을 위해 주최한 '수박 칵테일' 만찬이다. 이 만찬을 계기로 관계는 빠르게 진전되어, 팬데믹이 발생하기 몇 달 전부터 샌프란시스코와 다보스에서 국민보건서비스 고위 관계자들을 대상으로 한 파운드리 플랫폼 시연회가 열렸다. '회전문 인사' 논란은 이러한 영향력 확대 전략의 핵심에 있다. 팔란티어는 연합 데이터 플랫폼 계약과 직접적으로 연관된 전직 국민보건서비스 고위 인사들을 영입했는데, 이는 계약의 공정성에 대한 심각한 의문을 제기했다. 국민보건서비스의 인공지능 부서 책임자였던 인드라 조시와 연합 데이터 플랫폼 계약 담당 부서장의 직속 부하였던 하르지트 달리왈이 대표적인 인물이다. 이들의 영입에 대해 영국 상원에서는 "심각한 윤리적 문제"를 제기하며, 팔란티어에게 "불공정한 상업적 이점"을 제공하는 "회전문"이라고 강하게 비판했다. 여기에 더해, 팔란티어는 영국의 전직 장관 피터 맨델슨이 공동으로 설립한 로비 회사 '글로벌 카운슬'을 고용하고, '폴리시 익스체인지'와 같은 싱크탱크에 자금을 지원하며 정책적 영향력을 확보하려 했다. 이러한 일련의 활동은 팔란티어가 단순히 기술을 판매하는 것을 넘어, 국민보건서비스의 의사결정 구조 자체에 깊숙이 관여하려는 의도를 보여준다.

마침내 2023년 11월, 팔란티어는 액센츄어, PwC 등과 컨소시엄을 구성하여 연합 데이터 플랫폼 계약을 공식적으로 따냈다. 계약 기간은 7년이며, 규모는 최대 3억 3,000만 파운드(약 6,143억 원)에 달했고, 잠재적으로 4억 8,000만 파운드(약 8,934억 원)까지 확대될 수 있는 조건이었다. 계약 발표와 동시에 거센 후폭풍이 몰아쳤다. 영국 의학 협회BMA, 국제앰네스티, 프라이버시 보호 단체들은 일제히 비판 성명을 냈다. 비판의 핵심은 팔란티어가 미국 중앙정보국, 이민세관단속국 등과 협력하며 감시, 범죄 예측, 불법 이민자 추방 등을 지원해 온 과거 이력에 있었다. 또한, 창업자 피터 틸이 공개적으로 국민보건서비스를 깎아내렸던 발언도 신뢰를 훼손하는 요인이었다. 최근에는 지정학적 논란까지 더해졌다. 팔란티어가 가자지구에서 이스라엘군의 군사 작전을 적극적으로 지원하고 있다는 사실이 알려지면서, 국민보건서비스가 도덕적으로 부적절한 기업과 손을 잡았다는 비판이 거세졌다. 이러한 비판은 계약 철회를 요구하는 시위로까지 번졌다.

투명성 문제도 심각했다. 법률 단체 '굿 로 프로젝트Good Law Project'는 정부가 공개한 계약서의 586페이지 중 417페이지가 완전히 검게 칠해져 있었고, 특히 '개인정보 보호'에 관한 조항 전체가 삭제된 사실을 폭로하며 법적 대응에 나섰다. 이는 투명성을 약속했던 국민보건서비스 잉글랜드의 입장과 정면으로 배치되는 것이었다. 결국 법적 압박에 못 이겨 일부 내용이 복원된 계약서가 다시 공개되었으나, 이 과정에서 계약의 핵심적인 부분들이 계약 체결 이후에도 여전히 협상 중이었다는 사실이 드러나면서 논란은 더욱 커졌다. 연합 데이터 플랫폼 도입에 대한 저항은 외부 비판에 그치지 않고 국민보건서비스 내부에서도 터져 나왔다. 그레이터 맨체스터 통합의료위원회ICB는 연합 데이터 플랫폼 도입 결정을 보류하며, 잉글랜드 내에서 유일하게 불참을 선언했다. 그레이터 맨체스터 통합의료위원회의 최고 정보 분석 책임자인 맷 헤네시가 작성한 보고서는 그들의 저항이 감정적인 반발이 아닌, 데이터에 기반한 합리적 판단임을 보여준다. 보고서는 지난 6년간 자체적으로 구축한 지역 데이터 플랫폼이 "현재 연합 데이터 플랫폼이 제공하는 어떤 기능보다 뛰어나며", 일부 핵심 기능은 "연합 데이터 플랫폼 환경에서 완전히 구현되려면 2~3년이 걸릴 것"이라고 명시했다. 또한 연합 데이터 플랫폼의 구체적인 개발 계획이 불분명하다는 점도 지적했다. 이에 대해 국민보건서비스 잉글랜드는 "환자 치료를 연계하고 병원 생산성을 향상시키는 것"이라는 원론적인 답변을 반복할 뿐, 그레이터 맨체스터 측이 제기한 기능적 우위나 구체적인 위험 요소에 대해서는 명확한 해명을 내놓지 못했다.

이러한 회의적인 시각은 그레이터 맨체스터에만 국한되지 않는다. 리즈 교육 병원 트러스트의 최고경영자는 공식 서한을 통해 외래 환자 관리 및 퇴원 계획과 같은 일부 영역에서 연합 데이터 플랫폼을 도입할 경우 "기능을 얻기보다는 오히려 잃게 될 것"이라고 지적했다. 버크셔 헬스케어 국민보건서비스 파운데이션 트러스트 역시 연합 데이터 플랫폼 프로그램에 참여할 "계획이 없다"고 못 박았다. 이러한 상황은 국민보건서비스 잉글랜드가 주장하는 높은 '온보딩' 비율, 즉 플랫폼 도입률의 이면을 드러낸다. 120개 이상의 지역 의료 기관(트러스트)이 연합 데이터 플랫폼 사용 계약을 맺었다고 발표되었지만, 실제 현장에서는 구체적인 사용 계획 없이 "필수적인 첫 단계"라는 이유만으로 마지못해 등록한 경우가 많다는 정황이 포착되었다. 이는 중앙에서 추진하는 거대 플랫폼과 현장의 실제 필요 및 역량 사이에 심각한 차이가 존재함을 시사한다. 중앙 정부의 일방적인 하향식 정책이 지역별로 수년간 쌓아온 혁신과 전문성을 저해할 수 있다는 우려가 현실화되고 있다.

연합 데이터 플랫폼 도입의 가장 큰 명분은 팬데믹 이후 폭증한 선택 진료 대기자 문제를 해결하는 것이었다. 선택 진료란 응급 진료가 아닌, 비교적 시간적 여유가 있는 정규 진료나 수술을 의미한다. 대기자 명단은 440만 명에서 600만 명 이상으로 급증했으며, 이는 제한된 자원, 인력 부족, 그리고 흩어져 있는 시스템의 비효율적인 데이터 관리 때문에 더욱 악화되었다. 팔란티어의 파운드리 소프트웨어는 이러한 혼란에 질서를 부여하고, 각 병원에서 자원을 최적화하며 환자의 우선순위를 효과적으로 정할 수 있도록 '신뢰할 수 있는 단일 관점'을 제공하는 해결책으로 제시되었다.

국민보건서비스 잉글랜드와 그 협력사들은 연합 데이터 플랫폼의 효과를 입증하기 위해 여러 시범 사업의 구체적인 성과 지표를 제시했다. 첼시 앤드 웨스트민스터 병원은 연합 데이터 플랫폼의 대표적인 성공 사례로 가장 많이 인용된다. 국민보건서비스의 공식 보고서에 따르면, 이 병원은 팔란티어 소프트웨어를 활용하여 데이터 검증 및 임상 감독을 개선함으로써 입원 대기자 명단을 28% 감소시키는 성과를 거두었다. 이와 같은 사례 연구에서 3개월간 수술실 가동률이 73%에서 86%로 향상되었다고 보고되었다. 컨설팅 기업 KPMG와 협력하여 6개 국민보건서비스 지역 의료 기관에서 진행된 시범 사업 역시 구체적인 수치를 제시했다. KPMG와 영국 경영 컨설턴트 협회MCA에 따르면, 이 시범 사업을 통해 수술실 가동률이 5% 증가하여 수천 건의 추가 치료가 가능해졌다. 또한 잠재적인 데이터 품질 문제가 있는 환자 항목 1만 건을 식별하여 예약 우선순위를 정하는 데 기여했다.

초기 도입 기관 중 하나인 사우스 타인사이드 앤드 선더랜드 국민보건서비스 파운데이션 트러스트는 퇴원 준비가 완료된 환자의 재원 기간을 37% 단축했다고 보고되었다. 이는 장기 입원 환자의 평균 재원일수를 5일 단축한 것과 같은 효과로 설명되었다. 국민보건서비스 잉글랜드는 더 나아가 연합 데이터 플랫폼을 사용하는 병원들이 도입 이후 매월 평균 114건의 추가 입원 환자 수술을 시행했다고 주장하며 플랫폼의 광범위한 효과를 강조했다. 이러한 구체적인 수치들은 연합 데이터 플랫폼이 국민보건서비스의 운영 효율성을 실질적으로 개선할 수 있다는 주장의 핵심 근거로 활용된다. 하지만 중앙에서 발표되는 성공 지표와 그레이터 맨체스터, 리즈 등 현장 기관들이 제기하는 기능 저하 우려 사이에는 명백한 간극이 존재한다. 이는 시범 사업의 성공이 특정한 자원과 지원이 집중된 이상적인 조건에서만 가능하며, 국민보건서비스 전체의 다양하고 복잡한 환경에서는 다시 나타나기 어려울 수 있음을 시사한다.

연합 데이터 플랫폼이 실제 현장에서 어떻게 작동하는지 이해하기 위해 한 병원 관리자의 업무를 따라가 보자. 이 관리자는 플랫폼의 대시보드를 통해 관할 지역 내 모든 병원의 병상 가용 현황, 의료진 배치, 수술 대기 환자 목록을 실시간으로 파악한다. 시스템은 한 병원에서 비어 있는 수술실과 다른 병원에 대기 중인 환자, 그리고 수술 가능한 외과팀을 자동으로 연결하여 제안한다. 관리자는 이 정보를 바탕으로 지역 간 의료 자원을 효율적으로 재배치하여 환자의 대기 시간을 단축하고 병원 자원의 활용도를 극대화한다. 임상 현장에서는 또 다른 방식으로 기여한다. 플랫폼은 환자의 진료 의뢰부터 치료까지의 전 과정을 검증하고, 데이터 품질 문제를 사전에 식별하여 표시한다. 이를 통해 의사는 치료 준비가 완료된 환자들만 수술 일정에 포함시킬 수 있어, 수술 당일 취소율을 현저히 낮출 수 있다. 이처럼 연합 데이터 플랫폼은 운영 효율화라는 관리적 목표를 정확히 겨냥한다. 하지만 이러한 접근이 환자의 전반적인 치료 경험이나 임상적 결과 개선으로 직접 이어진다는 명확한 증거는 아직 부족하다. 이 때문에 기술만으로 모든 문제를 해결할 수 있다고 믿는 '기술 만능주의'에 빠질 수 있다는 비판을 받기도 한다.

팔란티어의 영향력은 공공 보건 행정을 넘어 제약 산업의 핵심인 연구개발R&D 영역으로 확장된다. 2018년, 팔란티어는 독일의 과학기술 기업 머크와 합작하여 '신트로피'를 설립했다. 이 협력 관계의 공식적인 목표는 "과학 데이터의 가치를 발굴"하고 "암 연구를 발전"시키는 것이었다. 신트로피가 해결하고자 한 핵심 문제는 제약 연구개발 분야의 고질적인 데이터 단절 현상이었다. 신약 개발 과정에서 생성되는 방대한 데이터, 즉 동물실험 데이터, 임상 1, 2, 3상 데이터, 그리고 실제 임상 현장 데이터RWD 등은 각기 다른 시스템에 흩어져 저장된다. 이러한 데이터 단절은 연구자들이 전체적인 그림을 보지 못하게 만든다. 그 결과 신약 후보물질의 잠재적 효능이나 부작용 패턴을 조기에 발견하는 것을 방해하고, 연구개발 비용 증가와 시간 낭비로 이어진다. 신트로피는 팔란티어 파운드리를 기술적 기반으로 삼아, 분산된 연구개발 데이터를 하나의 안전한 통합된 환경으로 집약하는 역할을 수행한다. 이 과정에서 각 데이터의 원래 소유권과 데이터가 어떻게 생성되고 변경되었는지에 대한 이력은 철저히 보존된다. 신트로피 플랫폼이 실제 연구 현장에서 어떻게 활용되는지 한 가상의 연구원의 사례를 통해 살펴보자. 어느 날, 이 연구원은 특정 신약 후보물질에서 예상치 않은 부작용이 보고되자, 그 원인을 규명하는 임무를 맡는다. 그는 먼저 신트로피를 통해 해당 후보물질과 관련된 모든 데이터를 한곳으로 불러온다. 여기에는 초기 동물실험 데이터부터 임상시험에 참여한 환자들의 데이터, 그리고 협력 관계에 있는 병원들의 전자의무기록EHR에서 추출된 실제 처방 데이터까지 포함된다.

다음으로, 연구원은 플랫폼의 분석 도구를 활용해 부작용을 경험한 환자 집단을 특정 조건, 예를 들어 특정 유전자 변이나 특정 동반 질환에 따라 분류하여 분석 대상을 구성한다. 플랫폼은 코딩 지식이 없는 연구자도 마우스로 끌어다 놓는 방식으로 복잡한 분석을 수행할 수 있도록 지원한다. 동시에 데이터 과학자들을 위해 파이썬이나 R과 같은 프로그래밍 언어를 사용한 심층 분석 환경도 제공한다.

분석 결과, 연구원은 특정 유전자 지표를 가진 환자 그룹에서 부작용 발생률이 의미 있게 높다는 패턴을 발견한다. 이 발견은 신약의 대상 환자군을 다시 설정하거나, 부작용을 예측하고 관리하는 새로운 임상 지침을 개발하는 데 결정적인 근거가 된다. 연구원은 이 분석 과정과 결과를 신트로피 생태계 내에서 다른 연구팀이나 외부 협력 기관과 안전하게 공유하여 가설을 신속하게 검증하고 후속 연구를 촉진할 수 있다.

신트로피와 파운드리 플랫폼의 유효성은 국민보건서비스처럼 정치적·사회적 변수가 얽힌 복잡한 사례와 달리, 통제된 과학 연구 환경에서 명확한 수치로 입증되었다. 특히 미국 엠디 앤더슨 암 센터에서 수행한 연구들은 동료 심사를 거쳐 학술지에 게재되었으며, 플랫폼의 성능을 정량적으로 보여주는 대표적인 사례로 꼽힌다. 직장암 환자 데이터를 다룬 한 연구에서는, 파운드리 플랫폼을 통해 전자의무기록에서 데이터를 추출하는 정확도가 극적으로 향상되었음을 보고했다. 구체적으로, 종양의 크기와 침범 범위를 나타내는 T-병기 데이터 추출 정확도는 87%에서 95%로, 림프절 전이 여부를 나타내는 N-병기 데이터 정확도는 58%에서 88%로 급증했다. 혈관 침범 데이터 정확도 역시 89%에서 99%로 향상되었다. 이는 플랫폼이 단순히 데이터를 모으는 것을 넘어, 정형화되지 않은 데이터를 구조화하고 정제하여 고품질의 연구 자산으로 전환하는 데 탁월한 능력을 지녔음을 보여준다. 이러한 수치로 입증된 성공은 팔란티어의 가치가 복잡한 정치적, 사회적 변수가 얽힌 공공 부문보다, 명확한 목표와 통제된 환경을 가진 연구개발 분야에서 더 분명하게 드러난다는 점을 시사한다. 또한, 신트로피 모델은 개별 고객을 넘어 산업 전체의 데이터 협업을 위한 기반 시설을 제공하려는 팔란티어의 장기적인 사업 전략을 엿볼 수 있는 사례다. 이는 여러 연구 기관과 생명과학 기업들이 각자의 데이터를 소유한 채 안전하게 공동 연구를 수행할 수 있는 생태계를 구축하고, 팔란티어는 그 협업 생태계의 핵심 운영체제로 자리매김하는 것을 목표로 하고 있다.

팔란티어의 국민보건서비스 진출 전략을 이해하기 위해서는 미국에서의 성공 사례, 특히 '프로젝트 타이베리우스'를 살펴볼 필요가 있다. 코로나19 이전, 미국의 공중보건 데이터 시스템은 만성적인 예산 부족과 기술적 노후화, 그리고 극심한 파편화에 시달리고 있었다. 미국 질병통제예방센터CDC 혼자서만 100개가 넘는, 서로 연동되지 않는 질병 감시 시스템을 운영하고 있었으며, 데이터는 여전히 팩스나 전화 같은 수동적인 방식으로 보고되는 경우가 많았다. 이처럼 의료 데이터와 공중보건 데이터 시스템이 단절된 상황은 국가적 비상사태에 효과적으로 대응할 수 없는 구조적 취약점을 낳았다. 이러한 배경에서 2020년 중반, 미국 보건복지부HHS는 '초고속 작전'이라는 이름의 계획의 일환으로 코로나19 백신 보급을 총괄할 소프트웨어 플랫폼 구축을 팔란티어에 의뢰했다. 이것이 바로 '프로젝트 타이베리우스'다. 타이베리우스의 핵심 임무는 백신 공급망과 관련된 모든 데이터를 '단일 공통 작전 상황도'로 통합하는 것이었다. 이는 파운드리 플랫폼의 핵심 역량을 유감없이 보여준 사례다.

플랫폼이 통합해야 했던 데이터의 범위는 방대하고 다양했다. 미국 인구조사 데이터, 질병통제예방센터의 백신 추적 시스템, 화이자와 같은 제약사, 그리고 UPS와 같은 물류 회사의 데이터가 모두 하나의 플랫폼으로 모였다. 플랫폼은 백신 생산량, 재고, 주 정부 및 지역별 할당 계획, 배송 현황, 최종 접종 데이터에 이르는 공급망의 전 과정을 추적했다. 특히 중요한 점은 백신뿐만 아니라 주사기, 소독용 솜 등이 포함된 '보조 키트'의 물류까지 함께 추적하여 백신과 키트가 동시에 현장에 도착하도록 관리했다는 것이다. 또한, 인구조사 데이터를 활용해 의료진, 요양원 거주자 등 우선 접종 대상 인구의 분포를 우편번호 단위까지 시각화하여 정교한 백신 할당 결정을 지원했다. 타이베리우스는 팬데믹이라는 비상 상황을 넘어 영구적인 국가 보건 기반 시설로 진화했다. 초기 계약은 여러 차례 갱신 및 확장되었고, 2022년 12월, 질병통제예방센터는 팔란티어와 5년간 총 4억 4,300만 달러(약 6,038억 원) 규모의 대형 계약을 체결했다. 이 계약은 타이베리우스를 포함한 팬데믹 시기의 여러 데이터 프로그램을 '공통 작전 상황도'라는 단일 플랫폼으로 통합하는 것이었다.

새롭게 구축된 이 영구 기반 시설의 목표는 코로나19를 넘어 원숭이두창, 호흡기세포융합바이러스RSV 등 미래의 모든 공중보건 위협에 대응할 수 있는 범용 시스템을 만드는 것이다. 이를 통해 연방정부, 주 정부, 민간 부문 협력사들은 질병 감시, 공급망 관리, 의료 대응 자원 조율 등을 위한 협력의 핵심 기반을 구축할 수 있었다. 타이베리우스의 성공과 진화는 팔란티어의 사업 모델과 국민보건서비스 진출 전략을 이해하는 데 중요한 청사진을 제공한다. 첫째, 기존 시스템이 파편화되어 제 기능을 못 하는 정부의 핵심 영역을 식별한다. 둘째, 국가적 위기 상황을 경쟁 없이 신속하게 진입할 수 있는 기회로 활용한다. 셋째, 복잡하게 얽힌 데이터를 단일 플랫폼으로 통합하여 대체 불가능한 가치를 입증한다. 넷째, 이를 바탕으로 임시적인 비상 해결책에서 영구적이고 수익성 높은 핵심 기반 시설로 전환한다. 국민보건서비스의 연합 데이터 플랫폼이 1파운드 계약에서 시작하여 3억 3,000만 파운드(약 6,142억 원) 규모의 계약으로 이어진 과정은 바로 이 청사진을 정확히 따르고 있다.

또한, 타이베리우스는 단순한 현황판을 넘어 연방정부부터 지역 약국에 이르기까지 광범위한 사용자 네트워크의 업무 흐름 자체를 재편하는 사회-기술적 시스템이었다. 이는 팔란티어의 제품이 단순한 데이터 분석 소프트웨어가 아니라, 조직의 운영 방식을 근본적으로 바꾸는 과정 재설계 도구임을 보여준다. 국민보건서비스 내부에서 발생하는 마찰은 바로 이 지점에서 비롯된다. 팔란티어는 소프트웨어를 파는 것이 아니라 새로운 운영 방식을 판매하고 있으며, 이는 필연적으로 기존의 관행 및 권력 구조와 충돌할 수밖에 없다. 일단 파운드리 플랫폼이 조직의 핵심 데이터와 업무 흐름의 중추 신경계가 되고 나면, 다른 시스템으로 이전하는 데 드는 비용과 복잡성이 기하급수적으로 증가하여 사실상 대체 불가능하다. 이것이 바로 비평가들이 우려하는 '독점적 종속' 현상이다. 질병통제예방센터가 여러 프로그램을 하나의 거대 계약으로 통합한 것은 이러한 '고착 효과'가 팔란티어 사업 모델의 핵심이며, 공공 부문 고객들이 직면한 가장 큰 딜레마임을 명확히 보여준다.

금융 서비스

2008년 금융위기 이후, 세계 금융 시스템은 회복기에 접어든 것이 아니라 새로운 종류의 전쟁 상태로 들어섰다. 이 전쟁은 규제 위반과의 끊임없는 싸움이었으며, 그 본질은 기술의 실패에 있었다. 금융 기관들은 규정을 지키기 위해 해마다 2억 달러(약 2,726억 원)가 넘는 돈을 썼지만, 한번 실패했을 때 치러야 하는 대가는 기업의 존립 자체를 위협할 정도로 막대했다. 2020년부터 2024년 7월까지 규제 위반으로 부과된 전 세계 벌금의 총액은 470억 달러(약 65조 3,018억)를 넘어섰다. 특히 크레디트 스위스가 경쟁사에 강제로 인수된 사건은, 이러한 실패가 단순히 예상 가능한 사업 비용이 아니라 회사의 존립을 위협하는 실존 문제임을 명백히 보여주었다. 이 문제의 핵심에는 낡고 오래된 정보 기술 시스템의 구조적 한계가 있었다. 은행들은 고객의 정보를 수십 개의 서로 다른 플랫폼에 흩어진 채로 보관했다. 고객의 신원을 파악하는 시스템, 거래를 감시하는 시스템, 사기를 탐지하는 시스템이 모두 따로 운영되었던 것이다. 이렇게 데이터가 서로 단절된 환경에서는 고객의 모든 정보를 한눈에 볼 수 있는 통일된 관점을 확보하는 것이 사실상 불가능했다. 한 조사에 따르면 금융 기관 임원들의 절반 이상이 이렇게 데이터가 분리된 문제를 혁신의 가장 큰 걸림돌로 꼽았다.

기존의 자금세탁방지^{AML} 시스템은 수십 년 전에 개발된 낡고 경직된 규칙에 의존했다. 이 무딘 도구들은 엄청난 양의 거짓 경보를 만들어냈는데, 일부 추정에 따르면 그 비율이 95%에서 98%에 달했다. 거짓 경보는 실제로 문제가 없는데도 문제가 있는 것처럼 잘못 알려주는 경보를 말한다. 이 때문에 규제 준수팀은 가치 없는 업무의 홍수 속에 파묻혔고, 정작 진짜 위협을 찾아내는 데 집중할 수 없었다. 그 결과는 비극적인 모순으로 나타났다. 막대한 비용과 노력을 쏟아부었음에도 불구하고, 은행들은 전 세계에서 벌어지는 연간 2조 달러(약 2,779조 원) 규모의 자금 세탁액 중 1%도 채 탐지하지 못했다.

반면, 범죄자들은 암호화폐와 같은 최신 도구를 사용하며 데이터에 기반해 이러한 시스템의 허점을 능숙하게 파고들었다. 이러한 문제는 2017년 크레디트 스위스가 미국의 금융산업규제국^{FINRA}으로부터 1,650만 달러(약 225억 원)의 벌금을 부과받은 사건에서 구체적으로 드러난다. 2011년부터 2015년 사이에 벌어진 이 은행의 실패는 금융 산업 전반의 기술적 마비를 보여주는 완벽한 축소판이었다. 당시 시스템은 의심스러운 활동을 포착하기 위해 오직 은행에 등록된 담당자에게만 의존했다. 이런 방식으로는 해외 계열사로부터 들어오는 전자 주문의 흐름을 전혀 감지할 수 없었다. 또한, 자동화된 감시 시스템은 제대로 된 데이터가 입력되지 않았고 사용할 수 있는 탐지 규칙도 적용되지 않아 사실상 쓸모 없었다. 설상가상으로, 결함이 있는 시스템에서 쏟아내는 수만 건의 경보를 검토할 인력조차 부족했다.

문제의 거대한 규모는 JP모건과 소시에테 제네랄의 사례에서 더욱 명확해진다. JP모건은 희대의 금융 사기꾼 버나드 메이도프 사건과 관련된 자금세탁방지 규정 위반으로 17억 달러(약 2조 3,171억 원)의 벌금을 포함해 수십억 달러에 달하는 처벌을 받았다. 프랑스의 대형 은행 소시에테 제네랄 역시 2018년, 거의 10년에 걸쳐 쿠바, 이란 등 미국의 제재 대상국과의 거래를 고의로 처리하며 약 130억 달러에 달하는 불법 거래를 도운 혐의로 13억 4천만 달러(약 1조 8,500억 원)라는 천문학적인 벌금을 부과받았다. 이러한 거액의 벌금들은 단순한 처벌이 아니었다. 그것은 기술의 치명적인 실패를 알리는 시장의 경고 신호였다. 동시에, 위험 관리에 대한 완전히 새로운 접근법을 마련하라는 이사회 차원의 강력한 요구를 만들어냈다. 규제 압력은 실패의 비용을 기하급수적으로 높였고, 낡은 기술의 본질적인 한계는 실패를 거의 피할 수 없게 만들었다. 이것은 담당 직원의 능력 문제가 아니라, 근본적인 시스템 구조의 문제였다. 이러한 금융 산업의 전쟁터에 나타난 해결책은 예상치 못한 곳에서 나왔다.

 팔란티어의 이야기는 2000년대 초, 온라인 결제 서비스 기업인 페이팔에서 시작된다. 당시 페이팔은 정교한 신용카드 사기 조직 때문에 매달 1,000만 달러(약 136억 원)가 넘는 손실을 보고 있었다. 훗날 팔란티어의 창립자들이 배출된 소규모 팀은 기계의 분석 능력과 인간 전문가의 통찰력을 독특하게 결합한 내부 시스템을 개발했다. 이 시스템은 의심스러운 거래를 정확히 식별하고 표시함으로써 성공적으로 사기를 막아냈고, 이는 금융 범죄와의 싸움이라는 팔란티어의 유전자가 탄생하는 순간이었다.

 이후 회사는 이 핵심 아이디어를 바탕으로 활동 무대를 미국 정보 기관 및 국방 기관으로 옮겼다. 팔란티어의 기술은 대테러 활동이라는 가장 극한의 환경에서 단련되었으며, 그곳에서의 주요 과제는 방대하고 정제되지 않은 데이터를 통합하여 숨겨진 패턴과 위협을 찾아내는 일이었다. 이 경험은 금융 산업을 마비시키고 있던 바로 그 문제들, 즉 복잡성, 거대한 규모, 그리고 최고 수준의 보안 및 데이터 관리 문제를 다룰 수 있는 플랫폼을 개발하는 데 결정적인 밑거름이 되었다. 팔란티어가 금융 부문에서 보여주는 효과는 우연이 아니다. 팔란티어의 플랫폼은 조직화된 금융 사기꾼과 비밀 테러 조직이라는, 매우 비슷한 두 종류의 적과 싸우기 위해 만들어진 기술의 직계 후손이다. 두 집단 모두 숨겨진 연결망을 통해 활동하고, 속임수를 사용하며, 방대한 데이터의 바다에 희미한 디지털 흔적을 남긴다.

페이팔의 문제는 겉보기에 정상적인 거래들 사이에서 명확하지 않은 연결 고리를 찾아내 조직적인 사기 행위를 밝혀내는 것이었다. 대테러 활동에서의 문제는 겉보기에 관련 없는 개인, 통신 기록, 사건들 사이의 숨겨진 연결 고리를 식별하여 조직적인 테러 음모를 밝혀내는 것이었다. 그리고 은행의 자금세탁방지 문제는 겉보기에 합법적인 고객, 계좌, 거래들 사이의 보이지 않는 연결 고리를 찾아내 조직적인 자금 세탁 계획을 밝혀내는 것이다. 근본적인 분석 과제는 서로 다른 곳에 흩어져 있는 이질적인 데이터를 대상으로 숨겨진 연결망을 분석하는 것으로 모두 동일했다. 팔란티어는 상업 금융 시장이 이 기술을 완전히 받아들일 준비가 되기 전, 10년 이상을 정부 부문에서 바로 이 목적을 위한 플랫폼을 완성하는 데 보냈다.

거인의 각성은 JP모건 체이스에서 시작되었다. 이 사례는 팔란티어가 어떻게 세계에서 가장 강력한 금융 기관 중 하나의 전략적이고 위로부터의 변화를 이끄는 기폭제 역할을 했는지를 보여준다. 이야기의 중심에는 2012년 팔란티어와의 첫 만남에 대한 제이미 다이먼 회장의 회고가 있다. "맙소사, 이건 정말 믿을 수가 없군요."라는 그의 외침은 그가 목격한 생각의 틀 자체의 전환을 상징한다. 이것은 단순히 더 보기 좋은 화면이 아니었다. 그것은 데이터와 상호작용하는 근본적으로 새로운 방식이었다. JP모건은 즉각적이고 결정적인 조치를 취했다. 단 한 번의 시연 이후, 은행은 자체적으로 전담 인공지능 부서를 설립하며 주요 금융 기관 중 최초로 이 분야를 선도하기 시작했다. 최고 경영진이 직접 주도한 이 조치는 팔란티어가 보여준 능력의 힘을 증명한다. 이 기폭제가 가져온 장기적인 영향은 숫자로 나타난다. JP모건의 연간 인공지능 투자액은 180억 달러(약 24조 5,610억 원)에 달하는 전체 기술 예산의 일부로서, 20억 달러(약 2조 7,290억 원) 규모로 성장했다. 은행은 현재 매일 10조 달러(약 1경 3,645조 원)의 결제 3조 달러의 증권 거래를 처리하며 600개의 인공지능 활용 사례를 운영하고 있다. 다이먼 회장은 위험 관리와 운영 효율성에서 인공지능이 얼마나 중요한 역할을 하는지 여러 차례 강조했다. 이제 인공지능 및 데이터 책임자는 회장과 사장에게 직접 보고하는데, 이는 인공지능이 단순한 기술 지원 기능을 넘어 은행의 핵심 전략 기둥으로 격상되었음을 의미한다.

  2012년의 초기 보고서에 따르면, JP모건은 이미 팔란티어의 '대테러 도구'를 다양한 문제에 활용하고 있었다. 25만 명에 달하는 자사 직원을 대상으로 분석의 렌즈를 돌려 내부의 부정행위를 탐지하고, 고객 계좌를 해킹하는 외부 사기꾼을 적발했다. 심지어 사회적 혼란을 줄이기 위해 부실화된 부동산 자산의 가격을 적절히 책정하는 데도 이 기술을 사용했다. JP모건의 이야기는 팔란티어의 초기 핵심 가치가 단순히 소프트웨어를 파는 공급업체가 아니라, '가능성을 눈앞에 보여주는 증명자'로서의 역할이었음을 보여준다. 팔란티어는 극도로 보수적인 금융 산업 내에서 거대하고 수십억 달러 규모의 내부 전략 변화를 촉발할 만큼 강력한 미래의 운영 방식에 대한 청사진을 제시했다. 모든 은행과 마찬가지로 JP모건도 막대한 벌금이 입증하듯 '관리 불가능한 위험'에 직면해 있었다. 2012년 팔란티어의 시연은 은행 경영진에게 위험 관리를 위해 자신들의 데이터를 완벽하게 통제할 수 있는 해결책에 대한 구체적인 모습을 보여주었다. 다이먼 회장의 반응과 인공지능 부서의 즉각적인 신설은 팔란티어의 영향이 점진적인 개선이 아니라, 은행 운영 방식에 대한 근본적인 재검토를 이끌어냈음을 보여준다. 팔란티어는 새로운 전략을 팔았고, 소프트웨어는 그 전략을 실행하기 위한 도구였다.

크레디트 스위스의 이야기는 훨씬 더 복잡하고 미묘한 도입 과정을 보여준다. 이 사례는 조직의 변화가 얼마나 어려운 도전인지를 보여주는 동시에, 일단 핵심 기능과 결합되었을 때 팔란티어 플랫폼이 얼마나 강력한 힘을 발휘하는지를 조명한다. 플랫폼이 한번 자리 잡으면 쉽게 대체하기 어려운 특성을 '고착성'이라고 표현할 수 있다. 이야기는 크레디트 스위스를 기술적인 전면 개편이 시급한 후보로 만들었던 특수한 약점들로부터 시작된다. 경쟁사 UBS에서 발생한 쿼쿠 아도볼리 사건으로 인해 금융계 전반에 내부 통제 강화 압력이 거세졌고, 훗날 2017년 금융산업규제국^{FINRA}의 벌금으로 이어진 뿌리 깊은 자금세탁방지 시스템의 실패가 바로 그것이었다. 이에 대한 대응으로 2016년, 크레디트 스위스와 팔란티어는 '시그낙^{Signac}'이라는 50대 50 합작 회사를 설립했다. 그 목표는 야심 찼다. 팔란티어의 시스템을 적용하여 모든 직원의 행동을 감시하고 비리를 적발하며, 궁극적으로 이 규제 준수 서비스를 다른 은행에도 판매하는 것이었다. 이는 방어적인 필요성을 상업적인 기회로 전환하려는 대담한 시도였다.

그러나 이야기는 곧 이 합작 회사의 험난한 역사로 전환된다. 법률 문서와 언론 보도에 따르면, 시그낙은 마감 시한을 맞추지 못하면서 압박에 시달렸다. 결정타는 회계 문제였다. 시그낙이 크레디트 스위스로부터 받은 수익 1,600만 달러(약 222억 원) 중 1,460만 달러(약 202억 원)를 회계상 매출로 인식할 수 없게 되면서, 벤처는 결국 손실 상태로 돌아섰다. 이는 모회사인 크레디트 스위스의 가혹한 내부 반응과 신뢰 상실로 이어졌고, 결국 2017년 6월 벤처는 해산되었다. 여기서 이야기의 결정적인 전환이 일어난다. 세간의 이목을 끈 시그낙의 실패와 해산에도 불구하고, 그 기반이 되었던 팔란티어 소프트웨어는 이미 크레디트 스위스에 없어서는 안 될 존재가 되어 있었다. 은행이 UBS에 인수되는 과정에서도 팔란티어와의 계약은 2023년 여름에 3년 더 갱신되었다. 대변인은 이 소프트웨어가 계속해서 "필수적인 규제 준수 업무"를 수행하고 있다고 확인했다. 전임 CEO 티잔 티암이 파트너십을 극찬하며 은행 자체적으로는 팔란티어의 역량을 복제할 수 없다고 언급한 것은 이러한 의존도를 잘 보여준다.

크레디트 스위스의 사례는 그 실패를 통해, 단순한 성공 사례보다 팔란티어의 가치를 더 강력하게 증명한다. 이 사례는 기술이 규제 준수처럼 기업의 존립과 직결되는 핵심 기능에 깊숙이 자리 잡게 될 때, 그 가치가 기술을 도입하기 위해 사용된 특정 기업 구조의 성공 여부와는 별개가 된다는 것을 보여준다. 기술은 전기나 수도처럼 필수적인 존재가 되는 것이다. 크레디트 스위스는 존립을 위협하는 규제 준수 위험에 직면했고, 이를 해결하기 위해 복잡하고 야심 찬 합작 벤처를 설립했다. 이 벤처는 복잡한 기업 프로젝트의 흔한 운명처럼 운영 및 재무적 관리 부실로 실패했다. 그러나 해결책에 대한 '필요'는 사라지지 않았다. 이미 통합된 팔란티어 플랫폼은 이제 그 치명적인 위험에 대한 효과적인 방어 체계였다. 따라서 계약을 갱신하기로 한 결정은 실용적인 계산의 결과였다. 제대로 작동하고 있는 필수 규제 준수 시스템을 제거하는 위험이, 실패한 합작 벤처의 기술 파트너와 관계를 지속하는 비용이나 어색함보다 훨씬 컸기 때문이다. 이는 팔란티어가 고객의 운영에서 핵심적인 역할을 맡았을 때, 그 영향력과 전략적 우위가 얼마나 강력해지는지를 보여준다.

프랑스 은행 소시에테 제네랄이 팔란티어의 기술을 도입한 사례는, 제이피모건 JP Morgan이나 크레디트 스위스 Credit Suisse가 초기에 보여주었던 실험적인 접근 방식과는 뚜렷한 차이를 보인다. 이 사례는 기술적으로 한층 성숙하고 전략적인 관점에서 팔란티어의 기술이 어떻게 활용될 수 있는지를 잘 보여준다. 이 사례를 이해하려면 먼저 2018년에 있었던 한 사건을 살펴볼 필요가 있다. 당시 소시에테 제네랄은 수년간 미국의 제재 규정을 조직적으로 위반한 혐의로, 13억 4,000만 달러라는 거액의 벌금을 내는 데 합의했다. 이는 당시 한화로 약 1조 3,000억 원에 육박하는 금액이었다. 이 값비싼 실패는 이후 은행이 내린 모든 결정의 직접적인 배경이 되었다. 그로부터 수년이 흐른 2025년 3월, 소시에테 제네랄은 과거의 약점을 보완하기 위해 팔란티어의 기술을 전격 도입하기에 이른다. 여기서 핵심은 은행이 팔란티어 파운드리 플랫폼 위에 구축된, 제품화된 최첨단 '금융 범죄 방지' 솔루션을 도입했다는 점이다. 이는 과거의 맞춤형 프로젝트와는 대조적으로, 팔란티어가 제공하는 서비스가 더 확장 가능하고 즉시 사용 가능한 기업용 솔루션으로 진화했음을 보여준다. 이 배치는 국제 소매 금융 부문의 자금 세탁 및 사기 방어 능력을 강화하는 것을 명시적인 목표로 삼았다. 선언된 목표는 첨단 분석 및 머신러닝 기술을 활용하여 이러한 특정 위험을 관리하고 완화하는 새로운 역량을 확보하는 것이었다. 이는 2018년 거액의 벌금을 내게 된 원인이었던 약점을 직접적으로 해결하려는 시도였다. 이러한 파트너십은 팔란티어가 엑스에이아이xAI나 티더블유지 글로벌TWG Global과 같은 기업들과 더 넓은 제휴를 형성하며 금융 분야의 전사적인 인공지능 도입을 이끌던 시기에 이루어졌다. 이는 소시에테 제네랄의 결정이 금융 기관들이 단편적인 인공지능 도구를 넘어, 통합된 전략적 플랫폼으로 나아가는 더 큰 흐름의 일부임을 시사한다. 소시에테 제네랄의 사례는 시장과 팔란티어의 전략 모두가 성숙했음을 보여준다. 은행은 새로운 기술을 실험한 것이 아니라, 명확하게 정의된 핵심적인 사업 문제에 대해 이미 검증된, 제품화된 솔루션을 도입하고 있었다. 이는 팔란티어가 고객별로 맞춤형 해결책을 제공하는 '프로젝트' 회사에서, 모든 기업이 사용할 수 있는 '플랫폼' 회사로 전환했음을 의미한다.

소시에테 제네랄은 규제 준수 실패에 대한 명확하고 고통스러우며 값비싼 역사가 있었다. 2025년 무렵 시장은 JP모건과 같은 선도 기업들의 성공적인 결과와 전략적 변화를 목격했다. 위험 관리를 위한 통합 데이터 플랫폼의 가치는 더 이상 가설이 아니었다. 팔란티어 역시 맞춤형인 고담Gotham 플랫폼에서 더 포괄적인 파운드리Foundry 운영 체제로 제품을 발전시켰고, 그 위에 '금융 범죄 방지'처럼 반복해서 적용할 수 있는 산업별 솔루션을 구축할 수 있게 되었다. 따라서 소시에테 제네랄의 이야기는 2차 또는 3차 도입의 물결을 대표한다. 그 과정은 미지의 기술을 탐색하는 발견보다는, 이미 알려진 강력한 기술을 사용하여 치명적인 약점을 해결하는 전략적 실행에 더 가깝다.

플랫폼의 추상적인 기능들은 '김'이라는 가상의 규제 준수 분석가의 하루를 따라가며 생생하게 구현할 수 있다. 이야기는 김 분석가가 과거의 업무 방식을 회상하는 것으로 시작한다. 수십 개의 다른 프로그램을 오가며 수동으로 경보를 확인하고, 대부분이 거짓인 경보의 바다에서 허우적거리던 시절이었다. 그리고 현재의 업무 모습으로 전환된다. 새로운 경보가 발생했을 때, 김 분석가는 여러 시스템을 여는 대신 화면에서 하나의 통합된 프로필을 불러온다. 이것이 바로 '고객 360도 뷰'이다. 이 화면은 거래 내역, 고객 신원 확인 서류, 콜센터 상담 기록, 인터넷 접속 주소, 외부 데이터 등 수십억 개의 기록을 완벽하게 통합한다. 팔란티어의 발표 자료에 따르면, 이 기능 덕분에 "40억 개의 기록을 단일 고객 정보로 통합"하고 "여러 국가에 걸친 고객 정보 검색 시간을 90% 단축"할 수 있었다. 과거에는 며칠이 걸렸을 이 작업이 이제 단 몇 분 만에 끝난다. 초기 거래는 평범해 보이지만, 플랫폼은 미세한 이상 징후를 포착했다. 김 분석가가 버튼을 클릭하자 고객의 관계망이 시각적으로 나타난다. 화면은 점과 선으로 이어진 그래프로 채워진다. 그녀는 해당 고객이 같은 주소를 사용하는 다른 개인과 연결되어 있고, 그 개인은 다시 '파나마 페이퍼스'라는 조세 회피처 자료에 등재된 회사와 거래한 사실을 발견한다. 또 다른 연결 고리는 동일한 기기 정보를 통해 그녀의 고객이 자금 세탁을 위해 의도적으로 예금을 쪼개 입금한 이력의 계좌와 연결되어 있음을 보여준다. 이는 과거에는 불가능했던, 숨겨진 범죄의 거미줄이 실시간으로 드러나는 과정으로 묘사된다. 이 이야기는 김 분석가가 이 사건을 상급자에게 보고하며 마무리된다. 그녀는 과거 시스템에서는 이 하나의 진짜 위협이 수천 개의 가짜 경보 속에 묻혔을 것이라고 회상한다. 이제는 시스템의 머신러닝 모델이 이미 쓸모없는 정보들을 걸러냈다. 이 부분에서 팔란티어가 보고한 "실제 위협 탐지율 45배 향상"과 "조사 시간 절반 단축"과 같은 지표가 자연스럽게 드러난다. 김 분석가는 더 이상 데이터를 정리하는 직원이 아니다. 그녀는 강력한 분석 파트너의 도움을 받는 진정한 수사관이다.

파운드리와 같은 플랫폼이 가져온 진정한 혁명은 기술적인 것뿐만 아니라, 운영 방식과 일하는 사람에게 미치는 영향에 있다. 이 플랫폼은 규제 준수 분석가의 역할을 수동적이고 업무에 압도되던 사무직원에서, 능동적이고 권한을 부여받은 수사관으로 변화시킨다. 낡은 시스템은 분석가들이 여러 시스템에 흩어져 있는 가치 낮은 데이터를 모으고 정리하는 데 대부분의 시간을 쓰고 있었다. 반면 파운드리의 통합 데이터 기능인 '고객 360도 뷰'는 이 데이터 수집을 자동화한다. 또한, 관계망 분석 도구는 거대한 데이터 속에서 인간의 능력으로는 찾기 힘든 숨겨진 연결 고리를 발견하는 과정을 자동화한다. 인공지능과 머신러닝 모델은 거짓 경보를 걸러내는 작업을 자동화하여, 분석가에게 훨씬 적은 수의, 하지만 진짜 위협일 가능성이 높은 사건들을 제시한다. 업무에서 가장 시간을 소모하고 비효율적인 부분을 자동화함으로써, 플랫폼은 분석가의 정신적 자원을 해방시킨다. 그 결과 분석가는 인간이 가장 잘하는 일, 즉 상황을 판단하고, 범죄의 전체 그림을 그리며, 최종 결정을 내리는 데 집중할 수 있다.

앞선 이야기들을 종합해 볼 때, 팔란티어와 같은 플랫폼의 도입은 현대 금융 기관의 근본적인 재설계를 의미한다. 모든 사업 문제에 대해 별도의 분산된 소프트웨어를 구매하던 시대는 끝나가고 있다. 팔란티어의 성공은 기관의 모든 데이터를 한 번에 통합하는 단일 기본 '운영 체제'의 힘을 보여준다. 이 통합된 데이터 자산 위에서는 자금세탁방지, 사기 탐지, 위험 관리뿐만 아니라 마케팅, 고객 서비스, 자산 배분 등 다양한 응용 프로그램을 더 빠르고 저렴하게 구축할 수 있다.

여기서 핵심 주제는 규제 준수라는 압력이 은행으로 하여금 핵심적인 데이터 통합 문제를 해결하도록 강제한다는 점이다. 일단 자금세탁방지와 같은 방어적인 목적으로 이 '데이터 기반'이 구축되고 나면, 이는 공격적이고 수익을 창출하는 활동에 활용될 수 있는 강력한 자산이 된다. 자금 세탁을 막기 위해 사용된 동일한 '고객 360도 뷰'가 고객에게 가장 적합한 다음 상품을 추천하는 마케팅 활동을 구동하는 데 사용된다. 이는 규제 준수 부서를 단순히 비용만 쓰는 조직에서, 회사 전체의 혁신을 이끄는 기폭제로 전환시킨다. 궁극적으로, 이러한 기술적 전환은 은행업의 근본적인 가치인 '신뢰'와 연결된다. 정교한 디지털 위협과 강력한 규제 감시의 시대에서, 은행이 데이터를 책임감 있고 효과적으로 관리할 수 있음을 증명하는 능력은 더 이상 기술적 세부 사항이 아니다. 그것은 은행이 사업을 계속할 수 있는 허가의 기반이 된다. 미래에 생존하고 번영할 기관들은 과거의 파편화된 유산을 넘어서, 미래를 위한 새롭고, 통합되고 지능적인 기반을 구축한 곳들이 될 것이다.

제조 및 물류

이윤을 추구하는 제조업체 페드리고니와 비영리 구호 단체인 유엔세계식량계획WFP은 각자의 사명과 운영 방식에서 뚜렷한 차이를 보인다. 한쪽은 경쟁 시장에서 기업 가치를 높이는 것이, 다른 한쪽은 인도주의 원칙에 따라 생명을 구하는 것이 지상 과제다. 하지만 두 조직은 근본적으로 같은 문제에 부딪힌다. 예측이 불가능하고 수많은 변수가 서로 얽혀있는 복잡한 현실에서 최선의 결정을 내려야 한다는 점이다. 이들은 서로 전혀 다른 문제에 대한 해답을 팔란티어의 파운드리라는 동일한 기술 기반에서 찾았다.

두 조직의 사례는 파운드리가 특정 산업의 문제를 해결하는 전문화된 도구가 아님을 명확히 보여준다. 파운드리는 복잡한 운영 현실 그 자체를 살아 움직이는 디지털 모델로 구현하고, 이를 바탕으로 가장 효과적인 행동 방안을 시뮬레이션하여 제시하는 범용 의사결정 플랫폼에 가깝다. 페드리고니와 유엔세계식량계획은 파운드리를 활용하여 각자의 '운영 현실을 위한 디지털 트윈'을 구축했다. 여기서 디지털 트윈이란 단순히 물리적 자산을 3차원 모델로 구현하는 것을 넘어, 조직의 신경계처럼 논리적이고 역동적인 관계망까지 포괄하는 개념이다. 이렇게 만들어진 디지털 트윈은 서로 단절되어 있던 데이터 저장소들을 연결하여 현실 세계의 변화에 실시간으로 반응한다. 또한 잠재적인 미래 시나리오를 시뮬레이션하며, 최종적으로는 가장 효과적인 행동을 실행에 옮기는 중앙 운영 체제의 역할을 수행한다.

1888년에 설립된 이탈리아의 특수지와 포장재 전문 기업 페드리고니는 오랜 역사만큼이나 복잡하고 분산된 정보 기술 기반 시설을 가지고 있었다. 전사적자원관리ERP 시스템, 공장의 제조실행시스템MES, 창고관리시스템WMS, 공급업체 관련 데이터 등이 각기 다른 시스템에 흩어져 있었다. 이러한 데이터의 분리는 회사 전체를 아우르는 통합적인 시야를 확보하는 데 큰 걸림돌이 되었다. 2022년부터 시작된 팔란티어와의 장기적인 협력 관계는 기존 시스템을 전면 교체하는 위험하고 비용이 많이 드는 방식을 피했다. 대신 파운드리를 기존 시스템 위에 하나의 통합된 막을 씌우는 것과 같은 '추상화 계층'으로 구축하는 접근법을 채택했다. 파운드리는 페드리고니의 다양한 기존 시스템을 교체하지 않고도 데이터를 통합하여, 사무실의 경영 데이터와 공장의 생산 현장 데이터를 하나로 합치는 인더스트리 4.0의 핵심 목표를 달성했다.

이 과정을 통해 생성된 디지털 트윈은 특정 종류의 종이나 절단기 같은 '객체'와 특정 기계가 특정 종이를 시간당 얼마나 소비하는지와 같은 '상호작용', 그리고 시간이 흐름에 따라 전체 시스템이 어떻게 변하는지에 대한 '역학'을 모두 모델로 구현한다. 이를 통해 고객의 주문부터 원자재 재고, 생산 라인 일정, 완제품의 물류에 이르기까지 제조의 모든 과정이 하나의 논리적인 모델 안에서 유기적으로 연결되었다. 이처럼 디지털 트윈을 구축함으로써 재고 최적화나 수요 예측 같은 특정 문제를 해결하는 데서 나아가, 점차 기업 전체의 디지털 전환을 앞당기는 견고한 기반을 마련하게 되었다.

이러한 디지털 트윈이 실제 운영 환경에서 어떻게 작동하는지 구체적인 사례를 통해 살펴보자. 한 유명 명품 브랜드가 신제품 출시에 맞춰 친환경 소재의 맞춤형 고급 포장재를 긴급하게 대량 주문했다고 가정해 본다. 실패는 용납되지 않으며 납품 기한은 매우 촉박한 상황이다. 주문이 접수되면 파운드리 기반의 응용 프로그램은 즉시 디지털 트윈을 통해 사업 타당성 분석에 들어간다. 시스템은 먼저 완제품 재고를 확인하지만, 맞춤형 주문이므로 재고가 없다는 사실을 파악한다. 다음으로 동일한 제품이 생산 공정에 있는지 확인하지만, 결과는 마찬가지다. 이제 시스템은 신규 생산이 가능한지 연쇄적으로 분석하기 시작한다.

먼저 관련된 제지 기계, 절단기, 마감 처리 라인의 생산 일정을 분석한다. 시스템은 생산 가능한 시간대를 찾아내지만, 그 시간을 사용하려면 우선순위와 수익성이 낮은 다른 고객의 주문을 미뤄야 한다는 사실을 확인하고 그에 따른 기회비용을 즉시 계산한다. 동시에 시스템은 주문된 포장재의 자재 명세서 BOM를 분석한다. 이 포장재는 특정 재활용 펄프, 독특한 접착제, 그리고 페드리고니가 투자한 기업의 신기술 코팅이 필요하다. 시스템은 창고 관리 시스템과 전사적 자원 관리 시스템의 데이터를 조회하여 펄프 재고는 충분하지만, 핵심 재료인 접착제가 부족하다는 치명적인 문제점을 찾아낸다.

바로 이 지점에서 파운드리의 시뮬레이션 엔진이 진가를 발휘한다. 생산 계획 담당자의 화면에는 단순히 문제점이 나열되는 것이 아니라, 비용까지 완벽하게 계산된 여러 해결 방안이 제시된다. 첫 번째 시나리오는 '긴급 조달'이다. 기존 공급업체에 추가 비용을 지불하고 항공 운송으로 접착제를 긴급하게 구해오는 방안이다. 시스템은 공급업체 정보, 과거의 조달 기간, 추가 비용 데이터를 기반으로 총비용과 생산 일정에 맞출 수 있는 정확한 도착 예정일을 예측한다. 두 번째 시나리오는 '대체 공급업체'를 활용하는 것이다. 사전에 검증된 다른 공급업체의 유사한 접착제를 사용하는 방안으로, 시스템은 해당 접착제의 기술 사양과 과거 품질 데이터를 분석하여 발생 가능한 품질 문제의 위험성을 평가하고 비용과 조달 시간을 계산한다.

세 번째 시나리오는 '자재 대체'이다. 재고로 보유 중인 다른 접착제를 사용하는 방안이지만, 시스템은 재료 과학 데이터를 기반으로 시뮬레이션을 실행하여 최종 제품의 품질과 내구성에 미칠 잠재적 영향을 분석한다. 그리고 이 선택지는 명품 브랜드 고객에게는 부적합한 고위험 방안임을 경고한다. 담당자는 이처럼 명확한 데이터에 기반한 선택지들을 보며 최적의 결정을 내릴 수 있다. 만약 담당자가 첫 번째 시나리오를 선택하면, 파운드리의 '쓰기-복귀' 기능이 작동한다. 단 한 번의 클릭으로 전사적 자원 관리 시스템에는 접착제 긴급 발주가 자동으로 생성되고, 제조 실행 시스템의 생산 일정은 조정되며, 재고 예측과 재무 전망치가 실시간으로 새롭게 업데이트된다. 조달, 생산, 재무 등 모든 부서가 하나의 통일된 최신 계획에 따라 움직이게 되면서 긴급 주문은 성공적으로 처리되고, 고객과의 신뢰는 더욱 깊어진다.

한편, 지구 반대편에는 전혀 다른 양상의 복잡한 문제가 나타난다. 유엔세계식량계획은 매일 트럭 5,000대, 선박 20척, 항공기 70대를 동원하여 80여 개 나라의 1억 명이 넘는 사람들에게 구호 물품을 전달한다. 이는 세계에서 가장 거대하고 복잡한 공급망 중 하나다. 안정적인 반복 생산을 추구하는 제조업과 달리, 유엔세계식량계획의 운영 환경은 분쟁, 자연재해, 정치적 불안정이라는 '상시적인 예외 상태'를 기본 전제로 한다. 이곳의 디지털 트윈은 파운드리를 기반으로 구축된 'DOTS'라는 데이터 기반 운영 추적 시스템이다. DOTS는 유엔세계식량계획 내부의 수많은 시스템을 통합할 뿐만 아니라, 이들의 운영 현실을 좌우하는 외부의 역동적인 데이터를 적극적으로 융합한다.

여기에는 600개 창고의 재고 수준이나 운송 자산의 실시간 위치 같은 내부 물류 데이터 외에도, 무력 분쟁 위치 및 사건 데이터 프로젝트ACLED, Armed Conflict Location & Event Data Project의 자료, 기상 예보, 재해 경보, 인구 밀도, 거시 경제 지표와 같은 외부 데이터가 포함된다. 이 디지털 트윈의 목표는 750명이 넘는 유엔세계식량계획의 실무자들이 사전에 병목 현상을 예측하고 구호품 전달을 계속하기 위한 대안 경로를 찾도록 돕는 것이다. 유엔세계식량계획에 최적화란 이윤 극대화가 아니라, 기부된 1달러의 인도주의적 효과를 최대한으로 끌어올리는 것을 의미한다. 실제로 이들은 팔란티어 기반의 '옵티머스' 프로젝트를 통해 5,000만 달러 이상의 비용을 절감했으며, 이는 90만 명에게 추가로 식량을 제공할 수 있는 규모이다.

유엔세계식량계획의 디지털 트윈이 실제 위기 상황에서 어떻게 힘을 발휘하는지 또 다른 사례를 통해 명확히 알 수 있다. 기근에 직면한 50만 명을 위한 구호 식량의 주된 반입 경로인 한 분쟁 지역의 항구가 현지 당국에 의해 갑작스럽게 폐쇄되었다고 가정해 보자. 여러 척의 유엔세계식량계획

선박이 바로 이 항구로 향하고 있는 급박한 상황이다. 이 정보가 현장 보고와 뉴스 등을 통해 DOTS에 입력되는 순간, '컨트롤 타워' 모듈이 즉시 경보를 발령한다. 시스템은 해당 항구로 향하던 모든 선박과 컨테이너, 그리고 그 안에 실린 밀가루 12,500톤과 같은 구호 물품의 내역을 파악한다. 나아가 이 물품들이 지원하기로 예정되었던 구호 프로그램들까지 자동으로 식별하여 지역 물류 담당관에게 알린다.

담당관이 DOTS의 의사결정 지원 프로그램을 열면, 시스템은 이미 대안 경로 분석을 마친 상태다. 시스템은 해안을 따라 300킬로미터 떨어진 소규모 항구와 내륙의 화물 공항 두 곳 등 이용 가능한 모든 대체 거점의 수용 능력과 현재 혼잡도를 평가한다. 동시에 각 대체 거점에서 최종 목적지까지 물품을 전달하는 마지막 구간의 위험도를 분석한다. 이를 위해 도로망 지도 위에 실시간 분쟁 데이터를 겹쳐 어떤 경로가 적대 세력에 의해 통제되는지 파악한다. 또한 기상 데이터를 통해 어떤 도로가 홍수로 유실되었는지, 그리고 현지에서 동원 가능한 트럭은 몇 대인지 등을 종합적으로 평가한다.

시스템은 각 선택지가 가져올 결과를 시간과 비용, 그리고 인도주의적 영향의 관점에서 장단점을 계산하여 제시한다. 소규모 항구로 경로를 변경할 경우, 추가 해상 운송 비용은 낮지만 이동 시간이 7일 더 걸리고 더 위험한 육로를 거쳐야 한다. 내륙 공항으로 전환할 경우, 추가로 화물기를 빌려야 하므로 비용은 높지만 특수 영양식과 같이 가장 시급한 물품을 48시간 안에 수혜자에게 전달할 수 있다. 시스템은 각 시나리오에 따른 지연이 대상 인구의 식량 안보에 미칠 영향을 예측하여, 하루의 지연이 초래할 인도주의적 비용을 명확히 드러낸다.

물류 담당관은 이러한 분석을 바탕으로 우선순위가 매겨진 행동 방침들을 검토한다. 예를 들어, 시스템은 두 가지 방안을 결합한 '하이브리드' 선택지를 최선으로 추천할 수 있다. 대량의 밀가루는 비용 효율적인 해상 경로를 통해 소규모 항구로 보내고, 동시에 긴급한 수요를 충족시키기 위해 소량의 고열량 비스킷과 영양식은 가장 가까운 공항으로 실어 나르는 것이다. 담당관이 이 선택지를 클릭하면, DOTS의 '쓰기-복귀' 기능이 다시 한번 작동한다. 시스템은 선박 회사에 새로운 항해 명령을 내리고, 항공기 임대 절차를 시작하며, 대체 항구와 공항의 창고 및 운송팀에 사전 경보를 보낸다. 또한 현장 팀과 협력하는 비정부 기구들에게 수정된 구호 물품 도착 예상 시간을 자동으로 전파한다. 이처럼 데이터에 기반한 신속하고 체계적인 대응을 통해, 자칫 인도주의적 재앙으로 번질 수 있었던 위기는 관리가 가능한 물류 문제로 전환된다.

페드리고니와 유엔세계식량계획의 사례는 겉으로 보기에는 전혀 다른 세상의 이야기처럼 보이지만, 그 바탕에는 동일한 논리가 흐르고 있다. 페드리고니의 현실은 생산 효율성, 자재 비용, 고객 납품 기한이라는 변수와 이윤 극대화라는 목표로 이루어진다. 유엔세계식량계획의 현실은 지정학적 위험, 물류 제약, 전달 속도라는 변수와 인명 구조 극대화라는 목표로 구성된다. 그러나 두 조직 모두 파운드리를 통해 동일한 과정을 수행했다. 첫째, 흩어져 있는 데이터를 통합하여 운영 현실의 디지털 트윈을 구축한다. 둘째, 새로운 주문이나 항구 폐쇄와 같은 돌발 상황을 감지한다. 셋째, 다양한 변수를 고려하여 각각의 대응 방안이 가져올 연쇄 효과를 시뮬레이션한다. 넷째, 비용까지 완벽하게 계산되고 우선순위가 매겨진 선택지를 담당자에게 제시한다. 다섯째, 선택된 결정을 다시 운영 시스템에 기록하여 실제 행동을 실행한다.

결국 파운드리의 핵심 가치는 특정 산업에 대한 전문 지식이 아니라, 복잡한 현실 세계를 데이터로 모델링하고 최적의 행동 방침을 제시하는 보편적인 의사결정 플랫폼으로서의 역할에 있다. 파운드리는 서로 연결된 요소들, 연쇄 반응, 불확실한 상황 속에서의 최적점 찾기와 같은 복잡한 시스템의 보편적 논리를 다룬다. 따라서 그 적용 범위는 특정 산업에 얽매이지 않는다. 디지털 트윈의 대상이 제지 기계든 구호 선박이든, 이들을 연결하고 상호작용을 모델로 만들며 미래를 예측하는 엔진의 본질은 변하지 않는다. 명품 제조업과 인도주의적 구호라는 양극단의 영역에서 거둔 성공은, 파편화된 데이터를 운영상의 통찰력과 조직화된 행동으로 전환하여 가치를 창출하는 이 모델의 보편성을 입증하는 가장 강력한 증거다.

항공 운송 업계

미국의 항공 운송 산업은 극심한 운영 복잡성이 부딪히는 치열한 현장과 같다. 유가의 변동, 노선과 가격을 둘러싼 치열한 경쟁, 그리고 고객의 끊임없는 기대와 같은 압박 속에 운영 효율성은 단순한 목표를 넘어 생존과 수익성을 위한 필수 조건이다. 이러한 환경에서 미국의 양대 항공사인 델타항공과 유나이티드 항공은 각기 다른 전략적 과제에 직면했다. 델타항공은 수년간 운영 안정성의 최고 자리에 서 있는 확고한 선두 주자로서, 그 위치를 지키기 위한 방어적인 혁신이 필요했다.

반면 유나이티드 항공은 과거의 운영 불안정성을 딛고 회사의 근본적인 체질을 개선하여 새로운 강자로 떠올라야 하는 공격적인 변화의 길을 걸어야 했다. 두 거대 항공사는 동일한 하늘을 공유하지만, 각자의 목표를 달성하기 위해 데이터를 핵심 무기로 선택했다. 그러나 그들이 겨냥한 목표와 구사한 전략은 디지털 전환의 본질에 대한 깊이 있는 통찰을 제공한다. 이들의 선택은 팔란티어 파운드리와 같은 데이터 플랫폼 기술이 단순한 분석 도구를 넘어, 기업의 신경망 역할을 하는 새로운 운영체제OS로 진화했음을 보여준다. 이러한 플랫폼은 거대한 기존 조직들이 겪는 고질적인 문제, 즉 데이터가 여러 시스템에 흩어져 조각나 있는 문제를 해결하기 위해 설계되었다.

델타항공의 항공기, 항공편, 승객, 부품과 같은 물리적 자산과 절차를 디지털 공간에서 논리적으로 통합된 실체, 즉 '디지털 트윈'으로 재구성함으로써, 기업은 비로소 자신의 운영 상황을 전체적으로 이해하고 실시간으로 제어할 수 있게 된다. 델타와 유나이티드가 각자의 생존과 번영을 위해 이 새로운 운영체제를 어떻게 활용했는지를 비교 분석하는 것은, 단순히 두 항공사의 사례를 넘어 21세기 산업 경쟁의 구도가 어떻게 변화하고 있는지를 명확히 보여준다.

디지털 전략을 이해하기 위해서는 먼저 항공업계에서 그들이 구축한 독보적인 위상을 알아야 한다. 델타는 수년간 시리움Cirium, 월스트리트저널 등 권위 있는 기관으로부터 북미 최고의 정시 운항 항공사로 선정되며 운영 효율성의 대명사로 자리 잡았다. 2023년 델타의 정시 도착률은 84.72%로 북미 평균인 74.45%를 크게 웃돌았으며, 2021년, 2022년, 2023년에 이어 2024년 실적까지 모두 인정받아 시리움으로부터 4년 연속 '운영 탁월성 플래티넘 어워드'를 수상하는 기록을 세웠다. 이처럼 이미 최고 수준의 성과를 이룬 선두 주자에게 더 이상의 혁신이 필요한 이유는 무엇일까. 그 해답은 선두 기업이 마주한 가장 큰 위협이 점진적인 실적 하락이 아닌, 예측 불가능한 단 한 번의 시스템 붕괴라는 점에 있다. 2024년, 외부 IT 보안 업체의 소프트웨어 업데이트 오류로 인해 발생한 전 세계적인 전산 마비 사태는 이러한 상황을 명확히 증명했다. 이 사건으로 델타는 5일간 약 7,000편의 항공편을 취소해야 했고, 그로 인한 손실은 약 5억 달러(약 6,825억 원)에 달했다. 이는 아무리 잘 짜인 시스템이라도 복잡하게 얽힌 외부 요인 하나에 의해 전체 네트워크가 마비될 수 있음을 보여준 값비싼 교훈이었다. 따라서 델타의 데이터 전략은 본질적으로 공격이 아닌 방어에 초점이 맞춰져 있다. 예측 불가능한 혼돈 속에서 운영의 연속성을 확보하고 위기에서 빠르게 회복하는 능력을 극대화하는 것이다. 이는 완벽한 시스템을 추구하는 것이 아니라, 불완전함이 당연한 현실 세계에서 치명적인 재앙을 막는 '무재해Zero-Catastrophe' 철학에 가깝다.

이러한 전략이 가장 극적으로 구현되는 현장은 델타의 심장부인 애틀랜타 하츠필드-잭슨 국제공항에 위치한 항공운항통제센터OCC이다. 갑작스러운 악천후로 활주로 두 개가 폐쇄되고, 동시에 상하이행 항공기에서 핵심 부품의 기계적 결함이 발견되는 복합적인 위기 상황을 가정해 보자. 과거의 관제사는 이리저리 뛰어다니며 불을 끄는 '소방수'에 불과했다. 각기 다른 모니터의 단편적인 정보와 자신의 경험에 의존해 싸우는 외로운 영웅이었다. 하지만 통합 데이터 플랫폼이 적용된 통제 센터는, 미래를 내다보며 체스판의 말을 움직이는 '지휘관'의 공간으로 탈바꿈했다. 플랫폼은 기상 예측 모델, 항공기 센서 데이터, 승무원 일정, 승객들의 환승 정보, 공항의 탑승구 현황, 주변 공역의 항공 교통량 등 수많은 종류의 데이터를 실시간으로 흡수하여 하나의 통일된 디지털 트윈을 구성한다.

관제사는 더 이상 "지금 무슨 일이 벌어지고 있는가?"를 묻지 않는다. 그 대신 "만약 우리가 A라는 조치를 취하면 90분 뒤 전체 항공망에 어떤 영향을 끼칠 것인가?"를 시뮬레이션한다. 예를 들어, 특정 항공편들의 탑승구를 재배정하는 여러 시나리오를 가상으로 실행해 볼 수 있다. 그리고 각 시나리오가 전체 환승객의 연결 성공률, 추가 운영 비용, 후속 항공편의 지연에 미치는 영향을 수치로 비교 분석한 뒤 가장 나은 방안을 선택할 수 있다. 결정이 내려지면, 플랫폼의 '쓰기Write-back' 기능은 단순히 명령을 전달하는 것을 넘어 관련된 모든 하위 시스템의 데이터를 자동으로 변경한다. 새로운 탑승구 정보는 즉시 공항의 탑승구 관리 시스템과 승객의 '플라이 델타' 앱으로 전송된다. 변경된 출발 시간에 맞춰 승무원 일정 관리 시스템이 업데이트되며, 정비팀에는 해당 항공기의 예상 도착 시간과 위치가 자동으로 통보된다. 이는 디지털 공간에서의 결정이 물리적 현실을 즉각적으로 바꾸고,

그 결과가 다시 디지털 트윈에 반영되는 완벽한 '폐쇄 루프', 즉 선순환 구조를 형성한다. 이러한 접근 방식의 성과는 구체적인 수치로 입증된다. 델타의 동적 일정 관리 시스템 도입 효과를 분석한 한 연구에 따르면, 이 시스템은 항공편 지연을 45% 감소시켰고, 항공기 가동률을 28% 향상시켰다. 가장 결정적으로는 주요 운항 차질이 발생했을 때 정상 상태로 복구되는 시간을 65%나 단축시켰다. 이는 델타의 데이터 전략이 사소한 지연을 줄이는 수준을 넘어, 시스템 전체의 붕괴를 막는 방어벽 역할을 하고 있음을 보여준다.

델타의 이러한 방어적이고 정밀한 전략은 정비 분야에서 더욱 명확하게 드러난다. 항공기가 운항하지 못하고 지상에 묶이는 가장 큰 원인 중 하나는 예기치 않은 부품 고장이다. 델타의 자회사이자 북미 최대 항공 정비 조직인 델타 테크옵스는 이 문제를 해결하기 위해 에어버스와 팔란티어가 공동으로 구축한 데이터 플랫폼 '스카이와이즈'를 도입했다. 스카이와이즈는 델타의 A320 및 A330 기단을 포함하여 전 세계 100개 이상의 항공사, 11,900대 이상의 항공기에서 수집된 방대한 양의 익명 데이터를 통합 분석한다. 델타의 항공기 한 대에서 발생한 미세한 엔진 진동 데이터는 스카이와이즈 생태계에 속한 다른 항공사의 동일 기종에서 수집된 수만 건의 데이터와 비교 분석된다. 그 결과 개별 항공사 혼자서는 결코 발견할 수 없는 고장 전조 패턴을 식별해낸다. 이 예측 정비 기능은 95% 이상의 고장 예측 성공률을 달성했다. 그 결과 2010년 5,600건에 달했던 정비 관련 운항 취소 건수는 2018년 단 55건으로 극적으로 감소했다. 이는 델타의 경쟁 우위가 더 이상 자사의 내부 역량에만 머무는 것이 아니라, 스카이와이즈 생태계 전체의 집단 지성에 의해 증폭되는 구조로 변화했음을 의미한다. 더 많은 항공사가 참여할수록 데이터의 양이 늘어나고 예측 모델의 정확도가 높아지는 강력한 '네트워크 효과'는, 후발 주자가 쉽게 넘볼 수 없는 '데이터 중력'을 형성한다. 이는 델타의 운영 안정성이라는 견고한 성을 더욱 튼튼하게 만든다.

  델타가 이미 구축된 견고한 성을 지키기 위해 데이터를 활용했다면, 유나이티드 항공은 데이터 통합을 통해 회사의 근간을 다시 설계하는 근본적인 혁명을 선택했다. 과거 유나이티드는 운영의 일관성 부족과 통일되지 않은 고객 경험으로 어려움을 겪었다. 이는 단편적인 문제 해결이 아닌 회사 전체의 변화를 요구하는 상황이었다. 핵심 문제는 정비, 운항, 고객 서비스, 마케팅 등 각 부서가 수백 개의 낡은 시스템이라는 독립된 섬에 고립되어 데이터가 원활히 흐르지 않는다는 점이었다. 이러한 상황에서 2018년 유나이티드가 팔란티어 파운드리를 회사 전체에 도입하기로 한 결정은, 특정 문제를 해결하기 위한 '수술'이 아니라 조직 전체의 신경망을 새로 구축하는 '재창조'에 가까웠다. 그들의 목표는 모든 데이터를 연결하여 사업 전체를 한눈에 볼 수 있는 '단일 진실 공급원'을 만드는 것이 핵심이었다. 이후 에어버스의 스카이와이즈 플랫폼을 도입하면서도 파운드리와의 원활한 통합을 강조한 것은, 데이터가 나뉘어 고립되는 현상을 파괴하고 모든 정보를 하나의 거대한 흐름으로 만들겠다는 일관된 전략을 보여준다. 이는 방어적인 자세가 아닌, 회사가 고객에게 제공하는 가치 자체를 새롭게 정의하려는 명백한 공격적 전략이었다.

  이렇게 구축된 통합 데이터 기반은 조직 전체에 걸쳐 구체적인 가치를 만들어내기 시작했다. 첫 번째 성과는 운영 효율성의 극대화였다. 유나이티드의 기술 운영 데이터 분석팀은 파운드리 플랫폼 위에 '차임Chime'이라는 예측 정비 응용 프로그램을 구축했다. 팔란티어 발표 자료에 따르면, 이 도구는 도입 첫해에 약 300건의 지연과 20건의 결항을 사전에 막았으며, 이는 수백만 달러의 비용 절감 효과로 이어졌다. 또한, 연료 효율성 최적화는 통합 데이터의 힘을 명확히 보여주는 사례다. 과거에는 불가능했던 정밀한 분석이 가능해지면서, 샌프란시스코에서 로스앤젤레스로 향하는 항공편에 식수를 가득 채우는 것이 불필요한 무게를 더해 연료를 낭비한다는 사실을 발견했다. 플랫폼은 항공기 무게, 승객 수, 비행 경로, 기상 조건 등 다양한 데이터를 통합하여 각 항공편에 필요한 최적의 식수량을 계산해냈다. 식수 탱크를 100%가 아닌 40%만 채우는 작은 변화로 항공기 무게를 120kg이나 줄일 수 있었다. 이 작은 절감 효과가 하루 수십 편, 연간 수만 편의 항공편에 적용되자, 이는 연간 수억 달러에 달하는 막대한 연료비 절감으로 이어졌다. 이는 데이터가 각 부서에 갇혀 있을 때는 보이지 않던 최적화의 기회가 통합된 시야를 통해 비로소 드러남을 증명한 것이다.

두 번째 변화의 물결은 고객 경험의 혁명이었다. 과거 유나이티드는 고객 서비스 문제로 어려움을 겪었으나, 통합 데이터 플랫폼은 고객의 여정을 처음부터 끝까지 단절 없이 바라볼 수 있는 새로운 눈을 제공했다. 이를 기반으로 탄생한 '커넥션 세이버'는 대표적인 혁신 사례다. 이 도구는 허브 공항에서 환승객을 태운 항공편이 지연될 경우, 해당 승객들이 탑승할 연결편의 실시간 상황과 전체 항공망에 미칠 영향을 동시에 분석한다. 그리고 연결편의 출발을 단 몇 분 지연시키는 것이 수십 명의 승객을 환승에 성공하게 하여 전체적인 고객 불편을 최소화할 수 있다고 판단되면, 해당 항공편을 대기시키는 결정을 내린다. 이는 개별 항공편의 정시 출발이라는 단편적인 목표에서 벗어나, 항공망 전체의 고객 만족이라는 총체적인 관점으로 의사결정의 기준을 전환시킨 것이다.

운항 차질로 인한 고객의 고통을 줄이는 데 도움을 주는 '에이전트 온 디맨드Agent on Demand' 서비스는 2020년 팬데믹 상황에서 비대면 접촉과 사회적 거리두기를 위해 처음 도입되었다. 승객은 공항에 비치된 QR 코드를 스캔하는 간단한 절차만으로 화상 통화나 채팅, 음성 통화를 통해 즉시 상담원과 연결된다. 이때 상담원은 전용 플랫폼을 통해 해당 승객의 전체 여행 일정과 상세한 예약 정보, 실시간 운항 상황까지 모든 데이터를 한눈에 파악할 수 있다. 덕분에 상담원은 문제의 원인을 정확히 진단하고 고객 개개인에 맞는 해결책을 효과적으로 제시할 수 있게 된다.

에이전트 온 디맨드 서비스는 고객의 편의를 증진했을 뿐만 아니라, 항공사의 내부 운영 효율성까지 크게 향상시키는 결과를 가져왔다. 예를 들어, 정보기술IT 부서가 이 플랫폼의 내부 시스템 문제를 해결하는 데 소요되는 시간은 이전보다 50%나 단축되었다. 또한, 실시간 운항 데이터와 고객 정보를 결합하여 만든 자동 재예약 시스템은 모바일 앱을 통한 재예약 과정을 더욱 빠르고 원활하게 처리할 수 있도록 만들었다.

유나이티드는 비행기를 운항하는 전통적인 운송 기업에서, 기술로 물류를 최적화하는 데이터 기업으로 변모하고 있었다. 이 모든 변화의 중심에는 분석과 실행 사이의 간극을 메우는 플랫폼의 '쓰기' 기능이 있었다. 커넥션 세이버에서 내린 결정은 단순히 보고서로 끝나는 것이 아니라, 플랫폼 내에서 직접 실행되어 항공편 일정, 승무원 배정, 승객 알림 등 관련된 모든 시스템을 실시간으로 변경했다. 이는 데이터를 이해하는 도구에서 사업을 직접 운영하는 도구로의 진화를 의미하며, 이것이 바로 파운드리가 단순한 분석 플랫폼이 아닌 '운영체제'로 불리는 이유다.

델타항공과 유나이티드 항공의 사례는 동일한 산업 내 기업의 시장 지위와 전략적 목표에 따라 디지털 전환의 경로가 어떻게 달라지는지를 명확하게 보여준다. 델타항공의 접근 방식은 시장 선도 기업이 자신의 핵심 경쟁력을 방어하고 강화하기 위한 '외과적 정밀 타격' 전략으로 요약될 수 있다. 이미 업계 최고의 운영 효율성을 자랑하는 델타항공에게 가장 큰 위협은 점진적인 개선의 부족이 아닌, 단 한 번의 치명적인 시스템 붕괴다. 그래서 델타는 데이터 플랫폼을 활용해 시스템 전체의 회복력을 저해하는 가장 큰 취약점, 즉 예측 불가능한 운항 중단과 정비 결함을 정밀하게 조준하고 제거하는 데 집중했다. 이는 자신의 제국을 지키기 위한 견고한 방어벽을 구축하는 것과 같다.

반면, 유나이티드의 전략은 후발 주자가 시장의 판도를 바꾸기 위해 감행하는 '전면적이고 공격적인 혁명'에 비유할 수 있다. 과거의 운영 불안정성과 단절된 고객 경험이라는 근본적인 문제를 해결하기 위해, 유나이티드는 데이터 플랫폼을 조직 전체의 낡은 부서별 시스템을 허물고 새로운 신경망을 까는 기초 공사로 활용했다. 그들은 데이터를 단순히 문제를 해결하는 데 사용한 것이 아니라, 운영 효율성과 고객 경험이라는 두 축을 동시에 혁신하여 회사가 제공하는 가치 자체를 근본적으로 재창조했다. 이 두 거인의 이야기는 비단 항공 산업에만 국한되지 않는다. 이는 데이터를 과거의 기록으로 취급하던 시대를 지나, 기업의 모든 활동을 실시간으로 반영하는 살아 있는 '디지털 트윈'을 구축하고 이를 통해 물리적 세계를 제어하는 시대로의 전환을 예고한다. 데이터 플랫폼은 분석 도구에서 운영체제로 진화하고 있으며, 각 기업의 고유한 상황에 맞춰 이 새로운 운영체제를 어떻게 전략적으로 활용하는가가 미래 산업 지형에서 제국을 방어하거나 새로운 혁명을 이끄는 가장 중요한 경쟁 우위의 원천이 될 것이다.

CHAPTER 06
산업 생태계 혁신
: 개별 기업을 넘어 산업의 OS로

항공기 제조 산업의 디지털 전환: 보잉과 에어버스의 사례

워싱턴주 에버렛의 보잉 공장, 희극 같은 비극이 펼쳐지고 있었다. '꿈의 항공기' 787 드림라이너의 첫 번째 동체가 조립 라인에 도착했지만, 그것은 동체라기보다는 불완전한 조각에 가까웠다. 이탈리아에서 만든 동체 조각은 일본에서 온 날개와 아귀가 맞지 않았고, 수만 개의 나사는 주인을 찾지 못한 채 바닥을 뒹굴었다. 전 세계 50개 협력사에 부품 생산을 맡겨 위험과 비용을 줄이겠다던 보잉의 야심 찬 도박은, 통합되지 않은 데이터의 저주 속에서 악몽으로 변하고 있었다. 같은 시각, 대서양 건너편 에어버스 역시 비슷한 악몽에 시달리고 있었다. 두 항공기 모두 탄소섬유 복합소재를 대폭 적용한 혁신적인 설계와 기술의 집약체였으나, 그 이면에는 전례 없는 복잡성이라는 그림자가 드리워져 있었다. 이 복잡성은 곧 두 기업을 각기 다른 형태의 위기로 몰아넣었다. 역설적이게도 이 위기를 벗어나는 과정에서 항공우주 산업의 경쟁 방식이 근본적으로 뒤바뀌는 계기가 마련되었다.

문제는 항공기 자체의 기술적 결함이 아니었다. 위기의 본질은 수백만 개의 부품, 수천 개의 협력업체, 그리고 수만 명의 인력이 얽히고설킨 거대한 시스템을 통제하고 조율하는 능력, 즉 '복잡성의 관리'에 있었다. 보잉의 위기는 전 세계에 흩어진 공급망을 통합하지 못한 데서 비롯된 외부적 붕괴였다. 반면 에어버스의 위기는 설계부터 생산, 품질 관리에 이르는 내부 과정의 데이터가 단절된 데서 온 지체 현상이었다. 흥미로운 점은 서로 다른 증상으로 나타난 이 동일한 질병 앞에서 두 거인이 공통의 처방전, 즉 팔란티어의 데이터 운영체제 '파운드리'를 선택했다는 사실이다. 결과적으로 이들의 선택은, 두 거인의 조직 문화와 전략적 방향을 해부하는 거대한 비교 실험장이 되고 말았다. 팔란티어라는 동일한 검을 손에 쥔 두 전사戰士가 서로 다른 검법을 펼친 것이다. 이들의 이야기는 단순한 기술 도입 성공담이 아니라, 기업의 철학이 어떻게 운명을 가르는지에 대한 생생한 기록이다. 보잉은 눈앞의 화재를 끄기 위한 강력한 소방수로 파운드리를 사용한 반면, 에어버스는 미래 도시를 설계하는 건축가의 청사진으로 파운드리를 활용했다. 이 선택의 차이는 결국 한쪽은 부서진 과거를 힘겹게 수리하는 데 그치게 했고, 다른 한쪽은 산업 전체를 아우르는 새로운 운영체제OS를 창조하며 미래의 하늘을 먼저 차지하는 결과로 이어졌다.

보잉 787 드림라이너 프로젝트는 야심 찬 만큼이나 파격적인 구상에서 출발했다. 21세기 초, 보잉은 항공기 제작의 기본 틀을 완전히 뒤바꾸고자 했다. 핵심은 '위험 분산형 세계적 외부 조달'이었다. 항공기 동체, 날개, 꼬리 등 핵심 구조물의 설계와 제작을 포함한 전체 공정의 약 70%를 이탈리아, 일본, 한국 등 전 세계 50여 개 이상의 협력사에 맡기고, 보잉 자신은 최종 조립과 시스템 통합만을 담당하는 '거대 시스템 통합자'의 역할에 머무르겠다는 전략이었다. 이를 통해 개발 비용을 40% 절감하고 생산 기간을 단축하며, 막대한 투자 위험을 협력사들과 나눌 수 있을 것으로 장담했다.

그러나 이 장밋빛 구상은 곧 악몽으로 변했다. 문제는 데이터가 없어서가 아니라, 서로 단절된 데이터의 홍수 때문이었다. 약 230만 개의 부품이 각기 다른 시스템과 공정을 가진 수천 개의 공급업체로부터 밀려 들어왔지만, 이들을 하나로 묶어주는 공통의 디지털 언어, 즉 통합된 운영체제가 존재하지 않았다. 그 결과는 참혹한 혼돈이었다. 워싱턴주 에버렛의 최종 조립 공장에 도착한 첫 번째 동체는 원래 계획대로라면 1,200여 개의 거대 부품 덩어리 형태로 와야 했다.

하지만 실제로는 수만 개의 나사와 부품이 빠진 채 3만 개가 넘는 조각들로 배송되는 희극 같은 일이 벌어졌다. 이탈리아 협력사가 만든 동체 부품은 다른 곳에서 만든 부품과 규격이 맞지 않았고, 일본 미쓰비시 중공업이 제작한 날개에서는 구조적 결함이 발견되었다. 부품의 품질 불량과 납품 지연은 일상이 되었고, 생산 라인은 연쇄적인 지체 현상으로 마비 상태에 빠졌다. 결국 787의 첫 인도는 7번이나 연기된 끝에 예정보다 3년 이상 늦어졌다. 개발 비용은 당초 예상했던 50억 달러에서 200억 달러 이상으로 눈덩이처럼 불어났다. 배터리 시스템 결함으로 인한 전 세계 운항 중단 사태, 동체 균열, 연료 누출 등 끊임없는 품질 문제는 보잉의 명성에 씻을 수 없는 상처를 남겼다.

스스로 자초한 이 재앙 앞에 보잉의 초기 대응은 문제의 본질을 비껴갔다. 그들은 디지털로 조각난 공급망의 문제를 물리적인 힘과 자본으로 해결하려 했다. 가장 심각한 문제를 일으키던 협력사인 보우트와 글로벌 에어로노티카를 10억 달러 이상을 들여 다시 사들이며 수직으로 계열화하려 시도했고, 공급망 전체를 감시하기 위한 '생산 통합 센터'를 설립해 자사의 기술자들을 협력사에 급히 파견했다. 하지만 이는 밑 빠진 독에 물 붓기였다. 생산 통합 센터의 기술자가 협력사에 전화를 걸어 상황을 파악할 수는 있었지만, 협력사의 실시간 재고 현황, 생산 일정, 품질 검사 데이터를 하나의 화면에서 통합적으로 볼 수는 없었다. 물리적 통제는 조각난 디지털 현실을 극복하지 못했다. 바로 이 지점에서 보잉은 더 이상 미룰 수 없는 선택에 직면했고, 마침내 팔란티어 파운드리를 도입하기에 이르렀다.

파운드리가 맡은 임무는 명확했다. 전 세계에 흩어진 수천 개의 공급업체들이 제각각 사용하던 전사적자원관리ERP 시스템, 생산관리시스템MES, 품질관리 데이터베이스에서 쏟아내는 혼돈의 데이터를 하나의 일관된 디지털 현실로 다시 구축하는 것이었다. 파운드리는 마치 수많은 언어를 실시간으로 통역하는 만능 번역기처럼 작동했다. 각기 다른 형식과 구조를 가진 데이터를 흡수하여 '온톨로지'라는 의미론적 모델 위에서 다시 구성했다. 이탈리아에서 생산된 특정 동체 부품의 식별 번호가 입력되면, 그 부품의 설계도, 원자재 정보, 생산 이력, 품질 검사 결과, 운송 현황, 그리고 에버렛 공장의 조립 순서까지 모든 정보가 거미줄처럼 연결되어 눈에 보이게 시각화되었다. 이를 통해 보잉은 마침내 '공급망 관제탑'을 구축하고, 부품 조달을 예측하며 제조 데이터를 분석해 운영 효율성을 극대화할 수 있었다. 본질적으로 파운드리는 보잉이 포기했던 수직적 통합을 디지털 세상에서 구현해 준 셈이다. 막대한 자본을 들여 모든 협력사를 인수하지 않고도, 마치 모든 공장이 보잉의 소유인 것처럼 그들의 데이터를 실시간으로 들여다보고 통제할 수 있게 됐다. 이는 의심할 여지 없이 기술적 성과였지만, 동시에 전략적 실패를 뒤늦게 수습하는 전술적 대응에 불과했다. 파운드리는 부서진 생산 라인을 복구했지만, 그 근본 원인이었던 조각난 공급망 구조 자체를 바꾸지는 못했다.

같은 시기, 대서양 건너편의 에어버스 역시 A350 XWB라는 야심작을 시장에 선보이며 비슷한 도전에 직면했다. 그러나 에어버스가 마주한 위기는 보잉처럼 공급망 모델 자체의 붕괴가 아니라, 성공적인 모델을 확장하는 과정에서 발생한 '성장의 고통'이었다. A350은 500만 개가 넘는 부품으로 구성되며, 보잉 787보다도 더 복잡한 항공기였다. 2015년, 에어버스는 밀려드는 주문량을 감당하지 못하고 A350의 생산 목표를 맞추는 데 심각한 어려움을 겪고 있었다. 설계, 제조, 부품 수급, 품질 검사, 인력 배치 등 각 부문에서 생성되는 데이터는 서로 다른 고립된 공간에 갇혀 있었다. 이로 인해 생산 공정 전반에 걸쳐 지체 현상과 예측 불가능한 지연이 빈번하게 발생했다.

보잉과 마찬가지로 문제의 핵심은 데이터의 단절이었지만, 에어버스의 대응 방식은 근본적으로 달랐다. 그들은 이 시급하고 절박한 위기를 단순히 급박하게 해결해야 할 문제로 보지 않았고, 회사의 체질을 바꾸고 미래 경쟁력을 확보할 전략적 기회로 삼았다. 에어버스는 팔란티어와 손잡고 모호한 디지털 혁신 구호가 아닌, A350 생산 증대라는 명확한 사업 목표를 해결하기 위한 파트너십을 체결했다. 이 협력의 결과물이 바로 항공우주 산업의 역사를 바꾼 데이터 플랫폼, '스카이와이즈'다. 스카이와이즈의 심장에는 보잉의 문제를 해결했던 것과 동일한 엔진, 즉 팔란티어 파운드리가 있었다.

그러나 에어버스는 이 엔진을 단순히 내부 생산 라인을 최적화하는 데만 사용하지 않았다. 그들은 파운드리의 온톨로지 기술을 활용해 항공기라는 물리적 세계와 데이터라는 디지털 세계를 완벽하게 융합하는 '디지털 트윈'을 구축했다. 이 온톨로지는 항공기 설계도, 부품 목록, 제조 이력, 품질 데이터뿐만 아니라, 전 세계 항공사들이 운항하는 수만 대의 에어버스 항공기에서 실시간으로 생성되는 비행 데이터, 정비 기록, 연료 소모량까지 모두 연결하는 거대한 의미의 그물망이었다. 이를 통해 에어버스는 특정 부품의 미세한 결함이 생산 라인뿐만 아니라, 향후 10년간의 운항 과정에서 어떤 영향을 미칠지까지 시뮬레이션할 수 있게 되었다. 이 통합된 시각은 즉각적인 성과로 나타났다. 생산 공정의 지체 지점을 정확히 예측하고 사전에 조치함으로써 A350의 생산량을 33%나 끌어올렸고, 연간 17억 달러(약 2조 3,205억 원)에 달하는 비용 절감 효과를 거두었다.

에어버스의 진정한 신의 한 수는 여기서 한 걸음 더 나아간 데 있다. 그들은 A350 생산이라는 내부 문제를 해결하기 위해 구축한 이 강력한 데이터 플랫폼을 자신들만 사용하는 닫힌 시스템으로 만들지 않았다. 오히려 정반대의 길을 선택했다. 스카이와이즈를 전 세계 항공사와 부품 공급업체, 정비·수리·분해조립MRO 업체들이 모두 참여할 수 있는 개방형 생태계로 발전시킨 것이다. 이는 항공 산업의 경쟁 규칙을 근본적으로 바꾸는 혁명적 발상이었다. 이 '협력적 데이터 생태계' 안에서 전 세계 170여 개 항공사는 자사의 운항 데이터를 익명화된 형태로 공유한다. 이는 곧 1만 대가 넘는 에어버스 항공기가 실시간으로 쌓아 올리는 거대한 집단 지성의 데이터 댐을 형성한다. 예를 들어, 대한항공의 A330 엔진에서 미세한 진동 이상 신호가 감지되면, 스카이와이즈는 대한항공의 과거 데이터뿐만 아니라 지구 반대편의 동일한 엔진을 운영하는 다른 항공사에서 발생했던 수백 건의 유사 사례를 순식간에 비교 분석하여 가장 가능성 높은 고장 원인과 최적의 정비 방법을 제시한다. 이는 개별 항공사가 수십 년을 노력해도 결코 쌓을 수 없는 압도적인 예측 능력을 제공한다.

저가 항공사 이지젯은 스카이와이즈의 예측 정비 기능을 활용해 운항 지연을 획기적으로 줄였고, 델타항공의 정비 자회사인 델타 테크옵스는 이를 통해 정비 신뢰성을 크게 향상시켰다. 에어버스는 내부 생산 문제를 해결하는 과정에서 고객사에게 엄청난 가치를 제공하는 새로운 사업 모델을 창출해 낸 것이다. 이는 강력한 데이터 네트워크 효과를 낳았다. 스카이와이즈에 참여하는 항공사가 많아질수록 데이터의 질과 양이 향상되고, 이는 다시 플랫폼의 예측 정확도를 높여 더 많은 항공사를 끌어들이는 선순환 구조를 만들었다. 에어버스는 더 이상 항공기라는 물리적 제품만을 판매하는 회사가 아니었다. 그들은 전 세계 에어버스 항공기 운항의 집단 지성에 접근할 수 있는 권한, 즉 산업의 운영체제를 판매하는 데이터 플랫폼 기업으로 진화했다.

결국 보잉과 에어버스의 이야기는 동일한 기술을 마주한 두 기업의 전략적 선택이 얼마나 다른 결과를 낳을 수 있는지를 보여주는 교과서적인 사례다. 보잉은 파운드리를 과거의 실수를 만회하기 위한 강력한 전술적 도구로 활용했다. 그들은 조각난 공급망이라는 스스로 만든 혼돈 위에 디지털 질서를 강제로 부여하는 데 성공했지만, 이는 어디까지나 소 잃고 외양간 고치는 격의 대응이었다. 그들은 787 생산 라인을 안정시키는 데는 성공했을지 몰라도, 산업의 미래를 주도할 새로운 생태계를 구축할 기회는 놓치고 말았다.

반면 에어버스는 파운드리를 미래를 설계하는 건축의 토대로 삼았다. 그들은 눈앞의 생산 위기를 해결하는 것을 넘어, 제조사와 고객사, 협력사를 하나의 데이터 평면 위에서 연결하는 거대한 디지털 생태계를 창조했다. 이는 단순한 효율성 증대를 넘어, 경쟁의 무대를 물리적 항공기에서 데이터와 지능의 영역으로 옮겨 놓은 전략적 승리였다. 스카이와이즈는 개별 기업을 위한 소프트웨어가 아니라, 항공 산업 전체를 위한 운영체제가 되었다. 21세기 하늘의 진정한 주도권 경쟁은 더 이상 누가 더 나은 비행기를 만드느냐의 싸움이 아니다. 누가 더 지능적이고, 더 통합적이며, 더 협력적인 데이터 생태계를 구축하느냐의 싸움으로 재정의되었다. 보잉과 에어버스가 걸어간 이 서로 다른 길은 그 새로운 시대의 경쟁이 이미 시작되었음을 명백히 보여주고 있다.

에어버스의 스카이와이즈: 항공 산업 생태계의 탄생

스카이와이즈의 등장은 아무것도 없는 상태에서 이루어진 것이 아니다.

이는 항공 산업이 오랫동안 앓아온 고질적인 비효율성과 구조적 문제에 대한 필연적인 해답이었다. 스카이와이즈가 단순한 아이디어를 넘어 산업의 필수 해결책으로 자리 잡게 된 배경을 이해하기 위해서는, 당시 항공 산업이 마주했던 근본적인 도전 과제들을 먼저 살펴볼 필요가 있다. 역사적으로 항공 산업은 기능과 조직이 분리된 여러 칸막이에 깊이 갇혀 있었다. 항공기 설계 데이터는 에어버스와 같은 원제작사OEM에, 운항 데이터는 항공사에, 그리고 정비 데이터는 정비·수리·운영MRO 업체에 각각 흩어져 있었다. 이렇게 데이터가 조각나 있는 현상은 항공기 상태와 성능에 대한 전체적인 시각을 가로막는 근본적인 장애물이었다.

이러한 단절은 심각한 운영상의 비효율로 이어졌다. 데이터 통합이 이루어지지 않아 시간이 오래 걸리는 수작업이 필요했고, 운영에 대한 통찰력은 피상적인 수준에 머물렀으며, 데이터 품질 관리에도 어려움이 따랐다. 가장 치명적인 결과는 예측 불가능한 정비로 인해 항공기가 운항하지 못하는, 이른바 '항공기 운항 불가AOG, Aircraft on Ground' 상황이 자주 발생하는 것이었다. 항공기 운항 불가 상태는 항공사에게 있어 악몽과도 같았다. 항공기 운항 중단, 일정 차질, 고객 불만족은 물론 연간 수백만 달러의 매출 손실을 일으키는 직접적인 원인이었기 때문이다. 영국의 저비용 항공사 이지젯EasyJet은 스카이와이즈를 도입한 후 31건의 기술적 결함을 사전에 예측하여 최소 31편의 결항을 방지할 수 있었다고 밝혔는데, 이는 문제의 규모가 얼마나 심각했는지를 단적으로 보여준다. 이처럼 산업 전반에 퍼져 있는 높은 비용의 비효율성은, 데이터를 통합하고 분석할 수 있는 주체에게 거대한 잠재적 시장 기회가 존재했음을 암시한다.

MRO 부문은 절대적인 안전을 보장하면서 동시에 비용과 운항 중단 시간을 최소화해야 하는 엄청난 압박에 직면해 있었다. 숙련된 정비 인력 부족, 방대하고 다양한 부품 재고 관리의 복잡성, 그리고 상태에 기반하지 않고 정해진 시간에 따라 이루어지는 정비 관행은 정비·수리·운영의 효율성을 떨어뜨리는 주요 요인이었다. 전통적인 정비 방식은 크게 두 가지로 나뉜다. 하나는 고장이 발생한 후에 수리하는 '사후 정비'이고, 다른 하나는 실제 부품 상태와 무관하게 정해진 주기에 따라 교체하는 '예방 정비'다. 두 방식 모두 비효율적이다. 사후 정비는 갑작스러운 운항 중단을 일으키고, 예방 정비는 아직 사용할 수 있는 부품을 낭비하게 만든다. 따라서 산업은 실제 데이터를 기반으로 고장을 예측하는 '예측 정비'로의 전환을 절실히 필요로 하고 있었다.

현대 항공기는 비행 한 번에 수 테라바이트의 데이터를 생성하는 '날아다니는 데이터 센터'와 같다. 최신 기종인 A350은 수천 개의 감지기에서 하루 최대 1테라바이트의 데이터를 쏟아낸다. 그러나 이 막대한 양의 데이터는 앞서 언급한 단절 문제와 이를 효과적으로 처리하고 분석할 도구가 없어 대부분 활용되지 못했다. 항공 산업은 데이터가 부족한 것이 아니라, 흩어진 데이터를 의미 있는 통찰력으로 바꿀 통합적이고 지능적인 플랫폼이 없는 '데이터의 역설'에 빠져 있었다.

이러한 산업 전반의 문제들은 추상적인 아이디어가 아닌, 에어버스가 마주했던 구체적이고 절박한 내부 위기 속에서 해결의 실마리를 찾게 되었다. 2015년, 에어버스는 자사의 차세대 주력 기종인 A350의 생산 증대 목표를 달성하는 데 심각한 어려움을 겪고 있었다. 이는 단순한 생산 지연을 넘어 회사의 신뢰도와 직결된 중대한 위기였다. 문제의 근원은 압도적인 복잡성에 있었다. A350 한 대는 500만 개의 부품으로 구성되며, 이 부품들은 복잡한 전 세계 공급망을 통해 조달되고, 수많은 기술자와 생산 라인이 얽혀 있었다. 결정적으로 데이터가 여러 시스템에 조각나 있었다. 예를 들어, 14개의 서로 다른 SAP 시스템에 데이터가 분산되어 있어 통합적인 관리가 불가능했다. 이러한 정보의 단절은 생산 지체 현상, 납품 지연, 그리고 반복되는 결함의 근본 원인을 파악하는 것을 불가능하게 만들었다.

이 "긴급한 사업 문제"를 해결하기 위해 에어버스는 2015년 말, 빅데이터 분석 전문 기업인 팔란티어와 파트너십을 체결했다. 이는 막연한 디지털 전환 프로젝트가 아니라, 명확한 문제 해결을 목표로 한 외과 수술과 같은 접근이었다. 팔란티어의 데이터 운영체제인 '파운드리'가 이 프로젝트의 기술적 심장부 역할을 맡았다. 해결책의 핵심은 파운드리의 '온톨로지' 기술이었다. 온톨로지는 A350 프로그램 전반에 흩어져 있던 수억 개의 서로 다른 데이터, 즉 설계, 제조, 부품, 납기, 결함, 작업자 교대조 정보 등을 하나의 통일된 데이터 모델로 통합했다. 이를 통해 에어버스는 이전에는 답할 수 없었던 핵심적인 질문들을 던질 수 있게 되었다. 예를 들어, "특정 결함이 얼마나 자주 발생하는가?", "그 결함이 후속 공정에 미치는 영향은 무엇인가?", "어떤 작업이 왜 지연되고 있는가?"와 같은 질문에 대한 답을 실시간으로 얻을 수 있었다. 이는 기술자부터 생산 라인 관리자까지 모든 관계자가 동일한 데이터를 실시간으로 공유하며 협업할 수 있는 '단일한 진실의 원천'을 제공했다.

결과는 즉각적이고 극적이었다. 데이터 단절의 벽이 무너지고 부서 간 협업이 빨라지면서, 에어버스는 A350 항공기 인도를 33%나 앞당기는 데 성공하며 생산 목표를 달성했다. 이 성공은 '생산 부채'를 강력한 '전략적 데이터 자산'으로 바꾼 결정적 계기가 되었다. 이 내부 성공은 에어버스가 외부로 눈을 돌릴 수 있는 기술적 확신과 검증된 해결책을 제공했다. 즉, 내부의 가장 시급한 문제를 해결하며 얻은 성공 경험이 외부 플랫폼으로 뻗어 나가기 위한 가장 안전하고 확실한 발판이 된 것이다.

A350 생산 위기 극복이라는 내부 성공에 안주하지 않고, 이를 항공 산업 전체를 위한 개방형 플랫폼으로 전환하기로 한 결정은 에어버스 디지털 전환 전략의 핵심이다. 이는 자사의 경쟁 우위를 과감히 개방하여 더 큰 생

태계를 구축하려는 미래 지향적 리더십의 표현이었다. 당시 에어버스의 디지털 전환 책임자^DTO였던 마크 퐁텐과 현 최고경영자인 기욤 포리를 비롯한 지도부는 A350 위기 해결 과정에서 구축된 데이터 자산의 잠재력을 꿰뚫어 보았다. 그들은 이 자산이 단순한 내부 생산성 향상 도구를 넘어, 항공 산업 전체를 위한 새로운 서비스 기반 사업 모델이 될 수 있다고 판단했다. 그들의 비전은 "항공 산업의 데이터를 하나로 통합"하여 모든 참여자를 위한 기준 플랫폼을 만드는 것이었다. 이는 항공기라는 하드웨어 제품 판매를 넘어, 데이터를 통해 지속적인 가치를 제공하는 서비스 기업으로 진화하려는 전략적 의지였다.

　내부 도구에서 외부 플랫폼으로의 전환은 신중하고 단계적으로 이루어졌다. 첫 번째 단계(2015~2016년)는 A350 생산 위기 해결에 모든 역량을 집중하여 기술의 가치를 내부적으로 명확히 증명하는 것이었다. 두 번째 단계(2016~2017년)에서는 성공적으로 검증된 데이터 플랫폼을 항공기 정비 최적화와 같은 다른 내부 문제 해결에 적용하여 플랫폼의 보편성과 확장성을 확인했다. 마지막으로 세 번째 단계(2017~현재)에서 2017년 파리 에어쇼에서 '스카이와이즈'를 공식 출시하며, 항공사, 정비·수리·운영^MRO 업체, 부품 공급업체 등 산업 전체를 대상으로 하는 개방형 데이터 플랫폼으로의 전환을 선언했다.

　스카이와이즈는 에어버스의 사업 모델을 근본적으로 바꾸는 전략적 의미를 지닌다. 이는 제품 중심에서 서비스 중심으로의 전환을 상징하며, 일회성 항공기 판매 수익을 넘어 지속적인 구독 기반 수익을 창출하고 고객과의 관계를 깊게 만드는 역할을 한다. 또한, 스카이와이즈가 항공사 운영의 핵심 플랫폼으로 자리 잡으면, 항공사는 더 많은 데이터와 업무 절차를 이 플랫폼에 의존하게 되어 강력한 경쟁 우위를 형성한다. 플랫폼 채택을 가속화하기 위해, 에어버스는 항공사들이 익명화된 운항 데이터를 공유하는 대가로 스카이와이즈의 핵심 기능을 무료로 제공하는 파격적인 모델을 제시했다. 이는 항공사의 진입 장벽을 낮추는 동시에 플랫폼의 데이터 자산을 풍부하게 만드는 '선순환 구조'를 만들었다. 더 많은 데이터가 모일수록 플랫폼의 예측 모델은 더 정확해지고, 이는 모든 참여자에게 더 큰 가치를 제공한다. 이러한 전략적 전환은 에어버스가 단순히 최고의 항공기를 만드는 것을 넘어, 산업의 데이터와 분석 생태계를 지휘하는 '총괄 지휘자(오케스트레이터)'가 되고자 함을 보여준다.

   스카이와이즈의 성공은 단순히 데이터를 모으는 것을 넘어, 그 데이터를 활용하여 생태계 참여자 모두에게 실질적인 가치를 제공하는 협업의 구조를 설계했기 때문에 가능했다. 스카이와이즈는 에어버스 데이터 생태계의 '중추 신경계'로 묘사되며, 항공기의 운항, 기술, 운영 데이터를 하나의 통합된 플랫폼으로 연결하는 역할을 한다. 팔란티어 파운드리를 기반으로 하는 이 플랫폼은 작업 지시서, 감지기 데이터, 비행 계획, 기술 기록 등 수천 개의 데이터 공급원을 하나의 안전한 클라우드 환경으로 통합한다. 현재 140개 이상의 항공사, 11,900대 이상의 항공기가 연결되어 있으며, 전 세계적으로 48,000명 이상의 사용자를 보유하고 있다.

   예측 정비는 스카이와이즈가 제공하는 핵심 가치다. 이는 인공지능과 기계 학습 알고리즘을 사용하여 방대한 양의 실시간 감지기 데이터와 과거 정비 기록을 분석, 부품이 고장 나기 전에 고장 가능성을 예측하는 기술이다. 이 기술의 영향력은 막대하여, 항공사는 비용이 많이 드는 예측 불가능한 정비에서 벗어나 계획된 정비로 전환할 수 있다. 저비용 항공사 이지젯은 스카이와이즈를 사용하여 운항 지연을 줄이고 정시 출발 신뢰도를 높였으며, 얼리전트 항공은 "하루에 최소 한 대의 항공기 운항 중단을 막고 있다"고 밝혔다. 라탐 항공은 지연율을 24%에서 15%로 낮췄다. 컨설팅 기업 맥킨지는 예측 정비가 정비 비용을 최대 30% 절감하고 자산 가용성을 20%

높일 수 있다고 추정했으며, 에어버스의 자체 사례 연구에서도 예측하지 못한 고장을 30% 감소한 것으로 나타났다. 또한 사람의 눈으로는 감지할 수 없는 미세한 데이터 이상 징후를 포착하여 잠재적인 고장으로 안전을 위협하기 전에 식별함으로써 안전성을 강화한다. 실제로 스카이와이즈 데이터는 에어버스가 A330neo 기종의 설계 결함을 치명적인 사고로 이어지기 전에 발견하고 수정하는 데 결정적인 역할을 했다.

스카이와이즈의 가치는 예측 정비에만 한정되지 않는다. 플랫폼은 연료 효율을 포함한 항공기단(에어아시아, 스카이항공 등 특정 항공사가 보유하고 운용하는 모든 항공기의 집합)의 성능을 실시간으로 감시하고 비교 분석할 수 있게 해준다. 에어아시아는 스카이와이즈를 활용하여 항공기 무게 중심을 동적으로 조절하는 목표를 설정함으로써 연료 소모를 줄였고, 스카이 항공은 최적화된 상승 비행 경로를 통해 얻은 연료 절감 효과를 스카이와이즈로 검증했다. 정비 필요 시점을 예측함으로써 항공사는 예비 부품 계획 및 재고 관리를 최적화하고, 비용이 많이 드는 긴급 부품 조달의 필요성을 줄일 수 있다. 특히 공급업체를 위한 '디스패치' 응용 프로그램은 공급업체의 생산 계획을 에어버스의 수요와 일치시켜 생산 라인 중단을 방지하는 '단일한 진실의 원천' 역할을 한다. 또한 기술 기록을 중앙에서 관리하고, 작업 지시 관리 절차를 간소화하며, 반복되는 문제를 식별하여 장기적인 해결책을 마련하는 데 도움을 준다. 방콕 항공은 스카이와이즈 분석을 통해 정시 운항률을 2017년의 53%에서 2018년의 93%로 극적으로 향상시켰다.

스카이와이즈의 성공을 가장 설득력 있게 보여주는 증거는 바로 최대 경쟁사 중 하나인 델타 항공의 열정적인 참여와 '디지털 연합'의 결성이다. 이는 경쟁과 협력을 통해 산업 전체의 이익을 키우는 '코피티션$^{\text{Co-opetition}}$(협력적 경쟁)'의 전형적인 사례이다. 2018년 10월, 에어버스의 경쟁사인 보잉의 주요 고객이기도 한 델타 항공은 자사의 A320 및 A330 항공기단에 스카이와이즈를 사용하고 확장하기 위한 다년 계약을 체결했다. 델타의 주된 동기는 자사의 세계적인 정비·수리·운영MRO 역량을 더욱 강화하고, 운영 신뢰성과 고객 경험을 향상시키기 위함이었다. 그들은 델타가 가진 깊이 있는 운영 노하우와 에어버스의 강력한 분석 플랫폼을 결합하면, 어느 한쪽도 혼자서는 이룰 수 없는 시너지를 창출할 수 있다고 판단했다.

이는 단순한 공급업체와 고객의 관계가 아니었다. 델타는 이미 2015년부터 스카이와이즈의 초기 예측 정비 프로그램인 '예후 위험 관리PRM' 개발에 참여하여, 핵심 기능을 함께 설계하고 시험하며 개선 사항을 제안하는 적극적인 '공동 설계자'였다. 델타의 11,000명이 넘는 MRO 전문가팀은 스카이와이즈의 알고리즘을 훈련하고 정교하게 만드는 데 필수적인 "풍부한 기술 및 운영 지식"과 실제 데이터를 제공했다. 특히 예측된 고장을 실제로 부품 시험을 통해 검증하는 과정은 예측 정확도를 높이는 데 결정적인 역할을 했다. 이러한 시너지는 95%가 넘는 경이로운 고장 예측 성공률로 이어졌다.

이 파트너십은 2019년 '디지털 연합'의 창설로 공식화되었으며 이를 통해 확장되었다. 이 연합은 "세계 최초"로, 항공 산업의 핵심 주체들이 모여 스카이와이즈 플랫폼 위에서 여러 기종에 적용 가능한 예측 정비 해결책을 공동 개발하는 것을 목표로 한다. 이 연합은 각 분야에서 최고의 전문성을 자랑하는 기업들이 모인 강력한 협력체이다. 항공기 기체 설계와 플랫폼의 통합 관리는 에어버스가 담당하고, 델타 테크옵스는 정비, 수리, 운영에 대한 깊이 있는 노하우를 제공한다. 제너럴 일렉트릭 디지털은 엔진과 시스템 분석 분야에 특화된 기술력을 보유하고 있다. 여기에 리브헤어 및 콜린스 에어로스페이스와 같은 부품 전문 기업들이 참여하여 특정 부품과 시스템의 완성도를 높인다. 이러한 협력 모델은 예측 정비라는 복잡한 문제를 해결하기 위한 최적의 접근법이다. 원제작사, 항공사, 부품 제조사가 가진 서로 보완적인 전문성을 한데 모아, 어떤 단일 기업도 혼자서는 만들 수 없는 훨씬 더 정확하고 강력한 예측 모델을 개발할 수 있게 한다. 이는 스카이와이즈를 '에어버스 제품'에서 '산업 해결책'으로 격상시켜, 여러 제조사의 항공기를 함께 운영하는 다른 항공사에게도 매력적인 플랫폼으로 만드는 결정적인 역할을 했다.

이처럼 경쟁사까지 끌어들이는 강력한 협력 생태계가 가능했던 근본적인 이유는 스카이와이즈가 설계 단계부터 '신뢰'를 핵심 가치로 삼았기 때문이다. 스카이와이즈 생태계 전체를 가능하게 한 가장 중요한 요소는 바로 경쟁사들이 안심하고 데이터를 공유할 수 있게 만든 강력한 관리 감독 모델이다. 가장 기본적인 원칙은 각 항공사가 자사 데이터에 대한 완전한 소유권과 통제권을 유지하는 것이다. 플랫폼 참여는 전적으로 자발적인 선택이며, 이는 단순한 정책 선언이 아니라 플랫폼 구조를 통해 기술적으로 강제되는 원칙이다. 각 항공사는 스카이와이즈 플랫폼 내 자신만의 안전하고 분리된 공간에서 운영되며, 항공사 간 직접적인 데이터 공유는 근본적으로 차단된다.

또한 항공사는 에어버스가 전혀 접근할 수 없는 "개인 폴더"에 원하는 데이터를 올릴 수 있다. 이는 항공사가 경쟁사(예: 보잉) 항공기 데이터를 에어버스와 공유하지 않으면서도 스카이와이즈의 분석 도구를 활용할 수 있게 해주는 매우 중요한 기능이다. 팔란티어 기술 기반의 플랫폼은 매우 세분화되고 확장 가능한 접근 제어 기반 시설을 제공하여, 특정 사용자나 그룹이 데이터와 상호작용하는 방식을 정밀하게 통제할 수 있다. 플랫폼이 비교 분석 정보를 제공하기 위해 필요한 데이터 공유는 데이터를 집계하고 철저히 익명화하는 방식으로 이루어진다. 항공사들은 다른 참여자의 신원이나 구체적인 운영 정보는 보호받는 상태에서, 가치 있는 전 세계 항공기단 비교 기준 데이터에 접근할 수 있다. 신뢰를 더욱 굳건히 하기 위해, 스카이와이즈 플랫폼은 정보보호 경영시스템에 대한 국제 표준인 ISO 27001 인증을 획득했다. 이 인증은 에어버스가 플랫폼 전반에 걸쳐 데이터 보안, 위험 관리, 규정 준수를 위한 엄격한 절차를 수립하고 지키고 있음을 독립적으로 검증해준다. 결론적으로, 경쟁자들이 참여하는 여러 주체의 플랫폼에서 신뢰는 가장 가치 있는 화폐이며, 스카이와이즈의 정교한 데이터 관리 감독 모델은 플랫폼의 존재와 성공을 위한 근본적인 전제 조건이다.

이처럼 강력한 신뢰를 기반으로 스카이와이즈는 내부 도구에서 출발하여 항공 산업을 대표하는 개방형 데이터 플랫폼으로 성공적으로 자리매김했으며, 전 세계 항공기단의 상당수를 연결하고 있다. 항공사, 공급업체, 그리고 에어버스를 포함한 생태계 전반에 걸쳐 신뢰성, 안전성, 비용 효율성을 향상시키는 구체적인 가치를 창출했음이 입증되었다. 스카이와이즈의 경쟁 우위는 여러 층으로 구성되어 있다. 더 많은 참여자가 모일수록 플랫폼의 가치가 기하급수적으로 증가하는 '네트워크 효과', 항공사들이 핵심 업무 절차를 통합할수록 다른 플랫폼으로 전환하기 어려워지는 '높은 전환 비용', 그리고 디지털 연합을 통해 구축된 '전문성의 생태계'가 그것이다. 앞으로 에어버스는 항공기 전체의 디지털 트윈, 사물인터넷IoT과의 통합, 그리고 더욱 자율적인 정비 계획 기능으로 스카이와이즈의 역량을 지속적으로 확장하고 있으며, 군용기 및 헬리콥터 사업부로도 플랫폼을 확장했다. 물론 보잉의 '애널리틱스' 플랫폼과의 경쟁이나, 끊임없이 변화하는 데이터 사생활 보호 규제(예: 중국 내 데이터 주권을 위해 알리바바 클라우드와 협력한 사례)와 같은 도전 과제도 존재한다. 스카이와이즈의 성공 스토리는 단순한 항공 산업 사례 연구를 넘어선다. 이는 전통적인 자본 집약적 산업이 어떻게 성공적으로 디지털 전환을 이룰 수 있는지를 보여주는 기준점이다. 실제 사업 위기를 출발점으로 삼아, 내부에서 가치를 증명하고, 신뢰를 바탕으로 생태계를 구축하며, 제품 중심에서 플랫폼 중심 사업 모델로 전략적으로 전환한 스카이와이즈의 사례는 모든 산업에 적용 가능한 핵심 교훈을 제공한다. 이는 20세기의 거대 제조업체가 21세기의 데이터 강자로 진화할 수 있음을 명확히 보여준다.

산업 생태계 혁신 전략: 업계 전체의 문제 해결을 통한 성장 가속

팔란티어의 성장 전략이 근본적으로 바뀌고 있다. 과거에는 고객의 요구에 맞춰 고도로 맞춤화된 컨설팅을 제공하는 프로젝트 중심의 사업 모델을 운영해왔다. 그러나 이제는 그 방식에서 벗어나, 누구나 쉽게 활용할 수 있는 플랫폼을 중심으로 하는 확장 가능한 생태계 모델로 전환하고 있다. 이 새로운 전략의 핵심은 팔란티어의 '파운드리Foundry' 플랫폼을 단순히 개별 기업을 위한 분석 도구에 머무르게 하지 않는 것이다. 대신 특정 산업 전체를 아우르는 핵심적인 '운영체제Operating System'로 만드는 것을 목표로 한다. 이러한 전략은 과거 팔란티어가 미국 정부를 상대로 거둔 성공 방식을 민간 산업에 적용하려는 시도로 볼 수 있다. 당시 팔란티어는 서로 흩어져 있던 여러 정부 기관의 데이터를 하나로 연결하여, 참여자가 많아질수록 가치가 더욱 커지는 강력한 네트워크 효과를 만들어냈다. 일단 한번 사용하면 다른 시스템으로 바꾸기 어려운 '락인효과lock-in effect'도 함께 창출했다. 팔란티어는 바로 이 성공 공식을 민간 부문에서도 재현하려는 것이다.

팔란티어의 공식적인 사명은 "가장 어려운 문제들을 해결하는 것"이다. 이 비전은 단순한 솔루션 제공을 넘어 고객과 장기적인 파트너십을 맺고 확장 가능한 플랫폼을 구축하는 데 중점을 둔다. 최근에는 이 비전이 개별 기업이나 기관을 지원하는 수준을 넘어섰다. 산업 4.0 관련 보고서에서 강조되었듯이, 기업과 그 협력업체들을 수평적으로, 그리고 수직적으로 통합하여 전체 가치 사슬을 연결하는 방향으로 발전하고 있다. 이러한 전략적 변화는 팔란티어의 오랜 약점으로 지적되던 사업 모델의 한계를 극복하려는 의도적인 시도로 볼 수 있다. 그동안 팔란티어는 '파견 엔지니어FDE'라 불리는 고급 기술 인력을 고객사에 직접 보내는 방식으로 사업을 운영해왔는데, 이 방식은 인력 의존도가 높고 비용이 많이 드는 구조였다. 이로 인해 팔란티어는 종종 소프트웨어 회사라기보다는 컨설팅 회사에 가깝다는 평가를 받았고, 그 결과 성장성과 수익성 면에서 제약을 받으며, 시장에서 기업 가치를 제대로 인정받지 못하는 원인이 되기도 했다.

'산업 운영체제' 모델은 팔란티어가 기존 사업 모델의 한계를 극복하기 위해 내놓은 전략적 해법이다. 그 대표적인 사례가 항공기 제조사 에어버스와의 협력으로 탄생한 '스카이와이즈Skywise' 프로그램이다. 이 모델은 먼저 에어버스처럼 산업 내 핵심 기업과 긴밀히 협력해, 산업 표준이 될 수 있는 플랫폼을 구축하는 방식이다. 이후에는 다른 항공사들이 이 플랫폼에 쉽게 참여할 수 있도록 문을 열어주는 구조다. 이 과정에서 참여 기업이 많아질수록 데이터의 가치가 기하급수적으로 증가하는 '네트워크 효과'가 발생한다. 이는 단순히 개별 프로젝트를 하나씩 수주하며 점진적으로 성장하는 방식이 아니라, 플랫폼 자체가 널리 채택됨으로써 폭발적인 성장을 가능하게 하는 접근이다.

특히 스카이와이즈의 '공유 가치' 모델은 팔란티어 생태계 전략의 핵심을 잘 보여준다. 항공사들은 자사의 운항 데이터를 익명으로 처리하여 공유하는 대가로, 핵심 플랫폼인 '스카이와이즈 코어'를 무상으로 사용할 수 있다. 이는 제품 판매를 넘어, '트로이 목마'처럼 산업 전체의 독점적 데이터를 확보하려는 고도의 전략이다. 이렇게 쌓인 데이터는 경쟁사가 도저히 따라올 수 없는 강력한 경쟁 우위, 즉 '데이터 해자Data Moat'를 만든다. 그리고 이 데이터를 기반으로 제공되는 고급 유료 서비스의 가격을 장기적으로 안정되게 유지할 힘을 얻게 된다.

팔란티어의 산업 생태계 전략을 이해하려면, 항공 산업에서 성공한 스카

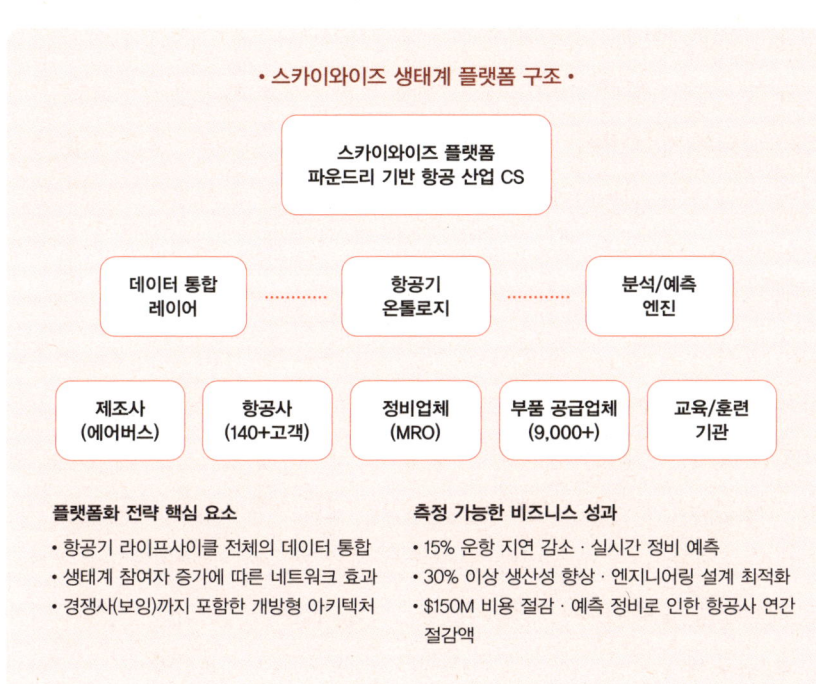

이와이즈 플랫폼부터 살펴볼 필요가 있다. 이 모델은 특정 산업이 가진 고질적인 문제를 데이터 플랫폼으로 해결하는 전략의 핵심을 잘 보여준다. 또한, 참여하는 모든 구성원에게 이익을 줌으로써 강력한 네트워크 효과를 만들어내는 방법도 제시한다. 스카이와이즈가 성공할 수 있었던 이유는 항공 산업이 가진 구조적인 비효율성 때문이었다. 항공사, 항공기 제조사, 그리고 정비·수리·분해MRO 업체들은 각자 엄청난 양의 데이터를 만들고 있었다. 하지만 이 데이터는 서로 연결되지 않고 각자의 영역에 갇혀 있었다. 이로 인해 항공기 정비는 주로 문제가 생긴 뒤에야 이루어졌다. 이는 예측할 수 없는 운항 중단 사태로 이어졌고, 막대한 비용 손실을 낳았다. 한편, 개별 항공사가 자체적으로 빅데이터 분석 시스템을 구축하는 것 또한 돈과 기술의 장벽이 너무 높았다. 스카이와이즈는 바로 이러한 문제를 해결하기 위해 등장한 통합 플랫폼이다.

이 플랫폼은 에어버스의 항공기 제조 노하우라는 뼈대에 팔란티어의 빅데이터 분석 기술이라는 강력한 엔진을 결합했다. 그 결과, 항공 산업 생태계에 속한 모든 참여자에게 거부할 수 없는 가치를 선사했다. 항공사들은 고장을 미리 예측하는 정비를 통해 비행 지연과 결항을 줄이고 운항의 안정성을 높일 수 있었다. 예를 들어, 저가 항공사 이지젯은 스카이와이즈를 도입하여 지연을 줄이고 정시 출발률을 개선했다. 에미레이트 항공은 8개월 만에 운항 신뢰도를 1% 높였으며, 라탐 항공은 기계 결함으로 인한 지연을 10%나 줄이는 성과를 거두었다. 정비·수리·분해 업체들은 최적화된 작업 지시 관리와 부품 수요 예측을 통해 인력 배치를 효율적으로 하고 정비 과정을 단순화할 수 있게 되었다. 플랫폼을 함께 개발한 에어버스 입장에서는 전 세계에 운항 중인 자사 항공기들로부터 실제 운항 데이터를 얻었다. 이를 통해 다음 세대 항공기를 설계하고 제조 공정을 꾸준히 개선할 수 있는 강력한 선순환 구조를 만들었다. 이는 단순히 제품을 판매하는 것을 넘어 고객과의 관계를 장기적인 전략적 동반자 관계로 바꾸는 효과를 가져왔다.

이 생태계가 빠르게 퍼져나갈 수 있었던 가장 큰 힘은 '공유 가치'에 기반한 사업 모델과, 이를 통해 발생하는 네트워크 효과에 있다. 스카이와이즈는 '스카이와이즈 코어'라는 기본 플랫폼을 제공한다. 항공사들은 자신들이 운용하는 에어버스 항공기의 운항 데이터를 익명으로 공유하는 데 동의하면, 이 플랫폼을 무료로 사용할 수 있다. 이러한 접근은 플랫폼 도입시 발생하는 초기 비용 부담을 크게 낮춰 더 많은 데이터를 빠르게 수집할 수 있도록 유도한다. 더 많은 항공사가 플랫폼에 참여할수록, 쌓이는 데이터의 양과 질은 기하급수적으로 좋아진다. 이는 예측 모델의 정확도를 높이는 결과로 이어진다. 또한 개별 항공사로서는 절대 얻을 수 없는 전 세계적인 수준의 비교 데이터를 모든 참여자에게 제공하여 플랫폼의 가치를 더욱 높여준다. 이것이 바로 네트워크 효과의 핵심이다. 한번 이렇게 만들어진 생태계는 경쟁자가 쉽게 들어오기 어려운 강력한 방어벽을 구축한다. 팔란티어와 에어버스는 이렇게 구축된 데이터 생태계를 기반으로 '스카이와이즈 예측 정비'와 같은 고급 유료 서비스를 제공하며 수익을 창출한다.

이 모든 것을 기술적으로 가능하게 하는 것은 팔란티어의 파운드리 플랫폼과 그 핵심 기술인 '온톨로지Ontology'다. 스카이와이즈는 파운드리 플랫폼 위에서 만들어졌으며, '에어버스 스카이와이즈 온톨로지'는 항공 산업의 운영 환경을 하나로 통일된 데이터 모델로 표현하는 역할을 한다. 이로써 그동안 제 각각 나뉘어 있던 데이터를 통합하고, 모든 참여자가 신뢰할 수 있는 단일데이터 기반 위에서 협력하고 분석할 수 있는 환경이 마련된다. 결국 스카이와이즈의 성공은 단지 기술만 제공한 결과가 아니다. 산업의 구조적인 문제를 해결하는 생태계를 설계하고, 데이터 공유를 유도하는 사업 모델을 통해 강력한 데이터 장벽을 구축한 팔란티어의 전략적 능력을 명확히 보여주는 사례라고 할 수 있다.

스카이와이즈 모델의 성공은 단 한 번의 사례로 끝나지 않았다. 팔란티어가 다른 핵심 산업으로 생태계 전략을 넓혀가는 중요한 본보기가 되고 있다. 팔란티어는 항공 산업과 비슷하게 데이터가 분산되어 시스템적인 비효율이 발생하고, 복잡한 가치 사슬 안에 여러 참여자가 존재하는 산업들을 전략적으로 공략하고 있다. 자동차, 에너지, 헬스케어 분야는 이러한 전략이 구체적으로 실행되고 있는 대표적인 영역이다.

자동차 산업은 전 세계적으로 얽혀 있는 복잡한 공급망과 조각난 데이터로 인해, 팔란티어의 생태계 전략을 적용하기에 매우 적합한 환경이다. 특히 14개의 브랜드를 보유한 거대 자동차 그룹 스텔란티스와의 파트너십이 그 대표적인 사례다. 이 협력은 합병 이후 시너지를 극대화하고, 공급망의 전체 상황을 파악하며, 품질 문제를 미리 예측하는 것과 같은 어려운 문제들을 해결하는 데 초점을 두고 있다. 스텔란티스는 파운드리 플랫폼을 활용하여 회사 운영 전반을 보여주는 '통합 디지털 트윈'을 구축하고 있으며, 이를 통해 여러 곳에 흩어져 있던 데이터를 통합해 공급망의 성과를 개선하고 있다. 또한, 인터넷에 연결된 커넥티드 카에서 수집되는 수십억 개의 데이터를 분석하여 품질 문제를 사전에 알아낸다. 이 생태계는 스텔란티스에만 머무르지 않는다. 자동차 부품 공급업체인 포레시아Faurecia는 파운드리를 통해 연구개발 경쟁력을 높이고 탄소 중립 목표 달성 과정을 추적하고 있다. 전기차 충전기 제조업체 트리티움은 공급망의 디지털 트윈을 구축하여 부품이 부족해지는 상황을 미리 시뮬레이션함으로써 생산 차질을 줄이고 있다. 팔란티어는 여기서 한 걸음 더 나아가고 있다. 자동차 제조사와 부품 공급업체가 함께 품질 및 위험을 관리할 수 있는 협업 플랫폼인 '부품 성능 모니터CPM'를 개발했다. 이는 개별 기업의 효율성을 높이는 것을 넘어, 산업 참여자들 간의 협력적인 생태계를 만들려는 팔란티어의 비전을 명확하게 보여준다.

에너지 부문 역시 팔란티어의 생태계 전략이 깊이 파고든 분야다. 석유 회사 브리티시 페트롤리엄BP과의 10년이 넘는 파트너십은 복잡한 자산에서 생산성을 극대화한 대표 사례로 꼽힌다. BP는 파운드리를 기반으로 200만 개 이상의 센서에서 실시간으로 수집되는 데이터를 통합했다. 이를 통해 석유 및 가스 생산 활동의 '모델 기반 디지털 트윈'을 구축했다. 그 결과 하루에 3만 배럴의 추가 생산량을 확보하는 등 구체적인 성과를 거두었다. 최근에는 이 파트너십을 풍력 발전 단지나 전기차 충전 네트워크를 최적화하는 등 탄소 배출량을 제로로 만드는 '넷제로' 목표를 달성하기 위한 영역으로까지 넓히고 있다. 에너지 산업에서 생태계를 구축하려는 노력은 원자재 거래 기업인 트라피구라와의 협력에서 더욱 뚜렷하게 나타난다. 트라피구라는 파운드리를 기반으로 '글로벌 탄소 데이터 컨소시엄'이라는 플랫폼을 구축했다. 이 플랫폼은 원유, 금속 등 전 세계 공급망 전반에 걸쳐 탄소 배출량을 정확하게 계산하는 표준을 만드는 것을 목표로 한다. 컨소시엄에 참여하는 파트너들이 개선된 관리 체계 아래에서 서로 협력할 수 있는 기반을 제공하는 것이다. 이는 개별 기업의 문제를 넘어, 산업 전체가 직면한 공통 과제인 탈탄소화를 해결하기 위한 생태계 차원의 접근 방식이다.

헬스케어 및 생명 과학 분야는 데이터의 민감성이 매우 높고 기관 간의 협업이 필수적이라는 특별한 과제를 안고 있다. 팔란티어는 이 분야에서도 생태계를 구축하는 능력을 보여주고 있다. 미국 국립보건원NIH의 '국가 코로나 코호트 협력단N3C' 프로젝트가 그 대표적인 예다. 팔란티어의 플랫폼은 70개가 넘는 기관에서 수집한 민감한 환자 기록을 안전하게 통합하고 익명으로 처리했다. 이를 통해 연구자들이 협력할 수 있는 '보안 데이터 구역'을 제공했다. 이는 강력한 데이터 관리 정책과 개인 정보를 보호하면서도 기록을 연결하는 기술 덕분에 가능했다. 이 플랫폼은 코로나19 대유행과 같은 국가적 위기 상황에서 각 기관에 흩어져 있던 데이터를 하나로 모아 문제를 해결하는 데 핵심적인 역할을 수행했다.

또한, 의료 유통업체인 콩코던스 헬스케어와의 파트너십은 '최초의 완전 통합 의료 공급망 생태계'를 구축하는 것을 목표로 한다. 파운드리를 기반으로 한 이 플랫폼은 제조업체, 공급업체, 유통업체, 의료기관 등 모든 참여자에게 열려 있다. 실시간 재고 데이터와 공급망 상황을 공유하는 '단일 진실 공급원', 즉 모든 사람이 신뢰할 수 있는 단 하나의 데이터 소스를 제공한다. 이는 코로나19 팬데믹으로 드러난 의료 공급망의 구조적인 약점을 해결하기 위한 체계적인 접근법이다.

이처럼 여러 산업에 걸쳐 나타나는 팔란티어의 전략은 공통된 패턴을 보인다. 이는 단순히 특정 산업을 공략하는 것이 아니다. 개별 기업의 노력만으로는 해결할 수 없는 '시스템 조정 실패' 문제를 가진 산업을 찾아낸다.

그리고 파운드리 플랫폼을, 그 문제를 해결하기 위한 중립적이고 신뢰할 수 있는 도구로 자리매김시키는 것이다. 항공, 자동차, 에너지, 헬스케어 산업은 모두 복잡하게 얽힌 참여자들과 단절된 데이터 때문에 엄청난 비효율이 발생한다는 공통점을 가지고 있다. 팔란티어는 바로 이 지점에서 개별 기업의 효율성을 높이는 것을 넘어, 산업 전체를 위한 '공동 운영 상황판'을 제공함으로써 새로운 차원의 가치를 만들고 있다. 이는 단일 기업에 소프트웨어를 판매하는 것보다 훨씬 더 야심 차고, 잠재적으로 더 큰 수익을 창출할 수 있는 전략이다.

팔란티어의 산업 생태계 전략이 강력한 경쟁 우위를 가질 수 있는 근본적인 이유는 그 기술적 기반에 있다. 특히 파운드리 온톨로지, 인공지능 플랫폼AIP, 그리고 이 기술들이 만들어내는 강력한 '락인효과'는 경쟁사가 쉽게 모방할 수 없는 깊고 복합적인 기술 장벽을 형성한다. 팔란티어의 진정한 차별점은 온톨로지에서 비롯된다. 예를 들어, 항공기라는 데이터 객체는 특정 엔진 부품 객체와 연결되고, 그 엔진 부품은 다시 특정 정비 기록 객체와 연결되는 식이다. 이렇게 체계적으로 만들어진 데이터 모델은 여러 곳에 흩어져 있는 데이터들을 하나로 통합하여 공통된 운영 상황을 보여준다. 이를 통해 사용자들은 복잡한 데이터베이스 명령어를 입력하는 대신, 사업의 개념 자체와 직접 소통하며 일할 수 있게 된다. 이는 단순히 데이터를 분석하는 데 그치지 않고 실제 운영을 위한 기반을 마련한다는 점에서 기존의 데이터 플랫폼과는 근본적으로 다르다.

최근 팔란티어의 성장을 이끄는 새로운 동력은 인공지능 플랫폼, 즉 AIP다. AIP는 온톨로지라는 잘 정리된 데이터 기반 위에 만들어져 새로운 차원의 가치와 더 깊은 기술 장벽을 만들어낸다. AIP는 거대언어모델LLM과 인공지능 비서(에이전트)를 파운드리 환경에 직접 통합시킨다. 이를 통해 사용자는 온톨로지가 제공하는 맥락에 맞는 데이터를 활용하여 특정 작업을 자동화하고 의사결정 속도를 높이는 AI 비서를 만들고, 시험하고, 실제 업무에 투입할 수 있다. 예를 들어, 제조업에서는 재고를 다시 조정하거나 공급업체를 관리하고, 기술 문제를 해결하기 위한 AI 비서를 만들 수 있다. 브리티쉬 페트롤리엄BP의 사례처럼 기존의 디지털 트윈 위에 AIP를 적용하여 거대언어모델이 문제 해결을 위한 행동 방침을 제안하게 할 수도 있다. 이는 단순히 문제를 '예측'하는 수준을 넘어 해결책을 '추천'하거나 직접 '실행' 단계로의 발전을 의미한다. 분석 도구에서 자율적인 운영체제로의 전환을 상징하는 것이다. 팔란티어는 AIP가 분석가의 생산성을 50% 향상시키는 수준이 아니라, 운영 자체를 "50배 더 생산적으로" 만들 잠재력이 있다고 강조한다.

이러한 기술적 깊이는 필연적으로 강력한 경제적 결과, 즉 락인효과로 이어진다. 파운드리 플랫폼은 구조가 복잡하고 고객의 운영 시스템과 깊숙이 통합되기 때문에, 한번 도입하면 다른 시스템으로 바꾸기가 매우 어렵다. 기업 고객이 다른 시스템으로 전환하는 데 드는 비용은 약 250만 달러(약 34억 원)에 이를 것으로 추정된다. 여기에는 평균 6개월에서 9개월이 걸리는 플랫폼 통합 시간과 50만 달러에서 120만 달러에 달하는 데이터 이전 비용이 포함된다. 파운드리는 87%에 달하는 높은 수준의 맞춤형 솔루션 개발을 가능하게 한다. 이러한 깊은 맞춤화와 독점 기술에 대한 의존은 93%라는 경이로운 고객 유지율로 이어진다. 또한, 100%를 넘는 순수익 유지율은 일단 플랫폼을 도입한 고객이 시간이 지남에 따라 사용 범위를 넓히고 더 많은 비용을 쓴다는 것을 보여준다. 이는 랜드 앤 익스팬드(일단 진입 후 확장) 모델이 성공적으로 작동하고 있음을 증명한다. 실제로 한 주요 산업 기업은 연간 계약 규모를 500만 달러에서 2,000만 달러(약 273억 원)로 확대했으며, 미국의 한 주요 병원은 150만 달러에서 시작하여 약 1,500만 달러 규모의 계약으로 성장했다.

온톨로지와 AIP의 결합은 '복리처럼 불어나는 기술 장벽'을 만든다. 먼저 온톨로지가 데이터 통합이라는 거대하고 비용이 많이 드는 문제를 해결하여 초기 락인효과를 만든다. 그 후 AIP는 이 통합된 데이터 기반 위에서 인공지능을 통한 자동화와 운영을 통해 기하급수적인 가치를 제공한다. 경쟁사가 팔란티어를 대체하려면, 단순히 더 나은 인공지능 도구를 제공하는 것만으로는 부족하다. 가장 어렵고 비용이 많이 드는 부분인, 기반이 되는 통합 데이터 모델, 즉 온톨로지를 먼저 복제해야만 한다. 대부분의 경쟁사들은 데이터 저장 기술이나 순수 인공지능 개발처럼 둘 중 하나에만 집중한다. 반면, 팔란티어는 이 두 가지를 수직적으로 통합했다. 고객이 AIP를 채택할수록 기반이 되는 파운드리 온톨로지에 대한 의존도는 더욱 깊어지고 전환 비용은 더 높아진다. 각 기술 요소의 가치가 서로를 강화하며 시간이 지날수록 복리 이자처럼 불어나는 것이다. 이는 강력하고 지속 가능한 경쟁 우위 구조를 형성한다.

팔란티어의 산업 생태계 전략이 성공적으로 확장되려면 기술적 우위뿐만 아니라, 이를 시장에 효과적으로 알릴 수 있는 확장 가능한 시장 접근 전략이 반드시 필요하다. 팔란티어는 전통적인 '파견 엔지니어FDE' 모델의 한계를 알고 있으며, 이를 극복하기 위해 파트너십을 기반으로 하는 확장 모델로 전략적으로 바꾸고 있다. 팔란티어의 전통적인 시장 접근 방식의 기반은 파견 엔지니어 모델이었다. 이 방식은 고도로 숙련된 기술 엔지니어들을 고객사의 운영 현장에 직접 보내 실시간으로 문제를 해결하고, 플랫폼이 깊숙이 통합되어 널리 사용되도록 보장하는 것이었다. 파견 엔지니어들은 완벽하고 확장 가능한 프로그램을 짜기보다는, 고객의 복잡한 문제를 해결하기 위해 "무언가를 만들고 고치는"데 집중하며 신속하게 가치를 전달했다. 이러한 밀착 지원 방식은 고객의 성공을 보장하고, 제품을 고객의 운영에 깊숙이 뿌리내리게 했다. 이는 앞서 분석한 높은 고객 유지율과 계약 확장으로 이어지는 강력한 관계를 만드는 데 결정적인 역할을 했다.

그러나 이 파견 엔지니어 모델은 본질적으로 확장성과 비용 측면에서 명백한 한계를 가진다. 이 모델은 비용이 많이 들고 구하기도 어려운 소수의 전문 인력에 크게 의존하기 때문에 회사가 기하급수적으로 성장하는 것을 가로막는 병목 현상을 일으킨다. 플랫폼을 설치하고 운영하는 데 여전히 팔란티어 엔지니어에게 크게 의존하는 구조는 수익성을 높이는 데 한계가 있다는 지적을 꾸준히 받아왔다. 이러한 구조적 한계를 극복하고 산업 생태계 전략을 가속화하기 위해, 팔란티어는 파트너 생태계를 구축하는 쪽으로 눈을 돌리고 있다. 이 새로운 전략의 첫 번째 축은 컨설팅 및 시스템 구축 파트너와의 협력이다. 베인앤컴퍼니Bain & Company와 같은 세계적인 컨설팅 회사와의 파트너십이 대표적이다. 이 협력을 통해 베인은 깊은 산업 전문성과 사업 혁신 경험을 제공하고, 팔란티어는 기술 플랫폼을 제공한다. 이는 팔란티어가 수천 명의 자체 컨설턴트를 고용하지 않고도 더 많은 고객에게 다가가고 플랫폼 채택을 빠르게 할 수 있게 해준다. 캡제미니Capgemini 역시 파운드리를 활용하여 사업적 가치를 만들어낼 수 있는 세계적인 수준의 분석가 및 엔지니어 역량을 구축하는 핵심 파트너다.

두 번째 축은 기술 및 플랫폼 파트너와의 협력, 즉 '협력적 경쟁' 모델이다. 데이터브릭스와의 파트너십은 이 전략의 핵심을 보여주는 상징적인 사건이다. 이 파트너십은 팔란티어의 인공지능 플랫폼 및 온톨로지와 데이터브릭스의 데이터 인텔리전스 플랫폼을 결합한다. 이를 통해 공동의 고객에게 개방적이고 확장 가능한 데이터 시스템 구조를 제공한다. 고객들은 기존에 투자했던 데이터브릭스 시스템을 그대로 보호하면서 그 위에 팔란티어의 운영 인공지능 기능을 추가할 수 있게 된다. 이는 총소유비용TCO을 줄이고 플랫폼 도입의 장벽을 낮추는 효과를 가져온다.

마지막으로, 특정 시장을 공략하기 위한 판매 파트너십도 확대하고 있다.

예를 들어, 카라소프트와의 파트너십은 미국 연방 정부 서비스 시장에서의 영향력을 확대하기 위한 전략적 선택이다.

데이터브릭스와의 파트너십은 팔란티어 파운드리가 기업의 데이터 시스템 내에서 차지하는 위치를 근본적으로 다시 정의하려는 시도라는 점에서 특히 중요하다. 이는 팔란티어가 모든 것을 포괄하는 단 하나의 폐쇄적인 해결책에서 벗어나고 있음을 보여준다. 대신, 다른 최고 수준의 플랫폼들과 함께 존재하며 그 가치를 높여주는 개방적이고 상호 운용 가능한 '운영체제'로 진화하고 있음을 시사한다.

기업의 데이터 환경은 이미 데이터브릭스, 스노우플레이크, 아마존웹서비스AWS, 마이크로소프트 등 다양한 공급업체의 솔루션으로 복잡하게 구성되어 있다. 이러한 환경에서 기존 시스템을 전면 교체하는 전략은 고객에게 큰 부담이다. 데이터브릭스와의 파트너십은 고객이 특정 회사 기술에 종속되는 것에 대한 우려를 덜어준다. 또한, 팔란티어가 데이터 저장소나 데이터 처리 엔진과 같은 하위 기술 단계에서의 경쟁을 피하고, 자사의 핵심 가치인 온톨로지와 인공지능 플랫폼 기능에 집중할 수 있게 해준다. "기존 시스템을 우리 것으로 교체하라"는 부담스러운 제안 대신, "우리의 독보적인 운영체제 기능으로 기존 시스템을 강화하라"는 훨씬 더 설득력 있고 확장 가능한 시장 접근 전략으로의 전환을 의미하는 것이다. 이는 거대 클라우드 기업들의 통합 생태계에 맞서기 위한 필연적이고도 현실적인 진화다.

팔란티어의 산업 생태계 전략은 막대한 잠재력을 가지고 있지만, 동시에 거대 기술 기업과의 치열한 경쟁과 여러 층의 시스템적 위험이라는 도전에 직면해 있다. 이 전략의 성공 여부는 이러한 위협을 어떻게 극복하느냐에 달려있다. 가장 직접적인 경쟁은 자체적으로 산업별 플랫폼을 구축하고 있는 거대 클라우드 기업, 즉 마이크로소프트와 아마존웹서비스AWS로부터 온다. 마이크로소프트의 '제조업을 위한 마이크로소프트 클라우드'는 공급망 상황 파악, 디지털 트윈, 지능형 공장 등을 위한 여러 모듈형 솔루션을 제공하며 팔란티어와 직접적으로 경쟁한다. 이 플랫폼은 애저Azure, 다이나믹스 365, 그리고 정보기술IT과 운영기술OT 데이터 통합을 목표로 하는 마이크로소프트 패브릭 등 자사의 방대한 기존 생태계를 적극 활용한다. 특히 팀즈나 파워 BI와 같은 널리 쓰이는 업무 도구와의 깊은 통합은 기존 마이크로소프트 고객들에게 배우기 쉽고 접근하기 편하다는 강력한 경쟁 우위를 제공한다. 아마존웹서비스 역시 '자동차를 위한 AWS'를 통해 제조부터 커넥티드 카에 이르는 자동차 산업 전반을 공략한다. AWS 사물인터넷 플릿와이즈, 세이지메이커와 같은 특정 목적의 서비스와 광범위한 파트너 네트워크를 통해 고객이 자체 솔루션을 구축할 수 있는 기반 시설과 서비스 목록을 제공한다. 이는 팔란티어의 통합적이고 명확한 방향을 제시하는 플랫폼 접근 방식과는 대조를 이룬다.

데이터 플랫폼 영역에서는 스노우플레이크나 데이터브릭스와 같은 기업들과 복잡한 관계를 맺고 있다. 과거 이들은 파운드리의 직접적인 경쟁자로 여겨졌지만, 데이터브릭스와의 파트너십에서 보듯 이제는 '협력적 경쟁' 관계로 바뀌고 있다. 이 연합은 낡은 기업용 플랫폼을 대체하고 개방적인 인공지능 시스템의 새로운 표준을 만들려는 공동의 목표를 가지고 있다. 그러나 이는 양날의 검과 같다. 팔란티어는 데이터 저장 및 처리와 같은 하위 기술에 대한 통제권을 포기하고, 온톨로지와 인공지능 플랫폼이라는 상위 기술의 독보적인 가치에 모든 것을 거는 전략적 선택을 한 셈이다.

기술 경쟁 외에도, 규제 및 지정학적 위험은 팔란티어의 생태계 전략에 중대한 위협이 될 수 있다. 특정 산업을 지배하는 강력한 플랫폼이 등장하면 필연적으로 규제 당국의 감시를 받게 된다. 유럽연합EU의 디지털 시장법과 같은 규제는 '문지기gatekeeper'로 지정된 기업에 자사 서비스를 우대하지 못하게 하고, 다른 서비스와의 호환성 및 데이터 이동을 보장하는 등의 규제를 부과한다. 현재는 주로 소비자 기술 기업에 초점이 맞춰져 있지만, 이러한 규제 원칙이 지배적인 산업 데이터 플랫폼에 적용될 경우, 팔란티어가 만들려는 락인효과를 근본적으로 약화시킬 수 있다. 또한, 데이터가 국가의 전략적 자산으로 중요해지면서 '데이터 민족주의' 경향이 강해지고 있다. 미국 정부 및 서방 안보 체제와의 강력한 관계는 특정 지역에서 팔란티어의 사업에 장애물로 작용할 수 있다. 여러 기업이 참여하는 산업 컨소시엄을 만드는 전략은 이러한 위험을 일부 줄일 수 있지만, 국제 정치 구도에 따라 특정 시장에서 배제될 위험은 여전히 존재한다.

마지막으로, 핵심 산업 생태계 전반에 자율적인 인공지능 비서를 배치하는 것은 새로운 차원의 시스템적 위험을 낳는다. 의도된 범위를 벗어나 행동하는 '과잉 자율성', 초기 프로그래밍에서 벗어나는 '행동 변화', 그리고 긴밀하게 연결된 시스템 내에서의 '연쇄적인 실패' 가능성 등이 그것이다. 단 한 번의 악의적인 명령어나 감염된 인공지능 비서 하나가 제조업 또는 에너지 생태계에 치명적인 결과를 초래할 수 있으며, 이는 심각한 법적 책임과 신뢰의 문제로 이어질 수 있다.

이러한 경쟁 및 위험 환경을 종합적으로 고려할 때, 팔란티어의 가장 큰 위협은 특정 경쟁사가 아니라 데이터 기술 스택의 '상용화' 그 자체일 수 있다. 상용화란 특별한 기술이 아닌 누구나 쉽게 사용할 수 있는 일반적인 기술이 되는 것을 의미한다. 개방형 표준과 상호 호환성이 보편화되면서, 정교한 기술력을 갖춘 기업 고객들이 여러 공급업체의 '최고의 제품'들을 조합하여 자체적으로 '파운드리와 비슷한' 기능을 구현할 가능성이 열리기 때문이다. 거대 클라우드 기업들은 방대한 모듈형 서비스를 제공하고 있으며, 산업계는 개방형 플랫폼 통신 통합 아키텍처OPC UA, Open Platform Communications Unified Architecture와 같은 개방형 표준을 채택하고 있다. 이는 팔란티어의 핵심 차별점인 수직적 통합의 가치를 약화시킬 수 있다.

팔란티어는 여러 기술 요소를 통합하는 과정이 매우 복잡하고 비용이 많이 들기 때문에, 사전에 통합된 지능형 운영체제인 파운드리가 장기적으로 항상 더 우월하고 비용 효율적일 것이라는 데 베팅하고 있다. 그러나 만약 여러 회사의 도구들을 연결하는 '접착제' 같은 기술이 충분히 강력하고 표준화된다면, 팔란티어의 일체형 솔루션이 가진 매력은 줄어들 수 있다. 데이터브릭스와의 파트너십이 개방형 접근법의 유효성을 증명하는 동시에, 팔란티어의 기술 요소들이 분리될 수 있음을 보여준다는 점에서, 이는 팔란티어에게 기회이자 동시에 장기적인 위협이 될 수 있다.

팔란티어의 산업 생태계 전략은 단순히 새로운 사업을 개척하는 것을 넘어선다. 기업의 본질적인 성장 방식과 가치를 만드는 모델을 다시 정의하려는 야심 찬 시도다. 이는 과거의 노동력이 많이 필요했던 컨설팅 모델에서 벗어나, 확장 가능하고 지속 가능한 경쟁 우위를 구축하기 위한 가장 유망한 길로 평가된다. 이 전략은 데이터 통합 기술인 온톨로지와 운영 인공지능 기술인 AIP라는 팔란티어의 핵심 기술 역량을 성공적으로 활용한다. 이를 통해 개별 기업의 문제를 넘어 산업 전체의 구조적 비효율성을 해결하는 데 초점을 맞추고 있다. 만약 이 전략이 성공한다면, 팔란티어는 단순한 소프트웨어 공급업체가 아니라 산업 4.0 시대의 핵심 기반 시설 제공자로 자리매김할 것이다. 이는 과거 산업혁명 시대의 철도망이나 전력망과 같은 위상을 디지털 시대에 차지하는 것을 의미한다. 이처럼 산업 전반의 운영체제 플랫폼이 가져올 장기적인 경제적 파급력은 새로운 시장을 만들고 기존 산업 질서를 재편하는 등 혁신적일 수밖에 없다.

그러나 이 거대한 잠재적 보상 이면에는 그에 상응하는 상당한 위험이 존재한다. 팔란티어가 꿈꾸는 산업 운영체제의 미래는 보장된 것이 아니며, 그 성공은 몇 가지 핵심적인 과제를 어떻게 해결하느냐에 달려있다. 첫째, 엔지니어를 직접 파견하는 모델에서 파트너 중심의 확장 모델로 성공적으로 전환하는 실행력이 요구된다. 둘째, 기본 인프라를 장악하고 있는 거대 클라우드 기업들의 통합 공세에 맞서 기술적, 전략적 우위를 유지해야 한다. 셋째, 플랫폼 규제와 데이터 민족주의라는 복잡하고 끊임없이 변하는 규제 환경을 슬기롭게 헤쳐나가야 한다. 궁극적으로 팔란티어 생태계 전략의 성패는 하나의 질문에 달려있다. 즉, '완전히 통합된 온톨로지 기반 운영체제라는 전체'가 '여러 공급업체의 최고 제품들을 조합한 부분의 합'보다 일관되고 명백하게 더 큰 가치를 제공한다는 것을 시장에 증명할 수 있느냐는 것이다. 이 싸움은 개별 기능의 우수성에 대한 경쟁이 아니라, 시스템 구조 철학에 대한 경쟁이다. 팔란티어는 점점 더 복잡해지는 세상 속에서, 중앙에서 관리하는 지능형 운영체제가 분산되고 조각난 '직접 구축' 방식을 항상 이길 것이라는 대담한 도박을 하고 있다. 향후 몇 년간의 성과가 그 도박의 결과를 결정지을 것이다.

CHAPTER 07

팔란티어의 비전
: 자율주행기업과 차세대 기업 운영체제

온톨로지 기반 기업 운영체제

팔란티어가 제시하는 비전은 단순히 여러 데이터를 한데 모아 분석하는 플랫폼을 만드는 데 그치지 않는다. 이들의 목표는 기업의 모든 구성 요소와 활동을 마치 하나의 살아있는 유기체처럼 통합된 디지털 형태로 새롭게 정의하고, 그 위에서 인공지능이 인간의 중추 신경계와 같은 역할을 맡아 기업 전체를 자율적으로 운영하도록 만드는 새로운 시대의 서막을 여는 것이다. 예를 들어, 자율주행 자동차가 소프트웨어를 통해 스스로 주변 환경을 인식하고 판단하여 목적지까지 운전하는 것을 생각해볼 수 있다. 이와 마찬가지로, '온톨로지'라는 이름의 정교한 디지털 복제본 위에 팔란티어의 인공지능 플랫폼AIP이 결합된 기업은, 시장의 변화나 내부의 비효율, 외부의 위협을 실시간으로 감지한다. 그리고 스스로 최적의 의사결정을 내리고 실행하며 목표를 향해 나아간다. 이러한 구상은 더 이상 추상적인 개념에 머무르지 않고, 이미 특정 산업 분야에서 구체적인 모습을 드러내기 시작했다. 여기서는 가상의 제약회사를 배경으로 한 시나리오를 통해, 이 '자율주행 기업'이 실제로 어떻게 작동하는지를 깊이 있게 살펴보고자 한다. 또한 팔란티어가 단순한 데이터 운영체제를 넘어 진정한 의미의 '기업 운영체제'로 거듭나기 위해 해결해야 할 기술적, 전략적 과제는 무엇인지 분석할 것이다. 나아가 이 비전이 현실이 되었을 때, 기업이 공략할 수 있는 전체 시장의 잠재력이 얼마나 커질 수 있는지도 다각적으로 조망해본다.

가상의 글로벌 바이오 제약회사인 '아에텔레드파마'는 팔란티어의 파운드리 플랫폼을 단순한 데이터 분석 도구가 아니라, 기업의 모든 활동을 지휘하는 핵심 운영체제로 도입했다. 이 시스템의 중심에는 기업의 모든 것을 디지털 세상에 그대로 복제한 '온톨로지'가 자리 잡고 있다. 이 온톨로지 위에서 작동하는 AIP는 기업의 두뇌이자 신경망으로서, 스스로 판단하고 실행하는 모든 과정을 주도한다. 아에텔레드 제약사에서 신약을 개발하고 시장에 내놓기까지의 모든 과정은, 이 새로운 운영체제 위에서 과거와는 완전히 다른 방식으로 펼쳐진다.

모든 것은 공격적인 암 치료법을 위한 새로운 단백질 표적을 찾는 일에서 시작된다. 전통적인 방식이었다면 수많은 연구원이 각자 분리된 연구 환경에서 수년에 걸쳐 논문을 분석하고 실험을 반복해야만 했을 것이다. 하지만 아에텔레드 제약사의 새로운 기업 운영체제는 수백만 건의 과학 논문, 유전체 데이터, 대용량 고속 분석법의 결과, 그리고 과거 100건이 넘는 임상시험에서 쌓인 방대한 데이터를 하나의 온톨로지 안에 모두 통합한다. 인공지능 플랫폼은 이 거대한 데이터의 우주 속에서 인간 연구자들이 미처 발견하지 못했던 미세한 패턴과 숨겨진 연관성을 자율적으로 찾아낸다. ChatGPT-4, 클로드Claude와 같은 다양한 거대언어모델과 생물학 분야에 특화된 인공지능 모델들은 온톨로지 안에 있는 유전자, 단백질, 화합물, 연구 논문, 임상시험 등 모든 정보를 서로 연결된 거대한 지식망으로 이해하고, 그 안에서 새로운 관계를 추론해낸다.

며칠 지나지 않아, 이 시스템은 누구도 주목하지 않았던 특정 단백질이 암세포의 성장에 결정적인 역할을 한다는 가설을 제시한다. 나아가 이 단백질을 표적으로 삼을 수 있는 새로운 저분자 화합물 후보군까지 설계해서 보여준다. 시스템은 이 후보 물질의 예상 효능과 독성, 체내 흡수 및 분포 특성까지 예측하며, 전통적으로 4~5년이 걸리던 신약 발견 단계를 18개월 미만으로 크게 단축시킨다. 이는 영국의 엑스사이언티아Exscientia나 홍콩 기반의 인실리코 메디슨Insilico Medicine과 같은 인공지능 신약 개발 기업들이 이미 보여준 혁신적인 성과와 같은 맥락에 있다. 이러한 과정은 팔란티어가 제약 산업을 위해 실제로 제공하는 '커넥티드 랩'과 '실사용증거' 솔루션이 구체적인 형태로 구현된 모습이라고 할 수 있다. 신약 후보 물질이 임상시험 단계로 넘어가자, 아에텔레드 제약사의 기업 운영체제는 이제 임상시험 전체를 책임지는 총괄 책임자의 역할을 수행한다. 시스템은 전 세계의 실제 환자 데이터와 과거 임상시험 기록을 분석하여 가장 효과적인 임상시험 계획을 설계한다. 또한, 가장 빠르게 시험에 참여할 환자를 모집할 수 있는 병원이나 연구 기관을 예측하여 추천한다. 이는 단순히 지리적 위치나 기관의 명성에만 의존하는 방식이 아니다. 특정 유전적 특성을 가진 환자에게 더 쉽게 접근할 수 있는 기관을 정확히 찾아내기 위해, 일종의 '디지털 환자 프로필'을 만들어 활용하고 이를 바탕으로 최적의 임상시험 네트워크를 구성한다.

임상시험이 시작되면, 시스템은 시험에 참여한 모든 환자의 건강 데이터를 실시간으로 관찰한다. 만약 특정 환자에게서 이상 징후가 감지되면, 시스템은 즉시 과거 수만 건의 임상 데이터베이스와 안전성 정보를 확인한다. 그리고 해당 징후가 잠재적인 부작용과 관련이 있는지 분석하여 즉시 연구팀에 경고를 보낸다. 덕분에 연구자들은 문제가 심각해지기 전에 조치를 취할 수 있게 되어, 환자의 안전을 지키고 임상시험의 실패 확률을 낮출 수 있다. 이는 팔란티어가 임상시험 수탁기관인 파렉셀과 협력하여 임상시험 과정을 단축시키는 것과 같은 원리다. 더 나아가, 임상시험이 모두 끝나면 인공지능 플랫폼은 수집된 모든 데이터를 종합하여 규제 기관에 제출할 보고서의 초안을 자율적으로 작성한다. 이는 신약 개발 과정에서 또 하나의 큰 걸림돌로 작용하던 문서화 작업을 획기적으로 줄여주는 혁신이다. 이 단계에서 '환자', '임상시험 기관', '연구 계획', '부작용'과 같은 요소들은 모두 온톨로지 위에서 살아 움직이는 정보가 된다. 시스템은 이 정보들 사이의 상호작용을 시뮬레이션하여 임상시험 과정 전체를 최적화한다.

임상 3상 시험이 순조롭게 진행되던 어느 날, 특정 지역에서 발생한 지정학적 분쟁으로 인해 신약 생산에 반드시 필요한 핵심 원료 공급에 예기치 않은 차질이 생긴다. 과거의 아에텔레드 제약사였다면, 공급망 담당팀이 부랴부랴 비상 회의를 열고 여러 전사적자원관리ERP 시스템을 일일이 뒤져 재고를 파악하고, 다른 공급 업체를 찾아다니느라 며칠을 허비했을 것이다. 하지만 이제는 다르다. 아에텔레드 제약사의 7개에 달하는 낡은 전사적자원관리 시스템과 생산 관리 시스템MES까지 모두 통합한 기업 운영체제는 공급망의 이상 징후를 거의 즉시 감지한다. 인공지능 플랫폼은 즉시 대체 공급 업체를 확보하는 방안, 기존 재고를 활용해 생산 일정을 다시 짜는 방안 등 수십 가지 시나리오를 자율적으로 시뮬레이션한다. 그리고 나서 각 시나리오가 비용, 소요 시간, 그리고 최종적으로 임상시험용 의약품 공급에 미칠 영향을 숫자로 정확히 분석한다. 몇 분 만에 시스템은 최적의 해결책을 찾아낸다. 분쟁 지역이 아닌 다른 대륙의 공장에 해당 원료의 여유 재고가 있음을 확인하고, 즉시 재고를 옮기라는 '실행 명령'을 내린다. 동시에 전 세계 생산 공장의 일정을 실시간으로 미세하게 조정하여 공급 차질의 영향을 최소화하고, 임상시험이 중단 없이 계속 진행되도록 보장한다. 이 모든 과정은 사람이 일일이 개입하는 것이 아니라, 사람의 감독 아래 시스템이 자율적으로 처리한다.

여기서 온톨로지는 '원자재', '공급업체', '생산 공장', '운송 수단', '생산 단위'와 같은 모든 공급망 요소를 각각의 특징과 움직임을 가진, 서로 연결된 정보 단위로 만들어 완벽한 디지털 복제본 역할을 수행한다. 이는 단순히 개별 기능의 효율을 높이는 것을 넘어선다. 연구개발, 임상, 생산이라는 각기 다른 부서의 벽을 허물고, 기업 전체를 하나의 유기적인 목표 지향적 생명체로 다시 태어나게 만드는 것이다. 임상시험이 늦어질 가능성이 생기면 그 정보가 즉시 생산 계획에 반영되고, 이는 다시 제품 출시 시점과 매출 예측까지 자동으로 영향을 미친다. 이것이 바로 부서별로 분리된 현재의 기업 소프트웨어들과 근본적으로 다른, 진정한 기업 운영체제가 가진 힘이다. 마침내 신약이 규제 당국의 승인을 받고 시장 출시를 앞두게 되자, 아에텔레드 제약사의 기업 운영체제는 이제 고도로 지능화된 마케팅 및 영업 총괄 본부로 변신한다. 시스템은 실시간으로 쌓이는 의사들의 처방 패턴, 보험사의 보험 적용 데이터, 소셜 미디어의 여론 동향 등을 종합적으로 분석한다. 그리고 이를 바탕으로 의료 전문가 그룹별로 세밀하게 맞춤화된 마케팅 캠페인을 설계하고 실행한다.

각 시장의 특성에 맞춰 약값을 유연하게 조정하고 보험 등재 전략을 최적화하여 가능한 한 많은 환자가 약을 사용할 수 있도록 한다. 또한, 인공지능 기반의 챗봇은 환자들에게 개인별로 맞춤화된 복약 지침과 필요한 정보를 제공하여 치료 효과를 높인다. 이렇게 환자들의 치료 순응도를 높인 결과는 다시 '실사용 증거POU, Proof of Use' 데이터로 쌓여, 다음 신약 개발에 귀중한 자료로 활용되는 선순환 구조를 만들어낸다. 온톨로지 안에서는 '의료 전문가', '보험사', '처방전', '마케팅 캠페인'과 같은 모든 요소가 서로 영향을 주고받는 정보로 존재한다. 시스템은 이 전체 상업 생태계를 디지털로 구현함으로써, 특정 약값 변경이 시장 점유율에 어떤 영향을 줄지, 또는 새로운 마케팅 캠페인이 처방량에 얼마나 큰 파급 효과를 가져올지를 사전에 시뮬레이션할 수 있다. 이처럼 아에텔레드 파마의 가상 시나리오는 팔란티어의 비전이 단순히 데이터 분석의 효율을 높이는 차원을 넘어선다는 것을 명확히 보여준다. 기업의 발견, 개발, 생산, 판매라는 핵심 가치 창출 과정 전체를 하나의 통합된 지능형 시스템으로 융합하여 자율적으로 운영하는 '자율주행 기업'의 청사진을 구체적으로 제시한다. 아에텔레드 파마의 시나리오는 팔란티어가 그리는 '자율주행 기업'이라는 비전이 얼마나 강력한지를 잘 보여준다.

하지만 이 비전이 모든 기업에 보편적인 현실이 되기까지는 반드시 넘어야 할 근본적인 장벽들이 존재한다. 현재 팔란티어의 파운드리 플랫폼은 세계 최고 수준의 '데이터 운영체제'라고 할 수 있다. 기업 내부에 흩어져 있는 방대한 데이터를 통합하고, 온톨로지를 통해 그 데이터에 의미를 부여하며, 분석을 위한 강력한 기반을 제공하고 있다.

그러나 진정한 의미의 '기업 운영체제'로 한 단계 더 도약하기 위해서는, 단순히 데이터를 읽고 해석하는 것을 넘어서야 한다. 기업의 물리적, 논리적 활동을 직접 제어하고 실행하는 능력을 갖추어야만 한다. 이를 위해서는 네 가지 핵심 영역에서 근본적인 발전이 필요하다. 첫 번째 장벽은 단순히 데이터의 의미를 표현하는 것을 넘어, 통제된 방식으로 실제 시스템에 명령을 내리는, 즉 '쓰기 Write-back' 기능을 근본적으로 강화하는 문제이다. 현재 팔란티어의 온톨로지는 기업의 모든 것을 완벽하게 표현하는 세계적 수준의 의미 분석 시스템이다. 사용자는 '액션'이라는 기능을 통해 온톨로지 상의 정보를 수정하고, 이 변경 사항을 원래의 업무 시스템에 다시 기록함으로써 의사결정을 현실에 반영할 수 있다. 하지만 이 구조는 근본적으로 '사람이 중간에 개입하는' 업무 절차를 위해 설계되었다. 팔란티어의 공식 문서에서도 하나의 시나리오당 50개의 실행 명령 제한, 단일 명령당 1만 개의 정보 수정 제한과 같은 명백한 한계가 언급되어 있다. 심지어 일부 쓰기 방식은 이미 구형 기술로 분류되고 있다.

아에텔레드 파마 시나리오처럼, 의약품 품질관리기준GxP 등 엄격한 규제를 받는 환경에서 인공지능 에이전트가 1분에 수천 개의 의사결정을 자율적으로 내리고 실행하기 위해서는, 현재의 실행 기능이 단순한 쓰기 장치를 넘어서야 한다. 대용량의 명령을 동시에 처리할 수 있고, 모든 기록이 추적 가능하며, 보안이 완벽하게 보장되는 본격적인 거래 처리 엔진으로 진화해야 한다. 시스템은 단순히 인공지능이 어떤 행동을 '제안'했다는 사실을 기록하는 수준을 넘어, 그 행동의 실행을 금융 거래와 같은 높은 수준의 신뢰성으로 보장해야 한다. 데이터 운영체제에서 기업 운영체제로의 발전은 본질적으로 '읽기 중심' 시스템에서 '쓰기 중심' 시스템으로의 전환을 의미한다. 이는 시스템 구조, 보안, 그리고 고객의 신뢰라는 측면에서 매우 심오한 변화를 필요로 한다. 데이터 운영체제는 주로 원래 시스템에서 데이터를 읽어와 통합하고, 분석을 통해 의사결정을 '지원'하는 역할을 한다. 이때의 위험은 주로 데이터 보안과 접근 통제에 한정된다.

반면, 자율적으로 행동을 수행하는 기업 운영체제는 원래의 업무 시스템에 직접 데이터를 쓰거나 실제 운영 자산을 제어한다. 이때의 위험 수준은 데이터 유출 차원에서 운영상의 재앙으로까지 격상될 수 있다. 예를 들어, 인공지능이 자율적으로 10억 달러 규모의 엉뚱한 원자재를 발주하는 상황을 상상해 보라. 기술적 과제는 단순히 쓰기 처리량을 늘리는 것이 아니다. 사람이 아닌 인공지능 에이전트를 위한 세분화된 권한 설정, 실행 전 시뮬레이션 기능, 실행 오류 시 원래 상태로 되돌리는 기능, 그리고 완벽한 감사 추적 기능을 갖춘 산업 등급의 '제어 시스템' 구축하는 것이 핵심이다. 이는 데이터를 통합하는 것과는 차원이 다른, 훨씬 더 거대한 기술적 도전이다.

두 번째 장벽은 정보기술IT 시스템을 관리하는 것을 넘어, 정보기술과 운영기술OT을 깊이 있게 융합하는 것이다. 팔란티어는 에스에이피SAP나 오라클과 같은 전사적자원관리ERP 시스템이나 데이터 웨어하우스 등 기업의 정보기술 시스템과 통합하는 데 탁월한 역량을 보여준다. 종종 이러한 시스템들 위에 정교한 지능형 시스템으로 작동하며, 기업의 고질적인 '데이터 사일로' 즉 부서 간 데이터 단절 문제를 해결한다. 그러나 아에텔레드 파마의 생산 시나리오가 현실이 되기 위해서는 단순한 전사적자원관리 시스템 통합 이상의 것이 필요하다. 이는 공장 현장의 자동화 제어 장치PLC, 센서, 생산 관리 시스템MES과 같은 운영기술 계층과 실시간으로 정보를 주고받을 수 있어야 함을 의미한다.

정보기술과 운영기술의 융합은 제조업계의 오랜 숙제였다. 개방형 플랫폼 통신통합아키텍처OPC UA와 같은 통신 규약이 바로 이 문제를 해결하기 위한 산업 표준으로 등장했으며, 이는 보안이 확보되고 특정 플랫폼에 종속되지 않는 '공장 기계들의 공용어' 역할을 한다. 팔란티어가 제조업체의 진정한 운영체제가 되기 위해서는, 사무실의 정보기술 시스템에만 머무는 것이 아니라, 실시간 센서 데이터를 이해하고 공장 기계에 제어 명령을 내릴 수 있는 운영기술의 언어에도 능통해져야 한다. 여기서 팔란티어의 전략적 과제는, 자신들이 깨부수고자 했던 낡은 전사적자원관리 시스템처럼, 또 하나의 '사용자 시스템에 깊이 파고드는' '닫힌 생태계'로 인식되는 것을 피하는 것이다.

고객들은 종종 기존 업무 시스템의 복잡성과 특정 회사 기술에 종속되는 상황에서 벗어나기를 원한다. 만약 모든 데이터를 자신들만의 독점적인 형태로 수집하고, 자신들의 인터페이스를 통해서만 제어해야 하는 플랫폼이 있다면, 이는 하나의 거대한 시스템을 다른 것으로 교체하는 것에 불과하다고 느낄 수 있다. 팔란티어는 운영기술 통합을 위해 개방형 표준인 OPC

UA를 적극적으로 받아들여야 한다. 그리고 데이터를 물리적으로 복제하지 않고도 외부 시스템의 데이터를 활용하는 연합 데이터 접근 방식을 제공해야 한다. 이를 통해 기존 시스템을 '대체'하는 것이 아닌, 진정으로 모든 시스템을 지휘하는 '총괄 지휘자'로서 자리매김할 수 있다. 이러한 전략적 위치 선정은 '전면 교체'가 아닌 '연결 및 강화'라는 메시지를 전달한다. 이는 고객의 도입 장벽을 낮추고, 복잡한 시스템을 도입할 때 가장 크게 우려하는 특정 공급업체에 대한 종속성의 두려움을 완화시키는 데 결정적인 역할을 할 것이다.

세 번째 장벽은 소수의 정예 인력에 의존하는 고비용 서비스 모델에서, 더 넓게 확장 가능한 제품 및 파트너 생태계로 전환하는 것이다. 팔란티어의 성장은 고객사에 직접 상주하며 맞춤형 해결책을 구축하는 엘리트 컨설턴트 그룹인 '전방 배치 엔지니어' 모델에 의해 이끌려왔다. 이 모델은 강력한 문제 해결 능력을 보여주었지만, 본질적으로 그 규모를 키우기 어렵고 도입 비용이 높아지는 원인이 되기도 한다. 수백 개가 아닌 수천, 수만 개의 기업이 채택하는 진정한 기업 운영체제가 되기 위해, 팔란티어는 서비스 중심에서 제품 중심 회사로, 그리고 혼자가 아닌 수많은 파트너와 함께 성장하는 생태계를 갖춘 회사로 변모해야 한다. 이 지점에서 세일즈포스나 서비스나우와 같은 기업과의 차이가 명확하게 드러난다. 세일즈포스는 자사의 플랫폼을 중심으로 수조 달러 규모의 거대한 경제 생태계를 만들어냈다. 세일즈포스가 1달러를 벌 때, 그 파트너들은 6.19달러를 벌어들인다. 이 생태계 안에는 컨설팅, 독립 소프트웨어 개발사[ISV], 시스템 통합[SI], 리셀러 등 명확하게 구분된 파트너 역할이 있으며, 등급별로 체계적인 인센티브 구조도 갖추고 있다. 앱익스체인지라는 앱 마켓에는 수천 개의 파트너 앱이 등록되어 다양한 틈새 시장의 요구를 충족시키고 혁신을 이끌고 있다. 이처럼 견고하고 구축된 생태계 덕분에 세일즈포스는 자사의 직접적인 역량을 훨씬 뛰어넘는 규모로 제품을 구현하고, 혁신하며, 판매할 수 있다. 서비스나우 역시 전문가 센터CoE를 통한 강력한 관리 체계와 단계적 도입 방식을 강조한다. 또한 기술적으로 복잡한 빚을 지지 않고 확장성을 확보하기 위해 '맞춤 개발보다는 설정을 통한 구현'이라는 명확한 철학을 가지고 있다.

팔란티어의 'AIP 나우' 프로그램은 바로 이러한 확장성 문제를 해결하기 위한 직접적이고 필연적인 대응이다. AIP 나우는 미리 만들어진 업무 절차와 해결책을 클릭 한 번으로 설치할 수 있게 제공하지만, 이는 아직 초기 단계에 불과하다. 팔란티어 플랫폼은 여전히 전문 지식을 요구하는 복잡한 시스템으로 인식되며, 경쟁사들처럼 성숙하고 다층적인 파트너 프로그램이나 활성화된 제3자 앱 마켓이 부족하다. 전방 배치 엔지니어 모델은 팔란티어의 역사적인 강점이었지만, 이제는 기업 운영체제라는 거대한 비전을 대규모로 실현하는 데 있어 전략적 부담이 되고 있다. 제품 중심으로, 파트너를 활용하는 모델로의 전환은 팔란티어가 마주한 가장 큰 비기술적 과제이다.

전방 배치 엔지니어 모델은 계약을 따내기 위해 고객별로 맞춤화된, 일회성 해결책을 만드는 문화를 낳았다. 이는 표준화되고 확장 가능한 플랫폼의 정신과는 정반대다. 윈도우나 iOS와 같은 진정한 운영체제는 자신들이 만든 앱이 아닌, 수많은 제3자 개발자들 덕분에 번성한다. 세일즈포스의 앱익스체인지가 바로 기업용 소프트웨어 세계에서 이와 같은 역할을 한다. 팔란티어가 진정한 운영체제가 되려면, 수많은 외부 컨설턴트와 독립 소프트웨어 개발사들이 파운드리 플랫폼 위에서 해결책을 만들고, 판매하고, 구현할 수 있도록 만들어야 한다. 이는 "우리의 엘리트 엔지니어가 해결해 줄 것이다"에서 "우리의 플랫폼이 파트너들이 해결할 수 있도록 지원한다"는 생각으로의 문화적 전환을 요구한다. 이 전환은 연구개발(엔지니어를 위한 기능이 아닌, 파트너를 위한 개발 도구 구축), 영업(파트너와의 공동 판매), 재무(파트너 수익 공유 모델) 등 회사의 모든 부분에 영향을 미친다. 'AIP 나우'는 전체 사업 모델을 바꾸는 길고 험난한 여정의 첫걸음에 불과하다.

네 번째이자 마지막 장벽은 모든 것을 감사audit할 수 있는 인공지능에서, 완벽히 통제 가능한 자율적 인공지능으로 도약하는 것이다. 팔란티어 플랫폼은 강력한 보안, 세분화된 접근 통제, 그리고 모든 활동을 추적할 수 있는 상세한 기록을 제공한다. 이는 '감사 가능한 인공지능'을 위한 훌륭한 기반이 된다. 그러나 진정한 자율성은 단순히 활동을 추적하고 기록하는 것 이상을 요구한다. 그것은 바로 '신뢰'이며, 신뢰는 '설명 가능성'에서 비롯된다. 규제가 엄격한 환경에서 감사관은 "인공지능이 무엇을 했는가?"라고 묻는 데 그치지 않고, "왜 인공지능이 그런 결정을 내렸는가?"라고 물을 것이다. 팔란티어 스스로 제시한 인공지능 윤리 원칙에서도, 인공지능 모델이 "다양한 관련 이해관계자들에게 설명 가능해야 한다"는 점을 인정하고 있다. AIP 평가 도구나 모델 관리 도구 등은 이러한 방향으로 나아가는 단계지만, 복잡한 생성형 인공지능이 주도하는 의사결정에 대해 법적으로 방어 가능하고 명확한 설명을 제공하는 것은 산업 전체가 풀어야 할 최전선의 과제이다. 최근 일론 머스크의 엑스에이아이xAI(설명 가능 인공 지능)와의 파트너십은 바로 이 영역이 팔란티어에게 얼마나 중요한지를 간접적으로 인정하는 것이다.

'자율주행 기업' 비전이 채택되는 데 있어 가장 큰 장벽은 기술적 역량이 아니라, 규제 및 심리적 신뢰의 장벽이 될 것이다. 통제되고 설명 가능한 인공지능만이 이 장벽을 넘을 수 있는 유일한 길이다. 아에텔레드 시나리오는 인공지능이 사람의 생사를 가를 수 있는 결정(임상시험, 의약품 생산)을 내리는 것을 포함한다. 미국 식품의약국FDA과 같은 규제 기관은 인공지능 기반의 의사결정에 대해 현재의 일반 업무용 소프트웨어 기준을 훨씬 뛰어넘는 수준의 검증과 설명을 요구할 것이다. 또한, 현장의 운영자들은 아무리 효과적이라고 주장하더라도 '블랙박스'처럼 속을 알 수 없는 시스템에 통제권을 넘겨주기를 주저할 것이다. 그들은 인공지능의 결과물을 신뢰하기 위해 그 추론 과정을 이해해야만 한다. 따라서 팔란티어가 기업 운영체제 비전을 성공적으로 판매할 수 있을지는, 응용되고 설명 가능한 인공지능 분야를 개척하는 능력에 달려 있다. 단순히 인공지능이 행동하게 만드는 도구를 넘어, 인공지능의 '사고 과정'을 인간과 규제 기관이 이해할 수 있는 방식으로 명확하게 표현하는 도구를 만들어야 한다. 이것은 단순한 기능 추가가 아니라, 전체 비전의 실현을 위한 핵심적인 전제 조건이다. 팔란티어의 '기업 운영체제' 비전이 가진 힘은, 이 회사가 공략할 수 있는 전체 시장의 규모를 다시 생각하게 만든다는 점에서 가장 명확하게 드러난다. 이 전략은 팔란티어가 현재 속한 시장의 경계를 넘어, 훨씬 더 거대한 여러 기존 소프트웨어 시장의 가장 가치 있는 부분을 차지할 수 있게 한다.

현재 시장에서 팔란티어는 주로 최고 수준의 데이터 분석, 데이터 통합, 그리고 정부 및 국방 인공지능 시장의 선두주자로 인식된다. 이 시장의 규모에 대한 분석가들의 추정치는 매우 다양하다. 팔란티어 스스로 2020년에 1,200억 달러(약 164조 520억 원) 규모의 보수적인 시장을 제시했지만, 장기적으로는 1조 달러(약 1,385조 8,000억 원) 이상으로 추정되기도 한다. 인공지능 및 머신러닝 플랫폼 시장 하나만으로도 2028년까지 1,530억 달러(약 212조 274억 원)에 이를 것으로 예측된다. 팔란티어의 2025년 매출은 약 39억 달러(약 5조 4,046억 원)로 예상되는 것을 감안하면, 이는 전통적인 시장 정의 안에서 아직은 작지만 빠르게 성장하는 점유율을 보여준다. 그러나 기업 운영체제 비전은 이러한 전통적인 시장 규모 계산법을 근본적으로 바꾸어 놓는다. 핵심 주장은 팔란티어의 운영체제가 기존의 낡은 시스템들을 반드시 대체할 필요가 없다는 것이다. 오히려 그 시스템들을 지휘하고 조정함으로써, 각 시장에서 가장 가치 있는 부분, 즉 의사결정과 최적화 계층을 장악한다는 개념이다. 이는 팔란티어의 경쟁 구도를 완전히 새롭게 정의한다.

　예를 들어, 전사적자원관리ERP 소프트웨어 시장은 2025년에서 2030년 사이에 926억 달러(약 128조 3,250억 원)에 이를 것으로 전망되는 거대한 시장이다. 이 중 재무 관련 기능이 약 27%에서 29%로 가장 큰 비중을 차지한다. 팔란티어의 ERP 솔루션은 에스에이피나 오라클의 핵심 회계 장부를 대체하는 것이 아니다. 그곳의 데이터를 활용하여, 앞서 살펴본 아에텔레드 파마의 사례처럼 전략적인 공급망 최적화 결정을 내리는 것을 목표로 한다. 즉, ERP 데이터를 단순히 저장하는 가치가 아닌, 그것을 '활용'하는 가치를 겨냥한다. 공급망 관리SCM 소프트웨어 시장 역시 약 300억 달러 규모로 강력한 성장세를 보이고 있으며, 주요 분야는 계획, 조달, 창고 관리, 운송 관리 등이다. 시나리오에서 보았듯이, 자율적인 공급망이라는 팔란티어의 비전은 이 중에서 가장 부가가치가 높은 '계획'과 '분석' 기능을 직접적인 목표로 삼는다. 그리고 전체 공급망을 최적화하는 두뇌가 되고자 한다. 생산 관리 시스템MES 시장은 2025년에 약 160억 달러 규모로 추정되며, 연평균 10% 이상의 높은 성장률을 기록하고 있다. 팔란티어는 공장 현장의 제어 시스템을 직접 만들지는 않지만, OPC-UA와 같은 표준을 통해 이들과 통합한다. 그리고 이를 기업 전체 수준의 전사적자원관리 및 공급망 관리 데이터와 연결함으로써, 생산 관리 시스템 단독으로는 불가능한 전체 생산 운영에 대한 포괄적인 최적화 엔진이 될 수 있는 위치를 차지하게 된다.

　마지막으로, 비즈니스 프로세스 자동화BPA 및 로보틱 프로세스 자동화RPA 시장은 2025년에 각각 약 150억 달러(약 20조 5,140억 원)와 250억 달러 규모로, 두 자릿수 성장을 보이는 중요한 시장이다. 팔란티어의 비전은 전통적인 로보틱 프로세스 자동화를 뛰어넘는다. 단순하고 반복적인 '작업'을 자동화하는 대신, '자율주행 기업'은 신약 출시 과정 전체와 같은 복잡하고 전사적인 '비즈니스 프로세스'의 자동화를 목표로 한다. 이는 비즈니스 프로세스 자동화의 궁극적인 목표이며, 팔란티어가 전체 자동화 시장에서 가장 전략적이고 가치 있는 부분을 공략할 수 있게 한다. 이러한 분석은 팔란티어가 공략하는 진정한 시장이 '데이터 플랫폼'과 같은 수평적인 소프트웨어 분류가 아니라, 모든 기업 기능에 걸쳐 있는 '가치의 수직적 단면'이라는 결론으로 이어진다. 팔란티어는 '전사적 의사결정 및 총괄 지휘'라는 새로운 시장을 창출하고 지배하려 하고 있다.

전통적인 소프트웨어는 기능 부서별로 판매된다. 공급망 관리 소프트웨어는 공급망 팀에, 고객 관계 관리CRM는 영업팀에, 전사적자원관리ERP는 재무팀에 판매된다. 그러나 팔란티어의 제안은 온톨로지와 인공지능 플랫폼이 이 모든 부서를 아우르는 '단일한 진실의 원천'과 '단일한 의사결정 엔진'을 만들 수 있다는 것이다. 따라서 팔란티어의 가치 제안은 "우리가 당신의 공급망 관리를 더 잘하게 해준다"가 아니라, "우리는 당신의 공급망, 재무, 생산 데이터를 모두 연결하여 당신의 기업 전체가 더 지능적으로 운영되도록 만든다"이다. 이는 팔란티어가 단일 부서의 소프트웨어 예산이 아닌, 기업 전체에서 창출된 운영 가치의 총액(예: "우리는 공급망과 조달에서 수억 달러를 절감시켰다")을 기반으로 자사 제품의 가격을 정당화할 수 있게 한다. 이것이 바로 시장 규모 계산법을 단순히 소프트웨어 시장의 크기에서 고객의 총 운영 예산 또는 가치 창출 잠재력의 일정 비율로 근본적으로 바꾸는 논리다. 그리고 겉보기에 천문학적으로 보이는 수조 달러 규모의 총유효시장TAM 예측에 대한 논리적 근거를 제공한다.

팔란티어가 추구하는 '자율주행 기업'이라는 비전은 높은 위험과 높은 보상을 동시에 수반하는 대담한 전략이다. 아에텔레드 파마 시나리오가 보여준 엄청난 잠재력의 이면에는, 앞서 분석한 바와 같이 실행 능력, 통합, 확장성, 그리고 통제 가능성이라는 네 가지 핵심 영역에서 반드시 메워야 할 중대한 간극이 존재한다. 만약 팔란티어가 이 전환 과정을 성공적으로 완수하여, 서비스 중심의 데이터 통합 기업에서 벗어나 통제되는 자율성 문제를 해결한 제품 주도, 파트너 중심의 플랫폼 기업으로 진화한다면, 그것은 단순히 기업용 소프트웨어 시장의 또 다른 강자가 되는 것을 넘어 새로운 시장 범주를 창조하는 것이 될 것이다. 팔란티어는 시장의 일부가 되는 것이 아니라, 차세대 지능형 기업들이 그 위에서 세워질 근본적인 운영 체계가 될 것이며, 이는 현재 시장이 아직 온전히 이해하기 어려운 수준의 가치와 시장 지위를 정당화할 것이다.

CHAPTER 08

파운드리 확산 전략
: 시장 침투와 고객 성공 모델

미국 제조업 부흥을 위한 워프스피드 전략

　2020년 이전의 세계는 '적시생산 JIT, Just-in-Time'이라는 하나의 거대한 신념 위에 세워져 있었다. 20세기 후반부터 21세기 초반의 세계 경제를 지배한 이 모델은 재고를 불필요한 비용이자 낭비로 여겼다. 그리고 필요한 부품을 필요한 순간에 정확히 공급받는 고도로 최적화된 세계적 연결망에 의존했다. 일본의 토요타가 완성한 이 혁신적인 시스템은 전 세계 제조업의 표준이 되었고, 수많은 기업은 너나 할 것 없이 생산 비용을 한 푼이라도 더 아끼기 위해 임금이 저렴한 국가로 공장을 이전했다. 그 정점에는 '세계의 공장'이라 불리는 중국이 자리 잡고 있었다. 이 거대하고 정교하게 맞물린 톱니바퀴는 오직 비용 절감이라는 단 하나의 목표를 향해 쉼 없이 돌아가는 듯 보였다. 그러나 겉으로 완벽해 보였던 이 시스템의 기반은 생각보다 훨씬 더 위태로웠다.

　사실 시스템의 균열을 예고하는 첫 번째 경고음들은 이미 오래전부터 울리고 있었다. 2003년 한국의 부산항을 강타한 태풍 매미, 2011년 일본 동북부 지역을 휩쓴 대지진과 쓰나미, 그리고 같은 해 태국을 마비시켰던 대홍수는 표면적으로는 특정 지역에 국한된 재난이었다. 하지만 그 파장은 고도로 연결된 세계적 공급망을 타고 전 세계로 빠르게 퍼져나갔다. 이러한 사건들은 단일 국가, 단일 공급처에 의존하던 자동차 및 전자 산업의 세계적 생산 라인을 수개월간 멈춰 세우는 결과를 낳았다. 특정 지역의 부품 공장 하나가 멈추자, 지구 반대편의 최종 제품 조립 라인이 멈추는 연쇄 붕괴가 현실이 된 것이다. 역설적이게도 적시생산 시스템의 창시자였던 토요타는 2011년 대지진으로 가장 큰 타격을 입은 기업 중 하나였다. 이 재앙을 교훈 삼아 공급선을 다변화하고 안전 재고를 미리 확보했던 혼다나 닛산 같은 기업들은 2016년 구마모토 지진이 발생했을 때 상대적으로 피해를 줄일 수 있었다. 하지만 여전히 초고효율화 모델을 고집했던 토요타는 또다시 심각한 취약성을 드러냈다. 이는 단기적 이익과 효율성이라는 이름 아래 장기적이고 시스템적인 위험이 얼마나 무시되고 있었는지를 보여주는 명백한 징후였다. 그럼에도 불구하고 대다수 기업은 이러한 경고들을 일회성의 불운한 사고로 여겼고, 세계 경제는 위험의 대가를 체계적으로 낮게 평가하며 아슬아슬한 질주를 계속했다.

이 위태로운 질주에 마침표를 찍은 것은 미중 무역 갈등이라는 지정학적 충격과 코로나19 팬데믹이라는 생물학적 충격이 동시에 덮친 '퍼펙트 스톰'이었다. 도널드 트럼프 행정부에서 시작되어 조 바이든 행정부까지 이어진 미중 무역 분쟁은 관세, 수출 통제 등 과거에는 거의 고려하지 않았던 새로운 변수를 공급망 계산에 포함하도록 강요했다. 중국에 대한 과도한 의존이 단순한 비용 문제를 넘어 국가 안보를 위협하는 전략적 약점이라는 인식이 정치권과 산업계 전반에 퍼지기 시작했다. 그리고 전 세계를 휩쓴 유행병은 이 취약한 시스템에 마지막 결정타를 날렸다. 중국의 공장들이 문을 닫자 현대자동차와 닛산을 포함한 전 세계 제조업체들의 생산 라인이 멈췄고, 항구는 봉쇄되고 물류는 마비되었다. 과거의 재난들이 특정 지역과 산업에 한정된 충격이었다면, 유행병은 생산, 물류, 소비에 이르는 공급망의 모든 단계를 전 세계적으로 동시에 타격했다. 수십 년간 쌓아 올린 '효율성'이라는 신화가 사실은 지정학적 안정과 전염병의 부재라는, 결코 영원할 수 없는 조건 위에서만 유지되는 불안정한 허상이었음이 만천하에 드러났다. 이 거대한 붕괴는 기업의 생존 전략에 근본적인 생각의 전환을 요구했다. 이제 기업들의 질문은 '어떻게 더 싸게 만들 것인가'에서 '어떻게 이 시스템이 다시는 멈추지 않게 할 것인가'로 바뀌었다. 효율성에서 안정성과 회복탄력성으로, 경쟁의 무게중심이 극적으로 이동하기 시작한 것이다.

세계적 공급망의 붕괴는 미국에 뼈아픈 교훈과 함께 새로운 국가적 과제를 안겨주었다. 자국 내 제조업 기반을 다시 세우는 것이 단순한 경제 문제를 넘어 국가 안보와 직결된 사안이라는 정치적, 경제적 공감대가 형성된 것이다. 이는 곧 해외로 나갔던 생산 시설을 다시 본국으로 되돌리는 '리쇼어링reshoring'이라는 거대한 흐름으로 이어졌다. 한때 번영했으나 지금은 쇠락한 공업지대 '러스트 벨트'에 양질의 일자리를 되찾아오고, 중국과 같은 지정학적 경쟁국에 대한 경제적 의존도를 낮추는 것은 이제 당파를 초월한 국가적 목표가 되었다. 이 거대한 제조업 부흥 계획을 위해 미국 정부는 직접 설계자로 나섰다. 2,800억 달러(약 388조 240억 원) 규모의 '반도체 및 과학법CHIPS and Science Act'은 527억 달러(약 73조 316억 원)의 직접 보조금과 25%의 투자 세액공제를 통해 미국 내에 반도체 연구, 개발, 제조 생태계를 다시 건설하는 것을 목표로 한다. 특히 이 법안의 보조금을 받는 기업은 향후 10년간 중국과 같은 '우려 국가'에서 첨단 반도체 생산 능력을 확장할 수 없다는 '안전장치guardrails' 조항은, 이 법안이 단순한 산업 정책이 아니라 지정학적 무기임을 명확히 보여준다. 여기에 4,370억 달러(약 605조 5,946억 원) 규모의 '인플레이션 감축IRA, Inflation Reduction Act'은 태양광 패널, 풍력 터빈, 배터리, 전기차 등 청정에너지 분야의 미국 내 생산에 막대한 세금 혜택을 제공하며 전체 공급망을 미국 중심으로 강력하게 끌어당기고 있다.

물론 모든 생산 시설을 미국으로 되돌리는 것은 현실적으로 불가능하며 바람직하지도 않다. 따라서 기업들은 위험을 분산하고 비용과 안정성 사이의 균형을 맞추기 위해 다양한 전략을 구사하기 시작했다. 지리적으로 가까운 멕시코나 캐나다 등으로 생산 기지를 옮기는 '니어쇼어링nearshoring', 그리고 한국, 일본, 유럽연합과 함께 가치를 공유하는 동맹국들과 공급망을 재편하는 '프렌드쇼어링friend-shoring'이 리쇼어링과 함께 새로운 대안으로 떠올랐다. 이는 과거의 단일한 세계화 시스템이 붕괴하고, 이제는 신뢰와 가치를 기반으로 한 여러 경제권으로 세계가 재편되고 있음을 보여주는 현상이다.

그러나 이 장대한 귀향길은 결코 순탄치 않다. 미국 내 높은 인건비와 건설 비용, 에너지 가격은 기업들에게 큰 재정적 부담이며, 자국 내 생산을 늘리는 과정 자체가 오히려 물가 상승을 더욱 자극하는 요인이 되기도 한다. 더 심각한 문제는 사람과 기반 시설의 부재다. 수십 년간 이어진 탈공업화는 미국 내 거대한 '기술 격차skills gap'를 남겼다. 새로 지어지는 첨단 공장을 설계하고 운영할 숙련된 기술자와 기술 인력이 턱없이 부족하다. 실제로 미국 반도체산업협회SIA는 2030년까지 반도체 업계에서만 약 67,000명의 기술 인력이 부족할 것으로 예측했으며, 기업들은 이미 현장에서 심각한 구인난을 겪고 있다. 제조업 분야의 건설 투자는 폭발적으로 증가하고 있지만, 공장을 짓는 것 자체도 각종 규제와 인력난으로 인해 더디고 비용이 많이 드는 과정이다. 결국 현대의 공급망 전략은 더 이상 해외 이전offshoring과 국내 복귀reshoring의 단순한 이분법적 선택이 아니다. 핵심 고부가가치 부품은 자국에서 생산하고(리쇼어링), 핵심 기술은 동맹국과 함께 개발하며

(프렌드쇼어링), 시장 대응이 중요한 제품은 인접 국가에서(니어쇼어링), 표준화된 범용 제품은 여전히 저비용 국가에서 생산하는, 위험과 비용, 지정학적 요인을 복합적으로 고려한 다층적인 혼합 모델로 진화하고 있다.

높은 비용, 인력 부족, 기반 시설의 한계라는 거대한 장벽 앞에서 미국의 제조업 부흥이라는 과업은 불가능해 보일지도 모른다. 그러나 이 어려운 문제를 해결할 단 하나의 길이 존재한다. 바로 디지털 전환을 통해 과거와는 완전히 다른 새로운 차원의 공장을 만들어내는 것이다. 이제 디지털 기술은 선택이 아닌 생존의 필수 조건이 되었다. 고비용, 저인력 구조를 가진 미국에서 제조업이 다시 경제성을 갖추기 위한 거의 유일한 해법이기 때문이다. 흔히 '스마트 팩토리'라고 불리는 이 새로운 공장은 단순히 로봇을 늘려 자동화하는 과거의 공장과는 근본적으로 다르다. 핵심적인 차이는 데이터와 연결성에 있다. 스마트 팩토리는 공장 내 모든 설비와 공정, 심지어 작업자까지 사물인터넷IoT 감지기로 촘촘히 연결하여 온도, 압력, 진동, 소음 등 모든 종류의 데이터를 실시간으로 수집한다. 이렇게 수집된 방대한 데이터는 인공지능 알고리즘을 통해 분석되어, 인간의 눈으로는 결코 볼 수 없었던 미세한 패턴과 통찰력을 찾아낸다. 이를 통해 기계가 고장 나기 전에 미리 예측하여 정비하는 '예측 보전'이 가능해지고, 생산 라인의 숨겨진 지체 현상을 찾아내 전체 공정을 최적화할 수 있다. 이 스마트 팩토리의 정점이 바로 '디지털 트윈' 기술이다.

이러한 다소 추상적인 개념이 현실에서 어떻게 작동하는지는 독일의 기술 기업 지멘스Siemens가 운영하는 암베르크Amberg 전자부품 공장에서 명확히 확인할 수 있다. 이곳에서는 실제 제품을 단 하나도 만들기 전에, 컴퓨터 속에 구축된 가상의 공장에서 전체 생산 과정을 수만 번에 걸쳐 모의실험하며 발생 가능한 모든 문제를 점검하고 최적의 조건을 찾아낸다. 이 디지털 트윈 기술은 리쇼어링의 가장 큰 걸림돌인 비용 문제를 정면 돌파한다. 가상 모의실험을 통해 불량률을 100만 개당 10개 수준, 즉 0.001%까지 낮춤으로써 품질을 극대화하고 낭비로 인한 비용을 획기적으로 절감했다. 또한, 단 하나의 생산 라인에서 무려 1,700여 종의 각기 다른 제품을 동시에 생산하는 '다품종 대량생산'을 구현하여, 끊임없이 변화하는 시장의 요구에 매우 유연하게 대응한다. 가장 중요한 점은, 암베르크 공장이 완전 무인 공장이 아니라는 사실이다. 자동화율은 75% 수준이며, 여전히 수백 명의 숙련된 노동자들이 로봇 및 인공지능과 협력하며 공장을 운영한다. 이는 스마트 팩토리가 인간을 대체하는 것이 아니라, 인간의 지식과 경험을 데이터 및 인공지능과 결합하여 소수의 인력으로도 막대한 생산성을 만들어 내는 현실적인 해결책임을 보여준다. 즉, 숙련공 부족 문제에 대한 가장 현실적인 해답인 것이다.

결국, 비용 절감을 위해 세계를 떠돌던 시대는 끝났다. 이제는 복잡성과 위험을 관리하며 안정성을 확보하는 것이 경쟁력의 원천이 되는 새로운 시대가 도래했다. 현대 제조업이 마주한 진정한 과제는 기술이나 데이터의 부재가 아니다. 공장 자동화 시스템, 전사적자원관리ERP, 공급망 관리SCM 소프트웨어 등 이미 기업 내 수많은 시스템이 존재한다. 문제는 이 시스템들에 데이터가 제각각 갇혀 조각나 있다는 점이다. 이 파편화된 데이터들을 어떻게 하나로 통합하여 의미 있는 정보로 만드느냐에 기업의 성패가 달려 있다. 경쟁의 본질은 저렴한 노동력이나 거대한 설비 같은 눈에 보이는 자산에서, 데이터 분석 능력과 소프트웨어 역량이라는 보이지 않는 자산으로 완전히 이동했다. 따라서 미래의 승자는 기업 전체를 아우르는 하나의 통일된 운영체제OS를 구축하는 기업이 될 것이다. 전 세계 공급망에서부터 공장 바닥의 작은 감지기 하나에 이르기까지, 사업의 모든 영역에서 쏟아지는 데이터를 실시간으로 통합하고 분석하여 가장 지능적인 의사결정을 내릴 수 있는 능력, 이것이야말로 격변하는 세상에서 살아남아 계속해서 번영하기 위한 궁극의 무기다.

팔란티어가 선보인 워프스피드Warp Speed는 단순한 제조용 소프트웨어가 아니다. 이는 앞서 설명한 지정학적, 산업적 흐름의 큰 변화를 정면으로 겨냥한 전략적인 제품으로 이해해야 한다. 이 소프트웨어는 '미국 재산업화를 위한 제조 운영체제'라는 명확한 구호를 내걸고 개발되었으며, 소프트웨어가 사업 환경의 현실적인 요구에 맞춰야 한다는 원칙이 설계의 바탕을 이룬다. 팔란티어의 최고기술책임자CTO인 샴 산카는 제2차 세계대전 당시 미국이 특정 국방 산업만이 아닌, 필요에 따라 전차부터 항공기까지 무엇이든 만들어낼 수 있는 다방면에 활용 가능한 범용 산업 기반, 즉 '민주주의의 병기창'을 갖추고 있었다는 사실을 이야기한다. 그는 오늘날의 미래도 이와 같아야 한다고 강조한다. 이러한 주장은 워프스피드의 개발 목적이 단순히 개별 기업의 생산성을 높이는 것을 넘어, 국가 전체의 산업 경쟁력을 강화하고 기술 주권을 지키려는 거대한 목표와 연결되어 있다는 것을 보여준다. 팔란티어는 '국방 개혁'이나 '18개 논제'와 같은 자체 발간물을 통해 이러한 비전을 꾸준히 알려왔다. 그리고 워프스피드를 그 이념을 실현하는 핵심 도구로 자리매김하고 있다. 이러한 접근 방식은 제품을 단순한 상업적 도구가 아닌, 국가 안보와 경제 주권을 위한 전략적으로 꼭 필요한 제품으로 그 위상을 높인다. 이는 서구 세계의 기술 및 산업 리더십을 지키는 것을 중요한 가치로 여기는 정책 결정자, 방위 산업 계약자, 그리고 투자자들에게 매우 설득력 있게 다가가는 전략이다. 또한 이 전략은 최고경영자CEO 알렉스 카프가 꾸준히 지켜온 친서방, 친미국 철학과도 뜻을 같이한다.

워프스피드의 초기 고객사를 살펴보면 이러한 전략적 의도가 더욱 명확해진다. 첫 번째와 두 번째 그룹에 포함된 기업들은 앤듀릴 인더스트리Anduril Industries, 쉴드 AIShield AI, L3해리스L3Harris, 에피루스Epirus, 레드캣Red Cat, 세일드론Saildrone, 사로닉Saronic, 우르사 메이저Ursa Major, 그리고 시에라 네바다 코퍼레이션SNC, Sierra Nevada Corporation 등이다. 이 기업들은 모두 '재산업화'라는 이야기를 대표하는 곳들이다. 이들은 전통적인 제조업체가 아니라 드론, 자율 운항 선박, 적의 전자 장비를 무력화하는 대전자전 체계, 로켓 추진 시스템 등을 개발하는, 이른바 '새로운 국방new defense' 분야의 첨단 기술 기업들이다. 이 기업들이 워프스피드를 채택했다는 사실 자체가 강력한 보증서와 같은 역할을 한다. 이는 비슷한 비전을 가진 다른 기업들의 참여를 끌어내고, 미래 국방 및 첨단 제조업을 위한 핵심 플랫폼으로서 워프스피드의 브랜드 정체성을 단단히 굳히는 효과를 낸다. 단순히 고객 명단을 늘리는 차원을 넘어, 강력한 이념적 동맹을 만들고 그 속에서 자연스럽게 힘이 커지는 생태계를 구축하기 위한 차원적 전략이다.

팔란티어가 워프스피드를 내세울 때 단순히 기술적 장점만을 강조하지 않는다는 점은 눈여겨볼 만하다. '미국 재산업화를 위한 제조 운영체제'라는 구호와 제2차 세계대전 당시의 '미국 산업 기반'을 다시 언급하는 것은 제품을 특정 이념의 틀 안에 위치시키려는 의도다. 이는 단순히 효율성만을 내세우는 다른 경쟁사들과는 근본적으로 다른 접근법이다. 이러한 이야기는 앤듀릴이나 쉴드 AI처럼 스스로를 애국적인 혁신가로 생각하는 국방 기술 분야의 특정 고객 집단에게 강력한 호소력을 갖는다. 결과적으로 워프스피드를 채택하는 것은 단순한 소프트웨어 구매를 넘어, 팔란티어의 세계관에 동의하고 특정 전략적 동맹에 참여하는 행위가 된다. 이는 기능적 장점을 뛰어넘어, 다른 경쟁자들이 쉽게 넘볼 수 없는 강력한 이념의 방어벽을 쌓는 전략으로 볼 수 있다.

또한, 워프스피드가 목표로 하는 핵심 시장은 일반적인 제조업 전체가 아니다. 구체적으로 생산 과정이 복잡하고 변동성이 크며, 소량 생산이 특징인 분야에 집중하고 있다. 실제 적용 사례를 보면 소비재를 대량으로 생산하는 공장이 아니라 드론, 위성, 첨단 배터리, 추진 시스템처럼 복잡한 기계

장치를 만드는 곳에 초점이 맞춰져 있다. 워프스피드가 해결하려는 문제들 역시 이러한 산업의 전형적인 특징을 반영한다. 예를 들어, 생산 일정을 상황에 따라 계속 바꾸는 '동적 생산 스케줄링', 설계 변경을 효율적으로 관리하는 '엔지니어링 변경 관리', 부품이 부족할 때 대처하는 '공급 부족 대응' 등이 여기에 해당된다. 이러한 문제들은 설계 변경이 잦고 공급망이 불안정하며 생산 공정이 고객 맞춤형으로 이루어지는 산업에서 흔히 발생한다. 이는 안정적인 대량 생산에 맞춰 설계된 기존의 전사적자원관리ERP 시스템이 제대로 대응하기 어려운 부분이기도 하다. 따라서 워프스피드는 모든 전사적자원관리 시스템을 대체하려는 것이 아니다. 대신 속도와 적응력이 무엇보다 중요한, 부가가치가 높은 틈새시장을 정밀하게 겨냥하고 있다. 이 시장은 국가 방위와 미래 산업의 경쟁력에서 핵심 역할을 한다.

워프스피드의 기술 구조는 팔란티어의 핵심 플랫폼인 파운드리와 인공지능 플랫폼AIP을 기반으로 한다. 그 위에 특정 목적을 위해 설계된 응용 프로그램 계층이 있는데, 이 계층이 하나의 '운영체제'처럼 작동한다. 즉, 워프스피드는 독립적인 제품이 아니라, 파운드리의 데이터 통합 및 관리 능력과 인공지능 플랫폼의 거대언어모델 및 다른 인공지능 모델 활용 능력을 바탕으로 움직이는 시스템이다. 팔란티어의 2025년 1분기 투자자 발표 자료는 워프스피드가 회사의 핵심 플랫폼 역량과 직접적으로 연결되어 있음을 분명히 보여준다.

기술적 차별성의 중심에는 팔란티어 온톨로지가 있다. 이는 여러 곳에 흩어져 있는 데이터, 업무 논리, 그리고 실행 가능한 조치들을 서로 연결하여, 쉽게 찾아내고 재사용할 수 있는 구성 요소로 만들어준다. 특히, 제품 설계에 필요한 부품 목록인 엔지니어링 기준 정보eBOM와 실제 제조에 필요한 부품 목록인 제조 기준 정보mBOM 사이의 고질적인 차이를 메워준다.

또한 제품의 전체 수명 주기를 관리하는 시스템PLM과 기업 자원을 관리하는 시스템ERP 사이의 단절된 정보 흐름을 해결한다. 항공우주 및 국방 기업인 시에라 네바다 코퍼레이션SNC은 파운드리 온톨로지를 활용하여 엔지니어링, 공급망, 제조에 이르는 전반적인 사업 수행 방식을 혁신하고 있다. 과거에는 데이터가 재무, 엔지니어링, 생산 현장 등 각각의 부서별로 고립된 응용 프로그램에 갇혀 있었다. 온톨로지는 이러한 기존 시스템의 근본적인 결함을 해결하는 핵심적인 방법이다. 온톨로지는 전체 사업에 대한 통합된 논리적 그림을 만들어냄으로써, 데이터가 조각나 있을 때는 불가능했던 종합적인 분석과 조치를 가능하게 한다.

워프스피드의 구체적인 기능들은 전통적인 제조 소프트웨어가 가진 고질적인 문제들을 직접 해결하도록 설계되었다. 대표적으로 'MRP 스피드' 기능은 자재 소요량 계획MRP을 더 빠르고 정확하게 세울 수 있게 해준다. 이는 지속적이고 동적으로 전체 공급망 네트워크를 최적화하고 다양한 상황을 가정한 시나리오 모델링을 통해 가능하다. 이러한 방식은 종종 느리고 정해진 주기에 따라 일괄적으로 처리되던 기존 자재 소요량 계획 시스템과 뚜렷한 대조를 이룬다. 또한 '엔지니어링 변경을 위한 지속적 통합/지속적 배포CI/CD for Engineering Changes' 기능은 엔지니어링 설계와 생산 현장에서의 실제 실행 사이의 마찰을 줄여준다. 이 기능은 엔지니어링 변경 사항을 신속하고 효율적으로 적용하고 배포하는 데 필요한 다양한 도구들을 제공한다. 특히, SAP, 넷스위트, 코스트포인트와 같은 기존 전사적자원관리ERP 시스템에 갇혀 있던 데이터를 24시간 안에 풀어낼 수 있다는 팔란티어의 주장은 주목할 만하다. 보통 이러한 시스템 통합 프로젝트는 수년에 걸쳐 진행되고 수백만 달러의 비용이 드는 것이 업계의 통상적 관행이었다. 팔란티어의 접근은 이와 같은 기존 관행에 정면으로 도전하는 것이다. 이는 단순한 기술 혁신을 넘어, 시장에 먼저 진입해 고객사를 확보한 뒤 점차 서비스 범위를 넓혀가는 '랜드 앤 익스팬드land-and-expand' 전략의 일부이다. 더불어, 인터넷 연결이 끊어지거나 간헐적이고 대역폭이 낮은 극한 환경의 현장 장비(엣지 디바이스)에서도 인공지능 모델을 실행할 수 있는 능력은 국방 및 현대적 공장 환경에서 필수 기능이다. 워프스피드의 전략은 기존의 데이터베이스나 전사적자원관리ERP 시스템을 범용 부품처럼 만들고, 가치의 중심을 운영과 의미를 연결하는 계층으로 옮기는 것으로 분석된다.

SAP와 같은 전통적인 ERP 시스템 공급업체들은 모든 핵심 데이터가 저장되는 기록 시스템으로서 막대한 가치를 쌓아왔다. 워프스피드가 이러한 시스템의 데이터를 신속하게 잠금 해제할 수 있다는 것은, 기존 ERP를 단순히 데이터를 제공하는 하나의 창구, 즉 '지능이 없는' 지원 시스템으로 취급하겠다는 의도를 보여준다. 사업의 논리, 부서 간 분석, 의사 결정과 같은 진정한 지능은 팔란티어의 온톨로지 안으로 옮겨가게 된다. 이는 힘의 균형을 바꾸는 효과를 가져온다. 고객은 더 이상 기존 ERP의 경직된 업무 방식에 얽매이지 않게 된다. 대신 워프스피드 안에서 여러 낡은 시스템을 아우르는 유연하고 인공지능 기반의 업무 절차를 만들 수 있다. 시간이 지나면서 기존 시스템들은 단순한 보조 도구로 전락하고, 온톨로지가 대체 불가능한 두뇌 역할을 하게 될 것이다. 이러한 접근 방식은 팔란티어의 '독자적인 견해를 가진 소프트웨어'라는 철학을 구현한 것이다. 이는 여러 부품을 조립하는 방식보다는 모든 기능이 하나로 깊게 통합된 시스템에 근본적인 승부를 거는 전략이다.

현대 소프트웨어 개발의 주류는 종종 여러 전문화된 도구를 조합하는 모듈식, 즉 '최고의 부품들을 모아 쓰는best-of-breed' 접근 방식을 선호한다. 그러나 워프스피드는 정반대의 철학을 대표하며, 모든 기능이 깊이 통합된 단일 시스템을 지향한다. 한 분석가의 지적처럼, 팔란티어는 "사용자를 위해 많은 설계 결정을 이미 내려놓았다." 이러한 독자적인 견해는 성공하면 큰 이익을 얻지만 실패하면 큰 손실을 보는 고위험 고수익 전략이다. 팔란티어의 견해와 딱 맞는 문제를 가진 고객에게는 놀라울 정도로 신속하게 가치를 제공할 수 있다. 하지만 그렇지 않은 고객에게는 경직되고 특정 회사 제품에 의존하게 만드는 시스템으로 느껴질 수 있다. 워프스피드는 현대 제조업의 복잡성이 이처럼 깊은 수준의 통합을 요구한다는 팔란티어의 대담한 가설을 바탕으로 한다. 여러 시스템이 분리되어 발생하는 고통이 너무 크기 때문에, 고객들이 결국 모듈 방식이 주는 표면적인 자유를 포기하고 통합된 운영체제의 강력한 성능을 선택할 것이라는 믿음이다.

워프스피드의 실제 적용 사례는 주로 미국의 국방 및 항공우주 분야에서 찾아볼 수 있다. 이 분야는 속도, 보안, 복잡성 관리가 핵심 과제이기 때문에, 워프스피드의 성능을 시험하고 입증하기에 가장 이상적인 무대가 된다. 앤듀릴 인더스트리는 자사의 무기 관리 시스템인 '아스널 OS'의 일부로 워프스피드를 활용하여, 상황에 따라 자재 소요 계획을 세우고 새로운 부품 구성을 관리하고 있다. 이를 통해 "공급 부족을 예측하고 대응하는 능력에서 최대 200배의 효율성 향상"을 경험했다고 보고했다. 쉴드 AI는 V-BAT 드론의 "엔지니어링 변경 주기를 단축"하고 생산 계획을 최적화하기 위해 워프스피드 운영체제를 활용한다. L3해리스는 "설계, 구성, 생산 간의 단절된 고리를 닫기 위해" 워프스피드를 도입하여, 여러 계획을 동시에 수립하고 지능적으로 재고를 관리하고 있다. 시에라 네바다 코퍼레이션은 복잡한 사업 전반에 걸쳐 "엔지니어링, 공급망, 제조를 아우르는 인공지능 기반의 협업과 조율"을 위해 워프스피드를 사용한다. 미 육군의 첫 인공지능 정의 지능 시스템인 타이탄TITAN 프로그램의 주 계약자인 팔란티어는 워프스피드를 이용해 시스템을 납품, 통합, 현장 배치하는 과정을 관리한다. 이를 통해 일정 충돌이나 장비 부족 문제를 사전에 파악하고 해결한다. 이러한 사례들은 워프스피드가 단순히 과정의 일부를 최적화하는 것을 넘어, 설계부터 납품까지 제조의 전체 수명 주기를 지휘하고 통제하는 시스템으로 기능하고 있음을 보여준다. 이는 복잡한 국방 사업에서 매우 중요한 역량이다.

워프스피드는 국방 분야에 뿌리를 두고 있지만, 비슷한 복잡성과 탄력적인 공급망을 필요로 하는 상업 분야로도 적용 범위를 넓히고 있다. 파나소닉 에너지 북미 법인PENA은 워프스피드를 사용하여 네바다 배터리 공장의 "제조 운영을 신속하게 전환"하고 캔자스 신규 공장의 "가동을 앞당기고" 있다. 이를 통해 미국 에너지 공급망을 강화하는 데 기여하고 있다. 다이버전트 테크놀로지스Divergent Technologies는 자사의 3D 프린팅 기반 제조 시스템DAPS을 워프스피드와 통합했다. 이를 통해 고객이 공급망의 약점을 파악한 후, "필수 부품을 즉시 주문하여 생산함으로써 직접적으로 문제를 해결"할 수 있도록 지원한다. 제너럴 밀스General Mills는 공식적으로 워프스피드 그룹의 회원은 아니지만, 팔란티어 플랫폼을 도입하여 성공한 중요한 사례로 언급된다. 이 회사는 "공급망 및 재고 관리에서 낡고 번거로우며 수작업에 크게 의존하던 전사적자원관리ERP 업무 방식"을 팔란티어 플랫폼으로 대체했는데, 이 경험이 워프스피드의 기반이 되었다.

이러한 사례들은 워프스피드 플랫폼이 광범위하게 적용될 수 있다는 가능성을 증명한다. 거대한 배터리 공장(기가팩토리)을 증설하거나, 변화에 빠르게 대응하는 주문형 공급망을 구축하는 과제는 국방 제조업의 복잡성과 맞닿아 있다. 특히 다이버전트와의 파트너십은 워프스피드가 단일 기업을 넘어 전체 산업 생태계를 위한 네트워크 운영체제로 발전할 수 있는 미래를 암시한다. 앤듀릴이 주장하는 '200배 효율성 향상'이라는 수치는 강력한 마케팅 도구지만, 그 진정한 의미는 단순한 효율성이 아니라 '회복탄력성'을 측정한다는 데 있다. 이 수치는 '공급 부족을 예측하고 대응하는 능력'에 대한 효율성 증가를 의미하는데, 이는 안정적인 공정을 최적화하는 전통적인 제조업의 성과 지표와는 근본적으로 다르다. 앤듀릴의 지표는 예측 불가능한 혼란 속에서의 성과에 초점을 맞추고 있다. 이는 워프스피드가 안정된 환경의 최적화가 아닌, 변동성이 큰 환경에서 이기기 위해 설계된 운영체제임을 명확히 보여준다.

다이버전트의 주문형 제조 시스템과의 통합은 소프트웨어로 정의되는 공급망의 미래를 엿볼 수 있는 중요한 사례이며, 워프스피드의 잠재적인 '핵심 성공 요인(킬러 앱)'이 될 수 있다. 현재의 공급망은 대부분 물리적이고 느리다. 부품 하나가 부족하면 생산 라인이 몇 주간 멈출 수 있다. 그러나 워프스피드와 다이버전트의 통합은 디지털 기술로 식별된 문제(부품 부족 가능성)를 디지털로 실행되는 해결책(부품의 주문형 3D 프린팅)으로 직접 연결한다. 이는 공급망을 일련의 물리적 전달 과정에서 소프트웨어로 조율되는 업무 흐름으로 전환시키는 것이다. 이것이야말로 '단절된 고리를 닫는다'는 개념을 물리적으로 구현한 것이다. 이 기능은 워프스피드를 제조 '관리' 시스템에서, 새롭고 민첩하며 탄력적인 분산 제조를 '가능하게 하는' 시스템으로 격상시킨다. 이는 플랫폼의 전략적 가치를 폭발적으로 확장시킬 잠재력을 품고 있다.

워프스피드는 광범위한 기업용 소프트웨어 시장에서 기존의 전사적 자원 관리ERP 시스템을 직접적으로 겨냥하는 경쟁자로 부상하고 있다. 특히 SAP와 같이 오래된 ERP 시스템을 겨냥하여, 이들 시스템이 담당하던 핵심적인 업무 논리와 절차를 대체하려는 목표를 분명히 한다. 팔란티어의 최고기술책임자 샴 산카는 기존 ERP 시스템이 생산 현장의 필요보다는 최고재무책임자CFO의 관점에서 설계되었다고 비판했다. 그는 스페이스X와 같은 혁신적인 기업들이 결국 자신들만의 시스템을 구축하는 길을 택한 사례를 지적하며, 기성 소프트웨어의 한계를 강조했다. 실제로 워프스피드가 제공하는 자재 소요량 계획MRP이나 공급망 관리와 같은 기능들은 전통적인 ERP의 역할을 흡수하도록 설계되었다. 이는 단순히 기존 시스템에 분석 기능을 덧붙이는 수준을 넘어, 기업 운영의 바탕이 되는 운영 체제OS의 자리를 차지하려는 큰 그림을 보여준다.

반면, 데이터브릭스와의 관계는 각자의 강점을 결합하는 전략적 협력에 가깝다. 이 협력은 팔란티어의 '인공지능 운영체제'와 데이터브릭스의 '데이터 플랫폼'을 하나로 묶는 것을 목표로 한다. 구체적으로는 팔란티어의 온톨로지 기술을 데이터브릭스의 대규모 데이터 처리 능력 및 효율적인 저장소인 레이크하우스와 통합하는 방식이다. 이러한 협력 관계는 이미 미국 국방부DoD나 석유회사 BP와 같은 주요 공동 고객을 확보하며 그 효과를 입증하고 있다. 따라서 두 회사의 제휴는 단순한 기술 교류를 넘어, 아마존웹서비스AWS, 마이크로소프트 애저Azure, 구글 클라우드 플랫폼GCP 같은 거대 클라우드 기업에 맞서기 위한 공동 전선의 성격을 띤다. 두 회사는 고객에게 특정 클라우드 서비스에 종속되지 않고 여러 공급업체의 최고 기술만을 조합하여 사용하는 대안을 제시한다. 이를 통해 기업들은 단일 생태계에 갇히는 위험을 피할 수 있는 강력한 선택권을 얻게 된다. 이 관계에서 데이터브릭스는 코드 중심으로 대규모 데이터를 처리하고 기계 학습 모델을 훈련하는 '데이터 공장'의 역할을 맡는다. 그리고 팔란티어는 그 데이터와 모델을 기업의 실무자들이 현장에서 즉시 활용할 수 있도록 의미를 부여하고, 실제 행동으로 이어지는 응용 프로그램을 제공하며 서로를 보완한다.

스노우플레이크와의 관계는 근본적으로 다른 철학에서 출발하기에 앞선 두 경우와는 성격이 다르다. 스노우플레이크는 데이터를 효율적으로 저장하고 검색하여 분석하는 데 최적화된 클라우드 데이터 플랫폼이다. 반면 팔란티어는 분석에서 한 걸음 더 나아가, 실제 행동을 이끌어내기 위해 뚜렷한 관점으로 설계된 운영체제 모델을 지향한다. 한 분석가의 비유처럼, 스노우플레이크는 '필요할 때 데이터를 꺼내 분석하기 위한' 도구이고, 팔란티어는 '정해진 업무를 올바르게 처리하기 위한' 도구에 가깝다. 이처럼 두 플랫폼은 목적이 다르기에 직접 비교하는 것은 적절하지 않다. 따라서 기업은 중앙 데이터 저장소로 스노우플레이크를 활용하면서, 동시에 그 위에 특정 운영 업무를 처리하기 위한 응용 프로그램을 구축하기 위해 팔란티어를 함께 사용할 수 있다. 두 플랫폼은 충분히 공존할 수 있으며, 워프스피드를 통해 운영의 영역을 주도하려는 팔란티어의 목표는 현재 스노우플레이크가 직접적으로 경쟁하지 않는 분야이다.

궁극적으로 워프스피드의 성공 여부는 시장의 무게 중심이 데이터를 저장하는 '기록 시스템'에서 행동을 유도하는 '행동 시스템'으로 이동하는 거대한 변화의 신호탄이 될 수 있다. 지난 수십 년간 세일즈포스는 고객 데이터를, SAP는 재무 데이터를, 그리고 스노우플레이크는 기업의 모든 데이터를 저장하고 정리하는 '기록 시스템'을 구축하여 가장 가치 있는 기업용 소프트웨어 회사로 성장했다. 하지만 인공지능 기술의 발전은 단순히 데이터를 저장하는 것을 넘어, 그 데이터를 활용해 의사결정을 내리고 업무 흐름을 자동화하는 새로운 종류의 소프트웨어, 즉 '행동 시스템'을 탄생시켰다. 워프스피드는 이러한 행동 시스템의 대표적인 사례로, 기록 시스템에서 데이터를 가져와 제조 공정을 조율하는 등 실제 행동을 실행하는 데 핵심 목적을 둔다. 만약 워프스피드가 시장에서 큰 성공을 거둔다면, 이는 기업의 가치를 창출하는 핵심이 바로 이 행동 시스템을 얼마나 효과적으로 구축하는지에 달려 있다는 새로운 가설을 증명하는 계기가 될 것이다.

하지만 이처럼 시장의 판도를 바꾸려는 야심 찬 계획이 성공하기까지는 여러 현실적인 장벽이 존재한다. 팔란티어의 워프스피드는 혁신적인 가치를 제안하는 만큼, 상당한 비용과 위험 부담을 동반한다. 비판가들과 일부 고객들 사이에서 꾸준히 제기되는 문제는 플랫폼 도입에 드는 막대한 비용과, 한번 도입하면 다른 시스템으로 전환하기 어려운 '공급업체 종속' 문제다. 레딧과 같은 온라인 커뮤니티에서는 워프스피드의 비용이 매우 비싸다는 평가를 쉽게 찾아볼 수 있으며, 높은 비용 부담 때문에 결국 시스템 사용을 중단한 기업의 사례도 거론된다. 실제로 영국의 국민보건서비스NHS는 팔란티어와의 계약을 추진하는 과정에서 여러 감시 기관으로부터 공급업체 종속의 위험성에 대해 심각한 경고를 받기도 했다. 이러한 종속의 위험은 역설적이게도 워프스피드가 추구하는 핵심 가치에서 비롯된다. 워프스피드는 기업 운영의 심장부라 할 수 있는 핵심 업무 논리를 직접 대체하는 통합 운영체제를 목표로 한다. 이처럼 기업의 깊숙한 곳에 자리 잡은 시스템을 교체하는 것은 단순히 분석 도구를 바꾸는 것과는 차원이 다른 문제다. 이는 마치 비즈니스의 심장을 이식하는 것과 같은 거대한 수술에 비유할 수 있다. 그렇기 때문에 워프스피드를 도입하는 최초의 결정은 기업의 미래를 좌우할 수 있는 매우 중대한 사안이 된다.

팔란티어의 윤리적 논란과 친미적 정체성은 더 넓은 시장을 포기하는 대신, 선택한 시장에서 더 깊고 방어적인 입지를 구축하려는 전략적 선택으로 볼 수 있다. 일반적인 소프트웨어 회사는 전 세계 시장을 극대화하기 위해 가능한 한 중립을 지키려 하지만, 팔란티어는 정반대의 길을 걷는다. 최고경영자 알렉스 카프는 공개적으로 이념적 견해를 밝히며 회사를 서구 가치의 수호자로 자리매김시킨다. 이는 잠재적 시장의 상당 부분(예: 중국, 러시아, 심지어 미국의 영향력을 경계하는 일부 유럽 국가)과 기술 인재 풀의 일부를 멀어지게 한다. 하지만 핵심 시장인 미국 정부와 그 동맹국들에는 팔란티어가 단순한 공급업체가 아닌, 신뢰할 수 있는 장기적 파트너라는 강력한 신호를 보낸다. 이는 세계에서 가장 수익성이 높고 안정적인 정부 및 국방 시장에서 회사의 방어벽을 더욱 깊게 파는 계산된 선택이다.

워프스피드의 미래 방향은 단순한 의사결정 지원을 넘어, 복잡한 사업 과정을 자율적으로 실행하는 '기업 자율성'이라는 장기적인 비전을 향해 있다. 팔란티어의 2025년 1분기 실적 발표에서 경영진은 "인공지능 플랫폼 AIP이 기업 자율성에 초점을 맞춘 제품 개발 및 채택의 다음 단계에 진입했다"고 명시했다. 또한 AIP가 "기업이라는 거대한 코끼리를 먹어치울 인공지능 실행 요원(에이전트)을 구축, 테스트, 평가, 배포하기 위한 최고의 도구"라고 선언했다. 최고경영자 알렉스 카프 역시 AIP가 기존의 복잡한 백엔드 개발 과정을 "퇴물로 만들고 있다"고 언급한 바 있다. 워프스피드는 이러한 비전을 제조업 분야에서 실현하기 위한 발판이다. MRP 스피드의 지속적인 최적화처럼 초기 기능들은 이미 그 방향성을 보여주고 있다. 미래에는 인공지능 에이전트가 생산 일정 관리, 부품 주문, 품질 관리 문제 대응, 물류 경로 재설정 등을 실시간으로 자율 처리할 가능성이 높다. 인간은 이러한 과정을 감독하고 예외적인 상황을 처리하는 역할로 전환될 것이다.

이러한 비전은 팔란티어의 성장 스토리의 핵심 기둥 역할을 한다. 회사의 재무 성과와 미래 전망은 인공지능 플랫폼의 성공에 밀접하게 연결되고 있다. 특히 워프스피드는 중요한 미국 상업 및 산업 시장에서 고객 확보를 주도하는 핵심 신제품으로 떠오르고 있다. 팔란티어가 주최하는 단기 집중 교육 프로그램인 AIP 부트캠프에 참여한 고객들이 단기간에 대규모 다년 계약으로 전환하는 사례들은 이러한 성장세를 증명하는 지표다. 전략적으로 워프스피드는 팔란티어가 정부 중심의 기업이라는 평판을 넘어, 거대한 상업 제조 및 전사적자원관리ERP 시장을 공략할 수 있게 해주는 필수적인 무기다. 워프스피드의 성공 여부는 팔란티어가 높은 주식 가치를 정당화하고 분석가들이 기대하는 폭발적인 성장을 달성할 수 있을지를 결정하는 주요 변수가 될 것이다.

워프스피드가 지향하는 궁극적인 가치는 개별 공장의 효율을 높이는 데 머무르지 않는다. 그보다는 여러 산업체가 하나의 네트워크처럼 민첩하게 연결되어 움직이는 새로운 산업 생태계를 구축하는 데 있다. 다이버전트와의 협력 관계는 이러한 미래상을 현실로 구현한 대표적인 사례라고 할 수 있다. 이 협력 모델의 핵심은 소프트웨어를 통해 고객의 요구를 공급업체의 생산 역량과 직접적으로 연결하는 것이다. 즉, 워프스피드 소프트웨어가 고객이 필요로 하는 부분을 정확히 파악하면, 그 정보가 즉시 공급업체인 다이버전트의 주문형 제조 시스템으로 전달되어 맞춤형 생산이 이루어지는 방식이다. 이는 워프스피드가 분산되고 탄력적인 산업 네트워크의 운영체제 역할을 하는 미래를 암시한다. 플랫폼의 공통된 온톨로지를 통해 설계자, 공급업체, 제조업체, 물류 제공업체가 소통하고 협력하는 거대한 웹을 조율할 수 있다. 이는 오늘날의 경직되고 한 방향으로만 흐르는 공급망에서 거대한 변화를 의미하며, '디지털(비트)로 물리적 세계(원자)를 더 잘 주무른다'는 팔란티어의 사명을 완전히 실현하게 될 것이다.

워프스피드의 성공은 거대언어모델LLM이 계속해서 보편화되고 저렴해지는 추세에 달려 있다. 팔란티어 경영진이 언급했듯이, 여러 제공업체의 거대언어모델 성능이 비슷해지고 추론 비용이 하락함에 따라, 진정한 가치는 모델 자체가 아니라 이를 효과적으로 '활용'할 수 있는 플랫폼으로 이동한다. 워프스피드는 다양한 거대언어모델을 지원하며, 온톨로지를 통해 실제 기업 데이터 및 업무 과정에 연결하는 데 중점을 둔다. 이는 팔란티어가 최고의 기반 모델을 직접 만들 필요 없이, 어떤 모델이든 가장 잘 '사용하는' 플랫폼을 구축하는 데 승부를 걸고 있음을 의미한다. 이 전략이 성공한다면, 모델 제공업체 간의 지속적인 인공지능 기술 경쟁은 오히려 워프스피드의 '차체'에 더 저렴하고 강력한 '엔진'을 제공함으로써 그 가치를 더욱 높여줄 것이다.

궁극적으로 워프스피드는 산업 경쟁력이 물리적 자산보다 기업의 '소프트웨어 기술력'에 의해 더 많이 결정되는 미래를 예고한다. 전통적으로 제조업체의 경쟁력은 공장, 기계, 그리고 독점적인 물리적 공정 기술에서 비롯되었다. 그러나 앤듀릴이나 쉴드 AI와 같이 워프스피드를 사용하는 기업들은 개발 속도, 공급망 민첩성, 복잡성 관리 능력과 같은 소프트웨어 중심의 이점을 바탕으로 경쟁하고 있다. 다이버전트와의 파트너십은 한 걸음 더 나아가, 기업이 물리적인 공장을 소유하지 않고도 필요할 때마다 첨단 제조 역량에 접근할 수 있게 한다. 이러한 미래에서 기업의 핵심 지적 재산은 제품 설계와 더불어, 워프스피드 운영체제의 고유한 구성, 즉 디지털 트윈, 맞춤형 인공지능 에이전트, 최적화된 업무 절차가 될 수 있다. 자신의 소프트웨어 기술력을 사용하여 가장 빠르게 설계하고, 조율하며, 적응하는 기업이 승리하게 될 것이다. 이는 물리적 자산의 소유 여부와는 무관할 수 있다. 이것이야말로 소프트웨어에 의해 정의되는 진정한 의미의 '재산업화'일 것이다.

AIP 부트캠프: 미국 커머셜 세일즈 성장의 엔진

오늘날 기업들은 수많은 데이터를 보유하고 있지만 데이터가 파편화되어 있으면 기업 전체의 상황을 한눈에 파악할 수 없다. 결국 기업은 직관과 경험에 의존해 그때그때 문제를 해결하는 데 그칠 수밖에 없다. 이러한 환경에서는 소수의 숙련된 직원만이 아는 노하우가 조직의 핵심 역량이 된다.

하지만 이는 동시에, 새로 합류한 직원들이 업무에 적응하기 위해 몇 달에 걸친 길고 힘든 학습 과정을 거쳐야만 하는 비효율적인 구조를 낳는다. 미국 파나소닉 에너지 북미법인PENA의 기술자들이 새로운 업무를 익히는 데 3개월에서 6개월이나 소요된 사례가 이를 잘 보여준다. 인공지능과 거대언어모델은 이 모든 문제를 해결할 엄청난 잠재력을 가지고 있다. 하지만 대부분의 기업은 인공지능 기술을 그저 보기 좋은 시제품이나 발표 자료를 만드는 데 그칠 뿐, 실제 업무 환경에 적용하여 가치를 만들어내는 단계까지 나아가지 못하고 있다. 이는 인공지능 기술이 기업 현장에 도입되는 과정에서 발생하는 거대한 병목 현상이라고 할 수 있다. 바로 이 문제를 해결하기 위해 팔란티어의 인공지능 플랫폼AIP 부트캠프가 등장했다.

부트캠프는 기업의 사업 책임자, 현장 실무자, IT 관계자들이 한 팀을 이루어 팔란티어의 초대에 응하면서 시작된다. 1일에서 5일간 진행되는 이 집중 교육 과정의 목표는 매우 분명하다. 바로 몇 시간 또는 며칠 만에 아무것도 없는 상태에서 실제 사용할 수 있는 인공지능 기반 사례를 만들어내는 것이다. 참여 기업은 부트캠프 시작 1~2주 전에, 해결하고 싶은 핵심 문제를 정하고 관련된 정형 및 비정형 데이터를 정적인 형태로 팔란티어에 제공하는 사전 준비를 마친다. 부트캠프 첫날은 인공지능을 통해 무엇을 이룰 수 있는지 그 가능성을 모색하는 시간이다. 참가자들은 팔란티어의 인공지능 플랫폼이 자사의 기술 환경에 적용되었을 때 어떤 놀라운 일이 가능한지를 보여주는 시연을 통해 인공지능 기술의 잠재력을 직접 확인하고, 자신들의 회사에서 어떤 목표를 이룰 수 있을지 구체적으로 생각하게 된다.

그러나 부트캠프의 진짜 핵심은 둘째 날부터 시작되는, 참가자들이 직접 참여하여 함께 시스템을 구축하는 집중적인 실습 단계에 있다. 이때부터 참가팀은 더 이상 수동적인 관객이 아니다. 이들은 팔란티어의 최정예 기술 인력인 '전방 배치 엔지니어'와 나란히 앉아 직접 키보드를 두드리며 문제 해결작업에 뛰어든다. 이 과정은 정해진 각본에 따라 진행되는 발표가 아니라, 마치 즉흥 연주처럼 고객의 구체적인 질문과 원하는 업무 방식에 맞춰 실시간으로 내용이 바뀌며 진행된다. 바로 이 순간, 참가자들은 눈앞에서 마법 같은 일이 펼쳐지는 것을 목격한다. 팔란티어 엔지니어들은 인공지능 플랫폼 어시스트AIP Assist 기능으로 더욱 빨라진 파이프라인 빌더와 코드 리포지토리 같은 도구를 사용하여, 고객사의 흩어져 있던 데이터를 순식간에 연결하고 정제한다. 마침내 팔란티어 기술의 심장부, '온톨로지'가 구축된다. 온톨로지 구축은 앞으로 펼쳐질 모든 혁신을 가능하게 하는 핵심 토대가 된다.

부트캠프의 절정은 참가자들이 문제 해결 과정을 직접 체험하며 진짜 깨달음을 얻는 순간에 찾아온다. 파나소닉 에너지 북미법인 PENA의 사례를 살펴보자. 복잡한 기계 고장 문제로 골머리를 앓던 한 유지보수 기술자가 부트캠프에서 막 만들어진 '애스크 아톰'이라는 응용 프로그램을 사용했다. 그는 오류 코드를 평소 말하는 것처럼 자연스러운 문장으로 입력했다. 과거같았으면 100만 건이 넘는 과거 수리 기록과 1,400개가 넘는 PDF 파일을 몇 시간 동안 직접 뒤져야 했을 것이다. 하지만 인공지능 플랫폼은 온톨로지를 통해 이 모든 구조화, 비정형 데이터를 단 몇 분만에 분석하여 과거의 해결책과 추천 조치를 명확하게 요약해서 제시했다. 이 기술자는 감탄하며 말했다. "이건 단순한 발표 자료가 아니다. 오늘 아침에 발생한 실제 문제를 해결하는 데 도움이 되었다." 이 한 번의 경험은 수리 한 건당 실제 작업 시간을 10~15% 단축하고, 3개월에서 6개월 걸리던 학습 기간을 불과 몇 주로 단축할 수 있다는 구체적인 증거가 되었다. 제이콥스 엔지니어링의 사례역시 극적이다. 미국 애리조나주 피마 카운티 투손 Tucson 지역에 위치한 아구아 누에바 폐수 처리장 Agua Nueva Water Reclamaion Facility 운영 비용 중 가장큰 비중을 차지하는 것은 송풍기 가동에 드는 전기료였다. 부트캠프에서 팔란티어의 워크샵 도구로 구축된 실시간 현황판은 제어 시스템 SCADA의 센서 데이터와 제이콥스의 독자적인 스마트 알고리즘을 온톨로지 위에서 통합했다. 이 응용 프로그램은 가장 효율적인 송풍기 설정값을 예측하여 추천했고, 그 결과는 현장에서 바로 확인할 수 있을 만큼 분명했다. 폐수 처리장 전체 사용량의 20% 절감 가능성이 눈앞에 드러난 것이다.

부트캠프는 참가자들이 그동안의 학습 내용을 공유하고 평가하는 발표회로 마무리된다. 참가팀은 단순히 시연을 본 것이 아니라, 수년간 조직을 괴롭혀 온 고질적인 사업 문제를 해결하는, 실제 작동하는 최소 기능 제품 MVP을 직접 만들어낸 것이다. 이제 팔란티어의 기술을 도입할지 결정하는 것은 영업사원의 장밋빛 약속에 기댄 막연한 선택이 아니다. 이는 스스로 만들어 낸 경험적 증거에 기반한, 논리적이고 필연적인 다음 단계다. 한 전기 장비 회사의 임원은 부트캠프를 경험한 후 이렇게 회고했다. "90분 만에 팔란티어는 인공지능 플랫폼 모듈을 구축했고, 놀라울 만큼 정확했다. 정신이 번쩍 들었다." 수년간 해결하지 못했던 문제를 불과 며칠 만에 해결하는 이 경험이야말로, 파나소닉 에너지 북미법인PENA이 재무, 품질, 제조 부문 전반에 걸쳐 3년간의 확장 계약을 즉시 체결하게 만든 원동력이었다.

사실 인공지능 플랫폼 부트캠프의 본질을 더 깊이 들여다보면, 이는 생성형 인공지능이라는 매력적인 선물을 앞세워 팔란티어의 진정한 핵심 경쟁력인 온톨로지를 기업 내부에 정착시키는 고도로 설계된 전략임을 알 수 있다. 고객들은 화려하고 흥미롭지만 점차 보편화되고 있는 생성형 인공지능의 가능성에 이끌려 부트캠프에 참여한다. 그러나 그들이 떠날 때는, 진정으로 기업 수준의 인공지능을 가능하게 만드는 독보적이고 복제 불가능한 기반 기술, 즉 온톨로지의 힘을 온몸으로 체험한 후다. 부트캠프는 정교하게 설계된 '트로이의 목마'다. 팔란티어는 '인공지능'이라는 지글거리는 스테이크 향기로 고객을 성문 안으로 유인한다. 하지만 고객들은 곧 그 황홀한 향기를 내는 것이 거대한 '스테이크', 즉 파운드리 온톨로지라는 사실을 깨닫고 기꺼이 성문 전체를 내어주게 된다.

전통적인 기업용 소프트웨어 영업 방식은 느리고, 복잡하며, 비용이 많이 들기로 악명 높다. 약 6개월에 달하는 긴 영업 기간, 공급업체가 비용과 위험을 부담하는 값비싼 시범 사업, 그리고 발표 자료를 통해 기능과 장점을 나열하는 방식이 일반적이다. 이러한 낡은 모델은 고객에게 제품이 무엇을 할 수 있는지 '말하는 것'에 기반하며, 이는 필연적으로 구매자의 회의적인 시각을 자극하고 막연한 믿음을 요구한다. 인공지능 플랫폼 부트캠프는 이러한 구조를 근본적으로 파괴한다. 이는 '말하지 말고 직접 보여줘라'는 원칙을 시장 진출GTM 전략의 핵심 철학으로 삼은 결과물이다. 팔란티어는 고객에게 데이터를 통합할 수 있다고 '말하는' 대신, 고객의 실제 데이터를 가져와 몇 시간 만에 통합하는 것을 '보여준다'. 문제를 해결할 수 있다고 말하는 대신, 고객이 스스로 문제를 해결할 수 있는 도구를 제공하여 그 과정을 직접 보여준다. 이러한 접근 방식은 약속이 아닌 증거를 제시하기 때문에 회의론이 끼어들 틈을 주지 않는다. 고객은 성공 이야기의 주인공이 되며, 소프트웨어가 가치 있다는 결론에 스스로 도달하게 된다. 이는 누군가에게 설득당하는 것보다 훨씬 강력한 심리적 동기로 작용한다.

이러한 접근법은 기업 간 거래B2B에서 흔히 발생하는 심리적 편향들을 정면으로 돌파한다. 우선, 가장 강력한 경쟁자는 '경쟁사'가 아니라 현재 상태를 유지하려는 '현상 유지 편향'이다. 기업 고객은 종종 리스크를 회피하기 위해 기존 시스템을 고수하려 한다. 하지만 부트캠프는 고객이 겪고 있는 불편한 현재와, 손에 잡힐 듯 가까운 미래를 생생하게 대비시켜 이러한 관성을 산산조각 낸다. 며칠 만에 구축된 해결책의 압도적인 속도와 영향력은 현재 상태를 고수하는 것이 비논리적이고 비용이 많이 드는 선택으로 보이게 만든다. 또한 부트캠프는 '손실 회피' 심리를 자극한다. 이는 이익을 얻는 기쁨보다 손실을 입는 고통을 더 크게 느끼는 심리로, 가치 제안을 단순히 무언가를 얻는 것뿐만 아니라 손실을 피하는 것으로 다시 생각하게 만든다. 파나소닉 에너지 북미법인PENA 기술자들의 비효율적인 시간이나 제이콥스의 과도한 에너지 비용처럼, 새로운 해결책을 도입하지 않음으로써 기업은 매일 기회비용을 적극적으로 '손실'하고 있다는 점을 부각시킨다. 부트캠프는 이 기회비용을 즉각적이고 실체적인 것으로 만든다.

마지막으로, 부트캠프는 그 자체로 강력한 심리적 효과를 발휘하며, 이는 '사회적 증거'와 '권위 편향'이라는 두 가지 원리로 설명할 수 있다. 파나소닉, 제이콥스, 미국 은퇴자 협회AARP, 로우즈와 같이 세계적으로 인정받는 기업들이 부트캠프에 참여하고 그 성과를 공개적으로 높이 평가했다. 이러한 성공 사례가 알려지자, 다른 기업들 사이에서도 유행에 동참하려는 심리가 확산되었다. 이는 다수의 선택을 무비판적으로 따르게 되는 '밴드왜건 효과'를 만들어내며, 강력한 사회적 증거로 작용한다. 나아가 부트캠프는 '권위 편향'을 효과적으로 활용한다. 고객은 팔란티어의 핵심 기술 인력인 '전방 배치 엔지니어'와 직접 머리를 맞대고 해결책을 모색하게 된다. 고객사에 상주하며 기술적 난제를 해결하는 이들은 해당 분야의 최고 전문가로 인식된다. 이처럼 최고의 전문가와 협력하는 경험은 팔란티어의 기술력에 대한 강력한 신뢰를 형성하고, 고객이 그들의 제안을 신뢰하게 만드는 기반이 된다.

　인공지능 플랫폼 부트캠프의 진정한 차별점은 그 중심에 온톨로지가 있다는 사실에서 비롯된다. 데이터브릭스나 스노우플레이크와 같은 경쟁사들도 강력한 데이터 및 인공지능 플랫폼을 제공한다. 그러나 그들의 접근 방식은 종종 고객이 직접 '팔란티어'와 같은 시스템을 구축해야 하는, 유연하지만 코드 중심적인 도구 상자에 가깝다. 반면, 팔란티어의 온톨로지는 조직의 '디지털 트윈'으로서 미리 구축된 의미 있는 정보 계층을 제공하는 '비밀 병기'다. 이것이 바로 부트캠프에서 목격되는 초고속 데이터 통합과 응용 프로그램 구축을 가능하게 하는 핵심 요소다. 경쟁사가 '부트캠프'라는 아이디어를 모방할 수는 있다. 5일짜리 교육 과정을 제공할 수도 있을 것이다. 하지만 그 결과를 똑같이 만들어낼 수 있을까? 연구 결과는 '아니오'라고 말한다. 부트캠프의 성공은 고객의 복잡하고 정돈되지 않은 데이터로부터 신속하게 온톨로지를 생성하고, 그 위에 실제 작동하는 응용 프로그램을 구축하는 능력에 달려 있다. 이 능력은 팔란티어가 지난 20년간 이 특정 구조를 개발하며 쌓아온 선점 우위의 결과물이다. 경쟁사의 플랫폼은 근본적으로 다른 방식으로 설계되었기 때문에, 이처럼 빠르고 강력한 '보여주기'

식 시연을 실행하기가 매우 어렵다.

따라서 인공지능 플랫폼 부트캠프는 단순한 시장 진출 전략을 넘어, 경쟁사가 쉽게 모방할 수 없도록 설계된 '경쟁 우위의 시연' 그 자체다. 이는 팔란티어의 독보적인 구조적 우위인 온톨로지를 영업 및 마케팅의 동력으로 전환시킨 것이다. 최근 발표된 팔란티어와 데이터브릭스의 파트너십은 이러한 차이점을 간접적으로 인정하는 증거로 볼 수 있다. 이 파트너십은 고객이 각 플랫폼의 강점을 최대한 활용하도록 돕는다. 즉, 데이터브릭스는 데이터 처리에, 팔란티어는 온톨로지 계층과 운영 응용 프로그램에 집중함으로써 서로의 핵심 역량을 복제하려 하기보다는 상호 보완하는 길을 택한 것이다.

팔란티어의 'AIP 부트캠프'는 미국 상업 부문의 폭발적인 성장을 이끈 핵심 동력이다. 이러한 주장은 단순한 추측이 아니라, 구체적인 수치와 시간의 흐름에 따라 명확하게 증명된다. 부트캠프 전략이 본격적으로 시작된 2023년 중반부터 그 확산 속도는 놀라웠다. 팔란티어는 2023년 3분기에 이미 4개월 만에 560개의 부트캠프를 진행했다고 밝혔다. 이듬해인 2024년 1분기에는 해당 분기에만 660개가 넘는 부트캠프를 열었으며, 최고경영자CEO 알렉스 카프는 2024년 한 해 동안 총 3,000개의 부트캠프를 진행할 것으로 전망하기도 했다. 부트캠프의 이러한 기하급수적인 증가는 회사의 재무제표에 즉각적인 성과로 나타났다. 특히 가장 중요한 시장인 미국 상업 부문의 매출 성장률은 부트캠프의 확산 시점과 정확히 일치하며 가속도가 붙었다. 2024년 1분기 40%였던 성장률은 2분기에 55%, 4분기에는 64%로 꾸준히 상승했다. 마침내 2025년 1분기에는 전년 동기 대비 71%라는 경이적인 성장률을 기록하며, 두 현상 사이의 강력한 연결고리를 증명했다.

AIP 부트캠프의 영향력은 당장의 매출을 넘어, 미래 수익의 기반을 극적으로 확장시키는 데 더욱 뚜렷하게 드러난다. 미래 수익의 규모를 예측하게 해주는 '총계약가치TCV'가 그 증거다. 2024년 4분기에 전년 대비 134% 증가한 총계약가치는 이듬해인 2025년 1분기에 다시 183%라는 폭발적인 증가율을 보였다. 이는 부트캠프가 단기적인 성과를 넘어, 크고 장기적인 계약으로 이어지고 있음을 보여준다. 미래 수익의 확실성을 보여주는 '잔여계약가치RDV'는 더욱 인상적이다. 이미 계약을 마쳤지만 아직 매출로 잡히지 않은 이 금액은 2025년 1분기에 전년 대비 127%나 급증하며 23억 2,000만 달러(약 3조 1,788억 원)에 달했다. 이는 앞으로 막대한 잠재 수익이 꾸준히 실현될 것임을 의미한다. 이러한 재무적 성과는 고객 수의 꾸준한 증가가 뒷받침하고 있다. 2024년 내내 미국 상업 고객 수가 분기마다 70% 안팎의 높은 증가율을 유지한 것은 부트캠프가 신규 고객을 발굴하고 유료 고객으로 전환하는 데 매우 효과적이라는 사실을 입증한다. AIP 부트캠프의 확산, 분기별 매출 성장률의 가속화, 그리고 미래 수익 지표의 폭발적 증가는 모두 같은 시기에 일어난 독립적인 사건이 아니다. 이 모든 데이터는 하나의 결론을 가리킨다. AIP 부트캠프는 팔란티어의 성장을 이끄는 가장 강력한 엔진이며, 이는 반박하기 어려운 수치로 증명되고 있다.

AIP 부트캠프는 고객 획득 비용CAC 대비 고객 생애 가치CLV 비율을 최적화하기 위한 고도의 전략적 투자임을 알 수 있다. 과거 팔란티어의 모델은 높은 고객 획득 비용과 긴 가치 실현 시간으로 비판받았다. 부트캠프 모델 역시 겉보기에는 인력과 자원이 많이 투입되는 것처럼 보이지만, 데이터는 그것이 놀라울 정도로 효율적임을 보여준다. 무료 또는 저비용으로 제공되는 부트캠프는 3~6개월 내 참가자의 5~10%를 유료 고객으로 전환시킨다. 이는 팔란티어의 '고객 획득' 단계에 해당하며, 초기에는 손실을 감수할 수도 있다. 그러나 일단 확보된 고객은 시범 사업에서 시작해 2년 내 2,000만 달러(약 274억 원) 규모의 계약으로 빠르게 확장하는 경향을 보인다. 이는 '고객 가치 확장' 및 '규모화' 단계로 이어지며, 기존 고객으로부터 발생하는 매출이 얼마나 성장하는지를 보여주는 높은 순달러유지율로 대표된다. 과거 데이터에 따르면 이 단계에서는 55%에 달하는 매우 높은 이익률을 창출한다. 결국 인공지능 플랫폼 부트캠프는 영업 주기를 압축하고 가치를 먼저 '보여줌'으로써 초기 손실을 감수하고서라도 고객을 확보하는 전략적 선행 투자다. 그리고 일단 플랫폼에 정착한 고객으로부터는 플랫폼의 강력한 확장성과 고착 효과를 통해 막대한 고수익을 장기간에 걸쳐 창출한다. 이는 느리고 점진적인 재무 모델을, 한번 탄력이 붙으면 스스로 계속 돌아가는 '플라이휠'처럼 가속화된 성장과 수익성의 선순환 구조로 전환시키는 것이다. 이는 부트캠프 모델이 확장 불가능하다는 주장에 대한 직접적인 반박이며, 오히려 고부가가치 확장에 집중함으로써 수익성 있게 확장되도록 설계되었음을 보여준다.

팔란티어 경영진이 제시하는 궁극적인 비전은 단순히 작업자의 생산성을 높이는 유용한 '보조 조종사'를 만드는 데 그치지 않는다. 그 목표는 '기업 자율성'의 실현이다. 이는 공급망 최적화에서부터 금융 상품 개발에 이르기까지, 기업의 전체 업무 흐름을 자동화하는 인공지능 대리인 군단을 배치하는 것을 의미한다. 이 비전에서 인간의 역할은 업무를 직접 수행하는 것에서 인공지능 대리인 군단을 감독하는 것으로 전환된다. 인공지능 플랫폼 부트캠프는 바로 이 원대한 여정의 결정적인 첫걸음이다. 고객이 처음으로 자신들의 데이터와 온톨로지 위에서 인공지능 대리인을 구축하고 업무 흐름을 자동화하는 개념을 접하는 곳이 바로 부트캠프이기 때문이다. 이는 자율적 기업으로 나아가는 진입로 역할을 한다.

물론, 부트캠프와 같이 고도로 개인화된 집중 지원 모델의 본질적인 과제는 확장성이다. 팔란티어는 이 문제를 해결하기 위해 부트캠프를 전문화하고 반복 가능한 형태로 '제품화'하는 전략을 구사하고 있다. 제조업 부문을 겨냥한 '워프스피드'는 미국 내 제조업 부흥과 생산 가속화를 지원하기 위해 특화된 프로그램이다. '페드스타트'는 소규모 기술 기업들이 팔란티어의 보안 인가된 정부 환경에서 자사 응용 프로그램을 운영할 수 있도록 지원하는 '서비스형 인가' 모델이다. 이는 잠재적 경쟁자를 파트너로 전환시키고 팔란티어 생태계로 유입시키는 동시에, 국방 계약을 따내기 위한 경로를 극적으로 단축시켜 준다. 또한, 마이크로소프트나 데이터브릭스와 같은 거대 기술 기업과의 전략적 파트너십은 강력한 유통 채널로 기능한다. 특히 마이크로소프트와의 파트너십에는 국방 및 정보 커뮤니티를 위한 공동 '부트캠프 경험' 제공이 명시되어 있어, 마이크로소프트의 광범위한 고객 기반을 팔란티어의 시장 진출 동력으로 직접 연결하는 효과를 낳는다.

팔란티어의 최종 목표는 자사의 플랫폼들(파운드리, 고담, 인공지능 플랫폼)이 인공지능 시대의 현대 기업을 위한 필수불가결한 '중앙 운영 체제'가 되는 것이다. 이 비유에서 인공지능 플랫폼 부트캠프는 '설치 과정'에 해당한다. 이는 운영 체제가 기업의 '하드웨어', 즉 데이터, 인력, 업무 절차 위에 설치되는 방식이다. 한번 설치된 플랫폼은 조직 깊숙이 뿌리내리며, 다른 시스템으로 전환하는 데 드는 비용과 복잡성은 기하급수적으로 증가하여 팔란티어의 입지를 공고히 한다.

인공지능 플랫폼 부트캠프는 단순한 영업 행사를 훨씬 뛰어넘는 의미를 지닌다. 그것은 마케팅보다 제품의 우월성을, 가장 어려운 문제 해결에 대한 헌신을, 그리고 누구도 넘볼 수 없는 기술적 우위를 증명하려는 팔란티어의 모든 철학이 물리적으로 구현된 것이다. 파나소닉과 제이콥스의 이야기가 보여주듯, 시장 진출 전략의 심리학이 뒷받침하듯, 그리고 부인할 수 없는 재무 데이터가 증명하듯, 인공지능 플랫폼 부트캠프는 오늘날 폭발적인 성장을 이끌고 있을 뿐만 아니라, 자율적 기업을 구동한다는 팔란티어의 장기적이고 야심찬 비전을 달성하기 위한 길을 닦는 핵심 엔진이다.

파운드리 포 빌더스와 차세대 혁신 스타트업

파운드리는 200개가 넘는 데이터 연결 통로를 통해 표 형식의 정형 데이터, 문서나 이미지 같은 비정형 데이터, 실시간으로 들어오는 스트리밍 데이터 등 종류를 가리지 않고 모든 정보를 흡수하는 강력한 통합 능력을 갖추고 있다. 특히 기업이 사용하던 기존 시스템을 바꿀 필요 없이 어떤 종류의 데이터든 가져올 수 있다는 점이 큰 특징이다. '파이프라인 빌더'와 같은 도구는 수집된 데이터를 깨끗하게 다듬고 필요한 형태로 변환하는 전 과정을 관리한다. 또한 데이터가 어디에서 와서 어떻게 변했는지 그 출처와 경로를 투명하게 추적하여 데이터의 품질을 보장한다. 파운드리는 데이터를 소프트웨어 코드처럼 다루어 모든 버전과 변경 기록을 완벽하게 관리하는데, 이는 분석 결과에 대한 높은 신뢰도와 재현성을 확보하는 기반이 된다.

또한 파운드리는 '워크숍', '슬레이트', '컨투어'와 같은 여러 도구를 제공한다. 이러한 도구들 덕분에 데이터 과학 전문가부터 현장의 실무 분석가까지, 다양한 기술 수준의 사용자들이 온톨로지 위에서 직접 필요한 응용 프로그램이나 현황판, 업무 절차를 만들 수 있다. 이는 초보자도 쉽게 시작할 수 있지만 전문가에게는 무한한 가능성을 열어준다는 점에서, 응용 프로그램 개발의 문턱을 크게 낮추는 효과를 가져온다. 과거에는 새로운 해결책의 시제품을 만들고 나서 현장에 적용하는 데 몇 달에서 몇 년까지 걸렸지만, 이제는 그 기간을 획기적으로 줄일 수 있게 되었다.

본질적으로 인공지능AI 기술을 중심으로 설계된 파운드리는 머신러닝 모델을 통합하고 실제 업무에 적용하며 관리하는 데 최적화되어 있다. 파이썬, R, SparkSQL과 같은 언어를 활용해 모델을 만들 수 있는 작업 환경을 제공하며, 외부에서 개발된 모델도 쉽게 가져와 통합할 수 있다. 이 플랫폼의 가장 뛰어난 기능 중 하나는 '만약에what-if' 시나리오 분석과 시뮬레이션이다. 사용자는 온톨로지 전체, 즉 사업 모델 전체를 안전하게 복제하여 실험용 사본을 만들 수 있다. 그리고 이 가상 환경에서 공급업체를 바꾸거나 생산 일정을 조정하는 것처럼 주요 결정이 어떤 연쇄적인 결과를 가져올지 현실 세계의 위험 부담 없이 미리 시험해 볼 수 있다. 더 나아가, 파운드리 안에서 내린 결정은 다시 원래의 업무 시스템에 반영되어 실제 작업으로 이어질 수 있다. 이처럼 분석에서 실행까지 전 과정을 완벽하게 연결하는 기능은 파운드리가 기업의 모든 시스템을 하나로 묶는 '결합 조직'이 된다.

이러한 구조는 처음부터 치밀하게 의도된 결과물이다. 파운드리는 IT 부서가 사용하는 여러 도구 중 하나가 아니라, 데이터에 기반한 기업 운영의 '중추 신경계'가 되는 것을 목표로 한다. 모든 출처의 데이터를 한데 모아 '온톨로지'라는 단 하나의 의미 있는 지도를 만들고, 모든 운영 프로그램이 그 지도 위에서 작동하게 함으로써 강력한 중심축을 형성한다. 일단 데이터가 온톨로지로 통합되고 프로그램들이 그 위에서 만들어지기 시작하면, 새로운 사업이나 데이터를 추가할 때 기존의 '단일 진실 공급원'에 연결하는 것이 가장 효율적인 방식이 된다.

이는 강력한 내부 네트워크 효과로 이어진다. 더 많은 부서가 파운드리를 사용할수록, 다른 모든 부서에게 파운드리의 가치는 기하급수적으로 커진다. 결국 파운드리를 사용하지 않는 것은 기업의 디지털 기반 시설 전체와 운영 방식을 처음부터 다시 만드는 것을 의미하게 된다. 이는 엄청나게 높은 전환 비용, 즉 다른 시스템으로 바꾸는 데 드는 비용을 발생시킨다. 다시 말해, 파운드리의 전략적 목표는 개별 문제를 해결하는 것을 넘어선다. 조직이 생각하고 일하는 방식 자체를 근본적으로 바꾸어, 모든 미래 계획에 있어 없어서는 안 될 핵심 플랫폼으로 자리 잡는 것이다.

2021년 7월, 팔란티어는 '파운드리 포 빌더스'라는 새로운 프로그램을 시작했다. 이 프로그램의 전략적 목표는 명확했다. 정부 기관이나 거대 기업과 같은 전통적인 고객층을 넘어, 초기 단계의 스타트업이나 고성장 기업들도 파운드리의 강력한 대기업용 플랫폼을 구독 방식으로 사용할 수 있도록 진입 장벽을 낮추는 것이었다. 이는 팔란티어가 막대한 비용과 시간이 드는 데이터 기반 시설 구축의 부담을 대신 짊어져 주는 전략이다. 덕분에 스타트업들은 기반 기술 걱정 없이 자신들의 핵심 사업 아이디어를 발전시키는 데만 집중할 수 있게 되었다.

건설 산업은 공급업체, 공사 일정, 자재 운송 등 사업 전반에 걸쳐 데이터가 흩어져 있어 비효율이 발생하는 대표적인 분야이다. 미국 휴스턴에 있는 스타트업 카탈릭스Catalyx는 바로 이 문제를 데이터 통합과 자동화로 해결하고자 했다. '파운드리 포 빌더스' 프로그램의 2기 참여 기업으로 선정된 이들은 파운드리를 기반으로 건설 공급망 전체를 한눈에 볼 수 있는 통합 운영 시스템을 만들기 시작했다. 파운드리가 제공하는 수천 개의 단절된 데이터들을 조화롭게 통합하는 능력은 이들에게 이전에 없던 수준의 통찰력을 안겨주었다. 원자재 공급업체부터 공사 현장까지, 전체 가치 사슬의 디지털 트윈을 구축함으로써 카탈릭스는 과거 스타트업으로서는 상상하기 어려웠던 미래 예측과 최적화 서비스를 제공할 수 있게 되었다. 이들의 성공은 파운드리가 건설 및 산업 분야 전반에서 어떻게 활용될 수 있는지를 보여주는 강력한 사례가 되었다.

풍력 발전소의 에너지 생산량을 최대한으로 끌어올리는 일은 매우 어려운 과제이다. 이를 위해서는 형태가 정해지지 않은 방대한 양의 풍력 데이터를 처리하고 복잡한 물리 법칙에 기반한 모델을 적용해야 하므로, 아주 높은 수준의 컴퓨터 연산 능력이 필요하다. 스타트업 바유AI는 머신러닝 기술을 이용해 풍력 발전의 효율을 높이는 것을 목표로 삼았다. 이들은 '파운드리 포 빌더스' 프로그램을 통해 고객들을 위한 데이터 시뮬레이션을 실행할 기반 시설을 확보했다. 파운드리는 모델 개발, 안전한 데이터 관리, 유연한 프로그램 배포 등 전 과정을 지원하는 작업 환경을 제공했다. 그 덕분에 바유AI는 복잡한 데이터 처리 업무의 부담에서 벗어나 핵심 알고리즘 개발에만 집중할 수 있었다. 그 결과, 바유AI는 자체적으로 거대한 데이터 설비를 구축하지 않고도 에너지와 지속가능성 분야에서 부가가치가 높은 데이터 중심의 서비스를 제공할 수 있게 되었다. 이는 파운드리가 차세대 전문 인공지능AI 기반 기업 간 거래B2B 서비스를 제공하는 회사들을 위한 플랫폼이 될 수 있음을 증명한 사례다.

전통적인 중소 제조기업들은 디지털 트윈, 예측 정비, 실시간 공정 감시와 같은 4차 산업혁명 기술을 도입하고 싶어도 자원과 전문 인력이 부족한 경우가 많다. 이러한 상황에서 '코그니티브 매뉴팩처링 시스템즈'라는 가상의 스타트업을 상상해 볼 수 있다. 이 기업의 목표는 기술 도입에 어려움을 겪는 중소기업 시장에 '서비스형 스마트 팩토리'를 제공하는 것이다. 즉, 스마트 공장의 기능들을 구독 서비스 형태로 판매하는 것이다. 이 가상의 스타트업은 '파운드리 포 빌더스'를 활용하여 여러 고객사에 동시에 제공할 수 있는 표준화된 해결책을 신속하게 만든다. 에어버스와 같은 거대 기업이 사용하는 강력한 기능들을 중소기업의 실정에 맞게 가볍고 쓰기 쉽게 만든 버전을 제공하는 방식이다.

여기에는 실시간으로 생산 현황을 지켜보고 생산 주기의 변동을 분석하는 기능, 장비 고장을 미예측하여 가동 중단 시간을 줄이는 알림 기능, 공급되는 부품 데이터와 생산 결과를 연결하여 생산량과 품질을 개선하는 분석 기능 등이 포함된다. 또한 에너지 사용량과 환경에 미치는 영향을 추적하는 모듈도 제공할 수 있다. 이 스타트업은 파운드리의 복잡하고 강력한 기능을 중소기업이 쉽게 사용할 수 있는 저렴한 제품으로 바꾸는 중개자 역할을 한다. 이들은 사실상 '빌더스' 프로그램이 만들어낸 부가가치 재판매업자이자 실행 파트너인 셈이다.

이러한 사례들은 '파운드리 포 빌더스'가 단순히 소프트웨어를 판매하는 프로그램을 넘어서는 점을 보여준다. 이 프로그램은 파운드리 플랫폼에 전적으로 의존하는, 특정 산업에 고도로 특화된 '버티컬 서비스형 소프트웨어Vertical SaaS' 기업들의 탄생을 이끌고 있다. '버티컬 서비스형 소프트웨어'란 건설이나 에너지처럼 특정 산업 분야에 맞춰진 전문적인 구독형 소프트웨어를 의미한다. 카탈릭스Catalyx나 바유AI 같은 스타트업들은 특정 산업의 매우 복잡한 문제를 해결하기 위해, 해당 분야에 대한 깊은 전문 지식과 강력한 데이터 플랫폼의 결합을 필요로 한다. 이 관계에서 스타트업이 전문 지식을 제공하면, 팔란티어는 플랫폼을 제공한다. 이들의 사업 모델과 고객에게 제공하는 가치 전체가 파운드리의 역량 위에서 만들어지는 것이다.

즉, 팔란티어는 사업 전체가 파운드리를 기반으로 하는 '파운드리 네이티브' 기업들을 키워내고 있다. 이들은 단순한 고객이 아니라, 각자의 틈새시장에서 파운드리의 전문성을 대신 보여주고 제품을 판매하는 채널 역할을 수행한다. 이들은 팔란티어의 시장 진출 전략을 확장하는 파트너인 셈이다. 이는 팔란티어가 모든 산업 분야에서 직접 전문가가 되려고 노력하는 것보다 훨씬 더 효과적으로 시장을 넓혀나갈 수 있는 전략이다.

'파운드리 포 빌더스' 프로그램은 단순히 스타트업을 지원하는 것을 넘어선다. 특정 산업의 기반이 되는, 운영체제로 자리 잡으려는 팔란티어의 장기적인 야망을 보여주는 정교한 전략이다. 이 프로그램은 시장 전체에 적용되는 고도화된 '랜드 앤 익스팬드' 고객 확보 전략과 유사하다. '랜드 앤 익스팬드'란 작은 규모로 고객 관계를 시작해 점차 확대해 나가는 방식이다. 팔란티어는 스타트업들이 처음부터 파운드리 위에서 사업을 만들게 함으로써, 그들의 기업 유전자DNA에 스스로를 깊숙이 새겨 넣는다. 파운드리는 이들 기업의 운영 중심축이 되고, 이는 다른 시스템으로 바꾸기 매우 어려운 높은 전환 비용을 만들어낸다. 이 스타트업들이 성장함에 따라 파운드리 사용량과 지출도 함께 늘어나면서, 이들은 저비용 구독자에서 주요 대기업 고객으로 성장하게 된다.

이는 마치 기술에 대한 저렴한 접근권을 자본금처럼 활용하는 벤처 투자와 같다. 팔란티어는 '빌더스' 프로그램에 참여한 기업들 중 몇몇이 차세대 산업의 선두 주자로 성장하여, 초기 '투자'에 대해 막대한 수익을 안겨줄 것이라는 데 기대를 걸고 있다.

궁극적인 목표는 제조업을 시작으로 여러 핵심 산업에서 파운드리를 누구도 이견을 제기할 수 없는 데이터 운영체제로 만드는 것이다. 더 많은 스타트업이 파운드리 위에서 해결책을 만들수록, 플랫폼 자체의 가치는 모두에게 더욱 높아지는 선순환이 일어난다. 예를 들어, 한 제조사가 공급망을 효율적으로 관리하기 위해 파운드리를 도입했다고 가정해 보자. 이 회사는 파운드리 위에서 이미 만들어진, 업계 최고의 품질 관리 프로그램을 제공하는 '빌더' 스타트업을 발견하고, 이 프로그램을 자신의 시스템에 완벽하게 통합할 수 있다.

이러한 과정은 긍정적인 효과를 연쇄적으로 낳는다. 더 많은 빌더가 더 다양한 해결책을 만들고, 이는 더 많은 기업 고객을 끌어들인다. 늘어난 기업 고객은 다시 더 많은 빌더들에게 더 큰 시장을 제공한다. 팔란티어의 '아폴로' 플랫폼은 이 거대한 소프트웨어 생태계 전체의 배포와 통합을 관리하며 이 전략의 핵심적인 실행자 역할을 한다. 이 전략은 경쟁의 구도를 다른 소프트웨어 회사와의 일대일 대결에서, 생태계 전체를 건 '플랫폼 대 플랫폼' 전쟁으로 바꾸어 놓는다. 팔란티어는 자사의 전문화된 빌더 생태계가 단일 경쟁사가 제공하는 획일적인 방식보다 훨씬 뛰어난 혁신을 보여줄 것이라고 믿고 있다.

팔란티어는 역사적으로 높은 비용과 복잡성 때문에 중소기업SME 시장에 진입하는 데 어려움을 겪어왔다. '파운드리 포 빌더스'는 이 시장을 점유하기 위한 간접적인 측면 공격 전략이다. 수천 개의 흩어져 있는 중소기업에 직접 제품을 판매하는 대신, 팔란티어는 앞서 언급한 '코그니티브 매뉴팩처링 시스템즈'와 같은 스타트업들을 지원한다. 이 스타트업들은 중소기업이 실제로 필요로 하고 비용을 감당할 수 있는, 단순화된 산업별 도구를 만든다. 사실상 팔란티어의 중소기업 부문 영업 및 실행 조직이 되는 셈이다. 중소기업은 사용하기 쉬운 제조 해결책을 구매하고, 팔란티어는 그 대가로 자사 플랫폼의 새로운 최종 사용자를 확보한다. 이는 마치 컴퓨터에 '인텔 인사이드' 로고가 붙어 있거나, 특정 산업용 소프트웨어를 위한 '아마존웹서비스AWS'가 되는 것과 같은 모델이다. 팔란티어는 핵심 기반 시설을 제공하고, 빌더들은 고객을 직접 만나는 제품을 창조한다.

이 프로그램은 팔란티어가 자사의 대기업 고객과 경쟁사들을 상대로 고전적인 '혁신가의 딜레마'를 역으로 이용하는 전략이기도 하다. '혁신가의 딜레마'란 성공한 대기업이 기존의 안정적인 사업을 위협할 수 있는 새로운 기술을 받아들이는 데 주저하다가 결국 시장의 후발주자에게 밀려나는 현상을 말한다. 기존의 대형 제조 기업들은 낡은 시스템과 변화를 꺼리는 조직 문화 때문에 새로운 플랫폼을 도입하는 속도가 더디다.

반면, '빌더스' 프로그램의 스타트업들은 이러한 부담 없이 처음부터 파운드리 위에서 극도로 효율적인 데이터 중심의 운영 체제를 구축할 수 있다. 이들은 기존 대기업이 내부적으로 달성하기 어려운 수준의 빠르고 저렴하며 효과적인 서비스를 시장에 제공하며 경쟁 우위를 차지한다. 이는 결국 대기업들에게 큰 압박으로 작용한다. 그들은 경쟁에서 뒤처지지 않기 위해 스스로 파운드리를 도입하거나, 파운드리를 기반으로 한 민첩한 경쟁자들에게 시장을 내줄 위험에 처하게 된다. 팔란티어는 자신의 핵심 목표 시장에 대한 경쟁 위협을 스스로 만들어내고, 그 위협을 해결할 수 있는 유일한 방법이 자사 플랫폼을 채택하는 것이 되도록 판을 짜는 것이다. 이를 통해 도입을 주저하는 대기업들의 참여를 가속하는 강력한 수요 창출 장치로 작동한다.

'파운드리 포 빌더스'는 팔란티어가 단순히 소프트웨어를 공급하는 회사를 넘어, 미래의 디지털 중심 제조 및 산업 기업들이 경쟁할 바로 그 기반, 즉 없어서는 안 될 사회 기반 시설이 되려는 궁극적인 야망을 보여준다. 이것은 미래 산업의 경쟁이 벌어질 땅 자체를 소유하려는 대담하고 장기적인 도전이다.

개발자 전진 배치

개발자 전진 배치를 이해하기 위해서 실제 사례를 바탕으로 재구성한 가상의 시나리오를 살펴보자. 독일 '글로벌-오토' 본사의 유리와 강철로 지어진 회의실 안, 침묵은 무겁게 가라앉아 있었다. 모니터에 띄워진 붉은 경고등이 임원들의 얼굴에 불안한 그림자를 드리웠다. 또다시 조립 라인이 멈췄다. 이번에는 핵심 반도체 부품 재고를 잘못 예측한 탓이었다. 바깥에서는 예측 불가능한 공급망 대란이, 안에서는 통제 불능으로 치솟는 생산 비용이 회사를 옥죄어왔다. "이번 달 손실액이 얼마인가?" CEO의 나직한 질문에 누구도 선뜻 답하지 못했다. 책상 위에 산더미처럼 쌓인 컨설팅 보고서는 값비싼 종이 더미에 불과했다. 해답은, 어디에도 없었다.

바로 그때, 팔란티어의 전진 배치 엔지니어FDE, Forward Deployed Engineer 세 명이 현장에 도착했다. 이들의 임무는 전통적인 컨설턴트처럼 또 하나의 분석 보고서를 더하는 것이 아니었다. 이 엔지니어 팀은 "어떻게 하면 조립 라인이 예고 없이 멈추는 것을 막을 수 있을까?"라는 본질적인 질문에 답하기 위해 파견되었다. 이 질문에는 정해진 답은 없었지만, 팔란티어가 에어버스나 타이슨 푸드 같은 세계적인 기업들과 함께 해결해 온 문제들의 본질이 담겨 있었다.

첫 72시간 동안 전진 배치 엔지니어 팀은 파워포인트 발표 자료를 한 번도 열지 않았다. 대신 그들은 회사의 신경계와도 같은 조직 속으로 깊숙이 스며들었다. 한 명은 생산 라인 관리자들과 함께 작업복을 입고 공장을 누볐고, 다른 한 명은 자재를 조달하는 전문가들의 고충을 들었다. 나머지 한 명은 임원 회의에 참석하여 중요한 의사결정이 어떤 흐름으로 이루어지는지 파악했다. 이것은 기술적인 분석에 앞서 이루어지는 일종의 조직 인류학적 탐사와 같았다. 엔지니어들은 공식적인 조직도 뒤에 숨겨진 비공식적인 권력 구조를 이해하고, 여러 부서가 사용하는 독특한 용어나 은어까지 익혔다. 그리고 관료주의라는 장막 뒤에 가려져 있던 진짜 어려움이 무엇인지 찾아냈다.

얼마 지나지 않아 문제의 핵심이 드러났다. 생산, 재고, 물류, 재무와 관련된 핵심 데이터가 서로 다른 열두 개가 넘은 서로 다른 시스템에 흩어져 있었다. 이 시스템에는 전사적자원관리ERP나 생산관리시스템MES 같은 표준적인 시스템뿐만 아니라, 너무 오래되어 누구도 그 내부를 들여다볼 엄두조차 내지 못한 낡은 시스템도 포함돼 있었다. 데이터가 이처럼 조각나 있었기 때문에, 회사 전체의 상황을 통합된 시각으로 바라보는 것은 근본적으로 불가능했다. 데이터는 거대한 늪과 같았고, 조직은 그 안에서 방향을 잃고 허우적거리고 있었다.

진단이 끝나자 엔지니어들은 곧바로 팔란티어의 핵심 운영체제인 파운드리 플랫폼을 가동했다. 그들의 첫 번째 과업은 화려하지는 않지만 가장 본질적인 데이터 통합 작업이었다. 전통적인 시스템 통합SI 프로젝트였다면 몇 개월, 혹은 몇 년이 걸렸을 수도 있는 일이었다. 하지만 전진 배치 엔지니어 팀은 이 작업을 며칠 만에 해내기 시작했다. 그들은 파운드리의 강력한 연결 기능을 이용해 글로벌-오토의 파편화된 시스템들에 접속했다. 그리고 원자재 재고, 공급업체의 납품 소요 시간, 생산 일정, 물류 현황, 심지어 재무 데이터까지 실시간으로 플랫폼 안으로 끌어들였다.

이 데이터들은 단순히 한곳에 모아 나열하는 데 그치지 않았다. 엔지니어들은 이 데이터를 이용해 공급망 전체를 가상 세계에 복제한 '디지털 트윈Digital twin'을 구축했다. 디지털 트윈은 추상적인 데이터 조각들을 '부품', '공급업체', '조립 라인', '고객 주문'과 같이 현실 세계의 대상들과 의미 있게 연결하는 동적인 모델이었다. 이제 글로벌-오토는 역사상 처음으로 자신들의 운영 상황 전체를 하나의 화면에서 조망할 수 있게 되었다. 디지털 트윈이 완성되자, 팔란티어 엔지니어들은 글로벌-오토의 현업 엔지니어들과 나란히 앉아 파운드리 플랫폼 위에 직접 맞춤형 프로그램을 만들기 시작했다. 한 달 안에 세 가지 핵심 도구가 탄생했다. 첫 번째는 '생산 가능 여부'를 알려주는 대시보드였다. 이 도구는 생산 예정인 모든 차량에 대해 어떤 부품이 부족할 위험이 있는지 실시간으로 계산하여, 실제 문제가 발생하기 몇 주 전에 미리 경고 신호를 보냈다.

두 번째는 시뮬레이션 및 '가상 분석What-If Analysis' 프로그램이었다. 이는 경영진이 "만약 ~라면 어떻게 될까?"라는 질문을 던져보는 분석 도구였다. 예를 들어 특정 공급업체의 공장에 불이 나는 것과 같은 잠재적 위기 상황이 발생했을 때, 그 파급 효과를 즉시 시뮬레이션할 수 있다. 이를 통해 생산과 수익성에 미치는 영향을 분석하고, 선제적으로 자원을 재배치하는 것이 가능해졌다. 과거처럼 부서 간 소통이 단절된 의사결정 구조에서는 상상조차 할 수 없었던 일이다.

세 번째는 팔란티어 인공지능 플랫폼AIP을 활용한 추천 엔진이었다. 이 도구는 공급망에 차질이 감지되면, 조달 담당자에게 비용과 배송 시간을 모두 고려하여 최적의 대안을 자동으로 제안했다. 대체할 수 있는 다른 공급업체나 새로운 운송 경로를 즉시 찾아주는 식이었다.

프로젝트의 진가는 예기치 않은 위기 상황에서 드러났다. 핵심 부품을 납품하던 한 업체가 갑작스럽게 공급을 중단하겠다고 통보했다. 과거 같았으면 회사 전체가 공황 상태에 빠져 며칠 동안 조립 라인이 멈추는 사태로 이어졌을 것이다. 하지만 이번에는 달랐다. 공장 관리자는 전진 배치 엔지니어들이 구축한 대시보드를 통해 즉시 영향을 받는 생산 라인이 어디인지 식별했다. 재무팀은 시뮬레이션 도구로 비용에 미칠 영향을 예측했으며, 조달팀은 인공지능 플랫폼이 추천한 대체 공급업체와 곧바로 계약을 체결했다. 이 모든 과정이 단 한 시간 만에 이루어졌다. 공장은 멈추지 않았다.

전진 배치 엔지니어들은 단순히 소프트웨어를 납품한 것이 아니었다. 그들은 고객사의 운영 신경망 자체를 근본적으로 재설계함으로써, 숫자로 증명할 수 있는 가치를 만들어냈다. 이것이 팔란티어의 높은 비용을 정당화하는 실질적인 결과였고, 고객을 단순한 구매자가 아닌 운명을 함께하는 공동체로 만드는 과정이었다. 전진 배치 엔지니어의 핵심 역량은 코딩 기술 그 자체가 아니었다. 그것은 혼란스러운 비즈니스의 현실을, 구조를 갖춘 해결 가능한 데이터 문제로 '번역'하는 능력이었다. 그들은 현실 세계와 디지털 세계 사이에 존재하는 의미의 간극을 메우는 존재였다. 마치 살아있는 인간 애플리케이션 프로그래밍 인터페이스[API]와 같았다.

팔란티어의 전진 배치 엔지니어 모델과 전통적 IT 서비스 방식의 차이는 단순히 방법론의 차이가 아니다. 그 차이는 문제를 정의하고 가치를 창출하며 고객과 관계를 맺는 방식에 대한 근본적인 철학의 갈림길에서 비롯된다. 이 차이를 이해하는 것은 팔란티어의 경쟁 우위가 어디에서 나오는지를 파악하는 핵심이다.

전통적인 시스템 통합[SI] 방식의 본질을 자세히 들여다보면 그 목표는 명확하다. 사전에 정해진 요구사항 명세서를 정해진 예산과 일정 안에서 완수하는 것이다. 흔히 '맨먼스[Man-Month]'라고 불리는, 한 사람이 한 달간 일하는 양을 기준으로 사업비를 산정하는 계약 방식이 대표적이다. 개발 과정은 고객의 요구사항을 받아 시스템 통합 업체가 해결책을 만든 뒤 완성품으로 넘겨주는 '공장식 인계' 방식에 가깝다. 이러한 방식은 열쇠만 돌리면 바로 사용할 수 있도록 모든 것을 완성해서 넘겨준다는 의미에서 '턴키Turnkey' 모델이라고도 불린다. 이 모델의 가장 큰 특징은 지식의 불균형과 그로 인해 발생하는 의존적인 구조다. 시스템이 어떻게 작동하는지에 대한 원리나 핵심 기술은 전적으로 시스템 통합 업체 내부에 쌓인다. 고객은 개발 과정에 깊이 관여하지 않으므로, 프로젝트가 끝나는 순간 심각한 지식 격차에 직면한다. 이것이 결국 유지보수나 향후 시스템을 개선하는 과정에서 고객이 특정 업체에 묶여 다른 선택을 하기 어려워지는, 이른바 '벤더 종속Vendor lock-in'을 만드는 구조적 원인이 된다. 시스템 통합 업체는 안정적인 유지보수 계약을 통해 미래 수익을 확보하려 한다. 또한 이러한 인력 기반의 종속 구조를 유지하려는 동기를 갖게 된다. 이 구조 안에서 고객은 혜택을 받는 사람일 뿐, 진정한 의미의 파트너가 되기는 어렵다.

반면 전진 배치 엔지니어 모델은 이와 정반대의 철학에서 출발한다. 전진 배치 엔지니어의 목표는 "항공편이 왜 이렇게 많이 지연되는가?"처럼 정답이 정해져 있지 않은, 고객의 가장 중요하고 본질적인 사업 문제를 해결하는 데 있다. 프로젝트의 범위는 처음부터 고정되어 있지 않으며, 사용자와의 상호작용을 통해 끊임없이 진화한다. 개발 방식 또한 '공동 창작'에 가깝다. 전진 배치 엔지니어는 고객과 나란히 앉아 해결책을 함께 설계하고 구현하며, 문제 정의부터 해결까지 전 과정을 함께 책임진다. 이 과정에서 발생하는 의존성은 시스템 통합 모델과 그 성격이 질적으로 다르다. 전진 배치 엔지니어는 팔란티어의 파운드리라는 강력한 플랫폼 위에서 해결책을 구축함으로써, 특정 '사람'이 아닌 '플랫폼'에 대한 의존성을 만들어낸다. 고객사의 자체 인력은 이 플랫폼을 활용하도록 교육받으며, 시간이 지날수록 플랫폼이 제공하는 데이터 통합, 보안, 분석 등 고유한 역량에 깊이 의존하게 된다. 이는 인력에 대한 종속이 아닌, 전략적으로 설계된 플랫폼 종속이다.

이러한 철학적 차이의 근원에는 독일의 군사 사상인 '임무형 지휘 Auftragstaktik'가 자리 잡고 있다. 이것은 팔란티어의 조직 문화를 이해하는 핵심 열쇠다. 임무형 지휘는 현장의 판단을 존중하고 분산된 의사결정을 강조하는 지휘 철학이다. 상급 지휘관은 달성해야 할 목표와 그 이유, 즉 임무 Auftrag라는 큰 틀만 제시한다. 그리고 최전선에 있는 하급 지휘관에게 그 목표를 '어떻게' 달성할지에 대한 전술적 결정 권한을 파격적으로 넘겨준다. 이는 모든 것을 세세하게 지시하는 '명령형 지휘Befehlstaktik'와는 정반대의 개념이다.

팔란티어의 경영진은 전진 배치 엔지니어 팀에게 "고객을 확보하고 핵심 문제를 해결하라"는 상위 목표를 부여한다. 그러면 현장의 팀은 "문제를 해결하기 위해 필요한 모든 일을 할 수 있는" 권한을 위임받는다. 설령 그것이 현장에서 완전히 새로운 기술을 발명하는 것을 의미하더라도 허용된다. 이는 '현장 팀에 대한 급진적인 존중'이며, 대부분의 상명하달식 기업 문화에서는 이단으로 취급될 수 있는 방식이다. 바로 이러한 자율성 때문에 전진 배치 엔지니어는 단순한 실행자가 아닌 전략가로 불리는 것이다. 시스템 통합 엔지니어는 주어진 계획을 실행하지만, 전진 배치 엔지니어는 상급자의 의도를 나침반 삼아 끊임없이 변화하는 현장, 즉 고객 환경을 분석하고 전략적 목표 달성을 위해 독립적인 결정을 내려야 한다. 현장 상황이 필요로 한다면 초기 가정을 수정하거나 심지어 상부에 이의를 제기할 책임과 권리까지 주어진다.

전진 배치 엔지니어 모델은 전통적인 재무 관점에서 보면 의도적으로 '비효율적'으로 설계되었다. 개별 고객 프로젝트는 단순히 제품을 판매 비용인 매출 원가COGS가 아니라, 새로운 기술을 개발하는 연구 개발R&D 비용으로 간주되기 때문이다. 한 전직 엔지니어는 이 모델이 "전통적인 서비스형 소프트웨어SaaS 기업의 재무적 관점으로 보면 극도로 비효율적으로 보인다"고 증언했다. 최고 수준의 엔지니어들이 전 세계를 누비며 고객 맞춤형 소프트웨어를 개발하고, 그 과정에서 실패율도 높기 때문이다. 하지만 그는 이를 비용으로만 보는 것은 "핵심을 놓치는 것"이며, 고객 프로젝트는 본질적으로 "새로운 것을 만들고 배우기 위한 기회"라고 덧붙였다. 여러 팀이 비슷한 문제를 해결하며 발생하는 혼란과 중복되는 작업은, 결국 분산된 환경에서 혁신을 이루기 위해 치러야 할 대가인 셈이다.

이러한 방식은 단기적인 이익 극대화에 얽매인 경쟁자들이 쉽게 모방할 수 없는 강력한 방어벽을 구축한다. 전통적인 시스템 통합 기업이나 서비스형 소프트웨어 기업은 문화적으로나 재무적으로 현장에서 이렇게 비용이 많이 소요되고 자율적이며 중복적인 연구 개발을 허용할 수 없다. 팔란티어의 경쟁 우위는 단기적인 프로젝트 수익성보다 장기적인 플랫폼 개발을 우선시하는, 이 독특한 문화와 재무 철학에 깊이 뿌리내리고 있다.

팔란티어의 지속적인 혁신은 현장의 전진 배치 엔지니어와 중앙의 제품 개발PD, Product Development팀이 서로 돕고 성장하는 관계를 통해 이루어진다. 이는 마치 한번 돌기 시작하면 관성에 의해 점점 더 적은 힘으로도 빠르게 회전하는 바퀴, 즉 '기술적 플라이휠flywheel'과 같다. 이 구조는 시간이 지날수록 강력해지는 복리 효과와 같은 우위를 만들어낸다. 전진 배치 엔지니어는 단순히 제품을 고객에게 설치하는 역할을 넘어선다. 그들은 세계에서 가장 복잡한 산업 현장의 최전선에 심어진, 회사에서 가장 중요한 감지 센서와 같다. 이들은 일반적인 고객과 판매업체 관계의 관료주의 속에서는 쉽게 사라져 버리는 실제 업무의 흐름, 데이터 문제, 그리고 아직 충족되지 않은 고객의 요구사항에 대한 희귀한 통찰력을 얻는다.

혁신은 현장에서의 작은 발견에서 시작된다. 고객 현장에서 특수한 데이터 통합 문제에 직면한 전진 배치 엔지니어 팀이 있다고 가정해 보자. 이 팀은 완성도나 확장성보다는 속도와 즉각적인 효과에 초점을 맞춰, 다소 투박하지만 효과적인 맞춤형 프로그램을 빠르게 작성한다. 현장에서 주도적으로 만든 이 해결책은, 그것이 해결한 문제에 대한 깊은 통찰과 함께 중앙의 제품 개발팀으로 전달된다. 팔란티어의 최고기술책임자인 샴 상카르는 이 피드백 과정이 "어떻게 하면 개발 속도를 두 배로 높일 수 있을까?"라는 질문에 답을 주기 때문에 매우 중요하다고 명확히 언급한 바 있다. 제품 개발 엔지니어들은 전진 배치 엔지니어가 만든 투박한 해결책을 넘겨받아 '제품화'하는 임무를 수행한다. 그들은 이 해결책을 더 보편적으로 다듬고, 안정성과 확장성을 확보하여 파운드리 플랫폼의 표준 기능으로 통합한다. 한 전직 엔지니어는 "제품 개발팀의 임무는 우리 전진 배치 엔지니어들이 만든 것을 가져와서 더 일반적인 기능으로 만들고, 그것을 다른 고객에게 판매할 수 있도록 하는 것이었다"고 회고했다. 실제로 팔란티어의 주력 제품인 파운드리 플랫폼 자체가 바로 이러한 현장 주도형 모델을 통해 탄생했다.

이 순환 과정은 강력한 플라이휠을 만들어낸다. 첫째, 전진 배치 엔지니어가 어려운 문제를 해결하기 위해 현장에 투입된다. 둘째, 그들은 플랫폼 위에서 새로운 해결책을 구축한다. 셋째, 이 해결책은 제품 개발팀에 전달되어 제품화되고, 핵심 플랫폼 자체를 더욱 강력하게 만든다. 넷째, 이렇게 강화된 플랫폼은 다음 전진 배치 엔지니어 팀이 더 어려운 문제를 해결하거나, 비슷한 문제를 훨씬 더 빠르게 해결할 수 있도록 돕는다. 더 이상 바퀴를 처음부터 다시 발명할 필요가 없게 되는 것이다. 이 과정은 새로운 고객에게 가치를 제공하는 시간을 단축시키고 플랫폼의 역량을 깊게 만들어 경쟁자들이 따라오기 힘든 격차를 만든다. 이는 현장의 통찰력이 어떻게 실제 제품 개선으로 이어지는지에 대한 직접적인 대답이다. 이 프로세스는 또한 엔지니어 개개인을 성장시킨다. 전진 배치 엔지니어는 자신들이 만든 제품이 시장의 요구를 정확히 만족시키는 상태, 즉 '제품-시장 적합성'을 끊임없이 고민하게 된다. 반면 제품 개발 엔지니어는 현장에서 실제로 마주한 문제에 기반하여 개발한다. 이는 제품팀이 사용자와 단절되어 부서 간에 정보가 공유되지 않고 고립되는, 많은 대기업이 겪는 '조직 사일로' 현상을 방지하는 효과적인 장치다.

이러한 구조는 팔란티어가 '혁신가의 딜레마'를 극복하기 위한 의도적인 전략으로 해석될 수 있다. 혁신가의 딜레마란 기존의 성공에 안주하던 대기업이 새로운 혁신 기술에 뒤처지게 되는 상황을 말한다. 팔란티어는 수익성이 높은 서비스 계약을 활용하여, 확장성 있는 고수익 소프트웨어 제품을 만들기 위한 자금을 조달하고 연구 개발을 수행하는 것이다. 이는 끊임없이 움직이는 '서비스에서 제품으로의 전환' 과정과 같다.

초기에 팔란티어는 높은 비용과 제한된 확장성 때문에 컨설팅 회사처럼 위장한 '서비스 회사'라는 비판을 받았다. 실제로 깊이 있는 맞춤형 작업을 수행하는 전진 배치 엔지니어 모델은 컨설팅이나 서비스 계약처럼 보이기도 한다. 하지만 이 피드백 순환 구조의 명확한 목표는 이러한 서비스를 '제품화'하는 것이다. 한 졸업생이 지적했듯이, 2016년의 팔란티어를 서비스 회사로 묘사하는 것은 "완전히 틀린 말은 아니었지만", 이 성공적인 전환 덕분에 2024년 현재 "완전히 틀린 말"이 되었다. 이 구조 덕분에 팔란티어는 신생 기업처럼 새롭고 복잡하며 초기에는 제품화하기 어려운 문제에 도전하면서도, 기존의 거대 기업처럼 대규모 계약을 통해 자금을 조달할 수 있다. 전진 배치 엔지니어와 제품 개발팀 간의 피드백 순환 고리는, 반복적이지 않은 엔지니어링 작업(서비스)을 확장 가능한 지적 재산(제품)으로 전환하는 엔진이다. 즉, 비용이 많이 드는 현장 작업을 복리적 가치를 지닌 소프트웨어 자산으로 체계적으로 변환시키는 것이다.

전진 배치 엔지니어 모델이 낳은 결과물은 단지 소프트웨어에 그치지 않는다. 이 모델은 최고 수준의 창업가 훈련 프로그램으로 작동하며, 강력한 내부 문화를 넘어 실리콘밸리의 지형을 바꾸는 중요한 외부적 유산을 만들어내고 있다. 이는 우연의 산물이 아니라, 시스템이 의도한 필연적인 결과에 가깝다.

팔란티어는 전진 배치 엔지니어의 역할을 '신생 기업의 최고기술책임자'에 비유하는데, 이는 단순한 말이 아니다. 전진 배치 엔지니어의 업무는 창업가의 여정을 압축적으로 경험하게 한다. 그들은 고객의 가장 중요한 문제를 식별하고(시장 발견), 최소한의 감독 아래 소규모 자율 팀으로 움직이며(스타트업 환경), 시스템 설계와 코딩부터 경영진 발표 및 팀 전략 수립까지 프로젝트의 전 과정을 책임진다(풀스택 책임). 엔지니어들은 프로젝트의 성공과 실패에 직접적으로 책임을 지며, 이는 마치 자신의 회사를 운영하는 것과 같은 압박감과 주인의식을 심어준다. 한 신생 기업 창업자는 이 경험을 '창업가 집중 훈련 캠프'에 비유했다.

이 현상을 이해하기 위해서는 그 원류인 '페이팔 마피아PayPal Mafia'를 살펴볼 필요가 있다. 페이팔 마피아는 팔란티어의 공동 창업자인 피터 틸을 포함한 페이팔의 창업자 및 초기 직원 그룹을 가리키는 용어다. 이들은 페이팔을 매각한 후 흩어져 테슬라, 링크드인, 유튜브 등 세상을 바꾼 기업들을 연이어 창업했다. 이는 하나의 강렬한 경험을 공유한 집단이 어떻게 한 세대의 기업가 정신을 촉발할 수 있는지를 보여주는 선례이며, 팔란티어는 바로 이 정신에서 태어난 기업이다.

그리고 이제, 새로운 세대인 '팔란티어 마피아'가 등장하고 있다. 팔란티어 출신들은 구글 출신보다 더 많은 창업팀을 유명 신생 기업 투자사인 와이 콤비네이터Y Combinator에 보내고 있으며, 이미 방산 기술의 게임 체인저로 불리는 앤듀릴Anduril처럼 여러 유니콘 기업을 탄생시켰다는 사실은 전진

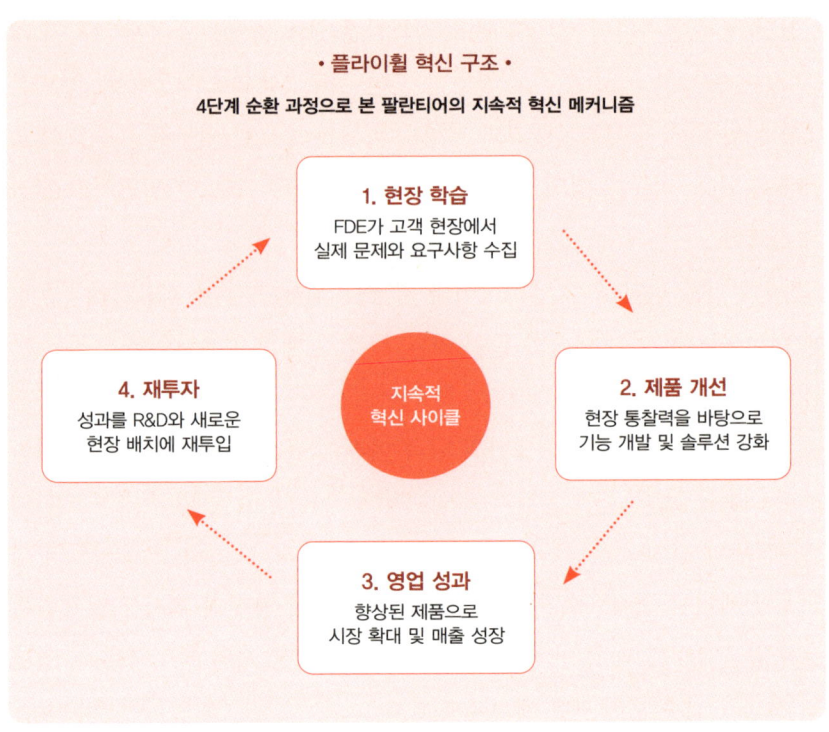

배치 엔지니어 프로그램이 창업가 사관학교 역할을 하고 있음을 증명한다. 이들이 만든 회사들의 사업 아이템은 대부분 전진 배치 엔지니어 시절의 경험과 직접적으로 연결된다. 방산 기술 기업인 앤듀릴 인더스트리는 전직 팔란티어 엔지니어들이 설립했으며, 팔란티어처럼 전통적인 국방 계약 방식을 파괴하고 있다. 설립자들은 팔란티어에서 배운 대로, 기술 스타트업처럼 국방 기업을 만들고자 했다. 자산 관리 분석 플랫폼인 애드어파는 팔란티어 공동 창업자 조 론스데일과 다른 팔란티어 직원이 함께 설립했으며, 최고경영자 역시 팔란티어에서 영입했다. 이는 팔란티어의 데이터 통합 및 분석 철학을 금융 분야에 직접 적용한 사례다. 정부의 예산 및 행정 소프트웨어를 제공하는 오픈 거버넌스 역시 론스데일이 공동 창업한 회사로, 팔란티어의 핵심 고객군이었던 정부 부문을 공략한다.

전진 배치 엔지니어는 단순한 직책이 아니다. 그것은 팔란티어라는 기업 전체를 움직이는 핵심 작동 원리다. 팔란티어는 이 모델을 통해 고객을 확보하고, 경쟁사와 차별화하며, 핵심 제품을 혁신하고, 강렬한 주인의식의 문화를 단련한다. 이 프로그램은 매우 효과적이지만, 동시에 비용이 많이 들고 까다로운 인재 선별 장치 역할을 한다. 이 역할은 최고 수준의 기술적 깊이, 사업적 통찰력, 그리고 위기 상황에서의 회복탄력성이라는 희귀한 조합을 갖춘 인재를 골라내고 키워낸다. 전진 배치 엔지니어들은 고객 조직 내의 권력 관계와 집단 역학을 읽는 법을 배우는데, 이는 다른 기술 기업에서는 가르쳐주지 않는 중요한 능력이다. 실제 시장의 가치 높은 문제를 식별하고 성공적인 해결책을 구축하는 이 경험은, 제품이 시장의 요구를 만족하는지 검증하는 과정까지 포함된, 위험 부담이 낮은 창업 시뮬레이션과 같다. 따라서 팔란티어 마피아의 등장은 우연한 부산물이 아니다. 그것은 의도적으로 창업가적 재능을 선별하고, 훈련하며, 검증하는 시스템의 논리적인 결과다. 전진 배치 엔지니어 모델은 팔란티어의 소프트웨어뿐만 아니라, 기술 산업의 지형을 자신들의 모습으로 바꾸어 나가고 있는 새로운 세대의 창업가들이라는 가장 지속적인 유산을 만들어내는 엔진인 것이다.

PART 3

팔란티어의 기술적 해자

온톨로지와 플랫폼
아키텍처

CHAPTER 09
팔란티어의 심장, 온톨로지
: 개념, 구축, 그리고 지배력의 비밀

데이터의 의미를 정의하는 디지털 트윈

거대한 도시의 한복판에 서 있는 모습을 상상해 보자. 이 도시는 수많은 건물과 도로, 그리고 그 안을 오가는 사람들로 가득 차 있다. 하지만 이 도시는 우리가 흔히 아는 보통의 도시가 아니다. 모든 건물은 저마다 다른 모양과 기능을 가지고 있고, 도로는 미로처럼 복잡하게 얽혀 있으며, 사람들은 각자 다른 목적을 향해 움직인다. 이 모든 요소가 서로 어떤 관계를 맺고 있는지, 그리고 각 건물이 어떤 정보를 담고 있는지 한눈에 파악하기란 거의 불가능하다. 현대 기업이 마주한 데이터 환경이 바로 이와 비슷하다. 기업들은 전사적자원관리ERP, 고객관계관리CRM, 사물인터넷IoT 센서 등 수많은 시스템에서 끊임없이 데이터를 쏟아낸다. 그러나 이렇게 쏟아지는 데이터는 그 자체로 의미가 서로 연결되지 않는, 파편화된 정보의 거대한 바다와 같다. 기존의 데이터 레이크는 모든 데이터를 한곳에 모았지만, 데이터 간의 의미와 맥락을 연결하지 못해 가치 있는 정보를 찾기 어려운 '데이터 늪^{Data Swamp}'으로 변질되는 한계를 보였다.

현실의 '고객', '제품', '공장'이 가상 세계에 살아있는 '객체'로 다시 태어난다. 이 객체들은 단순히 존재하는 것을 넘어, 현실과 똑같이 서로 관계를 맺고 상호작용하며, 조직의 모든 활동을 비추는 거대한 거울이 된다. 현실에서 부품 재고가 하나 줄면, 거울 속 재고 숫자도 즉시 바뀐다. 이것이 바로 온톨로지가 창조하는 살아있는 세계다. 팔란티어 온톨로지가 경쟁자와 근본적으로 다른 지점은 바로 여기에 있다. 대부분의 기술이 조직의 정적인 상태, 즉 '무엇이 있는가'를 보여주는 데 그친다면, 팔란티어는 한 걸음 더 나아가 조직을 '어떻게 움직이는가'라는 동적인 활동까지 모델에 포함시킨다. 이것이 바로 온톨로지가 단순한 분석 도구를 넘어, 기업 운영의 바탕이 되는 '운영체제'로 작동하는 이유다. 다시 말해, 온톨로지는 조직이 '무엇으로 구성되어 있는지'뿐만 아니라 '어떻게 움직이는지'까지 정의한다. 이러한 특징 덕분에 온톨로지는 단순한 분석용 데이터 모델을 뛰어넘어, 기업 운영의 바탕이 되는 하나의 '엔터프라이즈 운영체제'로서 기능하게 된다.

팔란티어 온톨로지를 제대로 이해하려면, 도시를 설계하는 건축가의 작업실을 상상해야 한다. 건축가는 먼저 도시의 모든 건물, 도로, 공원, 즉 조직의 모든 '존재'를 담은 정교한 청사진을 그린다. 항공기는 '객체'가 되고, 그 항공기의 최고 속도는 '속성'이 되며, 항공기와 특정 정비 기록의 관계는 '연결'로 표현된다. 이것이 바로 조직의 뼈대를 이루는 '시맨틱 레이어'다. 하지만 도시는 청사진 위에 멈춰 있지 않는다. 자동차가 움직이고, 공장에서 물건이 생산되며, 사람들은 끊임없이 상호작용한다. 팔란티어 온톨로지의 진정한 힘은 바로 이 도시의 '움직임'까지 설계도에 담아내는 데 있다. 재고를 주문하고, 부품을 교체하는 모든 '행동'을 정의하는 것, 이것이 바로 '키네틱 레이어'다. 팔란티어는 이 두 설계도를 합쳐, 멈춰 있는 박물관이 아닌 살아 움직이는 도시 그 자체를 디지털에 창조한다.

그리고 이 객체 타입의 실제 사례 하나하나를 '객체'라고 부른다. 예를 들어 '항공기'가 객체 타입이라면, 특정 일련번호를 가진 '보잉 737-123' 항공기는 하나의 객체가 된다. 각 객체는 '최대 속도'나 '제조일'과 같이 자신만의 고유한 특징을 나타내는 '속성'을 가진다. 팔란티어는 문자열이나 숫자와 같은 기본적인 데이터 유형뿐만 아니라, 시간에 따른 변화를 기록하는 시계열 데이터나 위치 정보를 다루는 지리 공간 데이터처럼 비즈니스에 필수적인 복잡한 정보까지 속성으로 지원한다. 이를 통해 현실 세계의 다차원적인 정보를 온전히 디지털 공간에 표현할 수 있다. 특히 여러 객체에 걸쳐 동일한 속성을 사용하게 하는 '공유 속성' 기능은 기업 전체의 데이터 모델링에 일관성을 부여한다. 또한 데이터가 시스템에 등록될 때 특정 속성값이 빠지지 않도록 강제하는 '필수 속성' 기능도 있다. 이는 데이터 처리의 초기 단계부터 데이터의 품질과 무결성을 확보하는 강력한 관리 도구로 작동한다.

객체 타입들 사이의 관계는 '연결 타입'으로 정의된다. 예를 들어, '직원이 특정 회사에서 근무한다'거나 '어떤 부품이 특정 항공기에 장착된다'와 같은 관계를 명시적으로 모델링할 수 있다. 이는 기존 관계형 데이터베이스의 고정된 연결 방식을 넘어, 현실 세계의 복잡한 상호 의존성을 유연하게 반영하는 그래프 기반의 네트워크를 형성한다. 온톨로지에서 이러한 '연결'은 단순히 한쪽이 다른 쪽을 가리키는 참조 관계가 아니라, 그 자체로 중요한 의미를 가지는 독립적인 요소로 취급된다. 마지막으로 '인터페이스'는 서로 다른 객체 타입들이 공유하는 공통된 형태와 기능을 기술하는 일종의 규약이다. 예를 들어 '차량'이라는 인터페이스를 먼저 정의하고, '자동차' 객체 타입과 '트럭' 객체 타입이 이 '차량' 인터페이스의 규칙을 따르게 할 수 있다. 이러한 방식은 대규모 기업 환경에서 반드시 필요한 추상화와 코드의 재사용성을 높여준다.

온톨로지의 진정한 힘은 시맨틱 레이어를 기반으로 기업의 동적인 측면,

즉 '행위'와 '과정'을 모델링하는 키네틱 레이어에서 나타난다. 키네틱 레이어야말로 팔란티어 플랫폼을 단순한 분석 도구에서 실질적인 운영 시스템으로 만드는 결정적인 요소다. 이 레이어의 핵심인 '액션 타입'은 단순히 특정 기능을 호출하는 것을 넘어선다. 액션은 공식적으로 정의되고, 실행 권한이 부여되며, 모든 실행 기록이 추적되는 하나의 '작업' 단위다. 사용자와 시스템은 이 액션을 통해 온톨로지에 존재하는 객체의 정보를 변경할 수 있다. 예를 들어, '주문 승인'이라는 액션은 단순히 주문 객체의 상태 값을 바꾸는 것 이상의 의미가 있다. 이 액션이 실행되면 관련 재고 객체의 수량을 자동으로 줄이고, 배송 시스템에는 알림을 보낸다. 가장 중요한 점은, 이 모든 변경 사항을 원래 데이터가 저장되어 있던 전사적자원관리ERP 시스템에 다시 기록하여 업데이트한다는 것이다. 이러한 '쓰기Write-back' 기능은 분석과 실행 사이의 단절을 없애준다. 이를 통해 플랫폼 안에서 내린 의사결정이 실제 운영 시스템에 즉시 반영되는 완전한 순환 구조, 즉 폐쇄 루프를 형성한다.

또한 '함수'는 파이썬이나 자바 같은 프로그래밍 언어로 작성된 코드 조각으로, 버전 관리가 가능하며 재사용할 수 있다. 함수는 온톨로지 객체를 직접 입력으로 받아 '고객 이탈 위험 점수'를 계산하는 것과 같은 복잡한 비즈니스 로직을 체계적으로 담아내고, 필요할 때마다 일관되게 적용할 수 있게 해준다. 이처럼 시맨틱 요소와 키네틱 요소의 결합은 조직에 대한 단순한 묘사를 넘어, 실제로 실행 가능한 모델을 만들어낸다. 만약 전통적인 데이터 플랫폼이 조직의 '명사'만을 다루었다면, 팔란티어 온톨로지는 여기에 '동사'를 부여함으로써 비즈니스를 완벽하게 기술하고 제어할 수 있는 운영 체제를 구축하는 셈이다. 이는 미래의 자율적인 인공지능 에이전트가 작동하기 위한 필수적인 전제 조건이 된다. 인공지능 에이전트는 단순히 데이터를 읽고 분석하는 것을 넘어, 정해진 규칙과 권한에 따라 안전하고 감사 가능한 방식으로 현실 세계에 '행동'을 취할 수 있어야 한다. 온톨로지의 키네틱 레이어는 바로 그 행동을 위한 통로를 제공한다.

온톨로지의 가치를 더욱 명확히 이해하려면 기존 데이터 아키텍처의 개념들과 비교해 보는 것이 도움된다. 데이터 카탈로그는 데이터의 위치와 기본적인 정보를 알려주는 '목록'에 가깝다. 반면 팔란티어 온톨로지는 데이터가 비즈니스 맥락에서 '무엇을 의미하는지', 그리고 다른 데이터와 '어떤 관계를 맺는지'를 정의하는 '의미론적 모델'이다. 또한 전통적인 의미에서 지식 그래프는 '온톨로지'라는 설계도에 '데이터'라는 재료를 부어 만들어진 결과물과 같다. 대부분의 지식 그래프는 정보를 읽는 것만 가능하며 주로 분석적인 목적에 치중된다.

하지만 팔란티어의 온톨로지는 이러한 개념을 포함하는 더 큰 상위 집합으로서, 키네틱 레이어를 통해 정보를 읽고 쓸 수 있는 '운영 시스템'의 역할을 한다. 분석과 운영을 하나의 심장으로 뛰게 하려는 것, 이것이 바로 팔란티어의 근본적인 철학이다. 다른 시스템들이 도시의 '지도'를 제공하는 데 그친다면, 팔란티어 온톨로지는 그 지도를 바탕으로 도시의 모든 신호등, 전력망 스위치, 차량을 원격으로 제어 가능한 '관제 시스템'을 제공하는 것과 같다. 이처럼 정보를 읽는 것을 넘어 수정하고 실행까지 할 수 있는 '읽기/쓰기' 패러다임이야말로, 온톨로지를 단순한 의미 모델이 아닌 기업의 디지털 트윈이자 인공지능 시대의 운영체제로 만드는 핵심적인 힘이다.

실무적 구축 프로세스: 아이디어에서 실행까지

팔란티어 파운드리Palantir Foundry 플랫폼은 온톨로지를 핵심적인 엔진으로 삼아, 데이터 처리 과정, 분석 모델, 그리고 의사결정에 이르는 업무 절차를 하나의 운영 체계로 통합한다. 파운드리는 단순히 데이터를 분석해서 보여주는 비즈니스 인텔리전스^BI 도구나 데이터를 한데 모아놓은 데이터 저장소인 데이터 레이크가 아니다. 파운드리는 온톨로지를 기반으로 하여 기업의 전체적인 운영을 책임지는 운영 체제^Operating System 역할을 하도록 설계되었다.

여기서 우리가 주목해야 할 점은 온톨로지를 도입하는 일이 단순히 기술을 개선하는 차원에 머무르지 않는다는 사실이다. 이것은 데이터를 바라보는 관점 자체를 근본적으로 바꾸는 일종의 철학적 전환을 의미한다. 기존의 방식이 데이터베이스의 테이블이나 컬럼, 스키마와 같이 시스템의 구조를 중심으로 데이터를 바라봤다면, 온톨로지는 '생산 라인', '부품', '작업자'처럼 실제 사업의 관점에서 데이터를 바라볼 것을 요구한다. 다시 말해 기존 시스템에서는 전사적자원관리^ERP나 제조실행시스템^MES 같은 소프트웨어의 논리에 따라 데이터의 구조가 정해졌다.

반면 온톨로지는 실제 사업이 움직이는 방식과 그 구성 요소들을 먼저 정의하고, 그 정의된 모델에 각각의 데이터를 연결하는 반대의 순서로 접근한다. 이 과정에서 생산, 품질, 물류 등 서로 다른 부서의 담당자들이 함께 모여 '우리 회사의 생산 라인이란 정확히 무엇을 의미하는가?', '작업자와 생산 라인은 어떤 관계를 맺고 있는가?'와 같은 본질적인 질문에 답하며 공통의 이해를 쌓아간다. 이처럼 온톨로지를 구축하는 과정 자체가 기술의 장벽뿐만 아니라 부서 이기주의와 같은 조직의 벽까지 허무는 계기가 된다. 그 결과, 공장 현장의 작업자부터 최고 경영진에 이르기까지 모든 구성원이 동일한 시각으로 데이터를 이해하고 소통하게 된다. 이를 통해 조직은 외부 환경 변화에 마치 하나의 살아있는 생명체처럼 일관적이고 신속하게 대응할 수 있는 능력을 갖추게 된다.

스마트 팩토리를 위한 온톨로지 모델을 만드는 과정은 추상적인 개념을 정의하는 데 그치지 않는다. 이 과정은 실제 데이터를 연결하여 살아 움직이는 디지털 트윈을 구축하는 구체적인 단계들로 이루어진다. 그 첫걸음은 사업의 핵심 주체, 즉 문장에서 '명사'에 해당하는 객체Object와 그 객체들의 특징을 나타내는 속성Property을 정의하는 것부터 시작한다. 예를 들어, '생산 라인'이라는 객체는 각각의 라인을 구분하는 '라인 ID', 어떤 공정을 수행하는지 알려주는 '라인 유형', 그리고 MES과 연결되어 실시간으로 변하는 '가동 상태'와 같은 속성들을 가질 수 있다.

마찬가지로 '부품' 객체는 '부품 번호'나 '부품명' 같은 기본 정보 외에도, ERP 시스템에서 가져오는 '단가'와 같은 재무 정보를 속성으로 포함할 수 있다. '작업자' 객체 역시 '사원 번호'나 '이름' 같은 정보뿐만 아니라, 인사관리HR 시스템에서 관리하는 '자격증' 목록까지 속성으로 가질 수 있다. 더 나아가 사용자의 복잡한 질문에 답하려면 생산 활동과 불량 발생 이력을 담는 '생산 이벤트'라는 객체를 만드는 것이 매우 중요하다. 이 '생산 이벤트' 객체는 '시간 기록(타임스탬프)', '이벤트 유형', '불량 코드'와 같은 속성을 가지며, 다른 핵심 객체들을 서로 연결하는 중요한 매개체 역할을 한다. 객체에 대한 정의가 끝나면, 이 객체들 사이에 의미 있는 연결 고리를 만들어 생명을 불어넣어야 한다. 이 연결 고리는 문장에서 '동사'의 역할을 하는 링크Link라고 부른다. 예를 들어, 한 명의 '작업자'가 특정 시간에 하나의 '생산 라인'에 배정되는 관계는 '작업자' 객체와 '생산 라인' 객체 사이에 '배정됨'이라는 링크를 설정하여 표현할 수 있다. 또한, 하나의 '생산 라인'이 여러 개의 '생산 이벤트'를 만들어내고, 각각의 '생산 이벤트'는 특정 '부품' 하나를 사용하는 관계 역시 명확한 링크로 정의된다. 이 과정을 거치면 단순히 나열되어 있던 평면적인 데이터 목록은 현실 세계의 관계를 그대로 반영하는 입체적인 연결망 구조로 탈바꿈한다. 이를 통해 공장 현장의 물리적인 현실이 디지털 공간에 그대로 복제되는 것이다.

마지막으로, 이렇게 추상적으로 정의된 온톨로지 모델에 실제 데이터를 채워 넣어 살아있는 디지털 트윈으로 완성하는 '데이터 하이드레이션^{Data Hydration}' 과정이 진행된다. 이는 마른 스펀지에 물을 채워 부풀리는 것처럼, 텅 빈 모델에 실제 데이터를 불어넣는 과정에 비유할 수 있다. 파운드리 플랫폼은 ERP나 데이터베이스 등 다양한 기업 시스템에 연결할 수 있는 커넥터를 제공한다. 또한 데이터를 물리적으로 다른 곳에 복사하지 않고도 기존 시스템의 데이터를 온톨로지에 통합하는 '네이티브 페더레이션^{Native Federation}'이라는 기능도 지원한다. 코드를 작성할 필요 없이 마우스 클릭만으로 데이터 변환 규칙을 만들 수 있는 시각적인 도구 덕분에, 데이터 전문가뿐만 아니라 현업의 분석가도 직접 원본 데이터를 온톨로지 객체와 연결할 수 있어 기술적인 장벽이 획기적으로 낮아진다. 이렇게 만들어진 데이터 연결 통로는 정해진 시간에 자동으로 실행되도록 설정할 수 있어 온톨로지를 항상 최신 상태로 유지해준다. 또한 내장된 데이터 건전성 검사 기능은 데이터의 품질과 신뢰성을 지속적으로 보장하는 역할을 한다.

온톨로지 모델을 만드는 이러한 과정에서 가장 중요한 가치를 만들어내는 부분은 바로 객체들 사이의 관계를 정의하는 링크 설정 단계이다. 전통적인 데이터 분석 방식에서 작업자와 생산 라인의 관계는, 데이터 분석가가 구조화 질의 언어^{SQL, Structured Query Language}의 조인^{JOIN} 구문을 작성하는 아주 짧은 순간에만 존재하는 일시적인 연결에 불과했다. 하지만 온톨로지에서는 '배정됨'이라는 링크를 영구적으로 정의함으로써, 이 관계는 데이터 모델의 핵심적인 일부가 되고 조직의 공식적인 자산으로 자리 잡게 된다. 이렇게 한번 정의된 링크는 데이터베이스의 테이블 이름이나 연결 키^{Join Key}를 전혀 모르는 사람이라도 객체 탐색기^{Object Explorer}와 같은 시각적인 도구를 통해 쉽게 활용할 수 있게 된다. 이는 데이터 분석에 필요한 기본적인 논리를 매번 새로 개발할 필요 없이 재사용할 수 있게 만들어, 분석 업무의 '규모의 경제'를 실현하고 조직의 '데이터 투자 수익률'을 극대화하는 결과를 낳는다.

온톨로지의 진정한 가치는 복잡한 사업상의 질문에 얼마나 **빠르게 직관적으로** 답변이 가능한지 분명하게 드러난다. 다음과 같은 실제 운영 현장에서 나올 법한 질문을 생각해보자. "특정 부품을 사용한 생산 라인 중에서, 지난주에 불량률이 가장 높았던 라인의 담당 작업자를 찾아주세요." 이 질문은 간단해 보이지만, 답을 찾기 위해서는 여러 단계의 논리적인 추론이 필요하다. 먼저 특정 부품이 사용된 모든 생산 기록을 식별하고, 해당하는 생산 라인의 목록을 뽑아내야 한다. 그다음 '지난주'라는 기간으로 시간을 한정한 뒤, 각 라인의 불량률을 계산하고, 그중에서 불량률이 가장 높은 라인을 찾아내 담당 작업자를 연결해야 한다. 전통적인 데이터 환경에서는 데이터 분석가나 엔지니어가 관계형 데이터베이스에 직접 구조화 질의 언어 SQL로 쿼리를 작성해야만 그 질문에 답할 수 있다. 이를 위해서는 작업자, 생산 라인, 생산 기록, 부품 정보가 담긴 여러 테이블을 하나로 합치고 JOIN, 그 안에 또 다른 하위 쿼리 Subquery를 사용해 불량률을 계산하고 정렬하는 복잡한 과정이 필요하다. 실제 쿼리는 다음과 같은 모습을 띤다.

```
SELECT
    w.worker_name,
    w.employee_id
FROM
    workers w
JOIN
    production_lines pl ON w.assigned_line_id = pl.line_id
WHERE
```

```
    pl.line_id = (
        SELECT
            p_log.line_id
        FROM
            production_logs p_log
        WHERE
            p_log.part_number = 'PX-45-10B'
            AND p_log.event_timestamp BETWEEN '2023-10-23 00:00:00'
AND '2023-10-29 23:59:59'
        GROUP BY
            p_log.line_id
        ORDER BY
            (SUM(CASE WHEN p_log.event_type = 'Defect' THEN 1 ELSE 0 END)
 * 1.0 / COUNT(*)) DESC
        LIMIT 1
    );
```

이러한 SQL 기반의 접근 방식은 몇 가지 본질적인 한계를 안고 있다. 우선, SQL에 능통하고 데이터베이스의 세부적인 구조를 완벽하게 이해하는 데이터 전문가가 반드시 필요하다. 또한, 이 쿼리는 매우 경직되어 있어서 데이터베이스의 구조가 조금이라도 바뀌면 즉시 작동을 멈추기 때문에 처음부터 다시 작성해야 하는 취약점을 지닌다. 무엇보다 이 코드는 사업의 실제 맥락을 담고 있지 않아서, 기술 전문가가 아닌 공장 관리자가 그 논리를 이해하거나 제대로 작성되었는지 검증하기란 거의 불가능하다. 이는 결국 부서 간의 원활한 협업을 가로막는 요인이 된다. 결국 질문에 대한 답을 하나 얻기까지 전체 과정은 수 시간에서 길게는 수일까지 걸릴 수 있다.

 이제 똑같은 질문에 대해 코딩 경험이 전혀 없는 공장 관리자나 라인 감독관이 팔란티어의 객체 탐색기Object Explorer를 사용하여 답을 찾는 과정을 살펴보자. 관리자는 먼저 객체 탐색기를 열고 검색창에 부품 번호 "PX-45-10B"를 입력한다. 그러자 즉시 "컴프레서 하우징" 부품 객체가 화면에 나타난다. 관리자는 이 객체를 클릭하여 상세 정보를 확인한 뒤, '이 부품을 사용한 생산 라인들'이라는 이름의 링크를 클릭한다. 이 한 번의 클릭만으로, 화면은 이 부품을 사용했던 모든 생산 라인 객체들의 목록으로 바뀐다. 다음으로, 관리자는 화면 왼쪽에 있는 필터 메뉴에서 시간 기록 속성을 '지난주'로 간단히 설정한다. 이제 화면에는 지난주에 해당 부품을 사용한 라인들만 남게 된다. 이어서 관리자는 화면 보기를 '차트' 모드로 전환하여 각 라인의 불량률을 막대그래프로 즉시 확인한다. 차트에서 "LINE-C-04" 라인의 막대가 가장 높은 것을 한눈에 알아보고 해당 막대를 클릭하자, "LINE-C-04" 생산 라인 객체의 상세 정보가 나타난다. 마지막으로, 그는 이 객체에 연결된 '배정됨' 링크를 클릭하여 해당 라인을 담당하는 "박서준" 작업자 객체를 찾아낸다. 질문이 제기된 후 답을 찾기까지 걸린 시간은 불과 몇 분에 지나지 않는다.

 앞서 설명한 두 가지 접근 방식의 근본적인 차이는 단순히 사용자 인터페이스가 편리한가 아닌가의 차이가 아니다. 그 본질은 사용자의 '생각하는 방식' 즉, 인지 모델의 차이에 있다. SQL은 사용자에게 데이터가 '어떻게 저장돼 있는지'의 관점에서 생각하도록 강요한다. 반면 온톨로지는 사용자에게 사업이 '어떻게 운영되는지'의 관점에서 생각하도록 이끈다. 사용자의 사고 과정은 "A 테이블과 B 테이블을 연결하고…"처럼 기술적인 절차를 따르는 것이 아니다. 대신 "이 부품을 보여줘. 이 부품을 쓴 라인들은 어디지? 그중 지난주에 생산한 것만 보여줘. 어디가 제일 문제지? 그럼 거기 담당자가 누구야?"와 같이, 사람이 본래 문제를 해결하는 자연스러운 생각의 흐름을 그대로 따라간다. 이처럼 사용자의 생각과 도구의 작동 방식이 일치하면 '통찰을 얻는 데 걸리는 시간'이 수일에서 수 분으로 극적으로 줄어든다. 그리고 공장 관리자는 수동적으로 보고서를 받아보던 입장에서 벗어나, 능동적으로 데이터를 기반으로 문제를 해결하는 주체로 거듭나게 된다. 이렇게 찾아낸 분석 결과는 저장하여 다른 동료와 공유할 수 있고, 실시간으로 정보가 업데이트되는 협업용 대시보드로 활용될 수 있다. 이는 한 번의 분석을 일회성으로 끝내지 않고, 지속적인 개선 활동을 통해 발전을 이끌어내는 중요한 계기가 된다.

   이러한 분석은 단순히 문제의 원인을 찾는 데서 그치지 않는다. 진정한 가치는 발견된 '통찰Insight'을 즉각적인 '행동Action'으로 연결하는 능력에 있다. 팔란티어 파운드리에서는 '박서준' 작업자 객체 화면에 "재교육 일정 수립"이나 "품질 조사 개시"와 같은 행동 버튼을 미리 설정해 둘 수 있다. 관리자가 이 버튼을 클릭하면, 관련 부서에 자동으로 알림을 보내거나 품질 관리 시스템에 조사 요청서를 생성하는 등, 데이터를 읽는 것을 넘어 시스템에 새로운 정보를 기록하는 '쓰기Write-back' 작업이 수행된다. 이러한 '움직이는Kinetic' 기능은 플랫폼을 단순히 현황을 바라보는 수동적인 분석 도구에서, 실제 운영을 지휘하는 능동적인 통제 센터로 바꾸어 놓는다. 이를 통해 의사결정과 실제 실행 사이의 간격을 극적으로 단축시켜 조직 전체의 민첩성을 향상시킨다.

   잘 만들어진 온톨로지가 가진 궁극적인 전략적 가치는 신뢰할 수 있고 효과적인 운영 인공지능Operational AI을 구현하기 위한 필수적인 토대를 제공한다는 점에 있다. 예를 들어, 인공지능의 한 분야인 머신러닝 모델이 특정 부품의 고장을 예측했을 때, 온톨로지는 이 예측 결과를 해당 부품이 장착된 특정 생산 라인, 그리고 그로 인해 영향을 받을 고객의 주문 정보까지 즉시 연결해준다. 덕분에 단순한 경고 메시지가 아니라, 당장 행동으로 옮길 수 있는 구체적인 맥락 정보를 담은 정보로 바뀐다. 또한 온톨로지는 거대언어모델LLM이 "원저 공장에서 새로운 공급업체의 부품을 사용하는 라인 중에 불량률이 높은 곳을 모두 보여줘"와 같은 복잡한 자연어 질문에 정확하게 답변하는 데 필요한 구조화된 맥락을 제공한다. 나아가, "C-04 라인을 4시간 동안 중단하면 전체 생산에 어떤 영향이 있을까?"와 같은 '가상 시나리오' 분석을 가능하게 하는 기반이 된다.

제조 분야에서 온톨로지를 구축하는 것은 단순한 정보 기술IT 도입 프로젝트가 아니라, 사업의 핵심적인 전략 과제라고 할 수 있다. 이것은 기업이 단편적인 데이터 분석 수준을 넘어, 진정으로 데이터를 기반으로 움직이는 민첩하고 지능적인 조직으로 거듭나는 데 필요한 기초 투자다. 또한, 앞으로 다가올 차세대 운영 인공지능 시대를 맞이하여 기업의 경쟁력을 좌우할 가장 중요한 전략적 자산이 될 것이다.

온톨로지 위에 구현되는 AIP: 지능의 증폭

어느 공장 운영 관리자의 하루는 팽팽한 긴장감 속에서 시작된다. 생산량이 목표치에 미치지 못하고 있다는 보고가 연이어 올라오고, 원인을 서둘러 파악해야 한다는 압박이 거세진다. 그는 막대한 비용을 들여 도입한 최신 기업용 인공지능 챗봇에 접속한다. 이 시스템은 세련된 화면과 유창한 대화 능력을 자랑하며, 업계 최고의 거대언어모델로 구동된다. 관리자는 간결하게 질문을 입력한다. "A공장의 생산량을 알려줘."

인공지능은 즉시 정확한 숫자를 화면에 보여준다. 이 상호작용은 기존 인공지능 기술이 도달한 현재 수준을 명확히 드러낸다. 시스템은 사람이 쓰는 자연스러운 질문을 성공적으로 해석하고, 'A공장'과 '생산량'이라는 핵심 단어를 식별하여 연결된 데이터베이스에서 해당하는 값을 완벽하게 찾아낸다. 이것은 정교한 정보 검색 도구로서의 역할을 충실히 수행한 것이다.

하지만 이 지능의 본질은 과연 무엇일까? 인공지능은 '공장'이 실제로 무엇인지, '생산'이라는 활동이 어떤 의미를 갖는지, 그리고 자신이 제시한 숫자가 사업에 어떤 영향을 미칠 수 있는지 전혀 이해하지 못한다. 이 인공지능은 현실 세계에 대한 이해 모델 없이, 단지 데이터 테이블의 한 조각을 조금 더 편리한 화면으로 보여주는 거울에 불과하다. 이러한 지능은 깊은 생각의 결과라기보다는, 소리가 그대로 되돌아오는 메아리와 같다. 이처럼 기존의 인공지능은 본질적으로 '맥락 없는 진공' 상태에서 작동하기에 그 한계가 명확하다. '생산량'과 같은 단순한 질문에는 능숙하게 답하지만, 만약 관리자가 '수익성'처럼 복잡하고 여러 의미를 가진 개념을 물었다면 인공지능은 속수무책이었을 것이다. 총이익을 써야 할지 순이익을 써야 할지, 어떤 간접비를 계산에 포함해야 할지 판단할 기준이 없기 때문이다. 기업마다 다른 고유한 사업 방식과 용어의 정의는 인공지능이 학습한 일반적인 데이터에 존재하지 않는다. 결국 단순한 질문에 성공적인 답변은, 더 깊은 질문에 대해서는 근본적으로 무능하다는 사실을 가리는 연막에 불과한 셈이다.

관리자는 화면에 뜬 숫자에 만족하지 않고, 문제의 핵심을 파고드는 진짜 질문을 던진다. "A공장의 생산량이 목표치에 미치지 못하고 있는데, 원인이 뭐야?" 이처럼 원인과 결과를 묻는 질문 앞에서 기존의 챗봇은 더 이상 나아가지 못한다. "인과관계를 파악할 수 없습니다"와 같은 무미건조한 답변을 내놓거나, 서로 연결되지 않은 수십 개의 현황판(대시보드) 주소를 나열하며 분석의 책임을 다시 사람에게 떠넘기는 것이 고작이다. 하지만 팔란티어의 인공지능 플랫폼AIP은 완전히 다른 방식으로 작동한다. 같은 질문이 인공지능 플랫폼에 입력되자, 시스템은 단순한 데이터베이스 검색을 넘어 현실 세계의 지도를 탐색하기 시작한다.

이러한 차이를 만드는 핵심은 바로 팔란티어 온톨로지다. 팔란티어 인공지능 플랫폼이 원인과 결과를 추론 가능한 이유는 온톨로지가 기업 현실의 의미를 가진 여러 요소들로 구조화했기 때문이다. 온톨로지 안에는 추상적인 데이터 표 대신, 현실 세계의 '사물'에 해당하는 '객체 유형Object Types'이 존재한다. 예를 들어 공장, 생산 라인, 원자재, 공급사, 선적, 구매 주문서와 같은 실제 대상들이 각각의 디지털 객체로 정의된다. 각 객체는 자신만의 고유한 '속성Properties'을 가진다. 가령 원자재 객체는 재고 수준이나 단가와 같은 속성을, 선적 객체는 정시에 도착했는지 또는 지연되고 있는지와 같은 상태 속성을 갖는다. 그리고 가장 결정적으로, 이 객체들은 현실 세계의 관계를 그대로 반영하는 '연결 유형Link Types'으로 서로 단단히 얽혀 있다. 공급사는 구매 주문서와 연결되고, 구매 주문서는 다시 선적과 연결되며, 그 선적은 특정 원자재의 입고를 담당하고, 해당 원자재는 특정 생산 라인에 투입되는 방식이다. 이처럼 온톨로지는 흩어져 있던 데이터 조각들을 원인과 결과의 이야기로 엮어 하나의 통일된 현실 모델로 재구성한다. 기존 인공지능이 단어만 나열된 사전을 뒤지는 수준이라면, 팔란티어 인공지능 플랫폼은 그 단어들을 엮어 쓰여진 한 편의 소설을 읽고 이해하는 것과 같다.

팔란티어 인공지능 플랫폼의 분석 과정은 단순한 검색이 아니라, 마치 논리적인 수사와 같다. 먼저 시스템은 A공장 객체의 '생산량' 속성값이 '목표치' 속성값과 차이가 난다는 사실을 확인한다. 그러고는 즉시 A공장 객체와 연결된 하위 생산 라인 객체들로 이동하며, 실시간 센서 데이터 속성을 분석해 어느 라인의 가동률이 떨어졌는지 특정한다. 다음으로, 문제가 된 생산 라인 객체에서 필요한 원자재 객체들로 이어진 경로를 추적한다. 각 원자재의 '재고 수준' 속성을 조회한 결과, 원자재 X의 재고가 심각하게 부족하다는 사실을 발견한다. 이제 수사의 초점은 '왜 재고가 부족한가'라는 질문으로 옮겨간다. 인공지능 플랫폼은 원자재 X 객체에 연결된 모든 입고 예정 선적 객체들을 조사하고, 그중 상태 속성이 '지연'으로 표시된 특정 선적 건을 찾아낸다. 이 선적은 공급사 B와 연결되어 있다. 여기서 멈추지 않고, 인공지능 플랫폼은 해당 선적 객체에 연결된 물류 관련 자료, 즉 공급사가 보낸 이메일이나 운송장처럼 정형화되지 않은 데이터까지 분석하여 '운송 문제 발생'이라는 구체적인 지연 사유를 최종적으로 확인한다.

이 모든 원인과 결과의 사슬을 종합하여, 팔란티어 인공지능 플랫폼은 관리자에게 명료한 문장으로 답변을 제시한다. "A공장의 생산량이 목표치에 미달한 원인은 원자재 X의 입고가 늦어지고 있기 때문입니다. 공급사 B에 따르면 운송 문제가 발생했습니다." 이 답변의 진정한 가치는 정답을 찾았다는 사실 자체보다, 그 결론에 이르는 모든 과정이 투명하게 추적되고 검토 가능하다는 점에 있다. 인공지능 플랫폼의 추론은 무엇이 들어있는지 알 수 없는 '블랙박스' 속의 추측이 아니라, 디지털 트윈을 관통하는 명확한 논리적 경로의 산물이다. 이것은 의사결정의 신뢰를 구축하는 핵심적인 요소다. 온톨로지는 조직 전체에 걸쳐 '단 하나의 진실된 정보의 원천Shared source of truth' 역할을 한다. 이를 통해 공장 관리자, 구매 담당자, 물류 담당자가 모두 동일한 현실 모델을 기반으로 소통하게 만든다. 이것은 부서 간 서로 다른 데이터를 맞춰보느라 허비하던 막대한 시간을 절약하고, 인공지능을 단순한 분석가를 넘어 조직의 협력을 이끌어내는 조정자로 격상시킨다.

문제의 원인을 파악한 관리자는 이제 해결책을 찾아야 한다. 바로 이 지점에서 팔란티어 인공지능 플랫폼은 수동적인 분석 도구를 넘어, 능동적인 의사결정 지원 엔진으로 변모한다. 관리자는 버텍스Vertex와 같은 응용 프로그램을 통해 '만약에What-if'라는 가상 시뮬레이션을 실행할 수 있다. 첫 번째 시나리오로, '공급사 B를 계속 기다린다'를 선택한다. 인공지능 플랫폼은 지연이 계속될 경우 발생하는 생산 라인의 유휴 비용과 고객 주문을 제때 처리하지 못할 위험 등 연쇄적인 파급 효과를 예측 모델로 계산하여 총 재무적 손실을 알려준다. 두 번째 시나리오로, '공급사 B의 배송을 긴급 운송으로 전환한다'를 선택한다. 인공지능 플랫폼은 추가로 발생하는 물류 비용과 단축되는 시간을 반영하여 생산 재개 시점과 총비용을 시뮬레이션한다. 세 번째 시나리오로, '대체 공급사 C에서 조달한다'를 선택한다. 온톨로지는 이전에 검증되었던 대체 공급사 C 객체를 즉시 찾아낸다. 이 객체에는 배송 시간, 비용, 신뢰도 등급과 같은 속성이 이미 정의되어 있다. 인공지능 플랫폼은 새로운 구매 주문을 생성하는 것부터 배송 완료, 생산 재개까지의 전체 업무 과정을 시뮬레이션하고, 각 시나리오의 장단점을 명확하게 비교 분석하여 제시한다. 이것은 더 이상 과거 데이터 분석이 아니다. 관리자는 인공지능 플랫폼을 통해 여러 가능한 미래의 모습을 탐색하고, 명확하게 숫자로 계산된 잠재적 결과 중에서 최적의 선택을 내릴 수 있다. 온톨로지는 현실을 그대로 옮겨 놓은 안전한 실험 공간, 즉 샌드박스Sandbox가 되며, 의사결정은 직관의 영역에서 운영 과학의 영역으로 이동하게 된다.

여러 미래 시나리오를 검토한 관리자는 마침내 최적의 대안을 선택하고, 인공지능 플랫폼에 마지막 명령을 내린다. "그럼 즉시 대체 공급사 C에 발주하고, 영향을 받는 생산 라인의 일정을 자동으로 조정해줘." 이 자연스러운 문장은 정보를 조회하기 위한 질문이 아니라, 현실 세계를 바꾸는 실행 지시다. 인공지능 플랫폼은 이 명령을 온톨로지에 미리 정의된 '액션 유형Action Type'을 실행하라는 지시로 해석한다. 액션 유형은 온톨로지의 움직임을 만드는 핵심적인 요소로, 단순히 객체 정보를 수정하는 것을 넘어 외부 시스템에 변경된 내용을 기록Write-back할 수 있는 강력한 기능이다. 이 기능은 엄격한 권한 관리와 감사 추적이 보장되는 업무 절차(워크플로우) 안에서만 작동한다. 이러한 특정 행동 규칙은 코드를 전혀 사용하지 않고 사업 규칙을 설계할 수 있는 에이아이피 로직^{AIP Logic}을 통해 구성될 수 있다.

예를 들어, 이 행동 규칙은 다음과 같은 순서로 실행된다. 첫째, 공급사 C와 연결된 새로운 구매 주문서 객체를 생성한다. 둘째, 회사의 전사적자원관리^{ERP} 시스템인 SAP나 오라클에 실제 주문을 생성하라는 명령을 외부 연동 기능^{API}을 통해 호출한다. 셋째, 영향을 받는 생산 라인 객체의 일정 속성을 수정한 뒤, 넷째, 공장의 생산 관리 시스템^{MES}에 변경된 일정을 업데이트하라는 명령을 연쇄적으로 실행한다. 이 모든 과정은 관리자에게 부여된 권한 내에서만 실행되며, 인공지능은 사전에 설정된 엄격한 안전장치 Guardrails 안에서만 작동한다.

팔란티어 인공지능 플랫폼이 여러 시스템에 걸친 복잡한 작업을 완료하고 관리자에게 확인 메시지를 보내는 순간, 디지털 세계의 결정이 물리적 현실을 바꾸는 완전한 순환 고리가 닫힌다. 이것은 단순히 정보를 검색하던 최초의 챗봇과는 질적으로 다른 차원의 지능이다. 전통적으로 여러 부서 간의 회의, 데이터 취합, 각기 다른 시스템에 대한 수동 입력으로 수일이 걸렸을 의사결정과 실행의 전 과정이 단 몇 분 만에, 하나의 통일된 화면 안에서 마무리된다. 이것은 지능을 단순히 활용하는 것을 넘어 '지능의 증폭'이라 부를 만하다. 더 나아가, 이 모든 과정, 즉 문제가 발생하고 원인을 분석하며, 가상 시뮬레이션을 거쳐 최종 결정과 실행에 이르고 그 결과를 확인하는 모든 정보는 다시 온톨로지에 데이터로 쌓인다. 이 강력한 피드백 순환 구조는 시스템을 끊임없이 학습시킨다. 다음에 비슷한 문제가 발생했을 때, 인공지능 플랫폼은 과거의 성공적인 대응 사례를 바탕으로 더욱 정교하고 신속한 해결책을 제안할 것이다. 온톨로지 위에서 팔란티어 인공지능 플랫폼은 단순한 도구가 아니라, 스스로 학습하고 진화하며 기업과 함께 성장하는 운영의 두뇌가 된다.

온톨로지 구축 생태계: 파트너사의 역할

팔란티어의 파운드리나 인공지능 플랫폼^AIP과 같은 기술이 하나의 정교하게 조율된 악기라고 가정해 보자. 이 악기를 연주하여 청중의 마음을 울리는 교향곡을 만들어내는 과정은 결코 한 명의 연주자만으로 완성될 수 없다. 팔란티어의 엔지니어들은 의심할 여지 없이 이 악기의 구조와 가능성을 가장 깊이 이해하는 거장 연주자들이다. 그들은 기술의 한계를 넓히고 데이터의 복잡한 화음을 풀어내며, 불가능해 보였던 연주를 가능하게 만든다. 그러나 아무리 뛰어난 거장이라 할지라도, 거대한 오케스트라 전체를 이끌고 비즈니스라는 거대한 악보를 해석하여 감동적인 연주로 만들기 위해서는 반드시 지휘자의 역할이 필요하다. 바로 이 지점에서 액센츄어^Accenture, 딜로이트^Deloitte, 프라이스워터하우스쿠퍼스^PwC와 같은 세계적인 컨설팅 및 시스템 통합^SI 파트너들이 무대 위로 등장한다.

이들의 관계는 단순히 기술 구현을 외부에 맡기는 하청 방식이 아니다. 이는 팔란티어의 정교한 기술력과 파트너사의 폭넓은 전략이 결합된, 정교하고도 필연적인 공생 관계에 가깝다. 팔란티어는 기업을 위한 운영체제라는 혁신적인 소프트웨어의 기반을 제공한다. 하지만 이 강력한 도구를 실제 기업 환경에 성공적으로 적용하고, 조직 전체의 변화를 끌어내며, 전 세계에 흩어져 있는 사업 현장에 일관되게 적용하는 것은 기술력만으로는 해결할 수 없는 과제다. 바로 이 지점에서 파트너사들이 핵심 역할을 수행한다. 이들은 전략, 컨설팅, 디지털, 기술 및 운영에 걸친 독보적인 서비스와 수십 년간 쌓아온 산업별 전문성을 제공한다. 이를 통해 팔란티어가 핵심 제품 개발에 집중하는 동안, 복잡하고 힘든 고객 대면 업무와 조직의 변화 관리 역할을 맡아 수행한다.

이러한 협력의 깊이는 단순한 파트너십 발표 이상의 구체적인 증거들로 뒷받침된다. 액센츄어는 1,000명이 넘는 자체 '파운드리 전문가'를 배치하여 새로운 최첨단 솔루션을 구축하고 설계하는 임무를 맡겼다. 이를 위해 설립한 '액센츄어 팔란티어 스튜디오'는 일회성 프로젝트 협력을 넘어선 장기적이고 전략적인 투자를 분명히 보여준다. 이것은 단순한 기술 도입이 아니라 공동의 혁신을 지향한다는 점을 시사한다. 프라이스워터하우스쿠퍼스는 2020년부터 팔란티어의 고객이자 동시에 솔루션 공급 파트너로서 활동해왔다. 이 사실은 플랫폼의 가치에 대해 깊이 있고 직접적으로 이해한 데서 비롯된 신뢰 관계를 증명한다. 딜로이트는 이러한 협력을 전통적인 기술 구현을 넘어 "백오피스, 즉 후선업무 부서의 운영 방식을 근본적으로 재창조하는 것"으로 규정하며 그 전략적 의미를 강조한다. 이들 파트너는 단순한 재판매업자가 아니라, 팔란티어 플랫폼을 중심으로 한 완전한 비즈니스 체계를 구축하고 있다. 딜로이트가 '팔란티어 솔루션 매니저'나 '채널 영업' 전문가를 채용하여 동맹 관계를 발전시키고 공동 영업 전략을 개발하는 데 전념하게 하는 모습, 또 액센츄어가 팔란티어 파운드리 프로젝트를 위해 '애플리케이션 책임자' 및 '수석 데이터 엔지니어'를 직접 고용하는 모습은 이 생태계가 얼마나 구조적으로 얽혀 있는지를 보여주는 단적인 사례다.

결국 이 파트너 생태계는 팔란티어가 거대 기업 시장을 공략하기 위한 핵심적인 확장 전략이다. 팔란티어의 직접적인 영업 및 기술 보급 역량에는 필연적으로 한계가 존재한다. 이에 팔란티어는 세계 최대 규모의 컨설팅 기업 내부에 숙련된 전문가 집단을 양성함으로써, 자체 인력을 늘리지 않고도 사실상 영업 및 구현 조직을 기하급수적으로 확장하는 효과를 얻는다. 파트너사들은 이미 포춘 500대 기업 및 주요 정부 기관과 깊은 신뢰도를 바탕으로 관계를 구축하고 있다. 팔란티어는 이들의 기존 고객 접근성, 산업 내 신뢰도, 그리고 전 세계에 걸친 인력망을 효과적으로 활용한다. 그 대가로 파트너사들은 자신들의 서비스 목록을 차별화할 수 있는 독보적이고 수익성 높은 기술 플랫폼에 접근한다. 이는 단순한 판매 채널을 넘어, 파트너가 규모와 사업적 맥락을 제공하고 팔란티어가 혁신적인 기술을 제공하는 공생적 성장 엔진으로 작동한다.

하지만 이 모델에는 브랜드와 실행에 관련된 본질적인 위험이 따른다. 팔란티어에 대한 인식은 구현의 품질에 달려 있으며, 이는 전적으로 파트너사 컨설턴트의 역량에 좌우된다. 한 논평에서 지적했듯이, 만약 파트너사의 컨설턴트가 가치를 제공하는 데 실패한다면 고객은 기술 자체에 실망할 수 있다. 이는 컨설턴트의 실행 능력 부족을 탓하기보다 팔란티어 기술의 문제로 결론 내릴 수 있다는 의미다. 이러한 상황은 계약 갱신 실패는 물론, 업계 전반에 걸쳐 팔란티어의 명성에 흠집을 낼 수 있다. 따라서 '액센츄어 팔란티어 스튜디오' 설립이나 프라이스워터하우스쿠퍼스가 제공하는 파트너 교육 프로그램과 같이, 팔란티어의 파트너 교육 및 인증에 대한 투자는 매우 중요하다. 이는 단순히 부가 가치를 제공하는 차원을 넘어, 서비스 품질을 관리하고 자사 브랜드를 보호하기 위한 핵심적인 위험 완화 전략인 것이다.

모든 위대한 교향곡의 연주는, 악보에 대한 깊은 해석에서 시작된다. 고객은 "온톨로지를 구축해 주세요"라고 요구하지 않는다. 여기서 온톨로지란 데이터를 단순히 나열하는 것이 아니라, 데이터 간의 관계를 정의하고 의미를 부여하여 지식의 구조로 만드는 기술을 뜻한다. 고객들은 "우리 공급망이 비효율적입니다", "고객 만족도를 개선해야 합니다", 혹은 "새로운 규제를 준수해야만 합니다"처럼 모호하고 광범위한 사업상의 과제를 안고 찾아온다. 여기서 파트너사의 첫 번째 역할은 바로 지휘자이자 번역가로서, 고객의 막연한 사업 과제를 팔란티어 플랫폼이 해결할 수 있는 구조화된 문제로 재정의하는 것이다. 이 과정은 악보에 담긴 작곡가의 의도를 파악하는 지휘자의 첫 작업과 같다. 파트너사들은 자신들이 수십 년간 발전시켜 온 디지털 변혁 방법론을 동원하여 이해관계자 인터뷰, 워크숍, 기존 사업 절차 분석 등 체계적인 활동을 수행한다. 예를 들어, 액센츄어의 접근 방식은 디지털 변혁을 기술 도입이 아닌 '비즈니스 변혁'으로 우선 정의하고, 고객이 겪는 가장 큰 어려운 지점부터 시작할 것을 강조한다. 딜로이트는 현재의 데이터 관리 상태를 평가하여 기업이 가진 기회를 식별하는 데 집중한다.

이러한 초기 분석 단계의 결과물은 '개념적 데이터 모델Conceptual Data Model'이라는 형태로 정리된다. 이것은 기술과 무관하게 순수하게 사업 관점에서 문제를 해결하는 데 필요한 데이터의 구조를 정의한 청사진이다. 이 모델은 고객의 언어를 사용하여 핵심적인 개체(예: 고객, 제품, 주문, 배송)와 그들 사이의 관계(예: 고객이 제품을 포함하는 주문을 하고, 이는 배송을 통해 이행됨)를 명확히 한다. 즉, 사업의 세계와 기술의 세계를 잇는 결정적인 다리로서, 팔란티어 엔지니어들이 온톨로지의 기술적 설계를 시작하는 출발점이 된다.

이 단계에서 파트너사가 제공하는 가장 본질적인 가치는 프로젝트 전체의 위험을 제거하는 것이다. 코드를 한 줄로 작성하기 전에 사업 문제에 대한 명확성과 합의를 이끌어냄으로써, '잘못된 문제에 기술적으로 완벽한 해결책'을 구축하는 흔한 실패를 원천적으로 방지한다. 정보기술 프로젝트의 실패는 대부분 사업 요구사항과 기술적 구현 사이의 불일치에서 비롯된다. 팔란티어의 엔지니어들은 기술 전문가지만, 세상에 존재하는 모든 산업의 사업 절차를 아는 컨설턴트는 아니다. 반면 액센츄어나 딜로이트와 같은 컨설팅 기업들은 바로 이 번역 계층, 즉 사업 분석과 전략 수립에 특화된 거대한 조직을 보유하고 있다. 파트너가 주도하는 체계적인 요구사항 분석과 개념적 모델링 과정을 통해, 사업부 책임자부터 정보기술 부서, 그리고 팔란티어 팀에 이르기까지 모든 이해관계자가 프로젝트의 목표와 범위에 대해 단일하고 공유된 이해를 갖게 된다. 사업 분석에 대한 이러한 선행 투자는 기술 구현의 성공 확률을 극적으로 높인다. 이는 프라이스워터하우스쿠퍼스가 강조하는 '사업 주도 접근 방식'처럼, 최종 결과물이 실질적인 사업 가치를 제공하도록 보장하는 핵심적인 안전장치가 된다.

개념적 모델이라는 악보가 완성되면, 이제 오케스트라 전체가 모여 그것을 살아있는 음악으로 빚어내는 과정, 즉 온톨로지 설계 워크숍이 시작된다. 이 단계에서 파트너사는 지휘봉을 잡고, 고객의 복잡한 현실 세계가 디지털 트윈이라는 형태로 정확하게 구현되도록 전체 과정을 조율한다. 디지털 트윈이란 현실 세계의 사물이나 시스템을 가상 공간에 똑같이 복제한 것을 말한다. 워크숍에 세 개의 핵심 그룹이 한자리에 모인다. 고객사의 사업 및 해당 분야 전문가, 고객사의 정보기술 및 데이터 팀, 그리고 팔란티어의 엔지니어들이다. 파트너사는 개념적 모델을 출발점으로 삼아 대화를 이끌고, 검증된 워크숍 진행 기법을 활용하여 요구사항을 도출하고 합의를 형성한다. 예를 들어, 일부 컨설팅 회사의 방법론은 이해관계자들의 동의를 얻어 '기초 온톨로지starter ontology'를 구축하는 단계별 절차를 포함한다.

워크숍의 핵심 활동은 개념적 모델에 정의된 사업 개념들을 파운드리 온톨로지의 구체적인 구조로 연결하는 것이다. 먼저, '의미론적 계층Semantic

Layer'을 구성한다. 사업의 '개체'는 파운드리의 객체(예: 고객, 장비)가 되고, 사업의 '속성'은 속성(예: 고객명, 장비 상태)이 되며, 사업의 '관계'는 연결(예: 장비 객체와 유지보수 기록 객체 간의 연결)로 변환된다. 파트너는 이 과정에서 사용되는 용어가 일관되고 모호하지 않도록 보장하는 역할을 한다. 다음으로, '운동학적 계층Kinetic Layer'을 정의한다. 이는 사용자가 객체에 대해 수행할 수 있는 행동(예: 장비 객체의 상태 업데이트 행동)과 사업 논리를 담고 있는 '함수'를 정의하는 과정이다. 바로 이 지점에서 온톨로지는 정적인 데이터 모델을 넘어, 실제 운영과 상호작용하는 동적인 시스템으로 거듭난다.

이 과정에서 파트너사가 수행하는 또 하나의 결정적이지만 종종 간과되는 역할은 바로 데이터 거버넌스, 즉 데이터 관리 체계 프레임워크를 온톨로지 설계 과정 자체에 자연스럽게 녹여내는 것이다. 프라이스워터하우스쿠퍼스와 같은 파트너는 "팔란티어 파운드리 내에서 데이터 거버넌스 및 보안 모범 사례를 구현"하는 서비스를 명시적으로 제공한다. 이는 데이터 소유권, 접근 정책(누가 어떤 조건에서 어떤 데이터를 볼 수 있는지), 데이터 품질 규칙 등을 생성하는 객체와 속성에 직접 정의하는 것을 포함한다. 팔란티어 플랫폼은 목적 기반 접근 제어purpose-based access controls나 감사 추적audit trails과 같은 도구를 제공한다. 하지만 이러한 규칙을 고객과 함께 정의하기 위한 전략적 틀을 제공하고 논의를 이끌어 나가는 것은 파트너사의 몫이다.

이 복잡한 협업 과정에서 파트너는 마치 '로제타석'처럼 기능한다. 워크숍에 참여한 세 그룹이 사용하는 각기 다른 '언어'를 사용하는 상황에서, 그 의미를 통역하고 연결하는 역할을 하기 때문이다. 고객의 분야 전문가는 사업 현실("이 기계는 500시간마다 유지보수가 필요합니다")을 알지만 기술적 구현은 모른다. 고객의 정보기술 전문가는 원본 데이터 시스템("유지보수 데이터는 SAP의 X 테이블에, 운영 데이터는 오라클의 Y 테이블에 있습니다")을 알지만 완전한 사업 맥락은 모를 수 있다. 팔란티어 엔지니어는 파운드리 플랫폼("장비 객체와 유지보수 이벤트 객체를 생성하고 일대다 관계로 연결하겠습니다")을 안다. 딜로이트의 데이터 과학자나 액센츄어의 애플리케이션 책임자와 같은 파트너사의 컨설턴트는 이 세 가지 언어를 모두 이해하도록 훈련받았다. 그들은 대화를 조율하며 사업 규칙이 올바른 시스템의 올바른 테이블에서 데이터를 가져오는 데이터 파이프라인으로 정확히 번역되도록 한다.

또한 그 결과가 올바르게 설계된 온톨로지 객체에 정확히 반영되도록 보장한다. 이는 오해를 방지하고 최종적으로 만들어질 디지털 트윈이 현실을 정확하게 반영하도록 만든다. 또한, 온톨로지 설계 단계에 데이터 관리 체계를 포함시키는 것은 데이터 관리를 사후 대응적인 통제 기능에서 사전 예방적인 활성화 기능으로 근본적으로 변화시킨다. 전통적인 데이터 거버넌스는 시스템이 구축된 후에 규칙을 강제하는 별도의 조직으로 운영되어 마찰을 유발하는 경우가 많았다. 반면, 파트너가 촉진하는 온톨로지 접근 방식은 규칙 자체를 데이터 객체에 직접 내장한다. 예를 들어, '급여 데이터는 인사 관리자만 볼 수 있다'는 별도의 정책 문서 대신, '직원' 객체의 '급여' 속성 자체에 '인사 관리자' 역할을 가진 사용자만 접근할 수 있도록 접근 제어 규칙을 설정하는 것이다. 이는 데이터 관리 체계를 시스템 설계의 본질적인 부분으로 만들며, 보안을 강화하고 감사를 용이하게 하며 사용자에게 더 직관적인 경험을 제공한다. 파트너의 역할은 책임 할당 매트릭스 RACI matrix와 같은 관리 체계 틀을 제공하고 이러한 규칙을 정의하기 위한 사업 논의를 이끄는 것이다.

이제 교향곡의 가장 화려하고 극적인 악장으로 넘어가 보자. 파트너사의 깊이 있는 특정 산업 분야 전문성이 어떻게 복잡한 규제 산업의 난제를 해결하는지를 구체적인 이야기로 풀어낼 차례다. 이는 파트너사의 가치가 단순한 프로젝트 관리를 넘어, 특정 산업의 언어와 규칙을 이해하고 이를 기술로 번역하는 전문가적 기예에 있음을 증명하는 대목이다.

첫 번째 이야기는 거대한 글로벌 은행의 자금세탁방지 AML, Anti-Money Laundering 및 고객확인 KYC, Know Your Customer 부서에서 시작된다. 이 은행은 막대한 규제 압박에 시달리고 있었다. 고객 데이터는 수십 개의 고립된 시스템, 즉 소매 금융, 투자 금융, 국제 송금 시스템 등에 흩어져 있었다. 이로 인해 한 고객에 통합적이고 일관된 시각을 확보하는 것이 거의 불가능했다. 조사관들은 업무 시간의 대부분인 80%를 데이터를 수집하는 데 사용하고, 실제 분석에는 단 20%만을 할애해야 했다. 이러한 비효율적인 업무 방식은 조사 속도를 늦추고, 오래된 규칙 기반의 거래 감시 시스템에서 발생하는 오탐지율을 높이는 원인이 되었다. 이때 프라이스워터하우스쿠퍼스나 딜로이트처럼 금융 범죄 대응 전문 조직을 갖춘 파트너사가 투입된다. 그들은 단순히 프로젝트 관리 방법론만 아는 것이 아니라, 유럽연합의 제6차 자금세탁방지 지침의 특정 조항, 의심거래보고 SAR, Suspicious Activity Report 제출의 미묘한 차이, 그리고 규제 당국의 기대치를 꿰뚫고 있었다. 파트너는 '골든 레코드 golden record', 즉 완벽한 단일 기록 또는 '단일 고객 뷰 Single Client View'라는 하나의 목표를 가지고 온톨로지 설계를 주도했다. 그들은 서로 다른 고객 기록, 거래 내역, 주소 이력, 기업 소유 구조 등의 데이터 원천을 통합된 '고객' 객체로 연결하는 과정을 이끌었다. 여기서 그들의 규제 지식이 빛을 발했다. 그들은 온톨로지가 고객 확인 및 위험 등급 평가에 필요한 속성들을 포함하도록 보장했으며, 개체 간의 연결(예: 동일 주소, 공동 이사 등)이 숨겨진 관계망을 발견할 수 있게 모델링되도록 유도했다. 이는 순수하게 기술적인 접근만으로는 놓치기 쉬운 부분이었다.

그 결과, 온톨로지 기반의 새로운 솔루션은 은행의 규제 준수 기능을 완전히 변모시켰다. 머신러닝 모델이 온톨로지 위에서 수십억 개의 기록을 분석하여 한 주소의 'John Smith'와 다른 주소의 'J. Smith'가 동일 인물임을 식별해내며 진정한 단일 고객 뷰를 생성했다. 정적인 규칙 대신, 시스템은 이제 한 고객의 모든 활동과 관계망 연결을 종합적으로 분석하여 경보의 정확도를 극적으로 향상시켰다. 실제 탐지율이 45배나 개선되었으며, 조사 시간은 절반으로 단축되었다. 이제 은행은 규제 당국에 모든 조사 데이터의 출처를 투명하게 추적할 수 있고, 명확한 관리 체계와 접근 통제가 적용된 시스템을 제시할 수 있게 되었다. 이는 전적으로 파트너사의 산업 전문성이 온톨로지 설계를 이끌었기에 가능한 성과였다.

두 번째는 신약 개발의 최전선, 한 제약회사의 연구개발R&D 부서의 이야기다. 이 회사는 수십 년간 축적된 귀중한 임상시험 데이터를 보유하고 있었지만, 그 데이터는 잠긴 보물 상자와 같았다. 각 시험마다 데이터 형식과 용어가 미세하게 달라, 여러 시험을 교차 분석하는 '메타 분석Meta-analysis'이 불가능했다. 메타 분석은 새로운 안전성 징후나 약물의 새로운 적응증을 찾는 데 필수적이다. 더욱이, 규제 기관 제출에 사용되는 모든 시스템은 엄격한 GxP(의약품 제조 및 품질관리 기준) 및 미국 연방규정집 제21조 11항(21 CFR Part 11) 가이드 라인에 따라 검증되어야 했는데, 이는 매우 전문적이고 까다로운 작업이었다. 이때 액센츄어와 같은 대형 컨설팅 회사나 팔란티어와 공식적으로 파트너십을 맺은 파렉셀Parexel과 같은 임상시험수탁기관CRO, Contract Research Organization이 투입된다. 이들의 가치는 데이터 이전 기술이 아니라, 임상데이터표준CDISC, 규제 승인 절차, 그리고 GxP 검증 절차에 대한 깊은 이해에 있었다. 파트너는 '조화된' 임상 데이터 온톨로지 구축을 주도했다. 그들은 회사의 과거 시험 데이터를 CDISC와 같은 공통 데이터 모델로 연결하는 작업을 이끌었다. 팔란티어 플랫폼은 이러한 표준 모델을 기본적으로 처리할 수 있다. 한 영상에서는 파트너가 팔란티어 내에서 임상 데이터 제출용 데이터세트SDTM dataset 생성을 '첫 병원, 첫 방문'부터 자동화하는 것에 대해 언급하는데, 이는 효율성의 거대한 도약을 의미했다. 결정적으로, 그들은 파운드리 시스템에 대한 전체 GxP 검증 절차를 감독했다. 팔란티어는 '목적에 맞는 품질 관리 시스템QMS, Quality Management System'과 'GxP 인증 패키지'를 제공하지만, 이를 구현하고 문서화하며 감사관에게 방어하는 전문 지식을 제공한 것은 파트너였다. 이로써 플랫폼은 단순한 연구 도구가 아니라, 규제 제출을 위한 규격 준수 환경으로 거듭났다. 이제 제약회사는 강력하고 통합된 연구개발 엔진을 갖게 되었다. 연구원들은 수십, 수백 개의 시험 데이터를 마치 하나의 데이터 세트처럼 조회하며 이전에는 답할 수 없었던 질문들을 던질 수 있게 되었다. 예를 들어, "면역항암제와 방사선 치료를 동시에 받은 환자들의 장기적인 심장 관련 부작용은 무엇인가?"와 같은 질문에 대한 답을 찾을 수 있게 된 것이다. 새로운 분석을 시작하는 데 걸리는 시간은 수개월에서 며칠로 단축되었고, 생물통계학자들은 분석 양식과 환자군 정의를 재사용하며 업무의 가치를 높였다. 그리고 회사는 미국 FDA과 같은 규제 기관의 엄격한 요구사항을 충족하는 플랫폼 위에서 자신감을 갖고 혁신을 추구할 수 있게 되었다. 이 모든 것은 파트너사의 특정 산업 분야에 특화된 지도가 있었기에 가능한 일이었다.

위대한 교향곡이 거장(팔란티어)과 지휘자(파트너사)의 완벽한 조화로 완성되듯, 팔란티어 파트너 생태계가 만들어내는 사업의 혁신 역시 기술과 전략이라는 깊은 공생 관계의 산물이다. 팔란티어는 파운드리와 AIP라는 혁신적인 악기를 제공한다. 파트너는 전략적 해석, 프로젝트 리더십 기능, 그리고 산업별 미묘한 차이를 더하는 지휘자의 역할을 수행한다. 지휘자인 파트너 없이는 거장인 팔란티어의 연주가 기술적으로는 완벽할지 몰라도 전략적으로는 방향을 잃을 수 있다. 거장 없이는 지휘자의 비전이 그것을 실현할 만큼 강력한 악기를 찾지 못할 것이다.

이 생태계 모델은 강력한 경쟁 우위를 창출한다. 이는 팔란티어의 동급 최강 기술력과 세계 유수 컨설팅 기업들의 규모, 신뢰도, 그리고 깊이 있는 고객 관계를 결합시킨다. 프라이스워터하우스쿠퍼스가 표현한 인간 주도, 기술 기반 human-led, tech-powered 접근 방식은 순수 소프트웨어 기업이나 전통적인 컨설팅 기업이 쉽게 모방하기 어렵다. 이 모델을 통해 팔란티어는 모든 산업에서 가장 복잡하고 중대한 문제들을 해결할 수 있으며, 단순히 소프트웨어를 제공하는 것을 넘어 지속적인 성과 sustained outcomes 를 창출한다. 이는 상당한 초기 투자를 정당화하고, 고객과의 장기적이고 깊이 스며든 관계를 형성하는 기반이 된다. 한번 완성된 연주는, 첫 공연이 끝난 후에도 오랫동안 그 가치를 발하며 계속해서 울려 퍼지는 것이다.

온톨로지 관리와 기술적 해자

한번 시스템에 구축된 온톨로지는 기업의 데이터 신경망과 같은 핵심적인 역할을 맡게 된다. 모든 업무 절차와 응용 프로그램이 이 온톨로지를 기반으로 작동하기 시작하면, 다른 시스템으로 바꾸는 것은 현실적으로 거의 불가능해진다. 이렇게 시스템을 바꾸기 어려운 이유는 그 과정에서 엄청난 전환 비용이 발생하기 때문이다. 이 글에서는 기술적, 조직적, 그리고 재무적 관점에서 이 거대한 전환 비용이 무엇인지 깊이 파고들어 분석한다. 또한 데이터가 많아질수록 다른 곳으로 데이터를 옮기기 어려워지는 현상을 물리학의 중력에 빗대어 데이터 중력이라고 부른다. 이 데이터 중력이라는 개념을 통해, 온톨로지가 만들어내는 기술적인 진입 장벽, 즉 해자가 시간이 지나면서 어떻게 더욱 깊고도 넓어지는지 설명하고자 한다.

기업이 온톨로지를 도입하는 결정은 단순히 새로운 소프트웨어 하나를 설치하는 것과는 차원이 다르다. 이 결정은 조직이 스스로의 모습을 어떻게 이해하고 세상과 어떻게 소통할지를 근본적으로 다시 정립하는 철학적인 변화에 가깝다. 과거에 사용되던 데이터 레이크나 데이터 웨어하우스는 데이터를 한곳에 모아두는 거대한 창고 역할에 머물렀다. 반면에 팔란티어의 온톨로지는 이렇게 쌓인 데이터 더미 위에 현실 세계의 의미를 담은 지도를 겹쳐 그리는 작업과 같다. 이 작업은 조직이 가진 모든 데이터 묶음과 분석 모델 같은 디지털 자산을 현실 세계의 대상들과 직접 연결하는 것을 의미한다. 예를 들어 공장과 설비 같은 물리적인 자산부터 고객의 주문이나 금융 거래처럼 눈에 보이지 않는 개념까지 모든 것이 연결 대상이 된다. 이렇게 완성된 온톨로지는 조직의 모든 것을 비추는 거울, 즉 디지털 트윈이 된다. 디지털 트윈의 본질을 쉽게 이해하기 위해 우리 몸을 예로 들 수 있다. 인간의 몸은 99% 이상 텅 빈 공간으로 이루어진 원자들로 구성되어 있지만, 우리는 스스로를 단단한 실체로 느낀다. 이는 원자핵과 전자 사이에 작용하는 눈에 보이지 않는 전자기력이라는 힘이 모든 것을 서로 단단하게 묶어주기 때문이다. 기업 또한 이와 비슷하다. 여러 부서에 흩어져 있는 데이터 조각들은 그 자체로는 파편화된 정보에 지나지 않는다. 온톨로지는 바로 이 데이터 조각들 사이에 보이지 않는 의미의 힘을 불어넣는 역할을 한다. 온톨로지를 통해 여러 데이터 조각은 비로소 하나의 일관되고 단단한 실체, 즉 디지털 공간에 구현된 조직의 모습으로 다시 태어난다.

이러한 디지털 트윈은 단순히 현실을 복제한 가만히 멈춰 있는 모형이 아니다. 디지털 트윈 안에는 조직의 존재를 나타내는 의미적 요소와 행동을 나타내는 운동적 요소가 모두 담겨 있다. 먼저 온톨로지는 객체, 속성, 그리고 관계를 정의해 기업의 모든 구성 요소를 디지털 세상에 똑같이 만들어낸다. 여기서 객체란 공장, 직원, 고객, 부품, 계약처럼 현실에 존재하는 모든 대상을 디지털 세상에 표현한 것이다. 이 객체들이 서로 어떻게 연결되어 있는지 촘촘하게 그려내는 과정이 바로 의미적 요소를 구축하는 과정이다.

하지만 팔란티어 기술의 진정한 차별점은 여기에 액션과 함수라는 운동적 요소를 더했다는 점에 있다. 액션은 사용자가 특정 상황에 대해 의사결

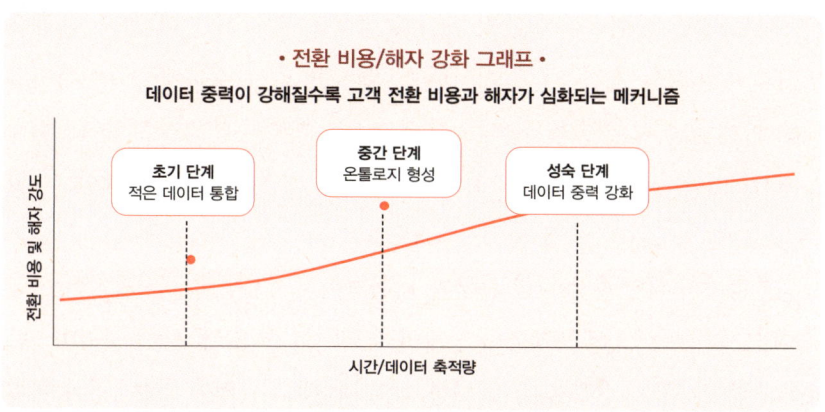

정을 내리고 그 결과를 다시 시스템에 기록하게 하는 기능이다. 함수는 복잡한 사업상의 논리들을 컴퓨터 코드로 만들어 온톨로지 내부에 영구적으로 새겨 넣는 역할을 한다. 의미적 요소와 운동적 요소, 이 두 가지가 결합될 때 디지털 트윈은 비로소 살아있는 데이터 신경망으로 발전한다. 의미적 요소가 우리 몸의 각 부분이 무엇이고 서로 어떻게 연결되어 있는지 파악하는 뇌의 지도와 같다면, 운동적 요소는 실제 팔다리를 움직이게 하는 뇌의 운동 피질과 같은 역할을 한다. 이 데이터 신경망이 완성되면 기업의 모든 활동이 이 신경망을 통해 이루어진다. 예를 들어 현장 작업자가 특정 응용 프로그램을 통해 내린 결정은 운동적 요소에 해당하며, 이 결정은 즉시 새로운 데이터가 되어 온톨로지에 기록된다. 그리고 이 새로운 데이터는 전체 시스템의 상황 인식을 새롭게 바꾸는 데 활용되는데, 바로 이 부분이 의미적 요소가 작동하는 영역이다.

이처럼 행동의 결과가 다시 시스템에 반영되어 학습으로 이어지는 구조를 '폐쇄 루프'라고 부른다. 이러한 구조 덕분에 시스템은 현실 세계와의 상호작용을 통해 끊임없이 학습하고 발전할 수 있다. 이 단계에 이르면 온톨로지는 더 이상 데이터의 진실된 정보를 제공하는 창구를 넘어, 조직의 모든 의사결정이 일어나는 맥락의 단일한 현실 그 자체가 된다. 조직 내에서 벌어지던 논쟁의 초점은 "이 데이터가 맞는가?"라는 질문에서 "이 디지털 객체에 대해 어떤 행동을 취하는 것이 옳은가?"라는 질문으로 자연스럽게 옮겨간다. 이것이 바로 온톨로지가 다른 어떤 해결책으로도 대체할 수 없는, 조직의 새로운 현실 그 자체가 되는 첫걸음이다.

온톨로지가 어떻게 조직의 일부가 되어가는지, 그 구체적인 과정은 항공기 제조사 에어버스의 사례에서 명확하게 확인할 수 있다. 당시 에어버스는 A350 항공기의 생산량을 품질 저하 없이 네 배로 늘려야 하는, 거의 불가능에 가까운 목표를 안고 있었다. 항공기 한 대에는 500만 개의 부품이 들어가고, 생산팀은 여러 국가에 흩어져 있었다. 생산 일정, 부품 납기, 품질 문제 등 각각의 정보는 서로 다른 시스템에 고립되어 있었는데, 이렇게 데이터가 나뉘어 서로 소통되지 않는 현상을 데이터 사일로라고 부른다. 이 문제로 인해 당시 생산 현장은 거대한 혼돈 그 자체였다. 팔란티어는 이 모든 데이터를 자사의 파운드리 플랫폼으로 통합하여 생산 과정 전체를 한눈에 볼 수 있는 화면을 제공했다. 그 결과, 여러 팀 사이에 원활한 협업과 업무 우선순위 조정이 가능해졌고, A350 항공기의 납기는 33%나 단축되었다. 이 눈부신 성공은 마치 트로이 목마처럼 작용하여, 팔란티어 기술에 대한 에어버스 조직 전체의 신뢰를 쌓는 계기가 되었다. 하나의 성공 사례는 기술 확산의 불씨가 되었다. A350 생산 라인에서 증명된 온톨로지의 힘은 에어버스 전체로 빠르게 퍼져나갔고, 마침내 항공 산업 전체를 위한 데이터 플랫폼인 스카이와이즈의 탄생으로 이어졌다.

현재 100개가 넘는 항공사가 스카이와이즈 플랫폼 위에서 운영되고 있으며, 사용자들은 이처럼 진실된 정보를 제공하는 단일 창구를 통해 업무 시간을 10%~20% 절감하고 있다고 보고한다. 바로 이 지점에서 가장 중요한 변화가 일어났다. 에어버스는 더 이상 기존의 문제를 해결하기 위해서만 온톨로지를 사용하는 수준을 넘어섰다. 온톨로지가 제공하는 강력한 능력을 중심으로 핵심적인 사업 절차 자체를 다시 설계하기 시작한 것이다. 데이터를 기반으로 의사결정을 내리고, 이를 실행하며, 그 결과를 다시 시스템에 반영하는 폐쇄 루프 구조가 새로운 표준 업무 방식으로 자리 잡았다. 업무 절차가 온톨로지에 더욱 깊이 통합될수록, 온톨로지는 더 풍부한 맥락을 학습한다. 이러한 학습은 다시 온톨로지를 해당 업무에 더욱 없어서는 안 될 존재로 만든다. 이 지점에 이르면 고객사는 단순히 소프트웨어를 구매하는 소비자가 아니라, 기술의 성채를 함께 쌓아 올리는 동맹이 된다. 그들은 팔란티어의 기술이라는 덫에 수동적으로 걸려드는 것이 아니다. 오히려 온톨로지라는 새로운 보금자리가 너무나 강력하고 효율적임을 알기에, 스스로 성의 해자를 깊게 파고 성벽을 더 높이 쌓아 올리는 선택을 한다. 이제 이 성을 떠나는 대가는 단순히 계약 해지 위약금을 무는 수준이 아니다. 그것은 스스로 구축한 이 우월한 세계를 포기하고 다시 과거의 혼돈으로 돌아가는 것을 의미한다.

일단 기업의 신경망으로 자리 잡은 온톨로지를 다른 시스템으로 교체하려는 시도는, 왜 사실상 불가능에 가까운 도전이 될까? 그 이유는 기술적, 조직적, 재무적 차원에서 복잡하게 얽혀 있는 거대한 전환 비용 때문이다.

첫째, 기술적인 전환 비용은 상상을 초월한다. 가장 근본적인 장벽은 데이터 중력이라는 물리 법칙과 비슷한 힘에서 비롯된다. 데이터의 양이 거대해질수록 그것을 다른 곳으로 옮기는 작업은 기하급수적으로 어려워지고 비용도 많이 든다. 클라우드 서비스에서 데이터를 외부로 내보낼 때 부과되는 데이터 반출 비용과 같은 직접적인 돈 문제도 있지만, 페타바이트 PB급의 방대한 데이터를 옮기는 데 필요한 엄청난 시간과 노력 그 자체만으로 수백만 달러와 수년이 걸리는 거대한 프로젝트가 될 수 있다. 더 큰 문제는 온톨로지가 단 하나의 프로그램이 아니라는 점이다. 온톨로지는 그 위에 수많은 응용 프로그램, 현황판, 자동화된 알림, 인공지능 학습 모델 등이 얽혀 있는 거대한 플랫폼이다. 이렇게 넓고 깊게 형성된 통합의 영역을 다른 시스템에서 처음부터 다시 구축하는 것은 기념비적인 공학적 재앙에 가깝다. 하지만 가장 결정적인 기술적 장벽은 다른 곳으로 옮기는 것이 불가능한 지식에 있다. 온톨로지 안에는 수년간 쌓인 인과관계에 대한 학습 결과, 기업 고유의 사업 논리를 담은 함수들, 그리고 실제 운영 데이터로 훈련된 인공지능 모델들이 녹아 있다. 이 지적 자산은 단순히 데이터를 복사해서 옮기듯 이전할 수 있는 것이 아니다. 이 지식은 오직 포기될 수 있을 뿐이며, 만약 다른 시스템으로 교체한다면 수년간의 시행착오를 거쳐 이 지식을 처음부터 다시 발견해야만 한다. 일부 사용자들이 이러한 상황을 기술적 부채의 블랙홀이라고 부르는 이유가 바로 여기에 있다.

둘째, 조직적인 전환 비용은 기술적 장벽보다 오히려 더 극복하기 어려울 수 있다. 새로운 소프트웨어를 도입하는 것이 직원들에게 단순히 재교육을 요구하는 수준이라면, 온톨로지로부터의 전환은 전 직원의 생각하는 방식 자체를 완전히 뜯어고칠 것을 요구한다. 이는 직원들의 업무 흐름, 사고 방식, 문제 해결 방식 자체가 이미 온톨로지의 구조를 중심으로 형성되었기 때문이다. 개인이 다른 종류의 업무로 바꿀 때 일시적으로 생산성이 떨어지고 정신적 피로를 겪는 현상을 과업 전환 비용이라고 한다. 온톨로지를 교체할 때는 이러한 비용이 조직 전체 규모로 확대되어 나타난다. 팔란티어는 공식 인증 프로그램을 통해 앱 개발자나 데이터 엔지니어 같은 사내 전문가 집단을 적극적으로 키워낸다. 기업은 이러한 전문가들을 양성하기 위해 막대한 시간과 비용을 투자했는데, 플랫폼을 바꾸는 순간 이들의 고도로 전문화된 핵심 역량은 하루아침에 쓸모없게 될 수도 있다. 이는 기업의 인적 자본 가치를 급격히 떨어뜨릴 뿐만 아니라, 자신의 경력이 플랫폼의 운명과 직결된 직원들의 엄청난 내부 저항에 부딪히게 만든다. 무엇보다 온톨로지는 공급망 관리, 군사 작전, 항공기 생산과 같은 핵심 기능을 관리하는 기업의 기본 운영체제 역할을 한다. 이 중요한 신경계를 잠시라도 멈추거나 교체하려는 시도는, 아무리 잘 계획된 전환 과정이라 하더라도 정상적인 사업 운영에 치명적인 붕괴를 초래할 수 있다.

셋째, 이 모든 기술적, 조직적 장벽은 결국 천문학적인 재무적 전환 비용으로 이어진다. 새로운 시스템의 라이선스 비용은 빙산의 일각에 불과하다. 전환 이전 단계에서는 새로운 시스템의 타당성을 평가하고 컨설팅을 받는 데 비용이 들고, 전환 단계에서는 막대한 데이터 이전 비용이 발생한다. 전환 이후 기존 파운드리 플랫폼 위에서 구축했던 모든 응용 프로그램과 업무 절차를 새로 개발하는 데 막대한 비용이 드는데, 이 재개발 비용은 종종 가장 적게 예상되는 항목이다. 여기에 수천 명의 직원을 재교육하는 비용, 그리고 길고 복잡한 전환 기간 동안 발생하는 생산성 저하와 사업 중단으로 인한 손실은 직접 비용을 훨씬 넘어설 수 있다. 하지만 진정한 퇴장 수수료는 따로 있다. 그것은 바로 플랫폼을 통해 얻었던 모든 미래 가치를 포기해야 한다는 점이다. 에어버스가 연간 17억 달러(약 2조 2,950억 원)로 추정되는 비용 절감 효과를 포기하고, 식품 기업 타이슨 푸드가 2년간 2억 달러(약 2,700억 원)의 절감 효과를 포기하는 것이 바로 전환의 진정한 대가인 셈이다. 이 세 가지 유형의 전환 비용은 서로 따로따로 존재하는 것이 아니다. 기술적 복잡성은 조직 내에 깊은 전문화를 요구하고, 이는 다시 운영 중단 시 발생할 재무적 위험을 극대화한다. 그리고 이 거대한 재무적 위험은 결국 기술적으로 복잡한 전환을 시도조차 할 수 없게 만드는 악순환의 고리를 형성한다.

이 모든 전환 비용을 시간이 흐를수록 증폭시키는 근본적인 힘이 바로 데이터 중력이다. 2010년 데이브 맥크로리가 처음 제시한 이 개념은, 데이터의 집합이 거대해질수록 더 많은 서비스와 응용 프로그램을 자신 쪽으로 끌어당긴다는 원리를 뜻한다. 팔란티어의 파운드리 온톨로지는 설계 단계부터 기업 데이터 우주의 중심에 위치하는 초거대 질량 블랙홀이 되도록 만들어졌다. 데이터 중력은 앞서 분석한 세 가지 전환 비용을 모두 증폭시키는 역할을 한다. 데이터의 질량이 커질수록 데이터를 이전하는 기술적 비용은 기하급수적으로 증가하며, 더 많은 응용 프로그램이 이 중력에 이끌려 통합의 영역을 넓힌다. 더 많은 응용 프로그램이 온톨로지의 궤도에 진입할수록 조직의 절차적, 문화적 의존성은 더욱 깊어진다. 데이터 질량의 증가는 데이터 반출 비용을, 응용 프로그램의 증가는 재개발 비용을, 그리고 조직의 의존도 심화는 잠재적인 시스템 중단 비용을 천문학적으로 끌어올린다. 온톨로지가 특정 임계 질량에 도달하면 그 끌어당기는 힘은 거의 저항할 수 없는 수준이 된다. 새로운 응용 프로그램을 개발할 때 파운드리에 통합하는 것은 더 이상 선택의 문제가 아니라, 가장 저항이 적고 효율적인 경로가 된다. 다른 곳에 시스템을 구축하고 온톨로지에서 데이터를 끌어다 쓰려는 시도는, 데이터 전송 속도 지연과 전송 비용이라는 중력세를 물어야 하기 때문이다. 결국 데이터 중력은 공급업체에 대한 종속 문제를 전략적 선택의 차원에서 물리적 필연성의 차원으로 바꾸어 놓는다. 팔란티어 위에서 개발하는 것이 팔란티어를 벗어나 개발하는 것보다 계산적으로나 경제적으로 더 효율적인 상태가 만들어지는 것이다.

온톨로지는 한번 구축하고 끝나는 자산이 아니다. 온톨로지는 조직의 현실을 비추는 디지털 트윈으로 시작해, 업무 절차를 재설계하는 공생 파트너로 진화한다. 그리고 삼중의 전환 비용으로 보호받는 생태계를 구축하며, 데이터 중력이라는 법칙을 통해 그 영향력을 영구적으로 확장해 나간다. 이 모든 요소가 결합하여 마침내 경쟁사가 감히 넘볼 수 없는 깊고 복잡한 기술적 해자를 완성한다. 이것은 고객을 열등한 제품에 가두는 과거의 '공급자 종속'과는 차원이 다르다. 오히려 너무나 강력하고 지속적인 가치를 제공하기에, 그 시스템을 떠나는 것은 곧 조직 스스로가 이룩한 우월한 운영 상태를 포기하는 것을 의미하는 황금 새장에 가깝다. 한번 지어진 온톨로지라는 데이터의 요새는 기업의 브랜드나 핵심 지적 재산처럼, 대체 불가능한 영구적 전략 자산이 된다. 공급자와 고객의 관계는 영원히 함께 살아가는 의존 관계로 이어지며, 이것이야말로 기술과 사업이 만들어낼 수 있는 가장 완벽한 형태의 기술적 해자일 것이다.

경쟁사의 대항마: 유사 솔루션과 결정적 차이

빅데이터는 '새로운 석유'로 기대를 모았으나, 현실에서는 조직 곳곳에 흩어진 '데이터 사일로silo' 때문에 가치 없는 '데이터 늪'에 불과했다. 이로 인해 데이터 분석가들은 업무의 80%를 데이터 검색에 낭비했고, 경영진은 부정확한 보고로 혼란을 겪어야 했다. 이처럼 신뢰할 수 있는 데이터가 없었으므로, 데이터를 바탕으로 중요한 결정을 내리겠다는 다짐은 그저 공허한 외침으로 남을 수밖에 없었다. 이 극심한 혼돈 속에서 시장은 흩어져 있는 데이터 자산을 체계적으로 관리하고 통제할 수 있는 강력한 질서를 원했다. 바로 '데이터 거버넌스'라고 불리는 데이터 관리 체계에 대한 해결책이 필요했던 것이다. 이러한 시대의 요구에 가장 탁월한 해답을 제시하며 등장한 두 기업이 바로 데이터브릭스와 스노우플레이크였다. 두 회사의 목표는 명확했다. 데이터라는 혼돈의 세계에 신뢰라는 질서를 세우는 것이었다.

데이터브릭스가 내놓은 '유니티 카탈로그'는 그 이름에서 알 수 있듯이, 여러 곳에 흩어져 있는 데이터와 인공지능 관련 자산을 하나의 통일된 관리 체계로 통합하려는 야심 찬 시도였다. 이 구조의 중심에는 모든 데이터 자산에 대한 정보를 한곳에서 관리하는 '메타스토어'가 있다. 메타스토어는 데이터의 속성, 이력, 위치 정보와 같이 데이터 자체를 설명하는 데이터, 즉

메타데이터를 저장하는 공간이다. 유니티 카탈로그는 이 메타스토어를 활용하여 여러 클라우드 환경에 흩어져 있는 모든 데이터를 한눈에 파악할 수 있는 단일 창구를 제공한다. 여기에는 표처럼 규격화된 정형 데이터는 물론 문서나 이미지 같은 비정형 데이터도 포함된다. 또한 데이터 테이블, 파일, 기계 학습 모델, 그리고 분석 작업에 쓰이는 노트북과 대시보드까지 모두 관리 대상에 포함된다. 유니티 카탈로그의 핵심 기능은 데이터 접근 통제와 데이터 계보를 추적하는 것이다. 관리자는 '카탈로그, 스키마, 객체'로 이어지는 명확한 3단계 구조를 통해 누가, 언제, 어떤 데이터에 접근했는지 상세하게 기록하고 통제할 수 있다. 더 나아가 특정 데이터가 어떤 과정을 거쳐 만들어지고 변경되었는지 그 흐름을 명확하게 추적하는 일도 가능하다. 이처럼 데이터의 출처와 이력을 투명하게 공개하는 것은 데이터의 신뢰성을 보장하는 가장 근본적인 약속과도 같다.

스노우플레이크의 '호라이즌'도 비슷한 목표를 지녔지만, 스노우플레이크의 데이터 클라우드라는 더 큰 생태계 안에 깊이 통합된 형태로 구현되었다. 호라이즌은 규정 준수, 보안, 개인정보보호, 상호운용성, 접근성이라는 다섯 가지 원칙을 바탕으로 데이터 관리 체계를 운영한다. 특히 민감한 개인정보를 자동으로 찾아내 표시하는 데이터 분류 기능과 데이터의 품질을 지속적으로 감독하며 객체 사이의 의존 관계를 시각적으로 보여주는 기능은 데이터 관리의 복잡성을 크게 낮추어 준다. 데이터브릭스와 스노우플레이크가 제공하는 이러한 해결책은 마치 잘 훈련된 사서와 같은 역할을 수행한다. 이는 거대한 도서관의 모든 책에 정확한 분류 번호를 매기고, 대출 기록을 꼼꼼하게 관리하며, 책들 사이의 인용 관계를 추적하여 지식의 지도를 그리는 일과 매우 비슷하다. 이러한 해결책 덕분에 기업들은 비로소 자신이 보유한 데이터 자산을 신뢰하고 활용할 수 있는 단단한 기반을 마련하게 된다.

하지만 이처럼 완벽해 보이는 데이터 관리 체계만으로는 한계가 있다. 데이터가 아무리 잘 정리되어 있어도, 여전히 기술 전문가들만 이해할 수 있는 언어로 남아 있기 때문이다. 예를 들어 데이터 분석가는 'FCT_SLS_DM_01'처럼 암호와 같은 테이블 이름을 해독해야만 한다. 반면 사업 부서의 실무 사용자들은 '순매출'이라는 간단한 사업 용어가 데이터베이스의 어떤 항목과 계산식을 통해 만들어지는지 알 방법이 없다. 이처럼 기술적인 데이터의 구조와 실제 사업 현장에서 사용하는 용어 사이에는 깊은 간극이 존재한다.

이 문제를 해결하기 위해 데이터브릭스와 스노우플레이크는 한 걸음 더 나아간다. 두 기업은 '시맨틱 레이어Semantic Layer'라는 개념을 도입한다. 시맨틱 레이어란 기술적인 데이터를 사용자가 이해하기 쉬운 사업 용어로 번역해주는 일종의 의미 계층을 말한다. 데이터브릭스의 '유니티 카탈로그 메트릭스Unity Catalog Metrics'와 스노우플레이크의 '시맨틱 뷰Semantic View'는 바로 이 간극을 메우는 다리와 같은 역할을 한다.

이 기능들의 핵심은 핵심 성과 지표KPI와 같이 중요한 사업 지표나 '고객', '제품'과 같은 핵심 개념을 중앙에서 단 한 번만 정의해두는 것이다. 이렇게 정의된 내용은 모든 하위 시스템에서 똑같이 재사용할 수 있게 된다. 예를 들어, '총 판매 수량'이라는 사업 개념을 특정 데이터 테이블과 연결 조건, 계산식에 한 번만 연결해 두면, 그 후에는 비즈니스 인텔리전스BI 도구나 인공지능 모델, 데이터 질의 언어SQL 등 어떤 도구를 사용해 조회하더라도 항상 일관된 결과를 얻을 수 있다. 이는 분석 결과의 일관성을 확보하고 기술 지식이 없는 사용자도 데이터에 훨씬 쉽게 접근할 수 있도록 만든 결정적인 진전이었다. 이제 기업의 데이터 도서관은 단순히 책을 분류하는 수준을 넘어, 각 분야의 핵심 개념을 요약한 용어 해설집까지 갖추게 된 셈이다.

분석을 마치고 중요한 통찰력을 얻었다면, 그 다음 무엇을 해야 할까? 바로 이 지점에서 데이터브릭스와 스노우플레이크가 가진 구조의 본질적인 특징과 한계가 드러난다. 두 회사의 세계관에서 데이터는 분석을 위해 신성하게 보관되어야 할 '기록 보관소 System of Record'다. 그들의 모든 아키텍처는 이 기록 보관소의 무결성을 지키고, 외부의 분석가들이 정보를 '읽어' 갈 수 있도록 설계되었다. 운영 시스템에 데이터를 다시 '쓰는' 행위는 이 신성한 공간을 더럽힐 수 있는 위험한 행동으로 간주되며, 엄격하게 통제된 '리버스 ETL'이라는 별도의 절차를 통해서만 허용된다. 그들에게 분석과 운영은 반드시 분리되어야 하는 두 개의 다른 세계다.

반면, 팔란티어의 세계관에서 데이터는 행동을 위해 존재하는 '연료'다. 온톨로지는 분석과 행동이 하나의 엔진 안에서 동시에 폭발하는 공간이다. 데이터를 '읽는' 행위와 '쓰는' 행위는 구분되지 않는다. 모든 행동은 즉시 새로운 데이터가 되어 시스템을 더 똑똑하게 만들고, 모든 분석은 다음 행동을 위한 준비 과정이다. 분석과 운영은 분리될 수 없는 동전의 양면이다. 이 철학의 차이가 바로 '데이터 플랫폼'과 '운영체제'를 가르는 근본적인 경계선이다.

데이터 플랫폼 세계의 또 다른 강자인 세일즈포스는 데이터브릭스나 스노우플레이크와는 완전히 다른 길을 걸어왔다. 세일즈포스의 '데이터 클라우드'는 모든 기업을 위한 범용 데이터 플랫폼이 아니다. 이 플랫폼은 세일즈포스라는 거대한 기업 생태계의 필요에 의해 탄생한 전략적인 결과물이다. 세일즈포스의 최우선 과제는 영업, 서비스, 마케팅 클라우드 등 거대하게 확장된 자사의 여러 제품에 흩어져 있는 고객 데이터를 통합하는 것이었다. 이를 통해 완벽한 '통합 고객 프로필', 즉 '고객 360'을 구현하고자 했다. 이 목표를 달성하기 위해 데이터 클라우드는 아파치 파케이와 아이스버그라는 현대적인 데이터 저장 형식을 기반으로 한 데이터 레이크하우스 구조를 채택했다. 이는 기존의 고객 관계 관리 제품이 사용하던 관계형 데이터베이스 구조와는 완전히 다른 접근법이다. 특히 '제로 카피' 통합 기능은 주목할 만하다. 이 기능은 데이터 클라우드가 스노우플레이크와 같은 외부 데이터 웨어하우스에 저장된 데이터를 물리적으로 복사하지 않고도 직접 조회할 수 있게 해준다. 이는 데이터 중복과 지연을 줄이는 혁신적인 방식으로 평가받는다.

하지만 데이터 클라우드의 모든 구조적인 결정은 궁극적으로 하나의 목적, 바로 '활성화'를 지향한다. 여기서 활성화란, 통합된 고객 프로필을 활용하여 세일즈포스 생태계 안에서 구체적인 행동을 일으키는 것을 의미한다. 예를 들어, 특정 고객 그룹을 대상으로 마케팅 캠페인을 시작하거나, 영업 담당자에게 잠재 고객의 모든 활동 이력을 제공하는 것과 같은 활동이 여기에 해당한다. 데이터 클라우드는 자체 데이터 저장 공간에 분석 결과를 다시 기록하는 기능을 갖추고 있지만, 그 힘은 세일즈포스라는 우주 안에서 가장 강력하게 발휘된다. 만약 고객 데이터가 아닌, 공장의 생산 관리 시스템에 데이터를 써야 한다면, 이는 데이터 클라우드의 본래 임무가 아니다. 그 역할은 뮬소프트와 같은 별도의 통합 플랫폼이 맡는다. 이는 세일즈포스의 세계관이 '데이터 우선'이 아니라 '응용 프로그램 우선'임을 명확히 보여준다. 세일즈포스에게 데이터 플랫폼은 영업, 서비스, 마케팅이라는 핵심 응용 프로그램을 더 스마트하게 만들기 위한 수단으로 존재한다. 따라서 그 힘은 매우 강력하지만, '고객'이라는 특정 영역에 고도로 전문화되어 있으며, 기업 전체를 위한 범용 운영체제를 목표로 하지는 않는다.

이러한 경쟁 환경에서 팔란티어는 처음부터 전혀 다른 길을 걸었다. 팔란티어의 파운드리 플랫폼은 데이터 웨어하우스의 관리 도구나 고객 데이터 플랫폼으로 시작하지 않았다. 파운드리는 태생부터 조직 전체를 위한 '운영 플랫폼'으로 설계되었다. 이 철학의 중심에는 경쟁사들의 데이터 카탈로그나 시맨틱 레이어와는 근본적으로 다른 개념인 '온톨로지'가 자리 잡고 있다. 경쟁사들과 온톨로지의 결정적인 차이점은 그것이 '의미론적' 요소와 '운동학적' 요소를 모두 포함한다는 점에 있다. 의미론적 요소는 사업의 '명사'에 해당한다. 고객, 항공기, 공장과 같은 '객체'와 그 객체의 '속성', 그리고 객체들 사이의 '관계'를 정의하여 조직에 대한 풍부하고 공유된 맥락을 제공한다. 이 부분은 경쟁사들의 시맨틱 레이어와 비슷한 역할을 수행한다. 하지만 온톨로지는 여기서 멈추지 않는다. 온톨로지는 사업의 '동사', 즉 업무 절차와 의사결정을 모형으로 만드는 운동학적 요소를 구조의 핵심으로 포함한다. 이것이 바로 '액션'과 '함수'이다. '액션'의 존재야말로 디지털 트윈을 살아 숨 쉬게 만드는 심장이며, 파운드리를 단순한 분석 플랫폼이 아닌 운영체제로 격상시키는 핵심적인 힘이다.

'액션'은 단순한 데이터 동기화 작업인 리버스 ETL과는 전혀 다르다. 액션은 사용자가 정의한 사업 규칙에 따라 객체를 수정하고, 관계를 생성하며, 다양한 부가적인 효과를 일으키는 완전한 거래 단위, 즉 '원자적 트랜잭션'이다. '구매 주문 승인', '재고 재할당', '유지보수팀 파견'처럼 모든 사업 절차가 액션으로 구현될 수 있다. 액션의 작동 방식은 다음과 같다. 먼저, 특정 액션은 온톨로지 안에서 명확한 조건, 유효성 검사 규칙, 그리고 어떤 상황에서 누가 이 액션을 수행할 수 있는지에 대한 세밀한 권한과 함께 정의된다. 사용자는 워크숍이나 슬레이트와 같은 파운드리의 응용 프로그램 제작 도구로 만들어진 운영 앱을 통해, 단순히 데이터를 조회하는 것을 넘어 자신이 보고 있는 객체에 대해 수행 가능한 액션 목록을 직접 보게 된다. 사용자가 버튼을 클릭하는 등의 행위로 액션을 실행하면, 이는 단일 거래를 발생시킨다. 이 거래는 여러 결과를 동시에 낳을 수 있다.

첫째, 파운드리 내부의 온톨로지 상태를 변경한다. 예를 들어, 구매 주문 객체의 상태가 '대기'에서 '승인'으로 바뀐다. 이 모든 변경 사항은 완전한 데이터 계보와 함께 기록된다. 둘째, 관련자에게 알림을 보내거나 다른 사용자에게 업무를 할당하는 등 부가적인 효과를 일으킬 수 있다. 그리고 가장 결정적으로, 이 액션은 외부 시스템의 응용 프로그래밍 인터페이스API를 호출하거나 SAP와 같은 시스템을 위한 전용 연결 장치를 통해 변경 사항을 원래 데이터가 저장된 시스템에 직접 전달하도록 설정될 수 있다. 즉, 구매 주문 승인이라는 결정이 파운드리 응용 프로그램 안에서 내려지는 순간, 그 결과가 실시간으로 전사적자원관리ERP 시스템에 기록된다.

이 차이점은 공급망이 중단되는 구체적인 상황에서 더욱 명확하게 드러난다. 데이터브릭스나 스노우플레이크의 세계에서는, 공급망 관리자가 부품 공급 중단 사태를 인지하면 먼저 분석가가 데이터 질의를 실행한다. 이를 통해 영향을 받는 생산 라인과 고객 주문 목록을 찾아내 보고서를 생성한다. 이 정보를 바탕으로 리버스 ETL 작업이 고객 관리 시스템에 '고위험' 표시를 동기화할 수 있다. 관리자는 이 보고서나 표시를 확인한 후, 이메일을 보내거나 직접 전사적자원관리 시스템에 로그인하여 수동으로 대응 방안을 조율한다. 이 과정은 여러 시스템을 오가야 하며, 단계마다 지연이 발생하고, 의사결정에 필요한 정보와 맥락이 조각난다. 반면, 팔란티어 파운드리의 세계에서는 공급망 관리자가 자신의 워크샵 응용 프로그램에서 공급망 디지털 트윈 위에 나타난 경고를 즉시 확인할 수 있다. 응용 프로그램은 관리자에게 '잔여 재고 할당'이라는 액션을 바로 제안한다. 관리자는 앱에 내장된 시나리오 분석 도구를 사용해 여러 재고 할당 전략이 미칠 영향을 미리 시험해볼 수 있다. 최적의 전략을 선택한 후, 그는 액션 버튼을 클릭한다. 이 단 한 번의 클릭으로 파운드리 온톨로지 내의 재고 객체 정보가 수정되고, 하위 생산 계획 담당자에게 알림이 가며, 동시에 새로운 재고 할당 계획이 SAP와 같은 전사적자원관리 시스템에 직접 기록된다. 분석, 시뮬레이션, 의사결정, 실행의 모든 과정이 단일 화면 안에서 유기적으로 연결되어 순식간에 완료된다. 이것이 바로 운영의 순환 고리를 닫는다는 것의 진정한 의미다.

이러한 차이는 팔란티어의 구조가 '운영 우선' 철학에 기반하고 있음을 보여준다. 온톨로지는 단순히 운영에 정보를 제공하는 분석의 토대가 아니라, 운영이 수행되는 바로 그 장소 자체다. 이는 다른 조립식 구조에서는 찾아볼 수 없는 강력한 선순환의 고리를 만들어낸다. 사용자가 액션을 통해 의사결정을 내릴 때마다 두 가지 일이 동시에 일어난다. 하나는 실제 운영에 관한 결정이 실행되는 것이고, 다른 하나는 그 결정 자체가 온톨로지의 상태 변화라는 데이터로 기록되는 것이다. 이렇게 수집된 '의사결정 데이터'는 다시 온톨로지를 풍부하게 만들어, 앞으로의 분석과 기계 학습 모델을 더욱 정교하게 다듬는다. 예를 들어, 공급업체의 위험도를 예측하는 모델은 이제 사용자들이 실제로 어떤 공급업체를 우선순위에서 제외했는지 액션 이력 데이터를 학습하여 정확도를 높일 수 있다. 더 나은 운영이 더 나은 데이터를 생성하고, 더 나은 데이터는 더 나은 분석으로 이어지며, 이는 다시 더 스마트한 운영 응용 프로그램과 액션을 가능하게 한다. 이처럼 시스템의 사용이 시스템 자체를 개선하는 선순환 구조야말로 진정한 운영체제의 특징이며, 데이터와 행동이 긴밀하게 양방향으로 통합된 결과다. 경쟁사들의 조립식 접근법은 분석 영역과 운영 영역을 분리함으로써 이 즉각적인 피드백의 고리를 끊어버린다.

우리는 세 가지 서로 다른 구조적 철학을 마주하게 된다. 데이터브릭스와 스노우플레이크는 데이터의 중앙 허브, 즉 궁극적인 '분석을 위한 기록 시스템'으로 설계되었다. 이들의 목적은 각종 분석 도구와 인공지능 생태계에 신뢰할 수 있는 단일한 진실의 원천을 제공하는 것이다. 이 구조에서 운영은 외부로 데이터를 밀어내는 일방적인 과정이다. 세일즈포스는 '고객과의 상호작용을 위한 허브'로 설계되었다. 그 목적은 방대한 자사 응용 프로그램 전반에 걸쳐 고객에 대한 360도 관점을 활성화하는 것이다. 세일즈포스의 행동 유도 기능은 강력하지만 고객이라는 특정 영역에 한정된다.

반면, 팔란티어는 '의사결정 실행을 위한 허브'로 설계되었다. 그 목적은 디지털 세계와 물리적 세계가 만나 행동이 이루어지는 '행동 시스템'이 되는 것이다. 이곳에서 분석과 행동은 온톨로지 안에서 융합된 동전의 양면과 같다. 여러 부품을 조립하는 식의 접근법은 기업에 최고의 부품을 선택할 수 있는 유연성을 제공한다. 하지만 그 유연성은 운영체제를 정의하는 매끄럽고 실시간적인 선순환 고리를 희생하는 대가로 얻어진다. 데이터 웨어하우스, 리버스 ETL 도구, 그리고 운영 응용 프로그램 사이의 경계는 분명히 존재하며 그에 따른 비용이 따른다. 팔란티어는 의미를 담은 객체와 행동을 유발하는 액션을 하나의 계층에 처음부터 끝까지 통합함으로써 결정적인 차이를 만들어낸다. 팔란티어가 단순히 데이터를 다시 쓸 수 있다는 점은 중요한 것이 아니다. 팔란티어의 전체 구조가 바로 그 쓰기 행위를 내재된 핵심 기능으로 전제하고 있다는 점이 핵심이다.

마지막으로 하나의 비유를 통해 이들의 차이를 정리해 보자. 데이터브릭스와 스노우플레이크는 세상에서 가장 진보된 도서관과 기록 보관소를 건설했다. 그곳의 뛰어난 사서들은 어떤 정보든 찾아내고, 요청하는 누구에게나 완벽하게 정리된 요약본을 제공한다. 세일즈포스는 모든 고객과의 상호작용을 완벽한 기억력으로 조율할 수 있는 궁극의 고객 소통 센터를 구축했다. 그러나 팔란티어는 함선의 지휘 통제실, 즉 함교를 건설했다. 이곳에서 정보는 단순히 검토되는 데 그치지 않고, 기업 전체의 방향을 조종하는 명령을 내리고 실행하는 데 사용된다. 그리고 그 모든 결정은 즉시 함선의 항해 일지를 수정하여 미래의 항해를 개선하는 데 쓰인다. 이것이 바로 데이터 플랫폼과 운영체제의 근본적인 차이다.

CHAPTER 10
팔란티어 솔루션 아키텍처와 오픈소스 활용 전략

솔루션별 기술 스택 개요

국방 및 정보 분석을 위한 솔루션인 고담Gotham, 기업을 위한 운영체제를 지향하는 파운드리Foundry, 그리고 인공지능의 잠재력을 조직의 의사결정 과정에 통합하는 인공지능 플랫폼AIP에 이르기까지, 이 솔루션들은 각기 다른 분야를 목표로 한다.

하지만 그 뿌리에는 세 가지 공통된 설계 원칙이 자리 잡고 있다. 각 기능을 독립적인 부품처럼 다루는 모듈성, 서로 다른 시스템이 원활하게 소통하고 협력하는 상호운용성, 그리고 설계 초기 단계부터 보안을 가장 중요하게 고려하는 보안 중심 설계가 바로 그것이다. 이러한 공통 원칙 덕분에 하나의 문제를 해결하기 위해 개발된 기능이 다른 영역의 문제에도 쉽게 적용되고 확장될 수 있다. 이는 마치 복리 이자처럼 생태계 전체의 가치를 계속해서 키워나가는 선순환 구조의 기반이 된다.

팔란티어 기술의 진정한 힘은 업계 최고의 공개된 기술, 즉 오픈소스 기술을 적극적으로 받아들이는 동시에, 그 표준 기술들이 가진 본질적인 한계를 극복하기 위해 고도로 전문화된 자체 해결책을 완벽하게 결합하는 능력에서 나온다. 팔란티어의 아키텍처는 마치 살아있는 유기체와 같이 진화해왔다. 가장 안정적인 기술을 뼈대로 삼고, 그 위에 가장 효율적인 기능들을 장기처럼 얹었으며, 이 모든 것을 정교한 신경망처럼 연결하는 방식으로 발전한 것이다. 필자는 이 글에서 복잡하고 정교한 팔란티어 시스템을 세 개의 핵심 계층으로 나누어 깊이 있게 분석하고자 한다. 시스템의 기반이 되는 인프라, 데이터 처리의 중심인 백엔드, 그리고 사용자와 만나는 프론트엔드가 그것이다. 이를 통해 팔란티어가 어떻게 데이터의 혼돈 속에서 명확한 의사결정을 가능케 하는 진정한 운영 체제를 어떻게 구축했는지 그 비밀을 파헤쳐 보고자 한다.

팔란티어 플랫폼이라는 거대한 구조물을 가장 깊은 곳에서 떠받치는 것은 바로 인프라 계층이다. 이 보이지 않는 기반은 어떤 환경에서 소프트웨어를 실행하더라도 안정성과 확장성, 그리고 보안을 견고하게 보장한다. 이 계층의 핵심은 현대 클라우드 기술의 표준으로 자리 잡은 컨테이너화와 오케스트레이션 기술을 채택한 것에서 시작한다. 컨테이너화는 소프트웨어를 '컨테이너'라는 표준화된 가상 공간에 담아 어떤 환경에서든 동일하게 실행되도록 만드는 기술이며, 오케스트레이션은 수많은 컨테이너들을 효율적으로 관리하고 조율하는 기술을 말한다. 팔란티어의 모든 서비스와 구성 요소는 도커Docker라는 기술을 통해 컨테이너로 만들어지며, 쿠버네티스Kubernetes는 이렇게 생성된 컨테이너들을 관리하는 심장부 역할을 한다.

아마존웹서비스AWS나 마이크로소프트 애저Azure와 같은 공용 클라우드 서비스는 물론, 고객사가 직접 운영하는 데이터센터나 최고 수준의 보안이 요구되는 정부의 폐쇄적인 클라우드 환경에 이르기까지, 쿠버네티스는 특정 기반 시설에 종속되지 않도록 해준다. 덕분에 팔란티어는 어디서나 일관된 방식으로 소프트웨어를 운영할 수 있다. 하지만 팔란티어의 핵심 고객들은 인터넷과 완전히 단절된 환경이나 극도로 엄격한 보안 통제가 적용되는 네트워크에서 시스템을 운영하는 경우가 많다. 이러한 특수한 상황은 표준 기술만으로는 해결할 수 없는 독특한 과제를 안겨주었다. 인터넷 연결을 전제로 하는 일반적인 자동화된 소프트웨어 업데이트 방식은 이런 환경에서는 쓸모가 없기 때문이다. 수백 개의 서비스를 수천 개의 서로 다른 환경에 걸쳐 일관되게 관리하는 것은 사실상 거의 불가능에 가까웠다.

바로 이 문제를 해결하기 위해 팔란티어의 독자적인 인프라 솔루션인 아폴로Apollo가 등장했다. 아폴로는 단순히 소프트웨어를 배포하는 도구가 아니라, 팔란티어의 모든 서비스를 조율하는 중심축이자 지속적인 배포를 위한 운영 체제 그 자체다. 아폴로는 중앙의 '아폴로 허브'가 여러 '스포크 환경', 즉 실제 프로그램이 실행되는 쿠버네티스 클러스터들을 관리하는 구조로 동작한다. 특히 아폴로가 기존의 순차적 업데이트 방식을 완전히 폐기한 점이 가장 큰 특징이다. 대신 아폴로의 '오케스트레이션 엔진'은 사전에 정의된 규칙과 요구 사항에 따라 자율적으로 판단을 내린다. 이 엔진은 각각의 환경에 맞춰 소프트웨어를 안전하게 업그레이드하기 위한 '계획'을 스스로 생성하며, 이 과정에서 보안 정책이나 정해진 유지보수 기간 같은 규칙은 절대 위반하지 않는다. 덕분에 시스템 중단 없이 업그레이드가 가능하다. 문제가 발생했을 때 신속하게 해결할 수 있고, 모든 변경 사항을 완벽하게 추적할 수 있다.

결국 팔란티어의 인프라 전략은 '공개된 표준 기술을 적극적으로 활용하되, 결정적인 차이를 만드는 부분은 직접 구축한다'는 철학으로 요약된다. 팔란티어는 수많은 컨테이너를 관리하는 보편적인 문제에 대해서는 업계 표준인 쿠버네티스를 채택했다. 하지만 전 세계에 흩어져 있는, 인터넷과 단절된 안전한 환경의 소프트웨어들을 일관되게 관리하는 자신들만의 특수한 문제에 대해서는 기존의 어떤 도구도 해답을 주지 못한다는 것을 파악했다. 아폴로는 바로 이 지점에서 탄생한 독자적인 '두뇌'이며, 쿠버네티스라는 '신체'를 단순한 관리 도구에서 전 지구적이고 자율적인 관리 시스템으로 변모시키는 전략적 자산이다. 이 독자적인 제어 시스템에 대한 막대한 투자는 경쟁자들이 쉽게 모방할 수 없는 깊은 기술적 장벽을 만드는 핵심 요소가 되었다.

인프라라는 견고한 기반 위에는 플랫폼의 엔진실이라 할 수 있는 백엔드 및 데이터 처리 계층이 자리한다. 이 계층은 원시 데이터를 현실 세계에서 실행 가능한 모델로 재창조하는 역할을 한다. 이 계층의 설계 원칙은 현대 소프트웨어 공학의 핵심 사상인 '마이크로서비스 아키텍처'에 깊이 뿌리내리고 있다. 이 구조는 하나의 거대한 단일 프로그램으로 시스템을 만드는 대신, 각각 독립적으로 작동하는 작은 서비스들의 연합체로 구성하는 방식이다. 각 서비스는 특정 기능에 집중하며 서로 느슨하게 연결되어 있다. 이는 각 기능을 개별적으로 개발하고 배포하며 확장할 수 있다는 것을 의미한다. 이러한 구조는 개발 속도를 높이고, 각 팀이 자신의 서비스에 가장 적합한 기술을 자율적으로 선택하게 하며, 시스템 전체의 안정성을 극대화한다. 만약 하나의 서비스에 장애가 발생하더라도 시스템 전체가 멈추는 대재앙을 피할 수 있기 때문에, 높은 수준의 안정성을 약속하는 데 필수적인 조건이 된다.

백엔드 개발에는 특정 언어에 국한되지 않고 여러 프로그래밍 언어를 함께 사용하는 방식을 채택한다. 높은 성능과 확장성이 요구되는 핵심 서비스들은 안정성이 검증된 자바Java와 스칼라Scala로 작성된다. 반면 데이터 변환이나 인공지능 학습과 관련된 작업은 데이터 과학 분야에서 널리 쓰이는 파이썬Python과 SQL을 중심으로 하며, 통계 분석에 특화된 R 언어까지 지원한다. 이는 하나의 표준을 강요하기보다는 특정 작업에 가장 적합한 도구를 사용하는 실용주의적인 엔지니어링 문화를 보여준다. 이렇게 다양한 언어로 작성된 서비스들 사이의 통신은 gRPC와 같은 효율적인 기술을 통해 이루어지며, 이는 서비스 간의 명확한 소통 규칙을 보장한다.

　대규모 데이터를 분산 처리하기 위해서는 업계 표준으로 검증된 오픈소스 엔진인 아파치 스파크Apache Spark와 아파치 플링크Apache Flink를 적극적으로 활용한다. 이러한 선택 덕분에 분산 컴퓨팅의 복잡한 문제를 처음부터 다시 만들 필요 없이, 이미 성숙한 기술 생태계의 강력한 힘을 빌릴 수 있다. 동시에 팔란티어의 아키텍처는 특정 엔진에 종속되지 않게 설계되어 있어서, 고객의 요구에 따라 처리 엔진을 유연하게 사용하거나 다른 외부 엔진으로 대체할 수도 있다. 이는 개방적인 통합을 중요하게 생각하는 팔란티어의 의지를 잘 보여준다.

　이러한 아키텍처 철학이 구체적으로 어떻게 구현되었는지 가장 잘 보여주는 사례는 파운드리 온톨로지의 백엔드 구조에서 찾을 수 있다. 이 온톨로지는 단일 프로그램이 아니라, 서로 협력하는 여러 마이크로서비스들의 집합체로 이루어져 있다. 예를 들어, 온톨로지의 구조, 즉 객체의 유형, 속성, 관계 등을 정의하는 '사전' 역할을 하는 메타데이터 서비스가 있다. 실제 객체 데이터를 저장하고 빠르게 조회할 수 있도록 돕는 객체 데이터베이스가 그 뒤를 받치고, 응용 프로그램이 객체를 조회하고 필터링할 수 있도록 읽기 기능을 제공하는 객체 셋 서비스가 존재한다. 반면, 사용자의 입력에 따라 객체 정보를 체계적이고 추적 가능한 방식으로 수정하는 쓰기 기능은 액션 서비스가 담당한다. 그리고 이 모든 과정을 조율하며 데이터 소스와 사용자 편집 내용을 객체 데이터베이스에 반영하는 오케스트레이션 서비스가 이 생태계를 완성한다. 이 구조는 데이터를 읽는 경로와 쓰는 경로를 분리하여 각각 독립적으로 확장할 수 있게 하는 등, 대규모 시스템 설계의 모범적인 사례를 따르고 있다. 특히, 초기 구조에서 각 서비스의 책임이 더욱 명확하게 분리된 현재의 구조로 진화했다는 사실은, 이 시스템이 실제 운영 환경의 요구에 맞춰 끊임없이 학습하고 개선되는 성숙한 엔지니어링 조직의 산물임을 명백히 보여준다. 온톨로지 백엔드는 팔란티어의 핵심 가치인 '디지털 트윈'이라는 독자적이고 복잡한 개념을, 마이크로서비스라는 표준적이고 견고한 공학 원리를 적용하여 어떻게 현실로 구현했는지 보여주는 완벽한 축소판이라 할 수 있다.

플랫폼의 강력한 힘이 인간의 생각과 행동을 통해 비로소 의미를 갖게 되는 최상위 계층은 프론트엔드 아키텍처이다. 이 계층은 사용자를 위한 '지휘 통제실'을 구축하는 것을 목표로 한다. 이 지휘 통제실의 기반은 리액트React, 타입스크립트TypeScript, 그리고 그래프QLGraphQL이라는 현대적인 웹 기술로 구성된다. 이는 복잡하고 데이터가 많은 응용 프로그램을 만들기 위한 신중하고 전략적인 선택이다. 리액트는 재사용 가능한 사용자 인터페이스UI 요소를 만드는 데 이상적이며, 타입스크립트는 코드 유형을 미리 검사하여 대규모 프로그램의 유지보수를 쉽게 하고 복잡한 응용 프로그램에서 발생할 수 있는 오류를 사전에 방지하는 데 결정적인 역할을 한다. 또한 그래프QL은 프론트엔드가 백엔드의 수많은 서비스로부터 필요한 데이터만을 정확하게 요청할 수 있게 해준다. 이를 통해 기존 방식에서 흔히 발생하던 불필요한 데이터를 함께 받아오는 문제를 해결하고 효율적인 통신을 보장한다.

하지만 팔란티어 프론트엔드 전략의 진정한 차별점은 독자적으로 개발하고 유지하는 오픈소스 UI 라이브러리인 블루프린트JSBlueprintJS에서 드러난다. 블루프린트JS는 데이터가 풍부하고 복잡성이 높은 인터페이스, 특히 데스크톱 응용 프로그램과 같은 환경에 최적화된 도구 모음이다. 대부분의 기업이 기존에 만들어진 유명 라이브러리를 선택하는 반면, 팔란티어가 막대한 비용과 노력을 들여 자체 라이브러리를 구축한 이유는 명확하다. 팔란티어의 핵심 가치는 복잡한 데이터를 시각화하고 사용자와 상호작용하는 새로운 방식을 제공하는 데 있다. 일반적인 버튼이나 입력창 같은 부품만으로는 이러한 요구를 충족시킬 수 없었기 때문이다. 고도로 최적화된 표, 그래프, 지도 및 기타 전문적인 도구들이 필수적이었던 것이다.

따라서 블루프린트JS는 단순한 도구가 아니라 전략적 자산이다. 이를 통해 팔란티어는 UI의 성능, 접근성, 기능 전체를 완벽하게 통제하며, 자신들의 독특한 문제 해결 방식에 완벽하게 부합하도록 맞춤화할 수 있다. 이는 팔란티어 엔지니어뿐만 아니라 고객들이 직접 파운드리나 고담 위에서 응용 프로그램을 만들 때도 일관되게 높은 품질의 디자인을 공유하게 만드는, 사용자 경험과 개발자 생산성에 대한 장기적인 투자다.

더 나아가, 팔란티어는 워크숍Workshop과 슬레이트Slate라는 두 가지 핵심 응용 프로그램 제작 환경을 제공하여 개발의 문턱을 낮추고 있다. 워크샵은 코딩 지식이 거의 없거나 전혀 없는 사용자를 위한 도구다. 사용자는 온톨로지에 있는 데이터를 기반으로 마우스 클릭만으로 간단하게 운영 대시보드나 응용 프로그램을 만들 수 있다. 반면 슬레이트는 전문 프론트엔드 개발자들을 위한 시각적 개발 환경이다. 개발자들은 핵심적인 프로그래밍 개념을 활용하여 보다 정교하고 세밀하게 제어되는 맞춤형 응용 프로그램을 구축할 수 있다. 이 두 도구는 서로 다른 사용자를 대상으로 하지만, 동일한 기본 플랫폼 서비스와 온톨로지 데이터를 기반으로 작동한다. 이러한 전략은 플랫폼 위에서 솔루션을 만들 수 있는 사용자의 범위를 전문 개발자에서 현업 분석가와 운영 담당자까지 극적으로 확장시킨다. 이는 '낮은 진입 장벽과 높은 가능성'이라는 팔란티어의 핵심 디자인 철학을 구현하는 중요한 축을 담당한다.

팔란티어의 아키텍처는 각기 다른 기술 계층이 유기적으로 결합하여 하나의 통일된 목표, 즉 행동을 위한 통합 시스템을 구축하는 정교한 설계의 산물이다. 이 거대한 구조의 모든 부분을 하나로 묶는 가장 중요한 힘은 바로 온톨로지다. 온톨로지는 데이터에 의미를 부여하는 역할을 하며, 현실 세계를 디지털로 복제한 '디지털 트윈'이자, 데이터와 로직, 그리고 행동을 하나로 잇는 '연결 조직'으로서 기능한다. 온톨로지는 복잡하게 끊임없이 변화하는 원시 데이터 위에 안정적이고 인간이 이해할 수 있는 현실 세계의 모델을 제공한다. 인프라 계층은 서비스를 실행하고, 백엔드 계층은 온톨로지를 구축하고 유지하며, 프론트엔드 계층은 사용자가 그 온톨로지를 보고 상호작용할 수 있게 한다. 결국 온톨로지는 이 모든 협업을 가능하게 하는 공통의 언어인 셈이다.

이러한 관점에서 팔란티어의 오픈소스 활용 전략을 다시 살펴보면, 그들의 접근 방식이 단순히 '오픈소스 기업'이 되려는 것이 아니라, 지극히 실용적이고 전략적인 선택이었음을 알 수 있다. 첫째, 팔란티어는 이미 해결된 문제에 대해 업계 최고 수준의 검증된 오픈소스 기술을 적극적으로 활용한다. 컨테이너 관리에 쿠버네티스를, 데이터 처리에 스파크를, 사용자 인터페이스에 리액트를 사용하는 것이 그 예다. 이는 견고한 기반을 제공하고 방대한 기술 인력에 접근할 수 있게 해준다. 둘째, 그들은 자신들의 사업 모델에 핵심적이면서도 오픈소스로는 적절히 해결되지 않는 독특하고 어려운 문제들을 정확히 식별한다. 인터넷과 단절된 환경에서의 소프트웨어 관리, 의미를 담은 디지털 트윈의 구축, 고성능의 데이터 집약적 UI 개발 등이 여기에 해당한다. 마지막으로, 그들은 이 차별화된 문제들을 해결하기 위해 아폴로, 파운드리 온톨로지, 블루프린트JS와 같은 독자적인 솔루션을 구축하는 데 막대하고 장기적인 기술 투자를 감행한다.

이 두 갈래 전략은 팔란티어가 보편적인 기술 영역에서는 빠르게 움직이면서도, 자신들의 핵심 가치를 중심으로 경쟁자가 넘보기 힘든 깊은 기술적 장벽을 구축할 수 있게 만드는 원동력이다. 결국, 아폴로의 자율적인 인프라부터 리액트로 만들어진 상호작용 응용 프로그램에 이르기까지, 이처럼 여러 겹으로 깊이 통합된 아키텍처는 팔란티어가 단순히 여러 부품을 합쳐 놓은 것이 아닌, 하나의 완전한 플랫폼을 제공할 수 있게 하는 핵심 기반이 된다. 그것은 원시 데이터를 명확한 운영 그림으로 변환하고, 궁극적으로 가장 중요한 순간에 인간의 의사결정을 돕고 그 능력을 강화하기 위해 설계된 살아있는 시스템 그 자체다.

팔란티어의 오픈소스 활용 전략: 글래스 박스 접근법

2003년에 설립된 팔란티어는 시작부터 실리콘밸리의 다른 기업들과는 다른 길을 걸었다. 페이팔 출신들이 주축이 되고 미국 CIA와 연계된 벤처 캐피털인 인큐텔의 자금으로 세워진 배경 자체가 남달랐다. J.R.R. 톨킨의 소설 《반지의 제왕》에 등장하는 진실을 꿰뚫어 보는 수정 구슬에서 회사 이름을 가져온 것부터 그들의 독특한 정체성을 암시한다. 팔란티리Palantíri라 불리는 이 돌은 사용자가 광대한 거리를 넘어 미래를 볼 수 있게 해주는 마법 도구였다. 이는 방대하고 복잡한 데이터 속에서 의미 있는 통찰력을 찾아내려는 팔란티어의 사명과 정확히 일치했다.

이러한 배경은 팔란티어의 기술 전략에도 그대로 반영되었다. 팔란티어는 많은 것을 보여주면서도 정작 자신의 핵심 본질은 수수께끼 속에 감춰두는, 마치 모순처럼 보이는 전략을 취한다. 이 전략의 핵심을 가장 잘 설명하는 비유가 바로 '글래스 박스Glass Box', 즉 '유리 상자' 접근법이다.

글래스 박스는 팔란티어의 기술 전략을 이해하는 열쇠다. 이 상자의 투명한 외벽, 즉 '유리' 부분은 업계 최고 수준의 표준 공개 기술인 오픈소스로 구축되어 있다. 팔란티어는 이 사실을 숨기지 않으며, 오히려 아파치 스파크Apache Spark나 쿠버네티스Kubernetes와 같은 도구들을 적극적으로 활용하고 관련 커뮤니티에 기여하기까지 한다. 이러한 투명성은 약점이 아니라 의도된 장치다. 이를 통해 팔란티어는 고객과 시장에 자신들의 기반 기술이 견고하고 현대적이며, 특정 공급업체에 종속되지 않는다는 신뢰의 신호를 보낸다.

기술적으로 이미 보편화된 영역에서는 기꺼이 개방성을 선택하는 것이다.

그러나 그 중심에는 누구도 들여다볼 수 없는 불투명한 '상자'가 존재한다. 바로 팔란티어의 독점적인 핵심 기술인 온톨로지 엔진이다. 이곳에 팔란티어의 진정한 지적 재산이 잠들어 있다. 지난 20년간 세계 최고 수준의 정부 기관과 기업 고객들의 가장 어려운 데이터 문제를 해결하며 쌓아온 경험의 결정체가 이 상자 안에 담겨 있다. 이 핵심부는 의도적으로 내부 구조가 드러나지 않게 설계되었으며, 그 작동 원리는 경쟁사가 쉽게 모방할 수 없는 강력한 기술적 장벽이자 일급비밀이다.

이 전략은 단순히 개방과 폐쇄를 섞어 놓은 것이 아니라, 의도적으로 경쟁사에게 불리한 구도를 만들기 위한 치밀한 계산의 결과다. 팔란티어는 장기적인 기술 우위를 유지하기 어려운 기반 기술 계층을 과감하게 보편화된 영역으로 취급한다. 이를 통해 모든 경쟁력을 자신이 거의 무적에 가깝다고 믿는 의미론적, 운영적 계층, 즉 온톨로지에 집중시킨다. 현대 소프트웨어 세계는 리눅스Linux 안드로이드Android처럼 개방성을 중요하게 생각하지만, 팔란티어는 일반적인 소프트웨어 기업이 아니다. 그 뿌리는 비밀 유지가 생명인 정보기관의 세계에 닿아 있으며, 그 사고방식은 단순히 커뮤니티에 참여하는 것을 넘어 영구적인 경쟁 우위를 창출하는 데 맞춰져 있다.

팔란티어는 쿠버네티스나 스파크 같은 오픈소스 기반 기술을 채택함으로써, 바로 그 기술 위에서 경쟁자들을 무력화시킨다. 이는 "기반 기술은 모두에게 주어진 상수이며, 진짜 싸움은 그 위에 무엇을 짓느냐에 달렸다"고 선언하는 것과 같다. 이로써 경쟁의 무대는 팔란티어가 선택한 전장으로 옮겨 간다. 그 전장은 단순히 데이터를 빠르게 처리하는 엔진을 제공하는 것을 넘어, 조직 전체를 디지털 세상에 복제한 '디지털 트윈'을 창조하는 것이 훨씬 더 어려운 문제다. 결국 글래스 박스는 오픈소스 커뮤니티라는 전 세계적인 연구개발 조직을 자신의 기반 기술 개발 부서처럼 활용하면서, 왕관의 보석과도 같은 핵심 기술은 철저히 보호하는 강력한 전략 무기인 셈이다.

비밀주의로 유명한 기업이 개방성을 받아들이는 이유는 이념 때문이 아니라 순수한 실용주의 때문이다. 팔란티어의 엔지니어들은 세계 최고 수준이지만, 그들의 귀중한 시간을 전 세계 오픈소스 커뮤니티가 이미 완성해 놓은 기술을 다시 만드는 데 낭비할 수는 없었다. 컨테이너를 관리하는 기술이나 분산 데이터 처리 기술이 바로 그런 예다. 쿠버네티스와 스파크 같은 도구를 채택함으로써 팔란티어는 수십억 달러 규모의 세계적인 연구개발 생태계에 사실상 무임승차하는 효과를 누린다. 이를 통해 전 세계 수천 명의 개발자들이 만들어내는 지속적인 성능 개선, 보안 문제 해결, 새로운 기능의 혜택을 고스란히 받는다. 또한, 업계 표준 도구를 사용하는 것은 최고의 인재를 채용하는 데 유리하며, 고객이 기존에 사용하던 기술과 쉽게 통합할 수 있게 하여 영업과 실제 설치 과정의 어려움을 줄여준다.

이러한 전략적 선택이 가장 극적으로 드러난 사례는 '루빅스Rubix'라는 이름의 프로젝트에서 찾아볼 수 있다. 2010년대 중반, 팔란티어의 파운드리 플랫폼은 빠르게 성장하고 있었지만, 당시 사용하던 기반 기술은 한계에 부딪히고 있었다. 데이터 처리를 위한 아파치 얀YARN 기술과 자체 개발한 컨테이너 기술이 뒤섞여 있어 복잡성이 커졌기 때문이다. 데이터 변환부터 복잡한 모델 실행에 이르기까지, 신뢰할 수 없는 다양한 사용자 코드를 안전하고 안정적으로 실행할 통일된 플랫폼이 절실했다.

당시 팔란티어는 대안으로 거론되던 얀, 메소스Mesos, 그리고 쿠버네티스를 두고 혹독한 평가를 진행했다. 평가의 핵심 기준은 단순한 성능이 아니라 두 가지였다. 첫째는 여러 사용자의 코드를 동시에 실행할 때 서로 영향을 주지 않도록 하는 강력한 보안이었고, 둘째는 예측 가능한 성능과 비용 효율성이었다. 최종적으로 쿠버네티스가 우월한 컨테이너 관리 기능과 통일된 보안 모델 덕분에 선택되었고, 팔란티어는 여기에 막대한 투자를 감행했다. 그들은 단순히 쿠버네티스를 사용하는 데 그치지 않았다. 스파크가 쿠버네티스 환경에서 더 잘 작동하도록 만드는 통합 개발에 깊숙이 관여했으며, 심지어 스파크 작업을 더 효율적으로 처리하기 위한 맞춤형 쿠버네티스 스케줄러를 개발하여 오픈소스로 공개하기까지 했다. 이는 팔란티어가 오픈소스 기술의 수동적 소비자가 아니라, 필요에 따라 커뮤니티와 깊은 공생 관계를 맺는다는 증거다.

팔란티어는 파운드리의 핵심 분산 컴퓨팅 엔진으로 아파치 스파크를 활용하여 대규모 데이터 처리 작업을 수행한다. 그러나 팔란티어의 공식 문서를 보면, 스파크를 이용한 기계 학습 모델을 지원하지만, 실시간으로 예측 결과를 내는 용도로는 권장하지 않는다. 대신 다른 기술을 선호한다고 명시한다. 이는 팔란티어의 오픈소스 활용이 전적으로 도구적이라는 사실을 명확히 보여준다. 그들은 오직 자신들의 우월한 독점 플랫폼을 구축한다는 궁극적인 목표에 부합할 때만 오픈소스 프로젝트를 채택하고, 완전히 익히며, 커뮤니티에 기여한다. 만약 오픈소스가 자신들의 독점적인 핵심 기술 구조와 완벽하게 들어맞지 않는 지점에서는, 가차 없이 더 나은 자체 대안을 제시한다. 모든 오픈소스 관련 결정은 "이것이 어떻게 우리의 독점적인 '상자'를 더 강하게 만드는가?"라는 필터를 거친다. 즉, 오픈소스 기반 기술은 동등한 파트너가 아니라, 독점적인 핵심 기술에 봉사하는 수단인 것이다.

이제 시선을 투명한 '유리'에서 불투명한 '상자'로 옮겨보자. 바로 이 온톨로지가 다른 누구도 복제할 수 없는 기술적 장벽을 구축한다. 일단 한 조직이 자신의 핵심적인 자산, 관계, 그리고 가장 중요하게는 운영 방식과 의사 결정 과정을 온톨로지 안에 모델링하고 나면, 그곳에서 **빠져나오는** 것은 기술적으로, 운영적으로, 그리고 재정적으로 거의 불가능에 가까워진다. 플랫폼이 조직의 중추 신경계가 되는 것이다. 경쟁사들이 더 나은 인공지능 모델을 만드는 데 집중할 때, 팔란티어의 온톨로지는 그 모델을 실제 운영상의 결정 및 행동과 직접 연결함으로써 인공지능 도입의 '마지막 단계'에서 발생하는 문제를 해결한다. 예를 들어, 공급망 붕괴를 예측하는 모델이 있더라도, 온톨로지가 운영자에게 '선적 경로 변경'이라는 실제 행동을 실행할 수 있게 해주기 전까지 그 예측은 무용지물이다. 이 모든 것은 긴밀하게 통합된 여러 독점 백엔드 서비스의 복합체에 의해 구동된다. 이 복잡하게 얽힌 구조는 단순히 오픈소스 부품들을 조립해서는 결코 복제할 수 없으며, 20년간 집중적인 연구 개발의 산물이다.

팔란티어 온톨로지는 단순한 소프트웨어가 아니라, 지난 20년간 고객사에 상주하며 문제를 해결해 온 '전방위 파견 엔지니어'들의 컨설팅 경험을 코드로 구현한 결과물이다. 이는 과거에 서비스 형태로 제공되던 가치를 누구나 사용할 수 있는 확장 가능한 제품으로 변환시킨 것이다. 팔란티어의 초기 사업 모델은 엔지니어를 고객사에 직접 파견하는 높은 비용 구조 때문에 컨설팅 회사와 다를 바 없다는 비판을 받았다. 그러나 대테러 작전부터 상업적 문제 해결에 이르기까지 수많은 현장 경험을 통해, 팔란티어의 엔지니어들은 복잡한 조직이 실제로 작동하는 방식에서 반복되는 패턴, 즉 공통된 대상, 관계, 행동을 학습했다.

온톨로지는 바로 이러한 반복적인 패턴들을 소프트웨어로 일반화한 것이다. 예를 들어, '일정 관리'처럼 공통된 개념에 대해 미리 정의된 패턴을 제공하는 '온톨로지 프리미티브' 같은 기능은 이러한 제품화의 직접적인 증거다. 따라서 온톨로지의 진정한 경쟁력은 단지 그 코드가 아니라, 코드에 녹아 있는 방대하고, 특정 영역에 전문화되어 있으며, 어렵게 얻은 경험 그 자체다. 경쟁자는 단순히 코딩 실력만으로는 이 경지에 도달할 수 없으며, 팔란티어가 걸어온 20년의 여정을 그대로 따라 해야만 할 것이다.

이러한 글래스 박스 전략은 소프트웨어 산업의 다른 거인들과 비교할 때 그 독창성이 더욱 두드러진다. 레드햇Red Hat의 사업 모델은 레드햇 엔터프라이즈 리눅스RHEL나 오픈시프트OpenShift처럼 완전히 공개된 오픈소스 소프트웨어에 대해 기업 수준의 기술 지원, 보안 강화, 장기적 안정성 및 법적 보증을 제공하는 구독 서비스를 판매하는 것이다. 코드 자체는 누구나 자유롭게 사용할 수 있다. 팔란티어는 정반대의 길을 간다. 핵심 가치를 조금도 외부에 내어주지 않는다. 팔란티어의 가치는 기술 지원 서비스가 아닌 독점 소프트웨어인 온톨로지 자체에 있다. 레드햇이 보편화된 소프트웨어에 대한 '안심'을 판다면, 팔란티어는 다른 누구도 제공할 수 없는 독점적인 '역량'을 판매한다.

가장 중요한 비교 대상은 데이터브릭스Databricks다. 아파치 스파크, 델타 레이크Delta Lake와 같은 핵심 오픈소스 프로젝트의 창시자들이 설립한 이 회사는 '오픈 코어' 모델을 따른다. 이는 강력한 오픈소스 도구들을 무료로 제공하면서, 그것들을 더 빠르고, 안전하며, 사용하기 쉽게 통합한 고급 유료 플랫폼을 판매하는 방식이다. 근본적인 차이는 가치가 어디에서 오는가에 있다. 데이터브릭스의 가치는 오픈소스 데이터와 인공지능 관련 작업을 실행하고 관리하는 최고의 플랫폼이 되는 데 있다. 그들의 독점 기능은 이미 공개된 핵심 기술을 '향상'시키는 역할을 한다. 반면, 팔란티어의 가치는 오픈소스에는 아예 존재하지 않는 독점적인 운영 방식, 즉 온톨로지 그 자체에 있다. 오픈소스 구성 요소는 단지 엔진일 뿐이고, 온톨로지는 그 엔진이 구동하는 독특한 자동차와 같다.

시장은 종종 팔란티어와 데이터브릭스를 직접적인 경쟁자로 오인하지만, 실제 그들의 핵심 전략은 서로 다른 계층을 겨냥하고 있다는 것이다. 데이터브릭스는 모든 데이터 엔지니어링과 데이터 과학의 기반이 되는 데이터 플랫폼을 위한 전쟁에서 승리하고 있으며, 팔란티어는 바로 그 데이터 계층 위에 자리 잡는 운영 및 의사결정 계층이라는 새로운 범주를 창조하고 있다. 이 논리의 궁극적인 증거는 최근 발표된 팔란티어와 데이터브릭스의 파트너십이다. 이 협력을 통해 고객은 데이터브릭스의 데이터 플랫폼 위에서 팔란티어의 독점적인 인공지능 플랫폼과 온톨로지를 실행할 수 있게 되었다.

이는 글래스 박스 가설 전체를 입증하는 기념비적인 사건이다. 이 파트너십을 통해 팔란티어는 데이터브릭스를 최고 수준의 '유리' 기반으로 암묵적으로 인정했으며, 데이터브릭스는 팔란티어의 '상자(온톨로지)'가 자신들이 제공하지 않는 독특하고 더 높은 수준의 역량을 제공함을 인정한 셈이다. 그들은 많은 이들이 생각하는 숙적이 아니라, 이제는 상호 보완적인 계층에서 활동하는 파트너가 되었다. 팔란티어의 글래스 박스 전략은 성공적으로 회사를 기반 기술 경쟁의 상층부로 끌어올렸다. 이제 데이터브릭스, 스노우플레이크, 그리고 거대 클라우드 기업들이 데이터 계층을 놓고 싸우는 동안, 팔란티어는 누가 그 싸움에서 이기든 상관없이 그 위에서 독보적인 가치를 제공할 수 있다는 자신감을 두게 되었다.

글래스 박스는 모순이 아니다. 오히려 기술 세계의 현실적인 힘의 논리에 기반한 정교하고 일관된 전략이다. 이는 21세기에 경쟁자가 넘볼 수 없는 강력한 우위를 구축하는 방법에 대한 하나의 완벽한 본보기와 같다. 이 전략은 현대 기술계의 오픈소스 우선주의 신념에 반하는 것처럼 보일 수 있지만, 무자비할 정도로 효과적이다. 오픈소스 운동의 강점, 즉 기반 기술을 위한 거대하고 무료인 연구개발 역량을 활용하면서, 독특하면서 방어 가능한 가치를 창출하는 독점적 핵심은 맹렬히 보호한다.

팔란티어의 경쟁력은 단일 기술이 아닌, 스스로를 강화하는 시스템에서 나온다. 개방형 기반 기술이 우수한 인재를 유치하고 다른 시스템과의 호환성을 보장하며, 독점적 온톨로지가 고객의 깊은 업무 논리를 담아내어 엄청난 고객 이탈 방지 효과를 만든다. 그리고 현장에서 얻은 경험이 다시 온톨로지를 강화하여 경쟁자와의 격차를 더욱 벌린다. 글래스 박스는 커뮤니티의 찬사를 받거나 업계의 유행을 따르기 위해 설계된 것이 아니라, 시장의 영구적인 지배를 위해 고안된 장기 전략이다. 인공지능 모델과 기반 기술이 급속도로 보편화되는 시대에, 팔란티어는 지능을 만드는 '도구'가 아닌, 운영적 의사결정을 내리는 '틀' 그 자체에 모든 것을 걸었다. 이것이 그들이 노리는 궁극적인 전리품이며, 팔란티어의 모든 전략은 바로 그것을 차지하기 위해 설계되었다.

CHAPTER 11

핵심 기술 심층 분석
: 아폴로와 온톨로지 아키텍처

아폴로: CI/CD를 넘어선 소프트웨어 배포 혁명

소프트웨어 경쟁은 흔히 화려한 기능의 대결로 보이지만, 그 성패를 가르는 진짜 전쟁은 보이지 않는 '배포'와 '전달'의 영역에서 벌어진다. 이 근본적인 싸움에서의 성패가 소프트웨어의 운명을 결정한다. 오늘날 많은 소프트웨어 기업, 특히 팔란티어의 경쟁사들은 '서비스형 소프트웨어SaaS' 모델을 안정적으로 제공하는 데 어려움을 겪고 있다. 서비스형 소프트웨어란 인터넷을 통해 소프트웨어를 빌려 쓰는 방식을 말한다. 이들이 어려움을 겪는 이유는 바로 이 보이지 않는 배포 전쟁에서 뒤처지고 있기 때문이다. 이러한 실패는 단순히 기술력이 부족해서가 아니라, 팔란티어의 아폴로가 제시하는 것과 같은 근본적인 사고방식, 즉 패러다임 자체가 없기 때문이다.

어느 세계적인 기술 기업의 운영 본부, 즉 '워룸War Room'이라 불리는 상황실의 풍경을 떠올려 보자. 한밤중에도 사무실은 불이 환하고 팽팽한 긴장감이 감돈다. 핵심 고객사의 '온프레미스' 시스템에 새로 배포한 소프트웨어에서 심각한 오류가 발생한 상황이다. 온프레미스란 고객이 외부 클라우드 서비스를 이용하지 않고, 자신의 전산실에 직접 소프트웨어를 설치해 운영하는 방식을 의미한다. 데이터는 서로 뒤엉켜 엉망이 되었고, 고객사의 업무는 마비 상태에 빠졌다. 엔지니어들은 컴퓨터의 작동 기록이 담긴 로그 파일을 일일이 손으로 뒤지고, 임시방편으로 프로그램을 수정하며 밤을 새우고 있다. 실패한 업데이트를 이전 버전으로 되돌리는 작업은 더 큰 혼란만 일으킬 뿐이다. 이 모든 과정에서 기업은 엄청난 비용을 치르고 고객의 신뢰를 잃게 된다. 이러한 비극은 현대 기업용 소프트웨어 업계에서 너무나 흔하게 발생하는 일이다.

반면 같은 시각, 팔란티어의 배포 과정은 이와는 정반대의 모습을 보여준다. 팔란티어의 개발자 한 명이 파운드리 플랫폼에 적용될 새로운 기능의 코드를 중앙 저장소에 '커밋'한다. 커밋이란 수정된 코드 내용을 최종적으로 저장소에 기록하는 작업을 말한다. 그 후에는 아무런 소란 없이 모든 것이 조용하다. 몇 시간이 지나면 전 세계에 흩어져 있는 수백 개의 독립적인 소프트웨어 실행 환경이 사람의 손길 없이도 새로운 버전으로 완벽하게 업데이트된다. 이러한 환경에는 아마존웹서비스나 마이크로소프트 애저와 같은 대중적인 클라우드 서비스부터, 고객사의 폐쇄적인 내부 전산망, 심지어 인터넷이 연결되지 않은 군용 차량에 설치된 시스템까지 모두 포함된다. 이처럼 뚜렷한 차이를 만들어 내는 것이 바로 아폴로의 존재 여부다.

이 문제의 뿌리에는 현대 기업 IT 환경의 본질적인 특징인 '파편화' 문제가 있다. 오늘날 기업의 디지털 기반은 더는 하나의 통일된 모습이 아니다. 아마존웹서비스, 마이크로소프트 애저, 구글 클라우드 같은 여러 공용 클라우드 서비스, 기업이 자체적으로 운영하는 개인용 클라우드, 수십 년 된 낡은 '레거시' 서버, 그리고 현장에서 직접 데이터를 처리하는 작은 장치인 '엣지 디바이스'에 이르기까지, 모든 것이 뒤섞인 복잡한 혼합체가 된 것이다.

대부분의 소프트웨어 기업에게 이렇게 파편화된 환경은 피할 수 없는 현실이다. 고객들은 저마다의 특수한 규제나 보안, 또는 기존 시스템과의 호환성 문제 때문에 특정 환경에서만 작동하는 해결책을 원하기 때문이다. 이러한 요구에 맞추기 위해 기업들은 각기 다른 환경에 임시방편으로 시스템을 억지로 끼워 맞추게 된다.

그 결과 마치 여러 조각을 꿰매어 만든 괴물과 같은 '프랑켄슈타인 스위트'가 탄생한다. 각각의 새로운 환경은 복잡성을 기하급수적으로 늘리고, 데이터가 여기저기 흩어져 일관성을 잃게 되는 '대규모 데이터 파편화' 현상과 함께 결국 운영 마비로 이어진다. 경쟁사들이 근본적으로 실패하는 이유는 노력이 부족하기 때문이 아니다. 그들이 사용하는 도구와 그들이 처한 현실 사이에 심각한 불일치가 존재하기 때문이다. 경쟁사들은 여러 곳에 흩어져 있는 '분산 시스템'이라는 새로운 시대의 문제를 풀려고 하면서, 낡고 중앙집권적인 과거의 방식으로 접근하기 때문에 실패한다. 이 보이지 않는 전쟁터는 사실상 시스템 설계 철학의 전쟁터이며, 경쟁사들은 그들의 낡은 패러다임 때문에 패배하고 있다.

그 혼란의 중심에는 현대 클라우드 개발의 표준처럼 여겨지는 '지속적 통합/지속적 배포 CI/CD' 방법론의 근본적인 한계가 있다. 이는 소프트웨어의 개발부터 배포까지의 과정을 자동화하여 속도와 효율을 높이는 강력한 방식이지만, 팔란티어가 마주하는 극도로 복잡한 환경에서는 오히려 장애물이 된다. 전통적인 지속적 통합/지속적 배포 과정은 개발자가 코드를 특정 환경으로 밀어내는, 즉 '푸시 push' 모델을 기반으로 한다. 개발이 끝난 코드는 '빌드 → 테스트 → A 환경에 배포 → B 환경에 배포'처럼 정해진 순서에 따라 배포한다. 이런 방식은 모든 배포 환경이 거의 동일한 단순한 클라우드 서비스에서는 효과적일 수 있다.

하지만 현실의 기업 환경은 수많은 상호 의존성, 저마다 다른 규제, 충돌하는 소프트웨어 버전이 뒤얽힌 거미줄과 같다. 이러한 환경에서 순서대로 진행되는 배포 과정은 쉽게 망가진다. 배포 과정 중 하나만 실패해도 전체 과정이 멈추고, 수백 개에 달하는 다른 환경 설정을 일일이 손으로 관리하는 일은 재앙으로 이어진다. 바로 '파이프라인 스큐' 현상이다. 이는 배포 과정이 환경마다 미세하게 달라지면서 전체적으로 일관성이 무너져 관리가 불가능해지는 상황을 말한다. 개발자들은 각 환경의 사소한 차이를 반영하기 위해 끝없이 변형된 배포 스크립트를 만들어내고, 이는 결국 누구도 완벽하게 통제하거나 이해할 수 없는 복잡성의 괴물을 낳는다. 전통적인 방식의 가장 치명적인 가정은 '소프트웨어는 그것이 실행되는 환경과 독립적'이라는 생각이다. 파운드리와 같은 플랫폼에서 이러한 가정은 완전히 틀린 말이다. 파운드리의 응용 프로그램은 실행되는 환경의 데이터, '온톨로지', 그리고 보안 정책과 깊이 얽혀 있다. 따라서 상업용 클라우드에서 완벽하게 작동하던 업데이트 프로그램이라도, 보안이 엄격한 정부의 폐쇄망에서는 시스템 전체를 마비시키는 재앙을 불러올 수 있다.

  이러한 기술적 실패는 개발팀의 고충으로 끝나지 않고, 기업 전체를 갉아먹는 경제적 손실과 전략적 마비로 이어진다. 첫 번째 문제는 엄청난 유지보수 비용이다. 고객사 내부에 직접 설치된 하드웨어를 관리하고, 예측할 수 없는 오류를 해결하며, 수동으로 업데이트를 진행하기 위해 기업은 거대한 IT 전문 인력을 고용하고 유지해야 한다. 두 번째 문제는 극심한 운영 비효율성이다. 직원들은 저마다 다른 화면을 가진 여러 시스템 사이를 오가며 시간을 허비하고, 똑같은 데이터를 여러 번 입력하며, IT팀이 문제를 해결해 주기를 하염없이 기다린다. 이는 기업 전체의 생산성을 갉아먹는 보이지 않는 세금과 같다. 세 번째로, 기업의 성장이 가로막힌다. 새로운 고객을 위해 고객사 내부에 직접 시스템을 설치하고 확장하는 일은 하드웨어를 구매하는 것부터 복잡한 계획을 세우는 것까지, 시간과 비용이 많이 드는 과정의 연속이다. 이는 빠르게 변하는 시장의 기회를 잡는 데 결정적인 걸림돌이 된다.

마지막으로 가장 심각한 문제는 보안과 '컴플라이언스'의 위험이 커진다는 점이다. 컴플라이언스란 기업이 법률이나 규제를 잘 지키는 것을 의미하는데, 파편화된 시스템에서는 이를 관리하기가 매우 어렵다. 쪼개진 시스템들은 수많은 해킹 공격 지점을 노출하며, 서로 다른 수준으로 적용된 보안 업데이트는 해커들에게 쉬운 먹잇감을 던져준다. 호환성 문제를 걱정해 시스템 업그레이드를 망설이는 순간, 기업은 이미 알려진 보안 위협에 그대로 노출된다. 여기에 유럽의 개인정보보호규정GDPR, 미국 연방정부의 클라우드 보안인증FedRAMP, 미국 국방 시스템의 보안 등급IL5/IL6처럼 환경마다 다른 규제 요건을 조각난 시스템으로 일관성 있게 관리하는 것은 사실상 불가능하다.

결국 '아폴로의 부재'는 경쟁사들을 악순환의 고리에 빠뜨린다. 기술적으로 해결하지 못한 문제들은 재정적 압박을 만들고, 재정적 압박은 더 나은 도구에 대한 투자를 막아서며, 이는 다시 더 많은 기술적 문제를 낳는다. 이것은 단순한 기능의 차이가 아니라, 사업 모델의 근본적인 결함이 스스로 경쟁력을 갉아먹는 악순환의 고리, 즉 전략적인 실패로 빠져드는 것이다.

이 깊고 어두운 혼돈 속에서 팔란티어는 아폴로라는 새로운 패러다임을 제시한다. 아폴로의 혁신은 기술적 기교가 아니라 생각의 전환에서 비롯된다. 아폴로는 소프트웨어 배포 방식을 근본적으로 바꾸는 도약을 이뤄냈는데, 바로 '명령형' 방식을 '선언형' 방식으로 바꾼 것이다. 기존의 명령형 방식이 '이 코드를 저 서버에 배포하라'처럼 구체적인 절차를 하나하나 지시하는 것이라면, 선언형 방식은 '이 환경은 항상 최신 안정화 버전을 유지해야 하며, 특정 조건을 만족해야 한다'와 같이 최종 목표 상태를 선언하는 방식이다. 아폴로는 교향악단의 지휘자처럼, 소프트웨어 배포 세계의 모든 과정을 조율하는 중앙 신경 시스템, 즉 '오케스트레이션 엔진' 역할을 한다. 개발자는 자신이 만든 소프트웨어의 요구사항, 예를 들어 "이 서비스는 특정 버전 이상의 다른 프로그램이 필요하다"고 선언한다. 환경 운영자는 해당 환경의 제약 조건, 가령 "이 서버는 일요일에만 점검할 수 있다" 또는 "이 데이터는 반드시 IL6 보안 등급을 지켜야 한다"고 선언한다. 그러면 아폴로는 이 모든 선언들을 종합하여, 전체 배포 대상에 걸쳐 이 목표 상태를 달성하기 위한 최적의 길을 스스로 계산하고 실행한다. 복잡한 의존 관계 분석, 배포 순서 결정, 유효성 검증 등 모든 번거로운 일을 알아서 처리하는 것이다.

이러한 지능적인 지휘는 아폴로의 '허브 앤 스포크' 구조를 통해 현실이 된다. 이는 자전거 바퀴처럼 중앙의 축Hub과 바큇살Spoke로 이루어진 구조를 말한다. 중앙에는 모든 것을 통제하는 '아폴로 허브'가 있고, 관리 대상이 되는 각각의 환경에는 가벼운 프로그램인 '아폴로 배포 플랫폼', 즉 '스포크'가 설치된다. 허브는 모든 것을 지휘하는 통제 본부로서, 모든 스포크 환경의 현재 상태, 설정, 제약 조건 등을 포함한 완벽한 실시간 모델을 유지한다. 아폴로의 지휘 엔진이 바로 이 허브에 머문다. 반면 스포크는 고객의 기반 시설, 예를 들어 쿠버네티스 클러스터 위에서 작동하며, 자신의 상태를 허브에 계속 보고하고 허브로부터 '작업 계획'을 받아 실행하는 임무를 맡는다. 현지 환경에서 실제 소프트웨어 배포, 설정 변경, 관리를 책임지는 것이다. 이 모델은 엄청난 확장성을 제공한다. 단 하나의 허브가 수백, 수천 개의 스포크를 관리할 수 있으며, 소수의 운영팀이 '단일 창', 즉 하나의 통합된 화면을 통해 광범위하게 흩어져 있는 모든 시스템을 한눈에 파악하고 관리할 수 있다.

아폴로 패러다임의 또 다른 핵심은 전통적인 지속적 통합/지속적 배포의 '푸시' 모델을 대체하는 새로운 개념이다. 개발자가 특정 환경에 코드를 밀어 넣는 '푸시' 방식 대신, 각각의 환경이 필요한 소프트웨어를 스스로 '끌어오는 pull' 모델을 사용한다. 이를 위해 '릴리즈 채널'이라는 개념을 도입했다. 환경 운영자는 자신의 환경을 'STABLE(안정)', 'CANARY(카나리)', 'RELEASE(최신)'와 같은 '릴리즈 채널'에 '구독'시킨다. 개발자는 "카나리 채널에서 7일간 심각한 오류 없이 운영된 후 안정 채널로 승격한다"처럼 사전에 정해진 기준에 따라 새로운 소프트웨어 버전을 이 채널들을 통해 승격시킨다. 각 환경은 자신이 구독한 채널에서 사용 가능한 최신 버전을 자동으로 끌어와 업데이트한다.

하지만 이 업데이트는 해당 환경에 설정된 모든 현지 제약 조건이 충족될 때만 실행된다. 이 방식은 개발 주기와 배포 주기를 분리하여 양쪽 팀에 자율성을 주면서도, 전체 시스템의 안전과 안정을 보장한다. 문제가 생겼을 때 자동으로 이전 버전으로 되돌리는 '롤백' 기능, 구버전과 신버전을 동시에 운영하며 점진적으로 전환하는 '블루-그린 배포' 방식, 일부 사용자에게만 먼저 새로운 기능을 선보이는 '카나리 릴리즈' 같은 정교한 안전장치들이 이 모델 안에 자연스럽게 녹아들어 있다. 이처럼 아폴로의 구조는 조직 내의 이해관계를 근본적으로 바꾼다. 전통적인 모델에서 '빨리 배포하려는 개발자'와 '안정성을 지키려는 운영자' 사이에 존재하던 적대적 관계는 사라진다. 대신 아폴로라는 시스템을 통해 양쪽 모두 자신의 요구사항을 코드로 선언해야만 하는, 기계적으로 강제된 협업 관계가 만들어진다. 아폴로는 개발, 운영, 보안팀 사이에 컴퓨터가 보증하는 투명한 계약서를 쓰게 함으로써, 단순한 기술을 넘어 조직 문화를 혁신하는 관리 체계로 작동한다. 이는 경쟁사들이 단순한 도구의 조합으로는 결코 따라 할 수 없는, 기술이 만들어낸 심오한 부가 효과다.

아폴로의 진정한 위력은 가장 극한의 환경, 즉 모든 외부 네트워크와의 연결이 완벽하게 차단된 '에어갭' 환경을 관리하는 능력에서 그 진가가 드러난다. 태평양 깊은 바닷속을 항해하는 핵잠수함의 임무 컴퓨터나, 지구 궤도를 도는 첩보위성의 소프트웨어를 업데이트하는 장면을 상상해 보자. 이러한 시스템들은 공용 인터넷은 물론 어떤 외부 네트워크와도 연결되지 않은 채, IL6와 같은 최고 보안 등급이 적용된 영역에 존재한다. 일반적인 서비스형 소프트웨어 기업에게 이곳은 불가능의 영역이다. 그들의 사업 모델 전체가 지속적인 네트워크 연결을 전제로 하기 때문이다. 바로 이 지점에서 모든 경쟁사의 제안은 힘을 잃고, 국방 및 정보기관 시장에서 팔란티어의 압도적인 지배력이 발휘된다.

이 과정은 마법이 아니라 정교하게 설계된 공학 기술의 결과물이다. 에어갭 환경을 관리하기 위해 팔란티어는 보안 네트워크 안쪽에 별도의 '원격 아폴로 허브'를 설치한다. 외부의 주 허브와 이 원격 허브 사이의 통신은 물리적인 하드 드라이브나 보안이 통제된 단방향 데이터 전송 장치를 통해 수동으로 데이터를 주고받는 방식으로 이루어진다. 이때 아폴로는 전체 소프트웨어를 통째로 옮기는 대신, 업데이트에 필요한 최소한의 변경 부분(delta)과 관련 파일만을 지능적으로 골라 암호화된 꾸러미로 만든다. 이를 '지능적 번들링'이라고 부른다. 일단 이 업데이트 꾸러미를 받으면, 원격 허브는 외부와의 연결 없이도 완벽하게 스스로 작동한다. 외부 허브와 동일한 선언적 논리와 릴리즈 채널을 사용하여 에어갭 네트워크 안의 모든 시스템에 대한 배포를 관리하는 것이다. 임무가 끝나면 운영 기록을 다시 꾸러미로 만들어 외부로 전송함으로써 중앙에서도 상황을 파악할 수 있게 한다. 최근에는 퀄컴과 같은 기업과의 협력을 통해 이러한 역량이 한층 더 발전하고 있다. 팔란티어의 인공지능 모델과 온톨로지를 현장 장치에서 직접 실행하고, 네트워크 연결이 가능할 때만 데이터를 동기화하는 방식으로, 진정한 의미의 '엣지 컴퓨팅'을 실현하고 있다. 엣지 컴퓨팅이란 중앙 서버가 아닌 데이터가 발생하는 현장 주변의 장치에서 데이터를 직접 처리하는 기술을 말한다.

아폴로의 에어갭 관리 능력은 단순히 국방 분야 고객을 위한 특수 기능이 아니다. 이는 아폴로의 설계 철학이 이룬 궁극의 성과이며, '프라이빗 서비스형 소프트웨어 Private SaaS'라는 새로운 시장을 여는 열쇠다. 에어갭 환경은 매우 특수하고 제약이 많은 배포 환경의 가장 극단적인 사례다. 아폴로의 핵심 구조가 이러한 가장 어려운 문제를 해결할 수 있다는 사실은, 여러 종류의 클라우드를 동시에 사용하는 '멀티 클라우드' 환경이나 일반적인 고객사 내부 설치 환경처럼 그보다 덜 복잡한 문제들은 훨씬 쉽게 해결할 수 있음을 증명한다. 이 능력 덕분에 팔란티어는 공용 클라우드를 사용할 수 없거나 사용하고 싶지 않은 고객들에게도 서비스형 소프트웨어와 동일한 경험, 즉 지속적인 업데이트와 관리 서비스를 제공할 수 있다. 여기에는 군 기관뿐만 아니라, 데이터 주권이나 보안에 극도로 민감한 금융, 제약, 에너지 기업들이 모두 포함된다. 이는 클라우드 전용으로만 설계된 시스템을 가진 경쟁사들은 접근조차 할 수 없는 새로운 사업 모델, 즉 '프라이빗 서비스형 소프트웨어' 또는 최고 수준의 보안 환경을 의미하는 '하이사이드 High-side 서비스형 소프트웨어' 시장을 만들어낸다. 경쟁사들은 고객사 내부에 설치하는 라이선스를 판매할 수는 있지만, 그것을 진정한 서비스형 소프트웨어 제품처럼 효율적으로 관리하며 꾸준히 업데이트할 수는 없다. 아폴로는 팔란티어가 일회성 소프트웨어 판매를 장기적이고 수익성 높은 관리형 서비스로 바꿀 수 있게 함으로써, 가장 까다로운 기업 고객을 상대하는 사업의 경제 구조를 근본적으로 바꾸어 놓았다.

결국 아폴로의 압도적인 기술적 우위는 팔란티어의 사업 전략, 운영 효율성, 그리고 장기적인 경쟁 우위를 떠받치는 견고한 기반이 된다. 아폴로가 가져오는 가장 직접적인 효과는 막대한 운영 효율성이다. 경쟁사들이 수작업으로 처리하는 일을 자동화함으로써 팔란티어는 엄청난 '운영 레버리지'

를 얻게 된다. 운영 레버리지란 적은 자원으로 더 큰 성과를 내는 효과를 말한다. 소수의 팀이 복잡하고 광범위한 소프트웨어 환경 전체를 관리할 수 있게 되어 운영 비용을 극적으로 낮춘다. 더 빠르고 잦은 배포는 새로운 기능이 고객에게 더 빨리 전달된다는 뜻이며, 이는 고객 가치와 만족도를 높인다. 팔란티어는 배포 빈도를 25배 늘리고, 변경 사항이 적용되기까지 걸리는 시간을 5분 미만으로 줄이는 등 놀라운 성과를 자랑한다. 또한 자동 복구 기능과 제약 조건에 기반한 배포는 서비스 안정성을 극대화하여, 서비스 복구 시간을 5분 미만으로 단축하고 변경으로 인한 실패율을 5% 미만으로 유지한다. 이러한 효율성은 고객에게도 직접적인 이익으로 이어진다. 후지쯔는 파운드리 도입 3개월 만에 연간 900만 달러(약 124억 원)의 비용을 절감했고, 제너럴 밀스는 공급망을 최적화하여 연간 1,400만 달러(약 193억 원)를 절약하는 등 극적인 성공 사례가 이를 증명한다.

이러한 효율성을 넘어, 아폴로는 누구도 넘볼 수 없는 강력한 '경쟁 해자'를 구축한다. 경제학에서 해자란 성 주위를 둘러싼 물길처럼 경쟁자의 진입을 막는 높은 장벽을 의미한다. 경쟁사들이 고담이나 파운드리의 사용자 화면을 흉내 낼 수는 있어도, 아폴로의 기반 시설을 만드는 데 투입된 5년 이상의 집중적인 연구개발 노력을 쉽게 따라 할 수는 없다. 이 기술적 해자는 팔란티어가 구조적으로 다른 기업들은 접근할 수 없는 시장을 독점하게 만든다. 에어갭 환경과 IL5/IL6 수준의 높은 보안을 요구하는 국방 및 정보기관 시장, 그리고 데이터 주권과 고객사 내부 설치 옵션이 필수적인 금융, 의료(영국 국민보건서비스 등), 에너지와 같은 고도로 규제된 산업이 바로 그 시장이다. 아폴로는 소프트웨어 배포를 비용만 발생하는 부서에서 전략적 무기로 바꾸었다. 경쟁사들이 '아니오'라고 말할 수밖에 없는 가장 복잡하고 수익성 높은 고객의 요구에 팔란티어는 '예'라고 답할 수 있게 된 것이다.

팔란티어를 단순한 서비스형 소프트웨어 기업으로만 보는 것은 그 본질을 놓치는 일이다. 팔란티어는 조직의 데이터와 의사결정을 위한 진정한 '운영체제'를 만들었으며, 이 운영체제는 다시 아폴로라는 또 다른 정교한 '소프트웨어 배포 운영체제' 위에서 움직인다. 파운드리나 고담, 인공지능 플랫폼AIP과 같은 응용 프로그램에만 초점을 맞춘 분석은 진짜 이야기를 보지 못한다. 팔란티어의 과거 성공과 미래 지배의 열쇠는 바로 보이지 않는 곳에서 모든 것을 가능하게 하는 아폴로의 근원적인 힘에 있다. 경쟁사들은 단지 하나의 기능이 부족한 것이 아니다. 그들은 차세대 기업 기술 시대에서 경쟁하는 데 필요한 설계 패러다임 전체를 놓치고 있다. 아폴로는 팔란티어의 재무적 성장 과정과 미래 가치를 이해하는 핵심 열쇠다. 아폴로의 효율성은 잉여현금흐름에 직접적인 영향을 미치고, 아폴로의 해자 구축 능력은 접근하기 어려운 시장으로부터의 미래 수익 성장을 뒷받침한다. 아폴로는 대차대조표에 직접 드러나지는 않지만, 아마도 팔란티어가 가진 가장 가치 있는 자산일 것이다.

온톨로지 해부: 팔란티어의 시맨틱 레이어 복제하기

팔란티어라는 거대한 성채의 가장 깊은 곳, 난공불락의 해자를 만드는 핵심 기술은 바로 파운드리 온톨로지다. 외부에서는 그저 복잡하고 거대한 '블랙박스'로만 보이는 이 기술의 작동 원리를 파악하는 것은, 팔란티어 현상을 제대로 이해하기 위한 필수적인 지적 탐험이라 할 수 있다. 따라서 이 장의 목표는 성공을 보장하는 비법을 전수하는 것이 아니다. 그보다는 흔히 '블랙박스'로 여겨지는 팔란티어 기술의 핵심 구조를 해부하여 그 작동 원리를 이해하고, 이를 통해 경쟁 전략 수립의 기준점을 제시하려는 지적 탐구에 가깝다. 온톨로지를 시맨틱, 키네틱, 다이내믹이라는 세 개의 명확한 계층으로 분해함으로써, 우리는 팔란티어의 마법이 아니라 그 속에 숨겨진 정교한 공학적 원리를 이해하게 될 것이다. 다만, 이 청사진은 어디까지나 기술적 구조에 대한 해부도임을 기억해야 한다. 하나의 위대한 건축물이 설계도만으로 완성되지 않듯, 팔란티어의 성공 신화 역시 기술적 복제를 넘어선 문화, 인재, 전략 등 수많은 비기술적 요소가 함께 빚어낸 결과물이기 때문이다.

팔란티어의 공식 자료를 자세히 살펴보면, 온톨로지는 세 가지 핵심 계층이 서로 유기적으로 결합된 구조임을 알 수 있다. 이 구조를 이해하는 것은 우리의 기술 재현 전략을 수립하는 데 가장 중요한 첫걸음이다. 첫 번째 계층은 시맨틱 레이어다. 이 계층은 사업의 핵심적인 '명사'에 해당하는 요소들을 정의하는 역할을 한다. 예를 들어 현실 세계에 존재하는 공장, 장비, 고객 주문과 같은 대상을 컴퓨터가 이해할 수 있는 '객체Object'로 정의한다. 그리고 각 객체가 가진 다양한 속성과 다른 객체와의 관계를 디지털 세계에 정밀하게 표현한다. 이처럼 시맨틱 레이어는 단순히 데이터를 목록으로 만드는 것을 넘어, 조직 전체가 공유하는 의미의 기반을 마련하여 모든 분석과 운영 활동의 토대가 된다. 이 글에서 제시할 계획은 바로 이 시맨틱 레이어를 성공적으로 구축하는 데 집중할 것이다.

두 번째 계층은 키네틱 레이어다. 이 계층은 사업 활동의 '동사'에 해당하는 역할을 맡는다. 조직의 운영 담당자들이 실제로 수행하는 행동과 시스템 내부에서 작동하는 사업 논리를 컴퓨터가 이해하고 실행할 수 있는 형태로 전환하는 것이다. 이 계층 덕분에 단순히 데이터를 조회하는 수준을 넘어, 분석 결과를 바탕으로 원래의 업무 시스템에 변경된 내용을 다시 기록하는, 이른바 데이터를 역으로 기록하는 작업이 가능해진다. 이를 통해 온톨로지는 데이터를 보여주기만 하는 정적인 시스템이 아니라, 실제 업무와 상호작용하며 살아 움직이는 운영 시스템으로 작동하게 된다.

마지막 세 번째 계층은 다이내믹 레이어다. 이 계층은 '만약에what-if'와 같은 가상 시나리오를 탐색하는 기능을 담당한다. 모의실험인 시뮬레이션 기능과 의사결정 과정을 기록하는 기능을 통해, 전략 수립과 실제 운영을 실시간으로 연결한다. 그 결과 온톨로지는 조직의 현재 모습을 단순히 복사한 것에 머무르지 않는다. 미래에 발생할 수 있는 여러 가능성을 탐색하며 최선의 결정을 돕는 동적인 디지털 트윈으로 발전한다. 디지털 트윈이란 현실 세계의 사물이나 시스템을 컴퓨터 속 가상 세계에 그대로 복제해 놓은 것을 말하며, 이를 통해 현실에서 발생할 수 있는 문제들을 미리 예측하고 시험해볼 수 있다.

우리가 가장 먼저 달성해야 할 목표는 튼튼하고 확장하기 쉬운 시맨틱 레이어를 완벽하게 구축하는 것이다. 이 작업은 다음 단계인 키네틱 레이어와 다이내믹 레이어로 나아가기 위해 반드시 먼저 해결해야 할 필수 조건이다. 팔란티어가 경쟁사보다 앞서는 핵심적인 경쟁 우위는 다른 기업이 쉽게 따라올 수 없는, 이른바 '경제적 해자'라고 할 수 있다. 이러한 경쟁력은 단순히 데이터를 연결하는 지식 그래프 기술 자체에서만 나오지 않는다. 그 핵심은 시맨틱 레이어 위에 키네틱 레이어와 다이내믹 레이어를 더하여, 데이터 분석 결과를 조직의 실제 운영 활동과 직접 연결하는 능력에 있다.

대부분의 경쟁 제품은 여러 곳의 데이터를 통합하고 보기 좋게 시각화하는 기능, 즉 데이터를 '읽는' 기능에 머물러 있다. 반면 팔란티어는 '행동'과 '데이터를 역으로 기록하는' 개념을 온톨로지 모델의 핵심에 두었다. 이를 통해 자사의 플랫폼을 단순한 분석 도구에서 조직의 '운영 체제OS'와 같은 수준으로 끌어올렸다. 이는 사용자가 플랫폼 안에서 분석한 결과를 바탕으로, 회사의 모든 자원을 통합 관리하는 전사적자원관리ERP 시스템이나 제품의 생산부터 판매까지 모든 과정을 관리하는 공급망 관리SCM 시스템과 같은 핵심 업무 시스템에 실질적인 변경을 가할 수 있다는 의미다. 따라서 우리의 기술 개발 계획은 단순히 데이터를 시각화하는 것을 넘어, 최종적으로는 이러한 '행동'을 지원하는 개방형 구조를 지향해야 한다. 이때 핵심은 바로 외부 응용 프로그램이 상호작용할 수 있게 해주는 표준 규격인 애플리케이션 프로그래밍 인터페이스^{API}이며, 이 API 중심의 전략은 앞으로 자세히 다룰 것이다.

지식 그래프는 조직 내부의 여러 곳에 따로따로 분리되어 저장된 데이터, 즉 데이터 사일로에 흩어져 있는 서로 다른 종류의 정보를 하나로 통합하는 핵심 기반이다. 이는 데이터를 단순히 연결하는 수준을 넘어선다. 사업의 전체적인 맥락 안에서 의미 있는 관계를 맺도록 데이터를 구조화하여 지식 모델로 표현하는 것이다. 이렇게 구조화된 지식 표현은 데이터들 사이에 숨어 있는 의미를 포착하여, 조직의 운영 방식과 자산 현황을 그대로 반영하는 '디지털 트윈'의 뼈대를 이룬다. 우리의 목표는 사기 거래를 찾아내거나 공급망의 위험을 분석하고, 고객에 대한 모든 정보를 종합적으로 파악하는 등 높은 가치를 지닌 사업 문제를 해결할 수 있는 지식 그래프를 만드는 것이다. 이 지식 그래프는 여러 번 재사용할 수 있고, 사업이 커짐에 따라 확장도 가능해야 한다.

지식 그래프의 심장은 바로 그래프 데이터베이스다. 데이터를 저장하고 쿼리를 처리하는 이 엔진이 시스템의 성능, 확장성, 그리고 미래의 유연성까지 모든 것을 결정한다. 엔진의 선택이 곧 시스템 전체의 운명을 좌우하는 것이다. 따라서 시장을 이끌고 있는 대표적인 두 가지 속성 그래프 데이터베이스인 네오포제이^{Neo4j}와 타이거그래프^{TigerGraph}를 깊이 있게 비교 분석하여 우리에게 가장 적합한 기술을 선택해야 한다. 네오포제이는 그래프 데이터베이스 시장에서 가장 오랫동안 발전해 온 기술로, 풍부한 기술 문서와 활발한 사용자 커뮤니티의 지원을 강점으로 가진다. 선언적 질의 언어인 사이퍼^{Cypher}는 구조가 직관적이고 배우기 쉬워 개발자의 생산성을 높이는 데 도움을 준다. 또한 일반적인 그래프 탐색이나 세 단계 이내의 관계를 찾아내는 검색에서 안정적인 성능을 보여준다.

반면 타이거그래프는 대규모 병렬 처리MPP, Massively Parallel Processing 구조를 기반으로 설계되었다. 대규모 병렬 처리란 여러 대의 컴퓨터나 처리 장치가 동시에 협력하여 하나의 큰 작업을 처리하는 기술을 말한다. 이 덕분에 여러 단계를 거쳐야 하는 복잡한 경로를 깊이 탐색하는 질의에서 경쟁 제품보다 훨씬 뛰어난 성능을 발휘한다고 알려져 있다. 데이터베이스 질의 언어인 SQL 구문과 비슷한 GSQL은 기존의 데이터 분석가들이 비교적 쉽게 적응할 수 있다는 장점이 있으며, 대용량 데이터를 시스템에 입력하는 속도 또한 빠르다. 두 기술 모두 데이터의 기본 단위인 노드Node와 그 관계Edge, 그리고 이를 설명하는 속성Property으로 구성된 속성 그래프 모델을 채택하고 있으며, 방향성을 가진 관계를 표현하는 데 사용된다.

지식 그래프의 설계도에 해당하는 온톨로지는 데이터의 품질과 일관성을 보장하는 역할을 한다. 이 설계도는 한 번에 완벽하게 만들 수 없으며, 사업의 요구사항이 변함에 따라 계속해서 발전하고 확장될 수 있어야 한다. 따라서 "세상의 모든 것을 모델링하겠다"와 같이 지나치게 거창한 목표를 세우기보다는, "특정 공급망에 문제가 생겼을 때, 어떤 제품과 고객이 영향을 받는가?"처럼 명확하고 구체적인 사업적 질문에서부터 설계를 시작해야 한다. 즉, 특정 사업 문제를 해결하는 것부터 출발하는, 이른바 '사용 사례 중심 접근법'을 채택해야 한다. 초기 단계에서는 제품, 공급업체, 창고, 고객, 주문과 같이 다섯 개에서 열 개 사이의 핵심적인 대상만으로 모델의 범위를 한정하여 구축하고 검증하는 것이 좋다. 그 후, 이 작은 성공을 바탕으로 점차 모델을 확장해 나가야 한다.

또한 친구 관계를 나타내는 FOAF, 지리 정보를 나타내는 GEO, 조직 구조를 나타내는 ORG, 그리고 schema.org 등 널리 사용되는 공개 온톨로지를 검토하고 재사용하면 개발 시간을 줄이고 다른 시스템과의 호환성을 확보할 수 있다. 다양한 시스템에서 가져온 데이터는 형식이 서로 다르거나 중복된 값, 누락된 값이 있을 수 있다. 이러한 문제를 해결하기 위해서는 데이터를 추출Extract, 변환Transform, 적재Load하는 ETL 과정이나 ELT 파이프라인을 통해 데이터를 깨끗하게 정제하고 표준화하는 과정이 반드시 필요하다. ETL 또는 ELT 파이프라인은 여러 곳에 흩어진 원본 데이터를 가져와 분석에 적합한 형태로 가공하고 저장하는 일련의 자동화된 데이터 처리 과정을 의미한다. 이 과정에서 자원 서술 프레임워크RDF 매핑 언어RML와 같은 도구를 활용하여 서로 다른 형태의 데이터를 RDF 트리플이라는 표준 그래프 형태로 변환하는 방안도 고려할 수 있다.

이러한 과정에서 데이터를 수집하는 작업이 복잡해지거나, 설계도를 계속해서 변경하며 관리하기 어렵고, 대규모 데이터를 검색할 때 성능이 느려지는 것과 같은 기술적인 문제들이 발생할 수 있다. 이러한 문제를 줄이기 위해서는 표준화된 ETL/ELT 파이프라인을 구축하고, 설계도 관리를 위한 명확한 절차를 수립해야 한다. 또한 앞으로 예상되는 검색 유형을 바탕으로 적절한 인덱싱 전략을 세우고 모델링을 최적화하는 기법을 적용할 필요가 있다. 네오포제이와 타이거그래프 중에 어떤 기술을 선택할 것인지의 문제는 단순히 '어느 쪽이 더 빠른가'라는 기술적인 성능 비교를 넘어선다. 이는 '우리 조직은 어떤 종류의 질문에 더 빠르고 정확하게 답해야 하는가'라는 근본적인 전략적 질문과 연결되어 있다.

타이거그래프는 복잡하게 얽힌 사기 거래망을 추적하거나 여러 단계로 이루어진 공급망의 파급 효과를 분석하는 것과 같은 특정 심층 분석에 최적화되어 있다. 반면 네오포제이는 개인화 추천 엔진, 고객의 모든 정보를 종합적으로 보는 화면, 자산 관리 등 보다 넓은 범위의 일반적인 탐색 작업에서 강점을 보인다. 우리의 초기 목표는 특정 전문가 집단의 심층 분석을 지원하는 것보다는, 회사 전체의 다양한 사용자들이 데이터를 쉽게 탐색하고 그 안에 담긴 연결 관계를 직관적으로 이해하도록 돕는다. 이는 심층 분석보다는 광범위한 탐색 기능에 더 가깝다. 따라서 초기 단계에서는 기술 생태계가 더 성숙하고 다양한 활용 사례를 통해 안정성이 검증된 네오포제이로 시작하는 것이 위험을 최소화하는 방안이 될 수 있다. 앞으로 특정 부서에서 타이거그래프가 강점을 보이는 초고성능 심층 분석에 대한 명확한 요구가 생길 경우, 해당 사용 사례에만 한정하여 별도의 타이거그래프 클러스터를 도입하는 '다형성 지속성Polyglot Persistence' 전략을 유연하게 고려할 수 있다. 다형성 지속성이란, 하나의 데이터베이스 기술로 모든 문제를 해결하려 하지 않고, 각 문제에 가장 적합한 여러 종류의 데이터베이스를 조합하여 사용하는 전략을 말한다.

데이터 가상화는 조직 내 흩어져 있는 여러 종류의 데이터 소스를 물리적으로 옮기거나 복제하지 않고, 논리적으로 통합하여 사용자에게 단일화된 데이터 접근 통로를 제공하는 강력한 기술이다. 이 접근법은 데이터가 실제로 어디에 저장되어 있는지에 대한 정보를 감춤으로써, 데이터 통합 과정의 복잡성을 획기적으로 줄여준다. 사용자는 데이터가 실제로 오라클Oracle 데이터베이스에 있는지, 아마존웹서비스AWS의 S3 데이터 레이크에 있는지, 혹은 세일즈포스Salesforce의 API를 통해 제공되는지 알 필요가 없다. 그 대신 통합된 가상의 화면을 통해 마치 하나의 데이터베이스를 다루는 것처럼 데이터를 조회할 수 있다. 이러한 방식은 데이터의 최신 상태를 실시간으로 보장하고, 중복 데이터를 저장하기 위한 공간 비용을 줄여준다. 또한 데이터 접근에 대한 권한 관리를 중앙에서 효율적으로 할 수 있게 해주는 현대 데이터 아키텍처의 핵심 전략이다.

데이터 가상화 계층을 구축하기 위한 두 가지 주요 접근법이 있다. 하나는 오픈소스 검색 엔진을 기반으로 직접 시스템을 구축하는 방식이고, 다른 하나는 상용 통합 플랫폼을 도입하는 방식이다. 과거 페이스북에서 개발하여 현재는 오픈소스로 공개된 트리노^Trino는 여러 데이터 소스에 걸쳐 사용자와 실시간으로 상호작용하는 분석 검색을 빠르게 실행하는 데 특화된 분산 SQL 검색 엔진이다. 반면, 데노도^Denodo는 데이터 가상화에 필요한 모든 기능, 즉 데이터 통합, 권한 관리, 보안, 데이터 목록 등을 하나의 플랫폼으로 통합하여 제공하는 대표적인 상용 솔루션이다. 데노도의 구조적 특징은 자체적으로 개발한 고성능 검색 최적화 기능에 더해, 데이터 레이크와 같은 대규모 데이터 소스에 대한 검색 성능을 높이기 위해 트리노의 기반이 된 프레스토^Presto의 대규모 병렬 처리^MPP 엔진을 플랫폼 내부에 포함하여 활용한다는 점이다. 이 둘의 핵심적인 차이를 비유하자면, 트리노는 고성능 '엔진' 그 자체이고, 데노도는 그 엔진을 포함하여 데이터 모델링, 보안 정책 관리, 데이터 목록화 등 가상화 플랫폼 운영에 필요한 상위 수준의 관리 기능과 사용자 인터페이스까지 모두 갖춘 '완성된 자동차'와 같다.

　데이터 가상화 기술이 실제로 유용한지는 실시간 검색 성능에 따라 결정되며, 이는 정교한 검색 최적화 기술에 달려있다. 핵심 기술인 '쿼리 푸시다운'은 사용자가 요청한 검색 명령을 분석하여, 데이터 필터링, 테이블 결합, 값의 합산 등 가능한 한 많은 연산 작업을 원래 데이터가 저장된 소스 시스템이 직접 처리하도록 맡기는 것이다. 이는 가상화 계층을 통과하는 데이터의 양을 최소화하고 각 소스 시스템의 처리 능력을 최대한 활용하여 전체 검색 성능을 극대화한다. 또한 '지능형 캐싱' 기술은 자주 접근하는 데이터나 응답 속도가 느린 소스의 검색 결과를 가상화 계층의 고속 저장 공간에 똑똑하게 임시 저장한다. 이를 통해 이후에 동일한 검색 요청이 들어왔을 때 즉각적인 응답을 제공한다. 데노도와 같은 고급 플랫폼은 과거의 검색 패턴을 인공지능^AI 기반으로 분석하여 가장 효율적인 캐싱 전략을 자동으로 제안하고 관리하는 기능까지 제공한다. 이 외에도 비용 기반 최적화나 최적의 테이블 결합 순서 결정 등 이미 검증된 여러 기법들이 적용된다.

데이터 가상화 계층은 조직의 모든 데이터 접근 요청이 반드시 통과해야 하는 단일 지점을 형성한다. 이는 흩어져 있는 데이터에 대한 보안 및 권한 관리 정책을 일관되게 적용할 수 있는 이상적인 '통제 지점 Control Plane'을 제공한다는 것을 의미한다. 데노도와 같은 플랫폼은 역할 기반 접근 제어 RBAC를 통해 사용자 역할에 따라 특정 데이터베이스, 가상 화면, 데이터의 행, 심지어 개별 열에 대한 접근 권한을 매우 세밀하게 제어할 수 있다. 예를 들어, '영업팀' 역할의 사용자는 자신이 속한 지역의 고객 데이터 행에만 접근할 수 있도록 제한할 수 있다. 또한 '인사팀' 역할이라도 '임원' 등급이 아니면 '연봉' 열을 볼 수 없도록 차단하는 정책을 중앙에서 설정할 수 있다.

신용카드 번호나 주민등록번호와 같은 민감한 데이터에 대해서는, 권한이 없는 사용자가 검색할 경우 데이터의 일부 또는 전체를 동적으로 가려서 보여줌으로써 데이터 유출을 방지한다. 사용자 인증 과정은 기존에 조직이 사용하던 LDAP이나 액티브 디렉터리 Active Directory 서버에 맡겨 계정과 역할 정보를 중앙에서 일관되게 관리할 수 있다. 데이터 가상화는 단순히 데이터 통합의 기술적 효율성을 높이는 도구가 아니다. 이는 회사 전체의 데이터 권한 관리를 실질적으로 구현하기 위한 핵심적인 '전략적 통제 지점'으로서의 가치를 지닌다. 기업 내 데이터는 수십, 수백 개의 분리된 공간에 흩어져 있으며, 각 시스템은 저마다 다른 보안 모델을 가지고 있어 일관된 정책을 적용하기가 거의 불가능하다. 데이터 가상화는 모든 데이터 요청이 반드시 거쳐 가는 '관문' 역할을 수행함으로써 이 문제를 근본적으로 해결한다. 이 중앙화된 관문에 역할 기반 접근 제어, 행과 열 수준의 보안, 데이터 마스킹과 같은 정책을 단 한 번만 정의하면, 그 정책이 아래에 연결된 모든 종류의 데이터 소스에 일관되게, 그리고 강제적으로 적용된다. 이는 기술적 효율성을 넘어, 데이터 보안을 강화하고 관련 규정을 준수하는 중대한 사업적 위험을 관리하는 데 있어 막대한 전략적 가치를 제공한다.

시맨틱 레이어는 데이터 엔지니어가 다루는 물리적인 데이터 구조와, 현업 사용자가 이해하고 사용하는 사업 용어 사이의 간극을 메우는 핵심적인 '번역 계층'이다. 이 계층은 기술적인 데이터 자산에 사업적인 맥락을 부여한다. 예를 들어, 데이터베이스에서 'order_amt' - 'shipping_fee'라는 SQL 표현식을 '순수익'이라는 명확한 사업 지표로 정의하고, 이 정의를 중앙에서 단 한 번만 관리한다. 이렇게 중앙에서 단 한 번 정의된 지표는 모든 하위 시스템의 도구와 사용자가 동일하게 소비할 수 있는 '공공재'가 된다. 재무팀의 보고서, 마케팅팀의 현황판, 데이터 과학자의 분석 모델이 마침내 같은 언어로 말하기 시작하는 것이다. 이를 통해 데이터에 대한 신뢰를 쌓고, 끝없는 혼란에 종지부를 찍는 '단 하나의 진실된 원천'이 탄생한다.

시맨틱 레이어를 구현하는 데 있어 시장에는 두 가지 주요한 철학적 접근법이 존재한다. 하나는 데이터 빌드 도구dbt를 사용하는 방식이고, 다른 하나는 루커 고유의 모델링 언어LookML를 활용하는 방식이다. dbt는 본질적으로 데이터 변환 작업에 초점을 맞춘 도구다. dbt 시맨틱 레이어는 사업 논리와 지표 정의를 SQL 기반의 코드로 작성하여 데이터 웨어하우스 안에 중앙화하는 접근법을 취한다. 이 방식의 가장 큰 장점은 지표 정의가 특정 분석 도구에 얽매이지 않는다는 점이다. 한 번 정의된 지표는 태블로Tableau, 루커Looker, 파워 BIPower BI 등 어떤 분석 도구에서든, 혹은 파이선 스크립트나 머신러닝 모델에서도 일관되게 재사용될 수 있다.

반면, LookML은 대표적인 분석 도구인 루커 플랫폼에 깊숙이 통합된 시맨틱 모델링 언어다. 이는 데이터베이스와 최종 사용자 사이에 강력한 추상화 계층을 만들어, SQL을 모르는 비기술적인 사용자도 '탐색' 인터페이스를 통해 데이터를 자유롭게 조합하고 분석할 수 있게 해준다. 모든 사업 논리와 데이터 관계 정의가 루커 플랫폼 안에서 이루어지므로, 루커 생태계 안에서는 매우 강력하고 사용자 친화적인 경험을 제공하지만, 그 논리가 루커 플랫폼에 강하게 묶이는 특성을 가진다. 이 두 접근법의 핵심적인 철학적 차이는 dbt가 '변환 중심'으로 시맨틱 정의를 데이터의 원천인 데이터 웨어하우스 단에서 수행하는 반면, LookML은 '분석 도구 중심'으로 시맨틱 정의를 최종 분석 및 시각화 도구 단에서 수행한다는 점에 있다.

현대 데이터 시스템을 구성하는 가장 좋은 방법은 어느 한쪽을 선택하는 것이 아니라, 두 도구의 장점을 모두 극대화하는 방향으로 구조를 설계하는 것이다. 데이터 파이프라인에서 데이터를 변환하는 'T^{Transform}'에 해당하는 모든 작업, 즉 모든 데이터 정제, 변환, 사업 논리 적용, 테이블 결합 및 사전 집계는 dbt 모델로 구현하여 처리한다. 또한 dbt의 테스트 기능을 활용하여 데이터의 완전성, 정확성, 최신식 등을 자동화된 방식으로 검증한다. 이 과정을 통해 분석에 바로 사용할 수 있는 깨끗하고 신뢰할 수 있는 최종 테이블이 데이터 웨어하우스에 생성된다. 루커의 역할은 메타데이터 관리와 데이터 탐색 계층에 집중된다. 루커의 화면 구성 파일은 dbt가 최종적으로 생성한 분석용 테이블을 직접 가리키도록 설정하며, 원본 데이터를 루커에서 직접 변환하거나 결합하는 것은 엄격히 금지한다.

LookML에서는 테이블 간의 관계 설정, 각 데이터 항목에 대한 사업적 설명, 데이터 타입, 숫자나 날짜의 표시 형식 등 순수한 '메타데이터'를 정의하는 데 집중한다. 최종 사용자는 루커의 직관적인 탐색 인터페이스를 통해, dbt가 튼튼하게 만들어준 데이터를 기반으로 자유롭게 질문하고, 필터링하고, 표를 변형하며 스스로 통찰력을 발견하고 시각화한다. 이러한 통합을 쉽게 하기 위해 dbt2looker와 같은 오픈소스 도구를 활용할 수 있다. 이 도구는 dbt 모델에 정의된 설계도 정보를 읽어 LookML 화면 구성 파일을 자동으로 생성함으로써 개발 생산성을 크게 향상시키고 두 계층 간의 정보를 일치시키는 데 도움을 준다.

우리가 공들여 구축한 시맨틱 레이어는 단순히 내부 분석가들의 현황판을 만드는 데 그쳐서는 안 된다. 이는 조직의 모든 디지털 시스템이 소비할 수 있는 '지식의 원천'이 되어야 한다. 이를 위해, 잘 정의된 애플리케이션 프로그래밍 인터페이스API를 통해 외부 응용 프로그램, 자동화된 업무 흐름, 그리고 차세대 인공지능 및 거대언어모델 에이전트에게 온톨로지의 지식을 안전하고 일관되게 제공해야 한다. dbt 시맨틱 레이어는 표준화된 GraphQL API를, 루커는 강력한 REST API를 제공하여 프로그래밍 방식으로 정의된 지표와 데이터를 조회할 수 있게 지원한다. 이 API는 팔란티어의 '키네틱 레이어'를 구현하는 데 있어 결정적인 첫걸음이 된다. 예를 들어, '재고 자동 보충'이라는 운영상의 '행동'은 이 API를 호출하여 현재 '재고 수준'이라는 시맨틱 레이어의 지표를 실시간으로 확인한다. 그리고 그 값이 정해진 기준치 이하일 경우 전사적자원관리ERP 시스템의 API를 호출하여 발주를 넣는, 데이터를 역으로 기록하는 자동화된 논리로 구현될 수 있다.

dbt와 LookML 중 무엇을 선택할 것인가의 문제는 단순한 기술적 선호의 문제가 아니다. 이는 '조직의 핵심 사업 논리의 소유권을 어디에 둘 것인가'에 대한 근본적인 조직적, 전략적 결정이다. 전통적으로 사업 논리는 개별 분석 도구 내부에 흩어져 존재했다. dbt는 이 흩어진 논리를 데이터의 원천인 데이터 웨어하우스, 즉 '데이터 자체'에 가깝게 이동시켜 중앙에서 관리하는 새로운 방식을 제시한다. 이렇게 중앙에서 단 한 번 정의된 지표는 모든 하위 시스템의 도구와 사용자가 동일하게 소비할 수 있는 '공공재'가 된다. 따라서 dbt를 중심으로 시맨틱 레이어를 구축하는 것은 특정 분석 도구에 대한 기술적, 비용적 종속성을 줄이고, 회사 전체에 걸쳐 일관된 데이터 관리 체계를 확립하며, 분석을 넘어 운영과 인공지능으로 확장할 수 있는 장기적인 유연성을 확보하는, 훨씬 더 전략적인 선택이라 할 수 있다.

상용 기술을 사용하는 대신, 순수 오픈소스 기술만을 활용하여 더 표현력이 풍부하고 유연한 온톨로지를 구축하는 경로도 탐색할 수 있다. 이 경로의 핵심에는 TypeDB라는 차세대 그래프 데이터베이스가 있다. TypeDB는 네오포제이나 타이거그래프와 같은 전통적인 속성 그래프와는 근본적으로 다른 데이터 모델을 제공한다. 이 모델은 단순히 노드와 선의 집합이 아니라, 컴퓨터 과학의 개체-관계 모델에 기반한 강력한 타입 시스템을 갖춘 하이퍼그래프 모델이다. TypeDB의 핵심적인 차별점은 강력한 타입 시스템과 상속 기능에 있다. 예를 들어, '사람'이라는 상위 타입을 정의하고, '직원'과 '고객'을 '사람'의 하위 타입으로 정의할 수 있다. 이는 객체 지향 프로그래밍의 상속과 다형성 개념을 데이터 모델링에 직접적으로 적용하는 것이다. 이를 통해 데이터의 의미적 관계를 훨씬 더 풍부하고 정확하게 표현할 수 있게 된다. 또한 여러 대상이 참여하는 복잡한 다자간 관계를 표현하기 위해 인위적으로 중간 노드를 만들 필요 없이, 하나의 '관계' 타입으로 직접 모델링할 수 있다.

TypeDB의 가장 강력한 기능 중 하나는 논리 규칙에 기반한 자체 추론 엔진이다. 설계도에 논리 규칙을 정의해두면, 데이터베이스에 명시적으로 저장하지 않은 정보라도 검색 시점에 TypeDB가 이를 자동으로 추론하여 결과를 돌려준다. 이는 검색 로직을 극적으로 단순화하고, 복잡한 사업 논리를 데이터베이스 차원에서 선언적으로 관리할 수 있게 해준다. 이러한 특징들은 특히 생명 공학, 금융 사기 네트워크, 법률 관계 등 복잡하고 다층적인 영역을 모델링할 때, 기존 그래프 데이터베이스보다 월등한 표현력과 정확성을 제공하며, 검색의 복잡성을 현저히 줄여준다.

TypeDB가 온톨로지의 '엔진'이라면, 오픈메타데이터OpenMetaData는 그 엔진과 상호작용하는 '계기판'이자 '관제탑' 역할을 수행한다. 오픈메타데이터는 데이터 검색, 데이터 품질, 데이터 거버넌스, 협업 기능을 하나로 통합한 대표적인 오픈소스 메타데이터 플랫폼이다. 오픈메타데이터의 핵심 기능은 조직 내 모든 데이터 자산에 대한 기술적, 사업적, 운영적 메타데이터를 통합된 그래프 모델로 관리하는 중앙 메타데이터 저장소다. 또한 강력한 키워드 검색, 세부 조건 필터링, 데이터 계보 시각화 기능을 통해 데이터 소비자가 원하는 데이터를 쉽고 빠르게 찾고 그 맥락을 이해할 수 있도록 돕는다. 통합 데이터 거버넌스 기능으로는 데이터 소유권 할당, 중요도에 따른 등급 부여, 민감 데이터 자동 식별 및 태깅, 역할 기반 접근 제어 RBAC 등을 제공한다. 특히 데이터 계보 기능은 dbt, 에어플로우 Airflow 등 다양한 소스로부터 데이터의 흐름을 자동으로 수집할 뿐만 아니라, 사용자 인터페이스를 통해 수동으로 편집하거나 API를 통해 프로그래밍 방식으로 새로운 계보 관계를 추가하는 유연성을 제공한다.

이 대안 경로는 TypeDB를 지식 그래프의 핵심 '저장 및 추론 엔진'으로 사용하고, 오픈메타데이터를 그 위에 위치하는 '검색 및 거버넌스 인터페이스'로 활용하는 구조를 제안한다. 두 시스템은 원래부터 통합되어 있지 않으므로, 이를 연결하기 위한 별도의 개발이 필요하다. 먼저, TypeDB에 정의된 설계도 정보를 주기적으로 추출한 다음 오픈메타데이터의 API를 사용하여 '사업 용어집'이나 '태그'로 등록한다. 다음으로, TypeDB로 데이터가 수집되고 변환되는 파이프라인의 로그나 거래 정보를 분석하여 계보 정보를 생성한다. 이 구조화된 계보 정보를 오픈메타데이터의 계보 API를 통해 프로그래밍 방식으로 전송하여 오픈메타데이터 내에 계보 관계가 시각적으로 표시되도록 한다. 최종적으로, 사용자는 오픈메타데이터의 사용자 인터페이스를 통해 통합된 경험을 하게 된다.

TypeDB와 오픈메타데이터의 결합은 '모델링의 표현력'과 '거버넌스의 중앙화'라는 두 가지 목표를 동시에 달성할 수 있는 매우 진보적인 기술 접근법이다. 하지만 이는 두 시스템 간의 의미론적 차이를 이해하고 연결하는 '시맨틱 브릿지'를 직접 설계하고 개발해야 하는 상당한 기술적 과제를 안고 있다. 이는 오픈메타데이터의 범용 API, 특히 계보 API를 활용한 정교한 맞춤형 통합 개발이 필수적임을 의미한다. 이 오픈소스 경로는 상용 기술에 비해 초기 개발 비용과 기술적 복잡성이 훨씬 높다. 그러나 성공적으로 구축한다면 특정 기업에 종속되지 않으면서도 상용 솔루션을 능가하는 모델 표현력과 중앙화된 거버넌스 체계를 갖춘, 매우 강력하고 독자적인 기술 자산을 확보하게 된다. 이는 기술적 리더십과 강력한 엔지니어링 역량을 보유한 조직만이 도전할 수 있는 '고위험, 고수익'의 전략적 경로라 할 수 있다.

팔란티어 온톨로지의 핵심인 시맨틱 레이어를 성공적으로 재현하는데는 두 가지 실행 가능한 기술 경로가 존재한다. 첫 번째는 시장에서 검증된 '상용 기술 기반의 안정적 경로'이며, 두 번째는 기술적 우위와 독립성을 추구하는 '오픈소스 기반의 혁신적 경로'이다. 상용 기술 경로인 네오포제이 Neo4j, 데노도 Denodo, dbt/Looker 조합은 각 분야에서 성숙도가 높은 검증된 기술들의 조합으로, 풍부한 생태계와 커뮤니티 지원을 활용할 수 있다. 이는 초기 개발의 복잡성을 상대적으로 낮추고, 사업적 가치를 창출하기까지 걸리는 시간을 단축시키는 데 유리하다. 그러나 각 솔루션에 대한 상용 라이선스 비용이 발생하며, 장기적으로 특정 기업의 기술 개발 계획과 가격 정책에 종속될 위험이 존재한다. 이 경로는 안정성과 빠른 시장 출시를 최우선으로 고려하며, 검증된 솔루션을 기반으로 신속하게 사업 성과를 창출하고자 하는 조직에 가장 적합하다.

반면, 오픈소스 경로인 TypeDB와 오픈메타데이터 OpenMetaData 조합은 상용 라이선스 비용이 발생하지 않으며, 특정 기업에 대한 종속성에서 완전히 자유롭다. 특히 TypeDB가 제공하는 월등한 모델 표현력과 자체 추론 기능은, 복잡한 사업 영역에서 장기적으로 지속 가능한 기술적 우위를 확보할 수 있는 잠재력을 제공한다. 하지만 두 시스템 간의 맞춤형 통합 개발이 필수기 때문에, 높은 초기 개발 복잡성과 비용이 따른다. 또한 상용 기술에 비해 상대적으로 작은 커뮤니티와 생태계로 인해 문제 해결 및 기술 지원에 더 많은 내부 역량이 요구된다. 이 경로는 강력한 내부 엔지니어링 역량을 보유하고 있으며, 단기적인 비용보다 장기적인 기술 자산 구축과 완전한 기술 소유권을 더 중요하게 생각하는 기술 주도형 조직에 적합하다.

조직의 현재 엔지니어링 성숙도, 위험 감수 수준, 그리고 전략적 우선순위를 종합적으로 고려할 때, 필자는 다음과 같은 '투 트랙Two-track' 전략을 최종적으로 제안한다. 주력 경로는 '상용 기술 경로'로 채택하여 안정적으로 추진하되, '오픈소스 경로'는 핵심 연구개발R&D 프로젝트나 특정 영역에 대한 개념 증명PoC으로 병행하여 탐색한다. 이 전략을 통해, 우리는 상용 기술의 안정성과 속도를 활용하여 단기적인 사업 요구사항을 신속하게 충족시킬 수 있다. 동시에, 오픈소스 기술에 대한 개념 증명을 통해 차세대 기술의 가능성을 탐색하고 내부 엔지니어링 역량을 점진적으로 축적할 수 있다. 이는 단기적인 성과와 장기적인 기술 리더십 확보라는 두 가지 목표 사이의 균형을 맞추는 가장 합리적인 접근법이다. 장기적으로는 이 두 경로의 경험과 자산을 바탕으로, 각 기술 경로의 장점만을 결합한 우리 조직만의 독자적인 하이브리드 구조로 발전할 수 있는 전략적 유연성을 확보하게 될 것이다.

에필로그

다음 시대의 운영체제를
만든 팔란티어

　　　　　　　　　책의 마지막 장을 덮는 행위는 하나의 지적 탐험, 즉 팔란티어라는 현대의 가장 불가사의한 기업을 향한 길고 깊이 있는 여정의 종착점을 의미한다. 이 여정의 서막을 연 것은 우리 시대가 잉태한 심대한 역설 그 자체였다. 데이터는 '새로운 석유'라는 비유를 넘어, 인류가 생산하는 가장 보편적이고 방대한 자원으로 자리 잡았으나, 정작 그 데이터를 다루는 현대의 기업과 조직들은 정보의 폭증이라는 풍요 속에서 방향 감각을 상실한 채 표류하는 빈곤을 겪고 있다. 지식의 파편들은 도처에 널려 있으나 그것들을 꿰어낼 지혜의 실은 부재하며, 시스템 간의 연결은 과잉 상태에 이르렀음에도 부서 간의 협력과 소통은 오히려 단절되는 기이한 현상이 만연한다. 이 거대한 혼돈과 비효율의 심연을 들여다보며, 문제의 근원을 해결하려는 한 기업의 대담하고도 전례 없는 시도를 추적하는 것이 이 책의 근본적인 목적이었다.

　　따라서 팔란티어를 단순히 비밀스러운 데이터 분석 기업, 혹은 첨단 인공지능AI 개발사로 규정하는 것은 그 거대한 실체의 편린만을 더듬는 피상적인 접근에 불과하다. 그러한 정의는 팔란티어라는 빙산의 일각을 설명할 수는 있겠으나, 수면 아래에 잠긴 거대하고 본질적인 구조를 파악하는 데는 필연적으로 실패한다. 그 대신, 이 책은 팔란티어의 진정한 지향점이 현대 사회를 구성하는 가장 중요하고 복잡다단한 조직들을 위한 궁극의 '운영체제 Operating System'를 설계하고 구축하는 것이라는 단 하나의 명제를 입증하는 데 모든 서사를 집중했다. 이 명제를 이해하는 순간, 독자는 팔란티어라는 복잡한 현상을 꿰뚫는 가장 날카로운 창을 손에 쥐게 될 것이다. 개인용 컴퓨터의 역사에서 윈도우나 맥OS라는 운영체제가 존재하지 않았던 시대를 상상해 본다면 그 의미는 더욱 명확해진다. 워드프로세서, 스프레드시트, 그래픽 편집기 등 무수한 응용 프로그램들은 각자 고립된 섬처럼 존재하며 서로 데이터를 주고받지 못한 채 그 잠재력의 일부만을 발휘했을 것이다. 운영체제는 바로 이 분절된 기능들을 하나의 통합된 환경 아래 조율하고 지휘함으로써 비로소 컴퓨터를 진정한 의미의 만능 도구로 만들었다.

마찬가지로, 수십, 수백 개의 부서와 상이한 데이터베이스, 그리고 서로 다른 업무 절차로 파편화된 거대 조직을 하나의 살아 숨 쉬는 유기체로 통합하고, 그 유기체가 스스로를 인식하고 판단하며 행동하도록 만드는 중추신경계, 즉 운영체제를 만들겠다는 야심이야말로 팔란티어 철학의 알파이자 오메가인 것이다.

이제 그 길고 험난했던 여정을 처음부터 다시 되짚어보며, 정부 시장의 가장 어둡고 논쟁적인 그림자 속에서 싹을 틔워 민간 산업의 생태계 지도를 다시 그리고, 마침내 누구도 쉽게 넘볼 수 없는 견고하고 깊은 기술적 해자를 구축하기까지, 팔란티어가 걸어온 길의 중층적 의미를 종합적으로 해부하고 그 거대한 야망의 실체를 입체적으로 조명할 필요가 있다.

책의 첫 장은 팔란티어의 요람이자 혹독한 시험대였던 미국 정부 시장, 그중에서도 국토안보부 DHS와 이민세관단속국 ICE라는 가장 복잡하고 정치적으로 민감한 현장을 파고든다. 그곳에서 팔란티어는 기술의 날을 세우고 자신의 정체성을 버려두었다. 팔란티어의 등장 이전, 일선 수사관들이 마주한 현실은 거대한 혼돈과 싸우는 절망적인 소모전이었다. 1987년에 개발되어 낡고 비대해질 대로 비대해진 재무부 단속 통신 시스템TECS을 중심으로 수십 개의 데이터베이스가 난립했다. 테러 용의자나 마약 밀매 조직을 추적하는 수사관은 용의자의 차량 등록 정보를 확인하기 위해 한 시스템에 접속하고, 그의 금융 거래 기록을 보기 위해 다른 시스템으로 넘어가고, 과거의 출입국 기록과 여행자 정보를 얻기 위해 또 다른 시스템의 화면을 열어야 했다. 각 시스템은 다른 인터페이스와 로그인 절차를 가졌으며, 데이터는 서로 호환되지 않았다. 분석은 고사하고, 데이터를 한곳에 모으는 것 자체가 고문이었다. 이는 마치 수십 개의 서로 다른 언어로 쓰인 고문서 조각들을 펼쳐놓고 하나의 일관된 서사를 꿰맞추려는 것과 같은, 불가능에 가까운 지적 노동을 강요했다.

팔란티어의 수사사건관리시스템ICM은 바로 이 정보의 바벨탑에 질서를 부여하는 번역기이자 통합자, 즉 '디지털 로제타석'으로 기능했다. 간결하기 짝이 없는 단 하나의 검색창 뒤에서, 팔란티어의 엔진은 흩어져 있던 정보의 파편들을 실시간으로 빨아들여 하나의 통일된 의미론적 구조, 즉 온톨로지 위에서 재구성했다. 그 결과, 용의자의 숨겨진 가족 관계, 알려지지 않았던 공범 네트워크, 여러 국가를 넘나든 과거의 이동 경로, 그가 사용했던 수많은 차명 전화번호와 위장된 은행 계좌들이 한 폭의 거미줄처럼 연결된 시각적 관계망으로 눈앞에 펼쳐졌다. 이전에는 수주, 수개월이 걸려도 발견하기 어려웠던 숨겨진 연결고리들이 단 몇 분 만에 모습을 드러냈다. 이는 수사 방식의 패러다임을 바꾸는 '완전한 표적 분석Full Target Analysis'을 현실화했으며, 조직 범죄의 전체상을 파악하는 전례 없는 능력을 수사 기관에 부여했다.

그러나 이 눈부신 기술적 성취가 던지는 빛이 강렬했던 만큼, 그 이면에 드리운 그림자 또한 깊고 서늘했다. 본래 테러리즘이나 국제 마약 밀매와 같은 중대 범죄 수사를 목표로 설계된 이 강력한 데이터 융합 능력은, 그 의도와 무관하게 행정적 목적의 이민 단속에 너무나도 용이하게 전용되었다. 기술은 그 자체로 가치 중립적이라는 순진한 주장이 현실의 복잡성 앞에서 얼마나 허약한지를 보여주는 명백한 증거였다. 국제앰네스티와 미국 시민자유연맹과 같은 인권 단체들은 팔란티어의 기술이 개인의 사생활을 침해하고, 법적 절차를 우회하며, 이민자 사회에 대한 무차별적인 감시를 가능하게 하는 '디지털 족쇄'가 되고 있다고 격렬하게 비판했다. 특히, 보호자 없이 국경을 넘은 미성년 아동들의 생체 정보와 개인 정보를 이용해 미국 내에 거주하는 그들의 부모나 후견인을 잠재적 불법 체류자로 분류하고 체포하는 작전을 지원했다는 의혹, 그리고 2019년 미시시피주의 가공 공장에서 약 700명의 서류 미비 노동자를 체포한 역사상 최대 규모의 직장 급습 작전에서 그들의 기술이 핵심적인 역할을 수행했다는 사실은 기술 윤리에 대한 가장 근본적인 질문을 사회에 던졌다. 팔란티어는 시종일관 중범죄 수사를 담당하는 국토안보수사국HSI과의 계약만을 강조하며, 이민 단속을 주업무로 하는 집행 및 추방 작전ERO과는 의도적으로 선을 그으려 시도했다. 하지만 조직의 모든 데이터를 하나의 플랫폼에서 통합하고 부서 간의 정보 장벽을 허무는 것을 본질로 하는 그들의 기술 자체가 그러한 인위적인 구분을 무의미하게 만들었다. 이 논란의 중심에서 팔란티어는 그들의 '원죄'와 함께, 그 어떤 경쟁자도 흉내 낼 수 없는 강력한 실전 능력과 레퍼런스를 동시에 획득하는 모순적인 성장을 이루었다.

정부와의 관계에서 팔란티어의 DNA를 가장 극명하게 드러낸 사건은 미 육군과의 역사적인 법정 투쟁이었다. 이는 단순히 하나의 계약을 둘러싼 다툼이 아니라, 낡은 관료주의와 새로운 기술 철학 사이의 정면충돌이었다.

수십억 달러의 예산을 쏟아붓고도 최전선 병사들에게 외면당한 육군의 차세대 정보 시스템, '분산형 공통 지상 시스템-육군DCGS-A'. 이 시스템과의 대결은 팔란티어의 정체성과 기업 철학을 압축적으로 보여주는 한 편의 서사시와 같았다. 2012년 미 육군 시험평가사령부ATEC가 발표한 공식 보고서는 그 실패의 규모를 적나라하게 증명했다. DCGS-A는 평균 5.5시간마다 서버가 다운되는 치명적인 불안정성을 보였고, 사용하기가 너무나 복잡하여 무려 160시간에 달하는 길고 지루한 훈련을 마친 후에도 대다수의 정보 분석가들은 시스템의 기본 기능조차 제대로 사용하지 못했다. 아프가니스탄 칸다하르의 황량한 전선에 파병되었던 제82공수사단의 한 정보 장교는, 시시각각 아군의 목숨을 위협하는 도로변 급조폭발물IED의 설치 패턴 지도를 이 값비싼 시스템으로 하나 만드는 데 '꼬박 하루 반'이라는 시간이 걸렸다고 증언했다. 이는 평상시라면 모르지만, 단 몇 시간의 정보 지연이 아군의 생사를 가르는 전시 상황에서는 영원과도 같은 시간이었다.

이러한 참상과 극명한 대조를 이룬 것이 현장에 파견된 소수의 팔란티어 전방 배치 엔지니어Forward Deployed Engineer들이었다. 그들은 자신들의 고담Gotham 플랫폼을 이용해 단 세 시간 만에 흩어진 적의 활동 보고와 지리 정보를 융합하여, 특정 도로 구간의 공격 패턴과 특정 시간대의 이동 경로 사이의 숨겨진 연관성을 분석해냈다. 그러나 미 육군의 거대한 관료 조직과 그들과 유착된 방산 업체들은 이러한 현장의 절박한 목소리를 '일부의 불평'으로 치부하며, 실패가 명백해진 프로그램을 관성적으로 고집했다. 이에 팔란티어는 아무도 예상치 못한 방식으로 거대한 골리앗에게 정면으로 도전했다. 그들의 무기는 총이나 탱크가 아니라, 1994년에 제정된 '연방조달합리화법FASA'이라는 잊혀진 법 조항이었다. 이 법의 핵심은 정부 기관이 막대한 예산을 들여 자체적으로 소프트웨어를 개발하기보다, 이미 시장에서 그 성능과 안정성이 검증된 상용 기성품commercial off-the-shelf을 우선적으로 구매하도록 의무화하는 것이었다. 팔란티어는 이 법 조항을 날카로운 무기 삼아 거대한 국방 관료주의의 심장에 균열을 냈고, 마침내 2016년 미 연방청구법원의 마리안 블랭크 혼 판사로부터 역사적인 승소 판결을 이끌어 냈다.

 이 승리는 단순히 수천억 원 규모의 계약 하나를 따낸 것을 훨씬 뛰어넘는, 패러다임 전환의 의미를 지니고 있었다. 이는 소프트웨어를 마치 탱크나 전투기처럼 수년에 걸쳐 개발하고 구매하려는 국방 조달 시스템 전체의 낡고 경직된 철학 자체를 근본부터 뒤흔드는 거대한 지각 변동의 시작을 알리는 신호탄이었다. 그리고 이 승리를 전략적 발판으로 삼아, 팔란티어는 육군의 모든 데이터를 통합하는 육군 데이터 플랫폼 ADP 프로젝트를 시작으로, 미군이 그리는 미래 전쟁의 핵심 개념인 합동전영역지휘통제 CJADC2, 인공지능을 활용해 방대한 드론 영상과 위성 사진을 분석하는 메이븐 Maven 프로젝트, 그리고 차세대 지상 통제 시스템인 타이탄 TITAN 프로그램에 이르기까지, 미군 디지털 전환의 가장 핵심적인 두뇌 역할을 도맡으며 미래 국방의 청사진 그 자체를 그려나가는 독보적인 위치를 점하게 되었다.

 전장에서의 성공은 팔란티어에게 두 가지 무엇과도 바꿀 수 없는 귀중한 자산을 남겼다. 하나는 세계에서 가장 까다롭고 위험하며 보안이 중요한 환경에서 그 가치를 입증받은 압도적인 기술력이었고, 다른 하나는 그 기술력을 바탕으로 민간 산업의 지형 전체를 근본적으로 바꾸려는 거대한 야망이었다. 이 책의 두 번째 부분은 바로 그 야망이 어떻게 '파운드리 Foundry'라는 새로운 플랫폼을 통해 개별 기업의 당면 과제를 해결하는 수준을 넘어, 산업 생태계 전체를 뒤바꾸는 거대한 전략으로 진화하는지를 상세히 추적한다. 그들은 전장에서 체득한 교훈, 즉 파편화되고 사일로화된 정보가 어떻게 치명적인 실패를 낳는지를 비즈니스 세계에 그대로 이식했다. 0.001초를 다투는 자동차 경주의 극한 경쟁 속에서, 스쿠데리아 페라리 팀은 파운드리를 이용해 머신에 장착된 250개 이상의 센서로부터 쏟아지는 데이터를 실시간으로 분석했다. 타이어의 미세한 마모도 변화와 순간적인 연료 소모량을 정확히 예측함으로써, 경쟁자보다 정확히 한 바퀴 먼저 피트 스톱을 감행하여 순위를 뒤집는 '언더컷undercut' 전략을 데이터에 기반하여 완벽하게 성공시켰다. 글로벌 자동차 기업 스텔란티스는 자신들이 판매한 수백만 대의 커넥티드 카로부터 전송되는 수십억 개의 데이터를 파운드리 위에서 분석하여, 특정 공장의 특정 생산 라인에서 발생한 미세한 온도 이상 문제가 특정 공급업체로부터 납품받은 부품의 결함과 어떻게 인과적으로 연결되는지를 정확히 밝혀냈다. 이를 통해 재앙적인 대규모 리콜을 문제가 발생한 특정 생산 주간의 수천 대 수준으로 정밀하게 축소시켜 막대한 비용 손실과 브랜드 가치의 회복 불가능한 하락을 막을 수 있었다.

팔란티어의 파운드리 플랫폼이 지닌 진정한 가치를 가장 잘 보여주는 사례 중 하나는 영국의 거대 석유 회사인 브리티시 페트롤리엄BP의 이야기이다. 브리티시 페트롤리엄은 파운드리를 기반으로 에이펙스APEX라는 시스템을 구축했다. 에이펙스는 '디지털 트윈' 기술을 활용한 것인데, 이는 현실의 모든 물리적 자산을 가상 세계에 그대로 복제하는 개념이다. 즉, 전 세계에 퍼져 있는 유전과 시추 시설, 수천 킬로미터에 달하는 송유관, 복잡한 정제소 등 회사가 보유한 모든 생산 설비를 가상의 공간에 똑같이 만들어 낸 것이다. 이처럼 현실을 정교하게 복제한 가상 모델 덕분에 엔지니어들은 생산 설비를 직접 조작하지 않고도 다양한 실험을 시도할 수 있었다. 가장 큰 장점은 비싼 비용이 드는 실제 설비를 멈추거나 위험한 상황을 감수할 필요가 없다는 점이었다. 가상 세계에서 수만 가지가 넘는 운영 시나리오를 안전하게 시험해 본 뒤, 가장 효율적인 생산 방법을 찾아낼 수 있었다. 그 결과는 놀라웠다. 기존 방식으로는 불가능했던 최적의 운영 방법을 찾아낸 브리티시 페트롤리엄은 2017년에 하루 3만 배럴에 달하는 원유를 추가로 생산하는 데 성공했다. 이 사례는 팔란티어의 플랫폼이 단순히 데이터를 분석하는 도구에 머무르지 않는다는 사실을 명확히 보여준다. 나아가 이 플랫폼이 어떻게 막대한 규모의 실질적인 재무적 성과, 즉 투자수익률 ROI을 만들어 내는지를 증명하는 강력하고 구체적인 증거가 되었다.

그러나 팔란티어의 진정한 목표는 이처럼 개별 기업의 문제를 해결하는 솔루션 제공자의 역할에 머무르지 않는다. 그들이 그리는 최종적인 그림은 한 기업을 넘어, 하나의 산업 전체를 아우르는 훨씬 더 원대한 것이다. 항공기 제조의 거인 에어버스와 함께 구축한 '스카이와이즈 Skywise' 플랫폼 사례는 이들의 궁극적인 비전이 무엇인지를 수정처럼 맑게 투영한다. 스카이와이즈의 탄생 배경은 A350 항공기의 심각한 생산 지연이라는 에어버스 내부의 절박한 위기를 해결하기 위한 것이었다. 하지만 이 강력한 플랫폼은 에어버스 자신만을 위한 닫힌 시스템, 즉 이기적인 내부 도구로 남지 않았다. 오히려 그들은 누구도 예상치 못한 대담한 결정을 내렸다.

자신들의 최대 경쟁사인 보잉 항공기를 주력으로 운용하는 델타항공까지 포함하여, 전 세계 170여 개의 항공사와 수많은 부품 공급업체들이 모두 참여하는 전례 없는 개방형 데이터 생태계로 발전시킨 것이다. 이 거대한 항공 산업의 디지털 광장 안에서, 참여 항공사들은 기밀에 해당하는 승객 정보나 운임 정보가 완벽히 제거된, 익명화된 항공기 운항 및 정비 데이터를 자발적으로 공유한다. 그리고 그 대가로, 전 세계에서 운항 중인 1만 대가 넘는 항공기에서 생성된 방대한 데이터가 만들어낸 집단 지성이 고스란히 반영된, 이전과는 비교할 수 없이 정교하고 정확한 예측 정비 모델의 혜택을 함께 누리게 된다. 이는 더 많은 참여자가 모일수록, 더 많은 데이터가 쌓일수록 플랫폼의 가치와 예측 정확도가 기하급수적으로 증가하는, 기술 기업 최고의 무기인 '네트워크 효과 network effect'를 완벽하게 구현한 것이다. 이 전략적 전환을 통해 에어버스는 단순히 항공기라는 물리적 제품을 판매하는 전통적인 제조업체를 넘어, 항공 산업 전체의 효율적인 운영을 지휘하고 데이터를 통해 부가가치를 창출하는 데이터 플랫폼 기업으로 자신의 정체성을 재정의했다. 이는 팔란티어가 개별 기업을 넘어 산업 전체의 '운영체제'가 되려는 거대한 전략의 완벽한 축소판이자, 미래를 향한 선언이었다.

책의 마지막 장에서는 팔란티어라는 거대한 성채를 굳건히 지키는 기술적 해자 Moat의 가장 깊은 심연을 탐험한다. 팔란티어 기술의 심장이자 영혼인 '온톨로지 Ontology'는 단순히 데이터를 시각적으로 연결해 보여주는 기술을 아득히 넘어선다. 그것은 조직의 복잡하고 혼란스러운 현실 세계를 있는 그대로 디지털 세상에 복제하여, 과거의 기록으로 박제하는 것이 아니라 실시간으로 살아 움직이게 만드는 '동적인 디지털 트윈 Dynamic Digital Twin'을 창조하는 작업이다. 온톨로지는 조직의 정적인 상태, 즉 '사람', '장소', '장비', '계약서'와 같은 구체적인 '객체 Object'와 그들 사이의 '소유한다', '근무한다', '연결된다'와 같은 '관계 Link'를 정의하는 '시맨틱 레이어 Semantic Layer'를 가지고 있다. 그러나 이것이 전부가 아니다. 더욱 중요한 것은, 재고를 주문하거나, 환자를 다른 병동으로 이송하거나, 고장 난 부품을 교체하는 것과 같은 조직의 실질적인 '행동 Action'과 그 행동의 결과를 계산하는 '함수 Function'를 통해 조직의 동적인 활동 그 자체를 모델링하는 '키네틱 레이어 Kinetic Layer'를 모두 포함한다는 점이다.

바로 이 운동성을 부여하고, 분석의 결과가 다시 현실 세계에 변경을 가하도록 허용하는 '쓰기 Write-back' 기능이야말로, 팔란티어 플랫폼을 과거의 데이터를 수동적으로 분석하는 단순한 분석 도구에서, 분석 결과를 바탕으로 실제 운영 시스템에 자율적으로 혹은 인간의 승인을 거쳐 명령을 내릴 수 있는 진정한 의미의 '운영체제'로 격상시키는 핵심적인 철학적, 기술적 차별점이다. 그리고 이 모든 정교하고 복잡한 기술의 집합체를 세상의 가장 까다로운 환경까지 안정적으로 전달하는 숨겨진 전략 자산이 바로 자율적인 배포 운영체제인 '아폴로Apollo'이다. 아폴로는 아마존웹서비스AWS나 마이크로소프트 애저와 같은 거대한 퍼블릭 클라우드 데이터센터 환경부터, 외부 인터넷이 완전히 차단된 핵잠수함의 내부 서버나 전장의 이동식 지휘소와 같은 극한의 '에어갭air-gapped' 환경에 이르기까지, 상상할 수 있는 모든 종류의 이질적인 컴퓨팅 환경에 소프트웨어를 일관된 방식으로 배포하고 관리하며, 보안 패치와 기능 업데이트를 중단 없이 수행하는 혁명적인 기술이다. 이는 소프트웨어의 자율적인 신경망과 같다. 이처럼 현실을 정교하게 복제하는 온톨로지, 그 위에서 추론하고 판단하는 인공지능 플랫폼 AIP, 그리고 이 모든 것을 세상 끝까지 안정적으로 전달하는 아폴로로 이어지는 기술의 완벽한 수직적 통합은, 경쟁사들이 결코 단기간에 모방할 수 없는 깊고 견고하며 다층적인 해자를 구축한다.

이제 이 긴 지적 여정을 마무리하며, 마침내 팔란티어라는 기업의 본질적인 정체성에 한 걸음 더 다가설 수 있다. 팔란티어는 데이터 분석 기업도, 인공지능 기업도 아니다. 그 명칭들은 현상의 일부일 뿐이다. 그들의 진정한 비전은 조직이 스스로를 실시간으로 인식하고Sense, 축적된 데이터를 통해 학습하며Learn, 그 학습의 결과로 최적의 행동을 스스로 수행하는Act 궁극의 '자율주행 기업Autonomous Enterprise'을 현실 세계에 구현하는 것이다. 온톨로지라는 정교하고 살아있는 현실의 지도를 그리고, 인공지능이라는 강력한 중앙 두뇌를 그 지도 위에 장착하며, 아폴로라는 완벽한 자율 신경망을 통해 그 두뇌의 명령을 조직의 모든 손과 발, 즉 말단 부서와 개별 설비까지 지체 없이 전달하는 것. 이것이 바로 팔란티어가 꿈꾸는 미래 조직의 청사진이다.

이 거대한 비전이 현실화된다면, 팔란티어의 총유효시장Total Addressable Market은 현재의 데이터 플랫폼 시장을 아득히 넘어선다. 그들의 진정한 경쟁 상대는 SAP나 오라클이 수십 년간 장악해 온 전사적자원관리ERP와 공급망 관리SCM 시장이며, 동시에 액센츄어나 딜로이트처럼 거대 컨설팅 기업들이 장악하고 있는 막대한 규모의 경영 컨설팅 시장까지 모두 잠식하게 될 것이다. 조직의 운영을 '어떻게 개선할 것인가'에 대한 값비싼 인간의 조언 대신, 소프트웨어 자체가 실시간 데이터에 기반한 최적의 해답을 스스로 제시하고 실행하기 때문이다.

물론 그 장대한 여정은 결코 순탄하지 않을 것이다. 이 전례 없이 강력한 기술이 드리우는 감시와 통제의 그림자는, 우리가 반드시 사회적 합의를 통해 경계하고 답해야 할 무겁고 본질적인 윤리적 질문을 동반한다. 기술이라는 칼날이 날카로워질수록, 그 칼을 쥔 손을 통제하려는 사회의 노력 또한 정교해져야만 하는 숙제가 우리에게 남겨졌다. 필자는 팔란티어의 싸움을 단순히 시장 점유율 경쟁이 아닌, 21세기 조직의 운영 방식을 누가 설계할 것인가를 둘러싼 '아키텍처 통제권architecture control'을 향한 전쟁으로 규정한다. 그들은 대담하고 오만한, 그러나 거부하기 힘든 도박을 하고 있다. 파편화된 비효율이 지배하는 세상에서, 모든 것을 통합하고 지휘하는 중앙의 지능형 운영체제가 결국 모든 것을 이긴다는 것. 이 세기의 도박은 이제 막 막을 올렸다.

필자는 이 책을 통해 그 도박의 본질을 독자들이 자신의 눈으로 꿰뚫어 볼 수 있는 가장 정교한 분석의 틀을 제공하고자 했다. 다가오는 데이터 시대의 거대한 조류 속에서, 이 책이 당신의 지적 탐험에 든든한 길잡이가 되었기를 진심으로 바란다.

안유석